Michael Latzer (Hg.)

Mediamatikpolitik für die Digitale Ökonomie

eCommerce, Qualifikation und Marktmacht in der Informationsgesellschaft

Beiträge zur Medien- und Kommunikationsgesellschaft

Band 6

Herausgegeben von der
Österreichischen Gesellschaft für
Kommunikationsfragen- ÖGK

Michael Latzer (Hg.)

Mediamatikpolitik *für die* Digitale Ökonomie

eCommerce, Qualifikation und Marktmacht in der Informationsgesellschaft

STUDIENVerlag
Innsbruck-Wien-München

Gedruckt mit Unterstützung durch Bundesministerium für Bildung, Wissenschaft und Kultur, Kulturamt der Stadt Wien und der ÖFG.

Die Deutsche Bibliothek - CIP-Einheitsaufnahme
Mediamatikpolitik für die Digitale Ökonomie : eCommerce, Qualifikation und Marktmacht in der Informationsgesellschaft / Michael Latzer ... (Hg.). - Innsbruck ; Wien ; München : Studien-Verl., 2000
(Beiträge zur Medien- und Kommunikationsgesellschaft ; Bd. 6)
ISBN 3-7065-1518-0

e-mail: order@studienverlag.at
homepage: http://www.studienverlag.at

Satz und Umschlag: Bernhard Klammer/StudienVerlag

Gedruckt auf umweltfreundlichem, chlor- und säurefrei gebleichtem Papier.

Inhaltsverzeichnis

Ziel und Inhalt 9

1. Die europäische Informationsgesellschaft als politisch-ökonomische Herausforderung 13
Michael Latzer

1.1 Neue Politische Ökonomie und Industrieökonomie als Analyseansatz 20

2. Mediamatik und Digitale Ökonomie als zentrale Kennzeichen der Informationsgesellschaft 29
Michael Latzer, Stefan W. Schmitz

2.1 Mediamatik 29
2.2 Digitale Ökonomie 36

3. Aufgabenbereiche für die Politik 61

3.1 Die Förderung des Business-to-Consumer eCommerce 62
Stefan W. Schmitz
3.1.1 Definition und wirtschaftspolitische Herausforderungen 62
3.1.2 Bausteine einer umfassenden eCommerce Politik 71
3.1.2.1 Vertrauensbildung – allgemeiner rechtlicher Rahmen* 71
3.1.2.2 Verbraucherschutz 94
3.1.2.3 Datenschutz – Schutz der Privatsphäre 108
3.1.2.4 Zölle und Steuern im B-2-C eCommerce 122
3.1.2.5 Kleine und Mittlere Unternehmen im B-2-C eCommerce 138
3.1.2.6 Elektronisches Geld 156

* *mit einem Beitrag von Peter Slominski zur elektronischen Signatur*

3.1.3 Aktionsprogramme zur Förderung des eCommerce _ 181
3.1.4 Die gesamtwirtschaftlichen Effekte des B-2-C eCommerce _ 191

3.2. Qualifikationsanforderungen im Mediamatiksektor _ 220
Martin Wörter
3.2.1. Problemstellung _ 221
3.2.2. Beschäftigte im Mediamatiksektor in Österreich _ 227
3.2.3. Humankapital für die Mediamatik: Aus- und Weiterbildungsangebot in Österreich _ 233
3.2.4. Qualifikationsanforderungen der Mediamatik-Unternehmen an Arbeitnehmer _ 242
3.2.5. Zusammenfassung und wirtschaftspolitische Schlussfolgerungen _ 245

3.3. Die Kontrolle der Marktmacht in der Mediamatik _ 247
Natascha Just
3.3.1. Problemstellung _ 247
3.3.2. Bestimmungen des Wettbewerbsrechts für Medien und Telekommunikation _ 249
3.3.3. Herausforderungen für Wettbewerbspolitik und -recht aufgrund der Konvergenz _ 257
3.3.4. Rolle des Staates und Legitimation staatlicher Eingriffe _ 276
3.3.5. Resümee _ 280

4. Business-to-Consumer eCommerce in Österreich: Eine empirische Untersuchung _ 286
Michael Latzer, Stefan W. Schmitz

5. Transformation der Staatlichkeit – Schlussfolgerungen für die Politik ____ 307
Michael Latzer

5.1. Die Transformation der Staatlichkeit im Mediamatik-Sektor ____ 308
5.1.1. Thesen zur Transformation der Staatlichkeit ____ 309
5.1.2. Zusammenfassung ____ 316
5.2. Analyseergebnisse und Schlussfolgerungen ____ 318

Verzeichnis der Tabellen, Abbildungen und Kästen ____ 331
Abkürzungsverzeichnis ____ 335
Literaturverzeichnis ____ 342
Projektteam der IWE-ÖAW ____ 362

Ziel und Inhalt

Die politisch angestrebte Informationsgesellschaft ist durch ein verändertes gesellschaftliches Kommunikationssystem, die *Mediamatik*, und durch ein verändertes Wirtschaften, die *Digitale Ökonomie*, gekennzeichnet. Das rasch diffundierende Internet, digitales Fernsehen sowie eCommerce prägen diese zentrale ökonomische und soziale Entwicklung unserer Zeit. Die Hoffnungen und Erwartungen bezüglich positiver ökonomischer Effekte sind groß. Innerhalb der Triade Europa, USA und Japan ist ein Wettbewerb im Gange, sich diese Entwicklungen zunutze zu machen. Dementsprechend hoch ist das politische Interesse am Verständnis dieser Phänomene, aber noch gering das Wissen. Erschwerend kommt hinzu, dass es sich um „moving targets" mit unklarem Zielpunkt handelt, doch für das Warten auf klare Entwicklungslinien ist der globale Wettbewerbsdruck zu groß.

Zentrales *Ziel dieser Studie* ist es, die Mediamatik und die Digitale Ökonomie – insbesondere den *Business-to-Consumer eCommerce* – mit ihren Charakteristika zu erfassen und den sich ergebenden politischen Reformdruck sowie die notwendigen Reformschritte und Strategien zu analysieren. Es sollen der institutionelle Wandel von der Telekommunikations- und Medienpolitik in Richtung einer integrierten Mediamatikpolitik untersucht und förderliche institutionelle Rahmenbedingungen für die Entfaltung der Digitalen Ökonomie gefunden werden. Daraus lassen sich politisch/strategische Optionen für eine Politik im Rahmen der europäischen Informationsgesellschafts-Initiativen ableiten, die als analytische Grundlage für Maßnahmen in diesem Bereich dienen können.

Kapitel 1 skizziert die politischen Strategien der Europäischen Union in Richtung einer *europäischen Informationsgesellschaft*. Sie machen deutlich, dass es zu einem umfassenden institutionellen Wandel kommt, dass sich die traditionelle Rolle des Staates im Informations- und Kommunikationssektor, das Verhältnis von Markt und Staat verändert und grundlegend zu hinterfragen ist. Als Analyserahmen dafür dient v.a. die *Neue Politische Ökonomie*, die auch die Wirkungen von Regierungen, Verwaltungen und Interessengruppen auf Wirtschaft und Politik berücksichtigt. Zentrale Ansätze, die in der Studie zur Beurteilung und Rechtfertigung staatlicher Markteingriffe verwendet werden, sind in *Kapitel 1.1* zusammengefasst.

Wesentliche Kennzeichen der Informationsgesellschaft sind der Übergang zur Mediamatik und zur Digitalen Ökonomie: *Kapitel 2* fasst deren Hauptcharakteristika zusammen. Mediamatik und Digitale Ökonomie führen auf der Angebotsseite zu veränderten Firmenstrategien, Geschäftsmodellen und Marktstrukturen, verändern auf der Nachfrageseite das Konsumverhalten und verlangen auf der Politikseite nach einem veränderten regulatorischen Rahmen, besonders nach einer integrierten Mediamatikpolitik und -regulierung.

Kapitel 3 analysiert zentrale Politikfelder, in denen Reformen und neue Strategien notwendig sind. Der größte ökonomische Hoffnungsträger ist eCommerce *(Kapitel 3.1)*, wobei wir uns aufgrund der gesellschaftspolitischen Brisanz auf den *Business-to-Consumer (B-2-C) eCommerce* konzentrieren. Entgegen der meist vagen Abgrenzungen des elektronischen Handels bieten wir eine problemorientierte Definition an. Weltweit wird versucht, das Wachstum des eCommerce zu fördern. Als Bausteine für eine *integrierte eCommerce-Strategie* untersuchen wir die Schaffung von *Vertrauen* in eCommerce, beispielsweise durch *elektronische Signaturen, Verbraucher- und Datenschutz*, die *steuerliche* Behandlung von eCommerce sowie die Rolle von *Klein- und Mittelbetrieben* und *elektronisches Geld* auf ihren jeweiligen ökonomisch/sozialen Regulierungsbedarf auf nationaler, supranationaler und internationaler Ebene. Ein Vergleich von *eCommerce-Aktionsprogrammen* der EU, Japans und der USA zeigt die Gemeinsamkeiten und Unterschiede der weltweiten Maßnahmen bezüglich dieser Entwicklungsfaktoren auf. Abschließend wird in diesem Abschnitt auf die gesamtwirtschaftliche Bedeutung des B-2-C eCommerce aufgrund von *Wachstums- und Beschäftigungseffekten* hingewiesen.

Mediamatik und Digitale Ökonomie verlangen auch nach *veränderten Qualifikationsprofilen* der Beschäftigten, wobei in Europa das Auseinanderklaffen von Angebot und Nachfrage als Entwicklungshemmnis beklagt wird. *Kapitel 3.2* diskutiert Ansatzpunkte einer reformierten Qualifikationspolitik im Aus- und Weiterbildungsbereich. Darüber hinaus wird erstmals der *österreichische Mediamatik-Arbeitsmarkt* aus den einschlägigen Statistiken herausgefiltert. Damit wird die Grundlage für die Evaluierung von beschäftigungspolitischen Maßnahmen in diesem Bereich geschaffen.

Spektakuläre Unternehmenszusammenschlüsse und wettbewerbsrechtliche Streitigkeiten kennzeichnen Mediamatik und Digitale Ökonomie. Neue Herausforderungen an die *Wettbewerbspolitik und Marktmachtkontrolle* in der Mediamatik entstehen u.a. dadurch, dass ökonomisch (Telekommunikation) und nicht-ökonomisch (Medien) geprägte Regulierungssysteme aufeinandertreffen. Diese Herausforderungen und die veränderte Rolle des Staates bzw. der EU in diesem Politikfeld bilden den Schwerpunkt von *Kapitel 3.3*.

Ein großes Manko der gegenwärtigen Politik für die Digitale Ökonomie ist das *Fehlen empirischer Daten,* die als Grundlage für Strategiebildungen dienen können. Die im Rahmen des Projektes durchgeführte *eCommerce-Befragung von Internetnutzern* liefert wertvolle Hinweise über Stand und Weiterentwicklung des B-2-C eCommerce in Österreich. Die Umfrageergebnisse werden in *Kapitel 4* analysiert.

Kapitel 5 zieht die *Schlussfolgerungen* aus den Teilstudien. Dabei argumentieren wir vorerst, dass es sich bei den Veränderungen des staatlichen Handelns im Informations- und Kommunikationssektor der letzten Jahrzehnte nicht bloß um punktuelle Adaptionen handelt, sondern um eine *Transformation der Staatlichkeit in der Mediamatik,* die anhand von acht Entwicklungstrends belegt wird. Abschließend werden einige Hauptaussagen der Studie hervorgehoben, die in *Reformoptionen* münden.

Die Studie wurde durch einen Forschungsauftrag des ehemaligen *Bundesministeriums für Wissenschaft und Verkehr* (jetzt BMVIT – Bundesministerium für Verkehr, Innovation und Technologie) unterstützt und von einem Projektteam der *Forschungsstelle für institutionellen Wandel und europäische Integration (IWE) <www.iwe.oeaw.ac.at>* an der *Österreichischen Akademie der Wissenschaften* durchgeführt. Sie richtet sich an Interessierte und Betroffene aus Politik, Wirtschaft und Wissenschaft mit dem Ziel, das Problembewusstsein und Verständnis zweier zentraler Merkmale der Informationsgesellschaft, der Mediamatik und der Digitalen Ökonomie, zu erhöhen. Damit soll auch die analytische Basis für die Entwicklung politischer Strategien geschaffen werden.

Michael Latzer
Wien, im April 2000

1. Die europäische Informationsgesellschaft als politisch-ökonomische Herausforderung

Michael Latzer

Nicht nur ökonomische Kennzahlen, sondern auch Neologismen prägen die durch neue Informations- und Kommunikationssysteme motivierten ökonomisch-sozialen Veränderungen. Auf die Tele-Leitbildfamilie der 80er-Jahre wie Tele-Arbeit, Tele-Einkaufen, Tele-Lernen folgt jene mit der Vorsilbe e. Dies sowohl in der Ökonomie als E-conomy, eCommerce, eBusiness und eMoney, bei Firmennamen wie eBay und eToys als auch in der Politik. Laut Plänen der Europäischen Kommission soll nun auch die eDemocracy in eEurope gestärkt werden.

Die „europäische Informationsgesellschaft" ist die gemeinsame Zielstellung einer rasch wachsenden Zahl von EU-Initiativen. Sie betreffen nicht nur den Informations- und Kommunikationssektor, sondern sind aufgrund der Infrastrukturwirkung für sämtliche Wirtschaftsbereiche von Bedeutung. Vom Telekommunikationssektor wird der bedeutendste Beitrag für das Wirtschaftswachstum in Europa erwartet. Dementsprechend ist der zunehmend globale Wettbewerb mit den USA und Japan um ökonomische Hoffnungsmärkte die wesentliche Triebkraft der Informationsgesellschaftsaktivitäten der Europäischen Union. Dabei gilt es vor allem, den Rückstand gegenüber den USA wettzumachen, wo das Wirtschaftswachstum und die Beschäftigungszuwächse auf die Vorreiterrolle im Informations- und Kommunikationssektor zurückgeführt werden. Während die Mobilkommunikation (siehe Abbildung 1) und digitales Fernsehen zu den europäischen Stärken zählen, wird die Verbreitung und Verwendung des Internet als Schwäche empfunden, dies besonders im Zusammenhang mit eCommerce. Die folgenden Abbildungen zeigen die deutlichen Unterschiede, die bei der Internetnutzung (siehe Abbildung 2 und 3) und bei der Verbreitung von eCommerce existieren. Auch wenn bei eCommerce die Angaben über das Marktvolumen in absoluten Zahlen in den einzelnen Quellen stark variieren (siehe Abbildung 4), so ist die Entwicklung der Umsatzanteile in den einzelnen Regionen in den meisten Studien ähnlich (siehe Abbildung 5).

Mobilkommunikation: Teilnehmer pro 100 Einwohner in der EU und USA, 12/99

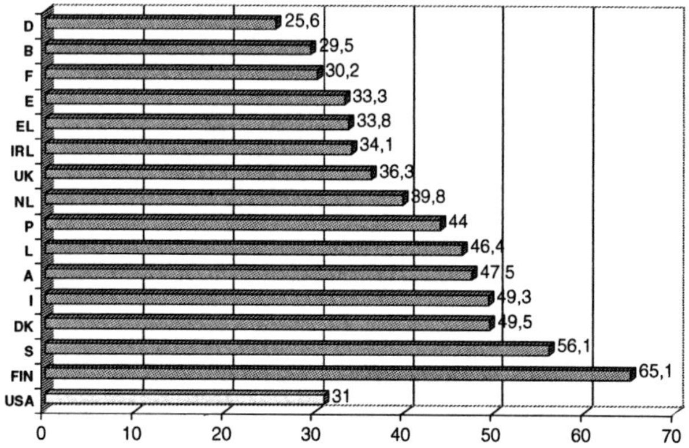

Quelle: Liikanen 2000

Abbildung 1

Internet-Nutzer nach Regionen 2/2000 (in %)

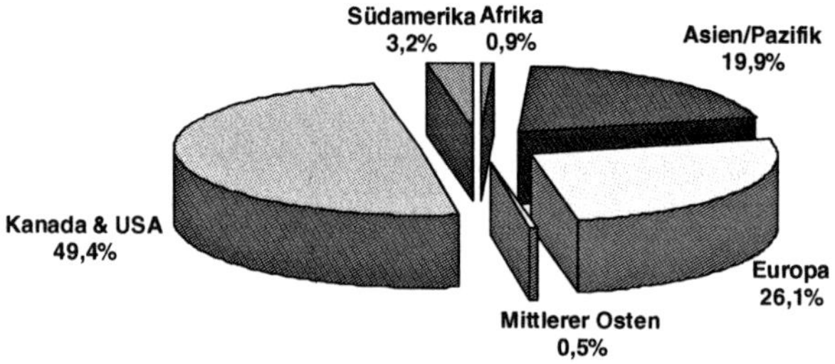

Quelle: NUA

insgesamt 275,54 Mio. Nutzer

Abbildung 2

Internet-Penetration pro 100 Einwohner in EU, USA, Kanada und Japan, Ende 1999

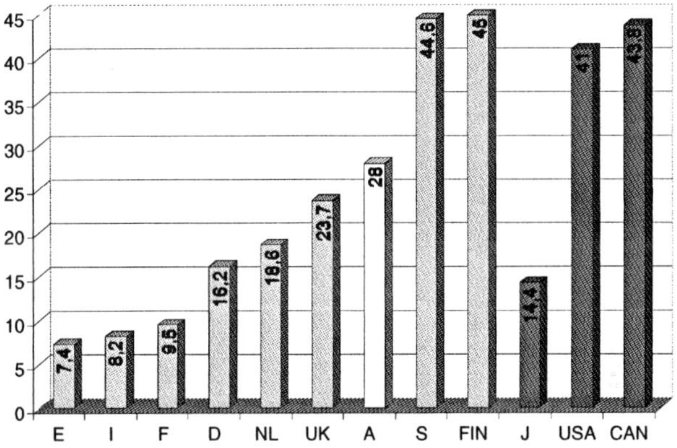

Quelle: Liikanen 2000
Daten für A: AIM-Special 99/00, Fessel-Gfk/INTEGRAL, Bevölkerung ab 14

Abbildung 3

Geschätzter B-2-C eCommerce-Umsatz weltweit im Jahr 2000 (in Mrd. US $)

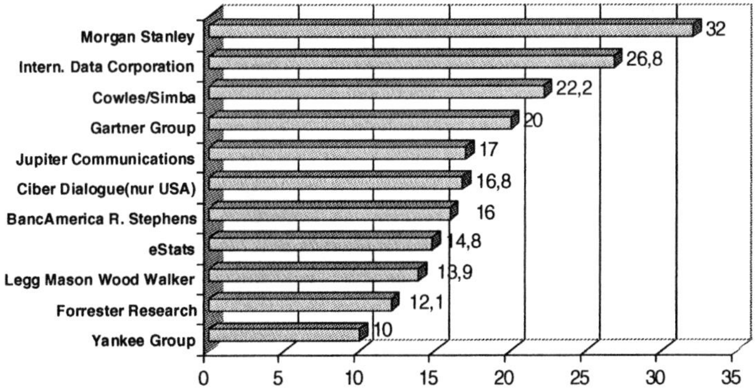

Quelle: estats, http://marketers.com/estats/order_ecom.html (8/99)

Abbildung 4

Anteile am eCommerce-Umsatz (B-2-B und B-2-C) nach Regionen, 1997–2003 (in %)

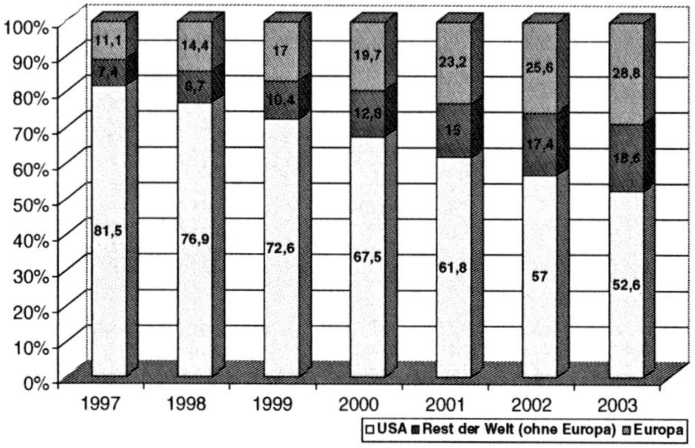

Quelle: http://www.emarketer.com/estats/ec_persp.html (1999)

Abbildung 5

Die zentrale Herausforderung für die EU-Politik liegt in der grundlegenden Umgestaltung des regulatorischen Rahmens im Kommunikationssektor, sowohl im Telekommunikations- als auch im Mediensektor. Das heißt, dass sowohl die supranationalen (EU-Ebene) als auch die nationalstaatlichen Markteingriffe überprüft und reformiert werden. In den letzten Jahrzehnten wurden die Schwerpunkte auf die Erhöhung des Wettbewerbs, die Förderung des internen europäischen Marktes und die Berücksichtigung der Konvergenz im Kommunikationssektor gelegt.[1] Die zentralen EU-Aktivitäten in Richtung einer europäischen Informationsgesellschaft sind in Tabelle 1 zusammengefasst.

Die europäische Telekommunikations- und Medienpolitik ist durch die zunehmende Bedeutung der Europäischen Union, besonders der Europäischen Kommission geprägt. Die Kommission entwickelte sich zum zentralen Akteur im europäischen Reformprozess. Es ist zu beachten, dass die EU-Politik nicht nur für die fünfzehn Mitgliedsländer, sondern auch für die EFTA und die EU-Beitrittskandidaten von entscheidender Bedeutung ist.

Wie auch in allen Mitgliedsländern ist die Kommunikationspolitik der EU traditionell in Telekommunikations- und audiovisuelle Politik unterteilt, mit getrennten politischen Zuständigkeiten, mit unterschiedlichen Schwerpunkt-

1 *Zur europäischen Mediamatik-Politik siehe Latzer 1998b und Just/Latzer 1999, 2000.*

setzungen und Regulierungsmodellen. Die 1999 in *Generaldirektion Informationsgesellschaft* umbenannte GD XIII ist für die Telekommunikationspolitik verantwortlich, die *Generaldirektion Bildung und Kultur* für die Medienpolitik. Auch im Europäischen Parlament beschäftigen sich verschiedene Ausschüsse mit den beiden Politikfeldern.

Die gemeinsame europäische Telekommunikationspolitik setzte relativ spät in der zweiten Hälfte der 80er-Jahre ein und konzentrierte sich vorerst auf die konzertierte Liberalisierung des Sektors. Im Laufe eines Jahrzehntes wurde mittels Richtlinien eine harmonisierte, schrittweise Öffnung der europäischen Märkte vorangetrieben und 1998 abgeschlossen. Die Kommission hat seither ihren Schwerpunkt auf die Förderung eines effektiven Wettbewerbs, etwa mittels Zusammenschaltungsregulierungen[2] und auf Public-Interest-Themen wie Universaldienste und Konsumentenschutz verlagert.

Die Liberalisierung des audiovisuellen Bereiches wurde zwar zeitlich parallel zu jener im Telekommunikationssektor, aber mit ungleich geringerem Einfluss der EU vollzogen. Hier konzentrierte sich die EU-Politik auf die Förderung der europäischen Industrie, auf Public-Interest-Themen und die Verbreitung von Diensten auf Basis des Subsidiaritätsprinzips. Das zentrale Politikinstrument im audiovisuellen Sektor ist die 1989 erlassene und 1997 abgeänderte Fernsehen-ohne-Grenzen-Richtlinie.[3] Damit werden die nationalstaatlichen Strategien bezüglich Werbung, Finanzierung, Teleshopping, Jugendschutz und der Förderung europäischer Produktionen koordiniert.

Ende der 90er-Jahre kam vor allem aufgrund der Internetverbreitung ein weiterer Themenschwerpunkt hinzu: die Konvergenz von Telekommunikation, Medien und Informationstechnologien. Die damit verbundenen ordnungspolitischen Probleme wurden 1997 im Grünbuch zur Konvergenz aufbereitet und nachfolgend in einem Konsultationsprozess diskutiert. Zur spezifischen Förderung des eCommerce in Europa gibt es ebenfalls seit 1997 ein Reihe von Aktivitäten, die in Kapitel 3.1 im Detail diskutiert werden. Ein weiterer Schritt in Richtung förderlicher politischer Rahmenbedingungen wurde mit dem Kommunikationsbericht 1999 gesetzt, in dem sowohl Lehren aus der bisherigen Liberalisierung als auch aus der Konvergenzdebatte gezogen wurden. Als zusätzliches Regulierungsprinzip soll demnach eine technologieneutrale[4] Re-

2 *Damit wird der faire Zugang von Wettbewerbern zum Netz des marktdominanten Anbieters festgelegt.*

3 *Vgl. 89/522/EWG geändert durch 97/36/EG.*

4 *Technologieneutral bedeutet, dass nicht technische, sondern funktionale Kriterien darüber bestimmen, ob und wie reguliert wird.*

gulierung aufgenommen werden. Die Regulierungen sollen vereinfacht und reduziert, die Anwendung der allgemeinen Wettbewerbsregeln gestärkt und ein integrierter Regulierungsrahmen für die gesamte Kommunikationsinfrastruktur und die dazugehörigen Dienste geschaffen werden. Von dieser integrierten Mediamatikregulierung sollen eCommerce und Inhalte von Rundfunkdiensten ausgenommen sein.

Tabelle 1: Meilensteine der EU-Politik in Richtung Informationsgesellschaft

EU-Aktivitäten	**Erläuterungen**
1987 - *Liberalisierung des Telekommunikationssektors:* Grünbuch* über die Entwicklung des gemeinsamen Marktes für Telekommunikationsdienstleistungen und Telekommunikationsgeräte. (KOM(87)290)	Hier manifestiert sich der Plan der Kommission, die Liberalisierung der Telekommunikationssysteme in den Mitgliedsstaaten durchzuführen.
1989/1997 - *Regulierung der Fernsehtätigkeit:* Richtlinie** zur Koordinierung bestimmter Rechts- und Verwaltungsvorschriften der Mitgliedsstaaten über die Ausübung der Fernsehtätigkeit. (89/522/EWG geändert durch 97/36/EG)	Hier finden sich Bestimmungen über die Gewährleistung des freien Dienstleistungsverkehrs im Fernsehbereich, für Fernsehwerbung, Teleshopping, Sponsoring und für den Schutz Minderjähriger, zur Förderung der Herstellung und Verbreitung europäischer Fernsehprogramme; Recht auf Gegendarstellung; Maßnahmen, die sicherstellen, dass Mitgliedsstaaten Ereignisse von besonderer gesellschaftlicher Bedeutung (z.B. bestimmte Sportevents) bestimmen dürfen, die frei zugänglich übertragen werden.
Seit Ende der 80er-Jahre - schrittweise Öffnung der Telekommunikationsmärkte und Förderung des Wettbewerbs: Richtlinien zur Öffnung des Wettbewerbs für Telekommunikations-Endgeräte und -dienste; Richtlinien hinsichtlich Genehmigungen, Mietleitungen, Zusammenschaltung, Sprachtelefondienste, ONP etc.	Mit diesem umfangreichen Richtlinienpaket hat die EU den Telekommunikationssektor liberalisiert. Sowohl die Infrastruktur als auch sämtliche Telekommunikationsdienste waren bis Jänner 1998 für den Wettbewerb zu öffnen. Zusätzlich dienten Richtlinien der Harmonisierung, um einen Marktzutritt für Wettbewerber unter

	gleichen Bedingungen zu ermöglichen (Lizenzerteilung, Interconnection, Universaldienst).
1997 - *Konvergenz:* Grünbuch zur Konvergenz der Branchen Telekommunikation, Medien und Informationstechnologie und ihren ordnungspolitischen Auswirkungen. (KOM (97) 623)	Das Thema der Konvergenz wird als prioritärer Politikbereich identifiziert und Optionen für Regulierungen diskutiert.
seit 1997 - *eCommerce:* Europäische Initiative für den elektronischen Geschäftsverkehr. (KOM (97) 157) 1999 - *eEurope:* Eine Informationsgesellschaft für alle. Reihe von Richtlinien, wie z.B. über elektronische Signaturen. 99/93/EG	1997 Start von eCommerce-Förderungsaktivitäten mit dem Ziel, einen umfassenden Rechtsrahmen für den elektronischen Geschäftsverkehr zu schaffen. Initiative des Kommissionspräsidenten Prodi: Ermöglichung des Internetzugangs für alle Bürger, Unternehmen, Schulen und Haushalte via Computer, Mobiltelefon oder TV-Set-top-Box. Förderung des eCommerce, insbesondere mittels Etablierung der TLD (Top Level Domain) .eu.
1999 - *Revision des Regulierungsrahmens:* Kommunikationsbericht: Entwicklung neuer Rahmenbedingungen für elektronische Kommunikationsinfrastrukturen und zugehörige Dienste. (KOM (99) 539)	Als Ergebnis eines Review-Prozesses sollen derzeitige Rechtsvorschriften wesentlich reduziert und vereinfacht werden. Ein technikneutraler, horizontaler Regulierungsansatz für die gesamte Kommunikationsinfrastruktur und zugehörige Dienste wird forciert. Zunehmende Reduktion sektorspezifischer Wettbewerbsregulierung.

* Grünbücher sind von der Kommission veröffentlichte Mitteilungen über einen bestimmten Politikbereich. Sie richten sich vor allem an interessierte Dritte, Organisationen und Einzelpersonen, die dadurch die Möglichkeit erhalten, an der Konsultation und Beratung teilzunehmen. In einigen Fällen ergeben sich daraus legistische Maßnahmen.

** Richtlinien sind verbindliche Rechtshandlungen, die in nationales Recht umgesetzt werden müssen.

Die wachsende Bedeutung, die dem Informations- und Kommunikationssektor innerhalb der EU-Politik zukommt, geht weiters aus der von Kommissionspräsident Prodi Ende 1999 gestarteten Initiative „eEurope – Eine Informationsgesellschaft für alle", aber auch aus dem hohen Anteil der für diesen Bereich vorgesehenen Forschungsfördermittel im *Fünften EU-Rahmenprogramm* (1999-2002) hervor. Von den insgesamt 14,96 Milliarden Euro (inkl. Euratom Programm) entfällt der größte Einzelposten (3,6 Milliarden Euro) auf den Bereich *User Friendly Information Society*. Gemäß der genannten eEurope-Initiative soll die Transformation zur Informationsgesellschaft beschleunigt werden, indem alle Bürger, Schulen, Verwaltungen und Firmen ans Netz gebracht und die „digital literacy" bzw. das Vertrauen der Konsumenten gestärkt werden. Die gezielte Förderung von eCommerce nimmt auch in dieser Initiative eine zentrale Rolle ein. Ein Schwerpunkt liegt bei der Schaffung einer TLD (Top Level Domain) *.eu*, mit der man erhofft, das Image und die Infrastruktur des Internet in Europa zu stärken.[5]

Die EU-Aktivitäten in Richtung Informationsgesellschaft machen in Summe deutlich, dass das veränderte gesellschaftliche Kommunikationssystem eine veränderte Rolle des Nationalstaates im Kommunikationssektor mit sich bringt. Die damit einhergehende Transformation der Staatlichkeit[6] verändert sowohl das Verhältnis von Staat und Wirtschaft als auch die Arbeitsteilung zwischen nationalstaatlicher, supranationaler und internationaler Politik. Grundlegend stellt sich die Frage, ob und welche staatlichen Eingriffe in den Kommunikationsmarkt nach wie vor gerechtfertigt und welche institutionellen Reformen – von Gesetzen, Regulierungsorganisationen und politischen Zuständigkeiten – daraus ableitbar sind.

1.1 Neue Politische Ökonomie und Industrieökonomie als Analyseansatz

Zur Analyse der Mediamatik und der Digitalen Ökonomie sowie des damit einhergehenden politisch-ökonomischen Transformationsprozesses wird in dieser Studie ein Forschungsansatz verwendet, der maßgeblich auf Theorien der Neu-

5 *Vgl. auch Arbeitspapier der Kommission zur Schaffung von .eu als Internet-Bereichsnamen oberster Stufe (Europäische Kommission 2000a).*

6 *Siehe Kapitel 5.1.*

en Politischen Ökonomie aufbaut. Denn diese berücksichtigen die Wirkungen von Regierungen, Verwaltungen und Interessengruppen auf Wirtschaft und Politik, die gerade in der politisch sensiblen Medienindustrie von hoher Bedeutung sind. Politische Institutionen werden hierbei mit ökonomischen Maßstäben analysiert. Dadurch werden traditionelle industrieökonomische Analysen, die auf den Zusammenhang von Marktstrukturen (z.B. Monopol, Oligopol, Monopson), Unternehmensstrategien und Marktergebnissen abzielen und wirtschaftspolitische Ansätze, die auf Wettbewerbs- und Ordnungspolitik – und damit auf das Spannungsfeld von *Markt- und Staatversagen* – fokussieren, ergänzt.

Wie lassen sich nationale, supranationale und internationale Markteingriffe politisch-ökonomisch rechtfertigen? Zu den allgemein anerkannten, zentralen *Staatsaufgaben*[7] zählt die Setzung förderlicher ökonomischer Rahmenbedingungen für den Wettbewerb der Wirtschaftssubjekte. Die politische Steuerung erfolgt im Wesentlichen mittels gesetzlicher *Regulierungen*. Diese staatlichen Regulierungen, verstanden als Eingriffe in das Marktverhalten der Akteure bzw. als nicht marktkonforme Interventionen, bewegen sich im Spannungsfeld der Verfolgung von öffentlichen und privaten Interessen. Aus politisch-ökonomischer Sicht können sie mit der Erfüllung folgender Aufgaben begründet werden:[8]

- die Regelung von Eigentums- und Verfügungsrechten und
- die Vermeidung bzw. Kompensation von Marktversagen.

Anhand dieser beiden Staatsaufgaben lassen sich traditionelle Regulierungen des Kommunikationssektors und in der Folge auch Reformerfordernisse für die Regulierung erklären, wie die folgenden Beispiele illustrieren sollen. Es ist jedoch zu beachten, dass die ökonomischen Analyseergebnisse für die Staatstätigkeit nicht ausschlaggebend sind, sondern erst im Zusammenhang mit vorherrschenden politisch-ideologischen Zielsetzungen an Bedeutung gewinnen oder verlieren.

Die Regelung von *Eigentums- und Verfügungsrechten* dient generell der Schaffung förderlicher Rahmenbedingungen für die Marktentwicklung. Im elektronischen Kommunikationssektor fällt auch die Frequenzvergabe unter diese Staatsaufgabe. Die postulierte, aber sachlich im Ausmaß umstrittene Frequenz-

---

7 *Diese Staatsaufgaben werden nicht staatstheoretisch abgeleitet, sondern politisch festgelegt.*

8 *Vgl. Lehner 1990, 215.*

knappheit[9] wurde zur zentralen Begründung für die ursprüngliche Monopolregulierung im Rundfunkbereich. Im elektronischen Medienbereich führt die Digitalisierung der Übertragungswege zu einer Vervielfachung der Übertragungskapazität, wodurch speziell im terrestrischen Bereich das Frequenzknappheitsargument an Gewicht verliert[10] und sich somit die Ausgangsbedingungen für die staatliche Lizenzvergabe verändern. Effizientes staatliches Frequenzmanagement soll die optimale Nutzung des Spektrums gewährleisten. Durch Liberalisierung und Konvergenz kommen auch neue Regulierungsaufgaben hinzu. Das Management des knappen Nummernraumes für Telefondienste wird ebenso zum wettbewerbsrelevanten Aufgabenfeld wie die Verwaltung des Adressenraums für das Internet, wo die Rechtsstreitigkeiten um Domain Names zunehmen, wo es vermehrt zum spekulativen „Cyber Squatting" kommt, der Besetzung von Adressen mit dem Ziel, sie später teuer weiterzuverkaufen. Das „Internet Domain Name System" wurde zu einer Regulierungsaufgabe, mit der auch private Organisationen (z.B. die ICANN – Internet Corporation for Assigned Names and Numbers) betraut sind. In der Mediamatik wird der Schutz des geistigen Eigentums (Intellectual Property Rights IPR) schwieriger. IPR-Verletzungen werden erleichtert und es stellt sich auch die Frage, wer für diese Verletzungen im Internet verantwortlich ist.

Ein Großteil der Kommunikationsregulierungen lässt sich auf drohendes *Marktversagen* zurückführen. Marktversagen entsteht, falls der Marktprozess zu ökonomisch ineffizienten Ergebnissen führt, wenn also beispielsweise zu teuer oder zu wenig angeboten wird. Im Kommunikationssektor sind es v.a. die *Markteigenschaften* natürliches Monopol, meritorische Güter, öffentliche Güter, Externalitäten und Informationsdefizite für den Konsumenten, die zu Marktversagen führen und somit staatliche Eingriffe zu deren Verhinderung oder Kompensation rechtfertigen.

Sowohl die traditionellen Monopolregulierungen im Telekommunikationssektor (Telefondienste) als auch der öffentliche Besitz[11] von Telefonfirmen wurden etwa mit der Markteigenschaft des *natürlichen Monopols* argumentiert.

---

9 *Bei der Beurteilung der Frequenzknappheit ist zu berücksichtigen, dass Monopolregulierungen zu einer unökonomischen Nutzung des Spektrums verleiten und somit die Knappheit verschärfen.*

10 *Dabei ist jedoch der Zeitfaktor des technischen Fortschritts zu beachten, der meist unterschätzt wird.*

11 *Öffentlicher Besitz kann als stärkste Ausprägung der Regulierung interpretiert werden.*

Dies besagt, dass die makroökonomischen Kosten bei gegebener Nachfrage am geringsten sind, falls es nur einen Anbieter gibt. Daraus lässt sich die Rechtfertigung von Monopolregulierungen ableiten, um so eine Ressourcenverschwendung zu verhindern. Aufgrund hoher Fixkosten war beispielsweise der Aufbau eines Telefonnetzes mit hohen economies of scale (Größenvorteilen) verbunden, sodass makroökonomische Effizienzüberlegungen nahelegten, dass nur eine Firma das Telefonnetz anbieten soll. Der parallele Aufbau von zwei oder mehreren Netzen wurde daher mittels Monopolregulierung verhindert. Technische Innovationen und insbesondere die Digitalisierung des Telekommunikationssektors führten zu einer Veränderung der Kostenstruktur. Damit verlor auch die Argumentation, dass es sich hierbei um ein natürliches Monopol handle, an Gewicht und es erfolgte seit den 70er-Jahren ein schrittweiser Abbau der Monopolregulierungen. In der Digitalen Ökonomie gewinnen natürliche Monopole jedoch wieder stärker an Bedeutung.[12] Die den natürlichen Monopolen zu Grunde liegenden ökonomischen Größenvorteile sind darauf zurückzuführen, dass die Produktionsfunktion nicht konstante, sondern wachsende Skalenerträge aufweist. Eine Produktionsfunktion weist konstante Skalenerträge auf, wenn eine Erhöhung aller Faktormengen im gleichen Ausmaß zu einer proportionalen Steigerung des Outputs führt. Im Falle wachsender Skalenerträge führt eine derartige Ausweitung des Faktoreinsatzes zu einer überproportionalen Ausweitung des Outputs. Daraus folgt, dass die Produktion geringer Outputmengen höhere Stückkosten verursacht als jene größerer Mengen: Die Grenzkosten der Produktion sind im Bereich der am Markt nachgefragten Menge fallend, d.h. die Produktion jeder weiteren Outputeinheit verursacht immer geringere zusätzliche Kosten. Die optimale Unternehmensgröße ist erreicht, sobald die Grenzkosten wieder steigend sind oder die Marktnachfrage befriedigt ist.

In einem Wettbewerbsmarkt entsprechen die Marktpreise den Grenzkosten, d.h. den durch die Produktion der letzten produzierten Einheit anfallenden zusätzlichen Kosten. Falls wachsende Skalenerträge vorliegen, sind diese Grenzkosten der letzten Einheit aber niedriger als die durchschnittlichen Stückkosten. Wird zu Wettbewerbspreisen verkauft, liegt der Preis in so einem Fall unter den durchschnittlichen Stückkosten, sodass der Wettbewerb zu Verlusten für die betroffenen Unternehmen führt. Im Ein-Produkt-Fall sind wachsende Skalenerträge eine hinreichende Bedingung für das Entstehen eines natürlichen Monopols, wenn die optimale Unternehmensgröße über dem Markt-

---

12 Siehe Kapitel 2.2.

volumen liegt. Da dieses nicht zu Wettbewerbspreisen, sondern teurer anbietet, fallen auch keine Verluste an. Im Mehr-Produkt-Fall ist das Vorherrschen wachsender Skalenerträge keine hinreichende Bedingung mehr. Zur Entstehung eines natürlichen Monopols muss die Kostenfunktion zusätzlich die Eigenschaft der Verbundvorteile haben: Die Summe der Stand-alone-Kosten ist höher als die Summe der Zusatzkosten der Produktion verschiedener Güter in einem Unternehmen.[13] Liegen im Bereich der am Markt nachgefragten Menge sowohl wachsende Skalenerträge als auch Verbundvorteile vor, spricht man von Subadditivität. Diese ist im Mehr-Produkt-Fall eine hinreichende Bedingung für das Entstehen eines natürlichen Monopols.

Meritorische Güter (z.B. im Bereich Bildung und Gesundheit) sind dadurch gekennzeichnet, dass sie weniger nachgefragt werden als gesellschaftlich erwünscht wäre. Ihre Produktion ist daher im gesellschaftlichen Interesse. Daraus wird die Rechtfertigung für staatliche Produktionsförderungen, mitunter auch für den verpflichtenden Konsum (z.B. Schulpflicht) abgeleitet. Der umgekehrte Fall gilt für *demeritorische Güter* (z.B. Drogen, Pornografie). Sie werden im Marktprozess stärker als gesellschaftlich gewünscht nachgefragt. Die staatliche Förderung des öffentlich-rechtlichen Rundfunks wird v.a. mit seiner Eigenschaft als meritorisches Gut begründet: Wenn sein Angebot den Marktkräften überlassen wird, dann würde davon zu wenig produziert werden. In der Mediamatik könnten nun auch Internetdienste als meritorische Güter eingestuft werden, wodurch sich u.a. ein Abstimmungsbedarf mit der Rundfunkpolitik ergäbe. In der Regulierungspraxis erweist es sich oft als problematisch, wer nach welchen Kriterien festlegen kann, ob es sich um gesellschaftlich erwünschte Güter handelt oder nicht.

Regulierungen des terrestrischen Fernsehens werden auch mit dessen Eigenschaft als *öffentliches Gut* gerechtfertigt. Die Bezeichnung als „öffentlich" sagt nichts darüber aus, ob es von einem öffentlichen Unternehmen angeboten oder ob es im öffentlichen Interesse produziert wird. Vielmehr unterscheidet sich ein öffentliches von einem privaten Gut durch folgende Kriterien: (1) Die „Nicht-Ausschließbarkeit im Konsum", beziehungsweise, dass der Ausschluss von Konsumenten mit hohen Kosten verbunden wäre (z.B. durch eine lückenlose Kontrolle der Gebührenbezahlung). Daraus ergibt sich die Free-Rider-Pro-

13 Stand-alone-Kosten sind jene Kosten, die anfallen, wenn das Gut von einem Unternehmen als einziges Gut hergestellt wird. Zusatzkosten sind jene Kosten, die zusätzlich anfallen, wenn das entsprechende Gut von einem bestehenden Unternehmen mitproduziert wird (vgl. Finsinger 1991, 87 ff.).

blematik (Konsum ohne zu bezahlen) und in der Folge Unterproduktion, da die Preisforderungen nicht durchgesetzt bzw. die Produktionskosten nicht hereingespielt werden können. (2) Die „Nicht-Rivalität im Konsum" bedeutet, dass der Konsum durch eine Person den gleichzeitigen Konsum durch andere Personen nicht beschränkt, sodass der Konsum durch eine Person das Gut nicht reduziert. Kostenseitig betrachtet, sind die Produktionskosten öffentlicher Güter unabhängig vom Konsum. Die Fixkosten sind hoch, die marginalen Kosten jedoch gering. Daraus resultieren Preissetzungsprobleme und in der Folge wird entweder zu viel oder zu wenig produziert (Suboptimalität). Im Fall des analogen terrestrischen Fernsehens sind nicht nur das Produkt, sondern auch dessen Zustellung ein öffentliches Gut. Der durch technische Innovationen ermöglichte Trend von Free- zu Pay-Services reduziert das Problem der Nicht-Ausschließbarkeit und verändert somit die Ausgangsbedingungen und Aufgabenstellungen für Regulierungen.[14]

Externalitäten, Wirkungen auf unbeteiligte Dritte, können ebenfalls zu Marktversagen (Unterproduktion) führen. In der Mediamatik kommen besonders *Netzexternalitäten* zum Tragen. Sie werden nicht in der Kosten-Nutzen-Kalkulation des Konsumenten berücksichtigt. Der soziale Nutzen eines zusätzlichen Telefonanschlusses ist beispielsweise größer als der individuelle Nutzen des Teilnehmers, da auch die restlichen Teilnehmer von jedem zusätzlichen Anschluss profitieren. Falls der neue Netzteilnehmer nicht bereit ist, für diesen über seinen individuellen Nutzen hinausgehenden Nutzen zu bezahlen, und auch die anderen Netzteilnehmer diesen Zusatznutzen nicht zu subventionieren bereit sind, kann es zu einem suboptimalen Wachstum des Netzes kommen. Auch der Beitrag der Telekommunikation zur nationalen Sicherheit ist eine Externalität. Bei *räumlichen* Externalitäten wird davon ausgegangen, dass der Infrastrukturausbau von abgelegenen Gebieten auch im Interesse der restlichen Regionen erfolgt. Die Internalisierung von Externalitäten kann mittels (Quer-)Subventionen, beispielsweise mittels einer staatlich geregelten Universaldienstpolitik erfolgen. Im Mediensektor sind es nicht-ökonomische Effekte der Inhalte von Massenmedien auf die Gesellschaft, sogenannte *„informational"*-Externalitäten, mit denen Inhaltsregulierungen (Zensur, Quotenregulierungen, öffentlich-rechtliches Fernsehen etc.) argumentiert werden. Denn gemäß der Manipulationsthese beeinflussen die Inhalte von Massenmedien auch generell die sozialen und politischen Werte in der Gesellschaft. Die Digitale Ökonomie

---

14 Zur Problematik öffentlicher Güter siehe Sandmo 1990; Owen/Wildman1992, 23ff.; Heinrich 1994, 36ff.

ist u.a. dadurch gekennzeichnet, dass die gesamtgesellschaftliche Bedeutung von Netzexternalitäten stark zunimmt.[15] Daraus lassen sich auch neue Regulierungsanforderungen ableiten.

Informationsdefizite beziehungsweise die *mangelnde Markttransparenz* für die Konsumenten können ein weiterer Grund für Marktversagen sein, da die allokative Effizienz beeinträchtigt wird, falls die Konsumenten zu wenig Informationen über die im Markt verfügbaren Produkte haben oder diese Produktinformationen nicht beurteilen können. Im Kommunikationsmarkt ist insbesondere die Qualität von Produkten (z.B. von journalistischen Inhalten) nur schwer vom Konsumenten einschätzbar und vergleichbar.[16] Ein Anspruch an die Internet-Kommunikation in der Digitalen Ökonomie ist es, dass diese asymmetrische Informationssituation zwischen Anbieter und Kosumenten verringert wird, dass die Markttransparenz durch eCommerce verbessert wird. Das Problem der asymmetrischen Information wird aber auch im Zusammenhang mit eCommerce beim Verbraucher- und Datenschutz virulent.[17] Es stellt sich daher die Frage, welche Auswirkungen die Verwendung des Internet auf die Transparenz hat.[18]

Im Kommunikationssektor wurde ein umfassendes *Regulierungssystem* installiert, um verschiedensten Spielarten von Marktversagen entgegenzuwirken. Die Regulierungen setzen meist beim Marktzutritt (Lizenzen), bei den Preisen (Festlegung von maximalen Preisen – price cap Regulierung) und bei den Inhalten (Vielfalt, Qualität, Werbung, Jugendschutz) an. Bei der Diskussion der Institutionalisierung des Regulators (Exekutive) stellt sich die Frage, inwieweit er von der Regierung und inwieweit er von den Interessen der regulierten Industrie unabhängig sein soll. Regulierung kann direkt, öffentlich und *zentralistisch* erfolgen, oder aber in Form von *Selbstregulierung*. Im Kommunikationssektor überwiegt die zentralistische Regulierung, einzig im Printmedienbereich ist die Selbstregulierung traditionell von Bedeutung. Deren Bedeutungszunahme wird nun aber auch für die Digitale Ökonomie, besonders für das Internet erwogen und erprobt. Da Selbstregulierung meist in Kombination mit zentralistischer, staatlicher Regulierung auftritt, stellt sich die Frage nach dem optimalen Mix und der Arbeitsteilung zwischen den beiden Regulierungsansätzen. Ein weiteres Merkmal des traditionellen Regulierungssystems im Kommunikationssektor, sowohl in der Telekommunikations- als auch in der

15 *Siehe Kapitel 2.2.*

16 *Siehe Heinrich 1994, 38.*

17 *Siehe Kapitel 3.1.2.2 und 3.1.2.3.*

18 *Siehe Kapitel 3.1.4.*

Rundfunkindustrie, ist der *öffentliche Besitz* von Unternehmen. Er kann als die stärkste Form der Regulierung betrachtet werden. Denn damit eröffnen sich Möglichkeiten umfassender Einflussnahme auf das Unternehmensverhalten.

Es stellt sich nun nicht nur die Frage, ob und wie sich die Regulierungsaufgaben in der Mediamatik verändern. Für die Gestaltung der zukünftigen Regulierungsstruktur ist auch von Interesse, ob das staatliche Regulierungsinstrumentarium zu den gewünschten Zielen führt oder ob es diesbezüglich zu *Staatsversagen* kommt.

Mit Ansätzen der *Neuen Politischen Ökonomie*, die auch als *Ökonomische Theorie der Politik* bezeichnet wird, kann die Effizienz der Regulierung unter Berücksichtigung des Verhältnisses von verfolgten öffentlichen Interessen und Partikularinteressen analysiert werden. In der *Special Interest Theorie*[19] bezweifelt man die Wirksamkeit der Public Interest Regulierung und schlägt auch alternative, marktkonforme Instrumente[20] vor. So wird hinterfragt, ob die Regulierung entsprechend der postulierten Wohlfahrtsfunktion – dem öffentlichen Interesse – erfolgt (etwa bei der öffentlichen Vergabepolitik, bei Lizenzzuteilungen und Medienkonzentrationsfragen), oder ob sie vielmehr durch Partikularinteressen der regulierten Industrie bestimmt wird (*Regulatory Capture*).[21] Das anfangs antagonistische Verhältnis von Public and Special Interest Theorien wurde zu einer kombinierten Sichtweise weiterentwickelt, indem argumentiert wurde, dass Special Interests nicht ohne Public Interests verfolgt werden können, da ein Ausgleich zwischen den Interessengruppen erfolgen muss. Eine Erweiterung des politisch-ökonomischen Analyseapparats brachte die Institutionenökonomie,[22] die u.a. auf Basis des Transaktionskostenansatzes die Suche nach einer effizienten Institutionalisierung staatlicher Regulierungen unterstützen kann: etwa durch die Klärung von Zuständigkeiten, durch Transparenz und die Bündelung von Regulierungskompetenzen.

Aufgrund der eminenten Bedeutung der regulierten Industrie (v.a. der Massenmedien, aber auch der Telekommunikationsunternehmen) für den Machterhalt der Politik (Regulator) ist die Gefahr des Regulatory Capture im Kommunikationssektor höchst brisant.[23] Aus Konsumentensicht sind daher institutio-

---

19 *Vgl. Stigler 1971, Peltzman 1976.*

20 *Vgl. Coase 1960.*

21 *Vgl. Stigler 1971.*

22 *Vgl. North 1992; Williamson 1990.*

23 *Staatsversagen in der amerikanischen Kommunikationspolitik wird u.a. auch mit der Vereinnahmung der FCC (Federal Communications Commission) durch die regulierte Industrie begründet (Vgl. OTA 1990, 85).*

nelle Maßnahmen zur Reduktion der Anfälligkeit für Regulatory Capture ebenso ein vordringliches Anliegen wie die Reduktion der Kosten staatlicher Regulierung.

Den äußeren Rahmen für soziale und geschäftliche Interaktionen, für Kooperationen und Wettbewerb bilden *Institutionen*.[24] Sie sind für die Analyse der adäquaten Rolle des Staates in der Mediamatik und der Digitalen Ökonomie von besonderem Interesse. Institutionen, verstanden als Organisationen und Normen, dienen politisch gesehen der Durchsetzung individueller und kollektiver Interessen und ökonomisch gesehen der Wohlfahrtssteigerung. Diese Verbesserung wird u.a. anhand der anfallenden *Transaktionskosten* gemessen. Transaktionen finden statt, wenn Güter oder Leistungen übertragen werden.[25] Unter Transaktionskosten versteht man die Reibungskosten bei Übergängen, etwa Informations-, Verhandlungs-, und Abwicklungskosten beim Wechsel von Eigentumsrechten. Ein Hauptzweck der ökonomischen Institutionen besteht laut Williamson darin,[26] Transaktionskosten einzusparen. Aufgrund der Mediamatik und der Digitalen Ökonomie sind umfassende institutionelle Reformen notwendig, die u.a. aufgrund ihrer Wirkung auf die Transaktionskosten gemessen werden. So hat etwa eine integrierte Mediamatik-Regulierung bedeutende Transaktionskostenvorteile gegenüber getrennten Regulierungsinstitutionen für Telekommunikation und Rundfunk.[27]

In der vorliegenden Untersuchung werden ausgewählte Politikfelder und politisch-ökonomische Strategien evaluiert, mit denen Marktversagen entgegengewirkt werden soll. Dazu zählen Strategien zur Vertrauensbildung in elektronische Märkte, zur Hebung von Qualifikationen, zur Ausschaltung der öffentlichen Gutsproblematik, zum Schutz von geistigem Eigentum und zur Gewährleistung einer effektiven Marktmachtkontrolle in der Mediamatik.

---

24 *Siehe North 1988, 207.*

25 *Vgl. Williamson 1990, 1.*

26 *Vgl. Williamson 1990.*

27 *Siehe Kapitel 2.1.*

2. Mediamatik und Digitale Ökonomie als zentrale Kennzeichen der Informationsgesellschaft

Michael Latzer, Stefan W. Schmitz

Die Informationsgesellschaft ist durch das sich neu formierende gesellschaftliche Kommunikationssystem der Mediamatik und durch die Veränderung des Wirtschaftens in Richtung Digitale Ökonomie gekennzeichnet. Ziel dieses Abschnittes ist es, die wesentlichen Charakteristika dieser zwei Merkmale zu erläutern.

2.1 Mediamatik

Das als *Mediamatik*[1] (*Media*, Tele*matik*) bezeichnete Kommunikationssystem ist das Produkt aus einer Kombination der technischen, ökonomischen und politischen Trends der *Digitalisierung, Liberalisierung, Konvergenz* und *Globalisierung* im Kommunikationssektor.

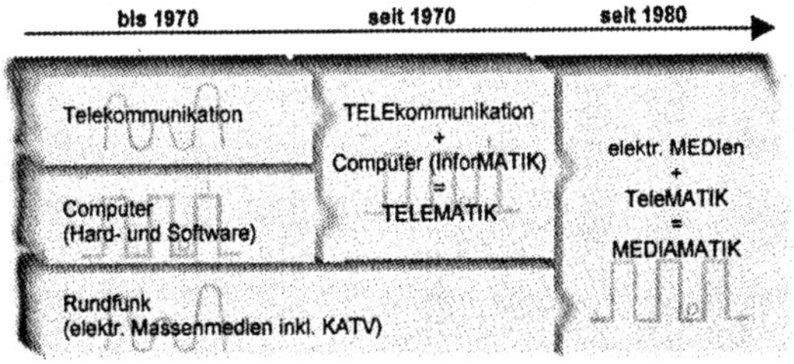

Quelle: Latzer 1997, 61

Abbildung 6: Konvergenzschritte im elektronischen Kommunikationssektor

1 *Für eine ausführliche Analyse siehe Latzer 1997, 1998a.*

In Abbildung 6 ist die Entwicklung des elektronischen Kommunikationssystems schematisch zusammengefasst. Historisch betrachtet haben sich die Bereiche Telekommunikation, Rundfunk und Computer getrennt voneinander etabliert. Sie unterscheiden sich nicht nur in der verwendeten Technik und den in den Subsektoren tätigen Unternehmen, sondern auch in den staatlichen Regulierungssystemen und politischen Zuständigkeiten.[2] Seit den 80er-Jahren lassen sich zwei Konvergenzschritte beobachten:

- Der *erste* Konvergenzschritt in Richtung *Telematik* ist eng mit der Digitalisierung und der Liberalisierung im Telekommunikationssektor verknüpft.
- Für den *zweiten* Konvergenzschritt in Richtung *Mediamatik* kommt die Digitalisierung des ebenfalls liberalisierten Mediensektors hinzu.

Die traditionellen Grenzziehungen zwischen Medien und Telematik verschwimmen nicht nur auf technischer, sondern auch auf gesellschaftlich-funktionaler und betrieblicher Ebene. Ergiebige Anschauungsbeispiele für den zweiten Konvergenzschritt sind das Internet und digitales Fernsehen. Die Digitalisierung schafft die gemeinsame technologische Basis, die sektorenübergreifende Kombinationen und gegenseitige Substitutionen bezüglich Übertragungssystemen, Endgeräten und Inhalten erlauben. Die traditionelle gesellschaftlich-funktionale Unterteilung: Telekommunikation für Geschäftskommunikation und Rundfunk für Unterhaltung verschwindet aufgrund sogenannter hybrider Dienste (z.B. Internet- und Audiotex-Dienste), die Eigenschaften von beiden Bereichen kombinieren. Auf der betrieblichen Ebene geht die traditionell getrennte Industriestruktur aufgrund von zunehmenden Unternehmenszusammenschlüssen und Kooperationen verloren. Hinweise für die *betriebliche Konvergenz* aber auch für eine *zunehmende Konzentration* finden sich bei der Durchsicht jener Fälle, die unter die Fusionskontrollverordnung der EU fallen. Telekommunikations- und Medienunternehmen weiten ihre Aktivitäten auf Internet- und Pay-TV-Märkte aus. Beispiele für sektorenübergreifende Konzentrationsprozesse sind die Zusammenschlüsse von Deutsche Telekom/Springer/Holzbrinck und Infoseek, die gemeinsam Such- und Navigationssysteme für Internetnutzer anbieten wollen, oder von Cegetel/Canal+/AOL/Bertelsmann, die ihre Internet-Aktivitäten in Frankreich verschmelzen wollen. Die Analyse von Fällen, die von der Merger Task Force der Generaldirektion Wettbewerb der EU abgelehnt wurden, verweist auf die besondere Sensibilität des Mediensektors. Zwischen 1990 und

2 *Latzer 1997, 49ff.*

1999 wurden insgesamt rund 1100 Zusammenschlüsse überprüft und davon nur elf untersagt. Obwohl der Medienbereich proportional nicht stärker vertreten ist als andere Bereiche, finden sich in diesem aber fünf Untersagungen: Prominente Beispiele sind zwei miteinander verknüpfte Zusammenschlussvorhaben aus dem Jahr 1998 im Bereich digitales TV, in die Bertelsmann, Kirch und die Deutsche Telekom involviert waren.

Auffällig ist auch das stete Anwachsen der Zusammenschlüsse im Telekommunikationssektor (siehe Abbildung 7). Im Jahr 1998 gab es im Telekommunikationssektor erstmals die meisten von der EU Merger Task Force genehmigten Zusammenschlüsse. Der Sektor ist von 12 Fällen im Jahr 1997 auf 30 Fälle im Jahr 1999 angewachsen.

Zusammenschlüsse, 1991–1999, im europäischen TK-Sektor, die unter die Europäische Fusionskontrollverordnung fallen

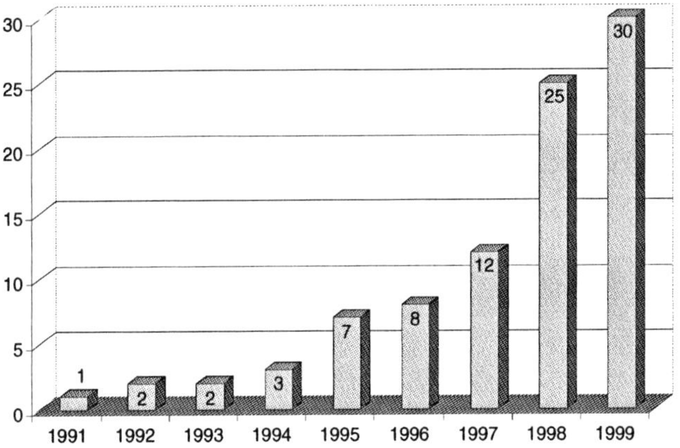

Quelle: Just/Latzer 1999, 28, adaptiert und aktualisiert

Abbildung 7

Die Mediamatik ist weiters durch den *Globalisierungstrend* geprägt. Dieser baut auf der Liberalisierung auf und äußert sich im zunehmend grenzüberschreitenden Charakter der Dienste und in der verstärkt transnationalen Tätigkeit der Unternehmen. Damit erhöht sich z.B. die Problemstellung, welche nationalen Regulierungen (Konsumenten- und Datenschutz; Steuern) zur Anwendung kommen: Jene, wo der Dienste-Anbieter (Herkunftsland), oder jene, wo der Konsument (Bestimmungsland) ansässig ist.

In Tabelle 2 sind einige Mediamatik-Charakteristika im Vergleich zu den traditionellen Unterscheidungsmerkmalen von Telekommunikation und Rundfunk zusammengefasst.

Tabelle 2: Charakteristika der Mediamatik

	TK-traditionell	**RF-traditionell**	**Mediamatik**
Technik:	• Vermittlungsnetze • kabelgebunden • Kupfer-Zweidraht • analog • Telefon, Computer	• Verteilnetze • Funk, terrestrisch • Koaxialkabel (KATV) • analog • TV-Gerät	• Netz von Netzen (meist Vermittl.netze) • hybrid: Glasfaser+BB-Funk • digital • Teleputer (multifunktional)
Kommunikationsstruktur:	• Individualkomm. (eins zu eins) • interaktiv (Zweiweg-komm.) • synchron (Sprache) + asynchron (Daten)	• Massenkomm. (eins zu viele) • distributiv (Einweg-komm.) • synchrone Übertragung	• Individual- und Gruppenkomm. nimmt relativ zu • interaktiv (abgestuft) • asynchron steigt an
Benutzerkontrolle:	• hoch	• niedrig	• hoch
Organisation:	• falls Inhalt, dann von Distribution getrennt	• Inhalt (Programm) und Distribution integriert	• Kombinationen diagonaler und vertikaler Integration
Institutionalisierung:			
Verteilung:	• PTO (EU: in öffentlicher Hand)	• RF-Unternehmen (EU: öffentlich-rechtlich)	• offen: traditionelle und alternative Netzanbieter

Regulierung:	• integriert mit Betrieb (PTO) • meist getrennt von RF	• getrennt von Betrieb; in Behörde, Ministerium • meist getrennt von TK	• unabhängig, für Komm.sektor integriert
Politische Ziele:	• Universal-dienst in abgeschwächter Form: • Beschäftigung • nationale Technikentw.	• öffentlicher Rundfunk • Vielfalt, Ausgewogenheit • kulturelle Identität	• Wettbewerbs-fähigkeit • Arbeitsplätze • „integrativer" Universal-dienst
Regulierung:			
Modell:	• Common Carrier	• originäres RF-Modell	• integratives Modell
Ansatz/Form:	• als Wirt-schaftsgut • technik-zentriert • Marktzutritt • Preis	• als Kulturgut • inhalts-zentriert • Marktzutritt • Preis • Inhalt	• als Wirt-schaftsgut • supranationale Regulierung nimmt zu • Inhalts- und Wettbewerbs-regulierung
Rechtfertigung/ kollektive Ziele:	• effiziente Infrastruktur • fairer Zugang • nationale Sicherheit	• kulturelle Identität, Vielfalt, Bildung, Jugendschutz	• Wettbewerbs-fähigkeit • fairer Zugang • Vielfalt
gesell. Funktion/ Konsumenten:	• geschäftl. Kommunik. • geschäftl.+priv. Nutzung	• Freizeit/ Unterhaltung/Kultur/ Bildung • private Nutzung	• geschäftliche und private Kommunikation

Tarifierung:	• Grundgebühr + zeit- und distanzabhängige Nutzungsgebühr	• nutzungsunabhängige Grundgebühr	• Videokanal als Einheit der Tarifierung
Finanzierung:	• Gebühren	• Gebühren + Werbung	• Entgelt + Werbung; Fonds
zentrale gesell. Bedeutung:	• ökonomisch: hoch durch Umsatz u. Beschäftigung; Vorleistungen; Koordinationsfunktion	• Unterhaltung • Kultur/Bildung	• vorerst ökonomisch, dann kulturell

Quelle: Latzer 1997, 244

Die oben genannten Trends im Kommunikationssektor verändern die Rahmenbedingungen für staatliche Steuerungs- und Regelungsansätze und verlangen nach dementsprechenden Reformen. Weltweite Regulierungsreformen des vergangenen Jahrzehnts haben sich auf die *Liberalisierung* des Telekommunikations- und Mediensektors konzentriert. Die Rundfunkmärkte sind mit wenigen Ausnahmen[3] liberalisiert, und seit 1998 ist auch die Marktöffnung im Telekommunikationssektor formal abgeschlossen. Dieser Prozess ist mit einem institutionellen Wandel des Regulierungssystems verbunden, der sowohl in den entsprechenden Gesetzen als auch in der Organisation der Regulierungsinstanzen seinen Niederschlag findet. Das kommende Jahrzehnt wird von weiterführenden Regulierungsreformen geprägt sein, die in Reaktion auf den Konvergenz- und Globalisierungstrend in Richtung Mediamatik gestaltet werden.[4]

3 *Zu den Ausnahmen zählt der terrestrische TV-Bereich in Österreich.*

4 *Für eine Analyse der EU-Aktivitäten in Reaktion auf Konvergenz und Globalisierung siehe Latzer 1998b und Just/Latzer 1999.*

Die mit der Konvergenz verbundenen Regulierungsprobleme lassen sich pointiert folgendermaßen zusammenfassen: Während die Kommunikationswirtschaft bereits in die Ära der Mediamatik eingetreten ist, bleibt die Politik noch weitgehend der traditionell getrennten Sichtweise von Telekommunikation und Medien verhaftet. Diese in Wissenschaft und Politik etablierte und praktizierte Dichotomie in Medien (Rundfunk) und Telekommunikation ist aber zunehmend obsolet. Die sogenannten „Neuen Medien" – die jahrzehntelang verwendete Bezeichnung als „neu" signalisiert bereits die analytische Hilflosigkeit bezüglich Konvergenz – lassen sich weder der Telekommunikation noch dem Rundfunk (Massenmedien) eindeutig zuordnen. Daraus folgen Probleme in der analytischen Erfassung des Umbruchs im Kommunikationssektor, Unklarheit über politische Zuständigkeit und v.a. Rechtsunsicherheit für Unternehmen im Hoffnungsmarkt Mediamatik, da die zunehmend willkürliche, (interessen)politische Kategorisierung in Telekommunikation oder Rundfunk auch mit unterschiedlichen nationalen und transnationalen Markteingriffen (Regulierungen) und folglich mit unterschiedlichen Marktbedingungen verknüpft ist.

Einige Beispiele sollen die *Rechtsunsicherheit* und die daraus resultierenden Marktentwicklungshemmnisse veranschaulichen:

- Die ungeklärte Frage der Verantwortung für Inhalte im Netz führte in Österreich zur Beschlagnahme von Internet-Rechnern und in Deutschland zur Verurteilung des Internetproviders Compuserve. Unklar ist, ob das Regulierungsmodell der Presse (Verantwortung des Herausgebers) oder das des Telekommunikationssektors (keine Verantwortung für Inhalte) angewendet werden soll.
- Ungeklärt ist auch die Kategorisierung in öffentliche oder private Kommunikation. Rechtsradikale Inhalte im Netz fallen bspw. nur dann unter das österreichische Wiederbetätigungsgesetz, falls (willkürlich) festgelegt wird, dass es sich bei Web-Seiten um öffentliche und nicht um private Kommunikation handelt.
- Webcasting-Dienste (die Verbreitung von Audio-Inhalten und Videos über das Internet) werden innerhalb Europas unterschiedlich kategorisiert. In Dänemark und den Niederlanden als Telekommunikationsdienste, in Frankreich kann Webcasting sowohl als Telekommunikations- oder als Rundfunkdienst reguliert werden, abhängig von der Klassifizierung der jeweiligen Inhalte als Massen- oder Individualkommunikation. Deutschland zieht zur

Beurteilung ebenfalls den Inhalt heran, unterscheidet dann aber zwischen lizenzpflichtigem Rundfunk und nicht-lizenzpflichtigen Mediendiensten. Für die Diensteanbieter ergeben sich somit unterschiedliche ökonomische Rahmenbedingungen, da mit der Klassifikation als Medien- bzw. Rundfunkdienst unterschiedliche Inhaltsauflagen (europäische Quotenregulierung, Werbungsrestriktionen etc.) und Lizenzbestimmungen zur Anwendung gelangen.

- Willkür bei Video-on-Demand-Kategorisierung (VOD): Die traditionellen Zuteilungskriterien versagen; wenn VOD als Rundfunk kategorisiert wird, dann gelten die inhaltlichen Quotenauflagen der EU.
- Unterschiedliche Frequenzpolitik führt zu Wettbewerbsverzerrungen: Im Rundfunk werden die Frequenzen „verschenkt", während sie im Telekommunikationsbereich teuer vergeben werden. Falls die „Rundfunkfrequenzen" nun auch für kommerzielle (Telekommunikations-) Dienste von den Firmen selbst verwendet oder auch zu diesem Zweck weitervermietet werden, resultieren daraus Verzerrungen des Wettbewerbs.
- Unterschiedliche Inhaltsregulierungen führen politische Zielsetzungen ad absurdum. Via Rundfunk dürfen erste Wahlergebnisse während des Wahlvorganges nicht gesendet werden, via Internet ist dies jedoch erlaubt. Werbungsbeschränkungen zur Reduktion demeritorischer Güter gelten zwar im Rundfunkbereich, nicht aber im Internet.

Die Liste der umstrittenen Themen ist bereits lang und laufend kommen neue Problemfälle hinzu. Die Beispiele zeigen, wie die obsolete technikzentrierte Regulierung die Entfaltung der Mediamatik empfindlich stören kann.

Die regulatorische Reduktion von Rechtsunsicherheit wird durch den *Globalisierungstrend* erschwert, zumal der transnationale Charakter der Mediamatik nach einer grenzüberschreitenden Abstimmung der Regulierungen verlangt, wobei sich gerade bei sozialen Regulierungen (Datenschutz, Arbeitsrecht, Jugend- und Konsumentenschutz) und Inhaltsregulierungen die Problematik unterschiedlicher gesellschaftlicher Normen und Rechtssysteme stellt.

2.1.1 Mediamatik-Politik

Wie oben ausgeführt, resultiert die Beibehaltung der traditionellen Steuerungs- und Regelungspraxis in steigender Rechtsunsicherheit und sie hemmt die Entfaltung der Mediamatikmärkte, mithin auch der Informationsgesellschaft. Die traditionelle Telekommunikations-Medien-Dichotomie, getrennte politische Kompetenzen, Regulierungsinstitutionen und -modelle sind obsolet.

Als zukunftsorientiertes Folgemodell zur getrennten Medien- und Telekommunikationspolitik lässt sich eine Mediamatik-Politik skizzieren, die auf folgenden Eckpfeilern beruht:[5]

1. Es handelt sich um einen integrativen Ansatz, der auf eine einheitliche Regulierung der elektronischen Kommunikation abzielt und auch um nicht-elektronische Kommunikation erweiterbar ist.
2. Die institutionelle Integration der bislang getrennten Sub-Bereiche erfolgt sowohl auf organisatorischer Ebene (politische Strategien; Regulierungsorganisation) als auch auf der Ebene der Normen (Gesetze). Die organisatorische Integration soll die Transaktionskosten senken und die Lösungskapazität der so entstehenden Kompetenzzentren erhöhen. Eine vereinheitlichte Regulierung auf der Plattform- und Inhaltsebene soll Wettbewerbsverzerrungen, die aufgrund unterschiedlicher Regulierungen existieren, verhindern.
3. Es handelt sich um ein dynamisches Modell,[6] d.h. es ist möglichst flexibel, technikneutral und erweiterbar angelegt. Periodisch erfolgende Adaptionen aufgrund technischer und ökonomischer Veränderungen werden bereits in die Konzeption der Regulierung eingeplant.
4. Als normativer Ansatzpunkt für eine integrative Mediamatik-Strategie, die ökonomische Ziele, wie sie im Telekommunikationssektor vorherrschen, und kulturelle/soziale Ziele, die im Medienbereich dominieren, vereint, kann das Konzept der Kommunikationsfreiheit dienen, das – entsprechend den Merkmalen neuer elektronischer Kommunikationsformen – sowohl die Freiheit des Empfangens als auch des Sendens berücksichtigt.[7]

Der Wechsel zu einer integrativen Politik erfordert eine grundlegende Durchforstung der bisherigen Strategien. Einzubeziehen sind nicht nur die Telekom-

5 *Für eine ausführliche Beschreibung und Begründung siehe Latzer 1997, 173ff., Latzer 1998a, 151.*

6 *Als Beispiel eines dynamischen Modells kann die Universaldienstregulierung in den USA herangezogen werden, wo eine periodische Überprüfung und Adaption der Politik bereits im Gesetz (Telecommunications Act of 1996) verbrieft wurde.*

7 *Somit ist nicht nur das klassische Recht auf freie Meinungsäußerung inkludiert, sondern auch das Recht potenzieller Diensteanbieter, die Kommunikationsinfrastruktur zu nutzen (Latzer 1997, 193f.).*

munikations- und Rundfunkpolitik, sondern auch die (Brief-)Postregulierung und die Presseförderung. Die integrative Sichtweise verlangt etwa, dass der öffentlich-rechtliche Rundfunkauftrag, wo es ja um die universelle Verfügbarkeit gesellschaftlich erwünschter Inhalte geht, mit der Universaldienstpolitik des Telekommunikationssektors, wo es um den universellen Anschluss geht, abgestimmt wird. Darüber hinaus ist auch die Universaldienstpolitik im Postbereich in den Abstimmungsprozess miteinzubeziehen.[8] Bei der Presseförderung ist eine Ziel-Mittel-Analyse auch im Hinblick auf neue Medien vorzunehmen. Der Übergang von einer Presse- zu einer Medienförderung, von einer Unternehmens- zu einer Distributionsförderung ist hier zu überlegen. Ein weiteres Beispiel ist die Marktmachtkontrolle, die im Zuge der Konvergenz auch vermehrt auf „diagonale" Unternehmensverflechtungen, also zwischen bislang getrennten Kommunikationsbereichen, zu achten hat.[9]

Institutioneller Reformbedarf besteht nicht nur bei den meist sektoral getrennten Regulierungsinstanzen, sondern auch bei der *Verteilung der politischen Zuständigkeiten und Aufgabenbereiche* (in Ministerien und im Parlament). Mit der Integration auf organisatorischer Ebene und der damit verbundenen Schaffung von Kompetenzzentren für die (neuen) Herausforderungen der digitalen Welt können Transaktionskosten reduziert und die Problemlösungskapazität gesteigert werden; Synergieeffekte aufgrund ähnlicher Regulierungsaufgaben (Bsp.: Interconnection im Telekom-Bereich und Conditional Access bei digitalem TV) können genutzt und Reibungsverluste zwischen Organisationen reduziert werden. Für die weiterführende Integration bietet sich folgende Variante an: Innerhalb des Mediamatik-Regulators gibt es nur noch eine organisatorische Unterteilung in *ökonomisch/soziale Regulierung* (Marktzutritt, Preise, Marktmacht) und *Inhaltsregulierung*. Die obsolete Trennung nach *technischen* Kriterien in Rundfunk und Telekommunikation wird zugunsten einer *funktionalen* aufgegeben. In einem weiteren Integrationsschritt werden dann auch die Unterschiede bei den gesetzlich festgelegten Regulierungen abgebaut.

Die Europäische Union hat mit dem Grünbuch zur Konvergenz[10] das Konvergenzthema in das Zentrum ihrer kommunikationspolitischen Aktivitäten gerückt und den Wandel von einer *vertikalen* (sektoralen) hin zu einer *horizontalen* (integrierten) Regulierung europaweit problematisiert. Die Konsul-

---

8 Für die Analyse einer integrierten Universaldienstpolitik für die Mediamatik siehe Latzer 1999a.

9 Siehe Kapitel 3.3.

10 KOM (97) 623.

tationsphase[11] zum Grünbuch machte deutlich, dass die Vertreter des Telekommunikations- und Informationstechnologiesektors diesen Wandel stärker unterstützen als jene des Rundfunksektors. Letztere befürchten im Wesentlichen eine zu starke Ökonomisierung des Medienbereiches und eine Unterordnung unter die Telekommunikationsregulierung. Im „The 1999 Communications Review"[12] der Europäischen Union, der auf eine umfassende Revision der EU-Kommunikationsregulierung abzielt, ist die Schaffung eines der Konvergenz adäquaten Regulierungsrahmens ein zentrales Thema, weiters auch die Frage, ob ein (integrierter) europäischer Regulator notwendig sei. Im Kommunikationsbericht 1999 wird dann auch ein horizontaler Regulierungsrahmen für die gesamte Kommunikationsinfrastruktur und die dazugehörigen Dienste vorgeschlagen. Für Inhalte von Rundfunkdiensten und eCommerce-Dienste (Electronic banking etc.) ist weiterhin eine sektorale Regulierung vorgesehen. Bezüglich eines europäischen Regulators wird im Kommunikationsbericht die dringende Notwendigkeit der besseren Zusammenarbeit zwischen nationalen Regulatoren hervorgehoben, die Schaffung eines europäischen Regulators jedoch „zum jetzigen Zeitpunkt" nicht vorgeschlagen, da die Kosten den Mehrwert übersteigen würden.

Einige Länder – auch wenn sie bislang die Ausnahme bilden – haben bereits Schritte in Richtung einer horizontalen Regulierung gesetzt: Für die *US-Politik* erweist es sich als Vorteil, dass mit der FCC (Federal Communications Commission) eine organisatorische Integration von Telekommunikations- und Medienregulierung gegeben ist. Mit dem Telecommunications Act of 1996 wurde auch auf der gesetzlichen Ebene ein Schritt in Richtung einer integrierten Kommunikationsregulierung gesetzt. In *Italien* wurde im Jahr 1998 – als Reaktion auf den Konvergenztrend – eine integrierte Telekommunikations- und Medienregulierungsbehörde eingerichtet. In *Großbritannien* hat ein House of Commons Committee einen integrierten Kommunikationsregulator und eine Integration der politischen Verantwortung in einem neu zu gründenden Department of Communication vorgeschlagen. Auch Konsumentenorganisationen empfehlen die Gründung eines Office of Communication OFCOM, das den Telekommunikationsregulator OFTEL und die Independent Television Commission ersetzen soll. In den *Niederlanden* wurde bereits eine teilweise Integration vollzogen, indem der Telekommunikationsregulator nun auch die Regulierung

11 *Für eine Zusammenfassung der Ergebnisse der Konsultationsphase vgl. SEC (98) 1284; COM (99) 108.*

12 *KOM (99) 539.*

der Kabel-TV-Industrie übernommen hat. Auch in *Österreich* wird im Regierungsübereinkommen 2000 eine integrierte Mediamatik-Kommission in Aussicht gestellt. Dort sollen alle Zuständigkeiten zusammenfließen, die derzeit im Bundeskanzleramt, Verkehrsministerium, Justizministerium oder Wirtschaftsministerium verteilt sind. Die Telekom-Control (GmbH und Kommision), die Kommission zur Wahrung des Rundfunkgesetzes, die Regionalradio-, Kabel- und Satellitenrundfunkbehörde z.B. werden in dieser Kommission aufgehen. Inhaltlich soll die Mediamatik-Kommission in die Bereiche Technik, Inhalt und Wettbewerb gegliedert werden. Neben der Lizenzvergabe wird sie u.a. auch über die geplanten Marktanteilsregelungen, welche die Eigentümerbeschränkungen ersetzen werden, wachen. Die Finanzierung wird aus ihrer Tätigkeit erfolgen. In Österreich ist das Bundeskanzleramt für Medien und das BMVIT (ehemals BMWV) für Telekommunikation verantwortlich. Die bisherigen Regulierungsreformen bei Rundfunk und Telekommunikation konzentrierten sich auf die Marktöffnung und blieben weitgehend unkoordiniert. Mit der im Jahr 1997 erfolgten Änderung des Regionalradiogesetzes[13] wurde der Radiomarkt für eingeschränkten Wettbewerb geöffnet. Als Regulierungsinstitution wurde die „Regionalradio- und Kabelrundfunkbehörde" in Form einer zwölfköpfigen Kollegialbehörde mit richterlichem Einschlag beim Bundeskanzleramt eingerichtet. Ein „Hörfunkbeirat" dient der Beratung der Behörde im Zulassungsverfahren. Zur Liberalisierung des nicht-terrestrischen Rundfunks wurde ein Kabel- und Satelliten-Rundfunkgesetz[14] erlassen, womit Satellitenrundfunk zulassungspflichtig und Kabelrundfunk nur noch anzeigepflichtig ist. Zuständig ist hier ebenfalls die Regionalradio- und Kabelrundfunkbehörde. Der Hörfunkbeirat kann als „Beirat für Kabel- und Satelliten-Rundfunk" zu Stellungnahmen aufgefordert werden. Für die bereits mehrfach angekündigte Liberalisierung des terrestrischen Fernsehens sind die Regelungen noch ausständig, ein Entwurf für eine Änderung des Kabel- und Satellitenrundfunkgesetzes, mit der die Veranstaltung terrestrischen Fernsehens auch für Private ermöglicht werden soll, wurde 1999 vorgelegt. Mit dem 1997 beschlossenen Telekommunikationsgesetz (TKG)[15] wurden im Wesentlichen die von der EU vorgegebenen Liberalisierungsschritte umgesetzt. Als Regulierungsinstitutionen wurden die „Telekom-Control-GmbH", eine zu 100 Prozent im Bundesbesitz befindliche Gesellschaft mit beschränkter Haftung, und die „Telekom-Control-Kommissi-

13 *BGBl. Nr. 41/1997.*

14 *BGBl. Nr. 42/1997.*

15 *BGBl. I Nr. 100/1997.*

on" eingerichtet, wobei die Kommission als weisungsfreie Kollegialbehörde mit richterlichem Einschlag bei der Telekom-Control-GmbH angesiedelt ist. Die Verwaltung der Anteilsrechte an der GmbH wurde dem Bundesminister für Wissenschaft und Verkehr zugeteilt. Die GmbH hat die Geschäftsführung der Kommission inne und ist für alle Aufgaben nach dem TKG und den Verordnungen zuständig, ausgenommen Entscheidungen über „civil rights". Diese sind der Kommission vorbehalten, u.a. die Erteilung von Konzessionen, die Genehmigung von Geschäftsbedingungen, Aufgaben im Zusammenhang mit dem Universaldienstfonds, die Feststellung der marktbeherrschenden Stellung von Unternehmen und die Festlegung von Zusammenschaltungs-Bedingungen im Streitfall.[16]

2.2 Digitale Ökonomie

Die Digitale Ökonomie ist das Ergebnis eines Transformationsprozesses, der auf dem gesellschaftlichen Kommunikationssystem der Informationsgesellschaft, der Mediamatik, und dem wachsenden Anteil des Informationssektors am Bruttoinlandsprodukt aufbaut. Der folgende Abschnitt behandelt die Begriffsbestimmung der Digitalen Ökonomie und ihre Abgrenzung von der traditionellen Wirtschaft. Die dazu herangezogenen Charakteristika der Digitalen Ökonomie werden im Einzelnen diskutiert. Vor allem werden die industrieökonomischen Konzepte, auf denen diese Abgrenzung aufbaut, erläutert: Wachsende Skalenerträge, Netzeffekte und positive Rückkoppelungsschleifen (Feedback-Loops).

2.2.1 Begriffsbestimmung

Der Terminus Digitale Ökonomie, der meist synonym mit Netz- oder Internet-Ökonomie verwendet wird, beschreibt nicht einen Teil der Gesamtwirtschaft, wie das bei der Schattenwirtschaft oder beim eCommerce als Teil des Handels einer Gesamtwirtschaft der Fall ist. In der einschlägigen Literatur wird er zur Beschreibung des Endergebnisses eines Transformationsprozesses, dem ein Großteil der gesamtwirtschaftlichen Aktivitäten ausgesetzt ist, verwendet.

16 Vgl. Latzer 1998a.

Kasten 1:
Definitionen der Digitalen Ökonomie (Netz- oder Internet-Ökonomie)

„Wir stehen am Beginn einer „Netzwerkrevolution", einer wirtschaftlichen und sozialen Veränderung, die mit der industriellen Revolution vergleichbar ist. Diese Revolution spiegelt die Verlagerung wider, die bei vielen kommerziellen und sozialen Aktivitäten stattfindet und sich von der physischen Welt hin zu interaktiven, digitalen Netzwerken bewegt, die auf offenen Standards (z.B. das Internet, einige Online-Dienste, einige interaktive Fernsehsysteme) beruhen. Diese Revolution schafft ein neues Wirtschaftssystem und stellt Unternehmen, staatliche Institutionen und Einzelpersonen vor bedeutende Herausforderungen." (Europäische Kommission 1998a, 1)
„Ergebnis dieser Entwicklung [Anm.: Interoperabilität unterschiedlicher Netze und der Digitalisierung von Information] ist die Internet-Ökonomie. Dies bedeutet, dass sich die Netzwerken innewohnenden Gesetzmäßigkeiten im Zuge einer zunehmenden Vernetzung immer weiter ausbreiten. Der damit einhergehende Paradigmenwechsel von Atomen zu Bits ist bislang nur punktuell zu beobachten. [...] Am Ende dieser Entwicklung wird eine neue Wirtschaftsstruktur stehen, die mit der heutigen Realität nur wenig gemein hat." (Zerdick et al. 1999, 136 f.)
„Die Internet-Ökonomie beschreibt und analysiert ökonomische Funktionsmechanismen auf Märkten, auf denen Netzeffekte auftreten." (Zerdick et al. 1999, 15)
„This emerging new economy [Anm.: the Network Economy] represents a tectonic upheaval in our commonwealth, a far more turbulent reordering than mere digital hardware has produced. The new economic order has its own distinct opportunities and pitfalls. [...] This new economy has three distinguishing characteristics: It is global. It favors intangible things – ideas, information, and relationships. And it is intensely interlinked. These three attributes produce a new type of marketplace and society, one that is rooted in ubiquitous electronic networks." (Kelly 1998, 1f.)
„What has changed? There is a central difference between the old and the new economies: the old industrial economy was driven by economies of scale; the new information economy is driven by the economies of networks. [...] the key concept is positive feedback." (Shapiro/Varian 1999, 173)
„While the full-scale dissemination of electronic commerce is expected in the future, in such an age of electronic commerce it is believed that the age of the „digital economy" will arise, which has different aspects of economic activities than there were in the past." (MITI 1997, 2)
„The terms „digital economy", „information technology", and „electronic commerce" do not have standard definitions. When I refer to information technology, I will be refering to information processing and related equipment, software semiconductors, and telecommunications equipment. References to electronic commerce will mean the use of the internet to sell goods and services. I interpret digital economy as including both information technology and electronic commerce." (Moulton 1999, 2 FN 1)

„The economy in the Age of Network Intelligence is a digital economy. In the old economy, information flow was physical: cash, checks, invoices, bills of lading, reports, face-to-face meetings, analog telephone calls or radio and television transmissions, blueprints, maps, photographs, musical scores, and direct mail advertisements. In the new economy, information in all its forms becomes digital – reduced to bits stored in computers and racing at the speed of light across networks. [...] The new economy is also knowledge based on the application of human know-how to everything we produce and how we produce it. In the new economy, more and more of the economy's added-value will be created by brain rather than by brawn." (Tapscott 1996, 6 f.)

Im Zentrum der Definitionen der Digitalen Ökonomie stehen Netze und darin auftretende *Netzeffekte*, d.h. positive externe Effekte, die durch einen weiteren Anschluss an das Netz auf alle bereits bestehenden Anschlüsse ausgeübt werden. Ein zusätzlicher Anschluss erhöht also den Wert der bereits bestehenden Anschlüsse. In vielen Bereichen der Wirtschaft spielen Netze bereits eine große Rolle, z.B. Eisenbahnen, Gas- und Stromleitungen, Telefonleitungen. Nicht in allen diesen Netzen sind Netzexternalitäten festzustellen: Es steigt zwar der Wert des eigenen Telefonanschlusses, wenn damit mehr Leute erreicht werden können, aber der Wert eines Stromanschlusses ist unabhängig davon, wie viele andere Menschen an das Stromnetz angeschlossen sind. Das bedeutet nicht, dass dies auch für die Kosten keine Rolle spielt, denn in vielen Fällen sind die Kosten der Erstellung eines Netzes degressive Kosten, d.h. die durchschnittlichen mit einem Anschluss entstehenden Kosten fallen mit der Zahl der Anschlüsse. Wird in einer Straße eine Stromleitung verlegt, an die nur ein Haushalt angeschlossen wird, so muss dieser die Gesamtkosten alleine tragen. Werden hingegen sehr viele Haushalte in dieser Straße an das Netz angeschlossen, kann ein Großteil der Kosten (z.B. Grabungsarbeiten) auf alle diese Haushalte aufgeteilt werden. Man spricht in solchen Fällen auch von *wachsenden Skalenerträgen,*[17] da nur unterproportional mehr Mittel eingesetzt werden müssen, um mehr Haushalte anschließen zu können.

Die Digitale Ökonomie unterscheidet sich von der traditionellen Ökonomie durch eine Ausweitung des Bereiches, in dem Netzeffekte eine zentrale Rolle spielen. Einigen der angeführten Autoren zufolge werden alle Bereiche wirtschaftlicher Aktivität von Netzeffekten geprägt sein. Das Netz, auf dem diese gesamtwirtschaftliche Vernetzung basieren soll, ist das Internet.

17 *Siehe Kapitel 1.1.*

Unter Digitaler Ökonomie wird eine Wirtschaft verstanden, die am Ende eines Transformationsprozesses steht, der durch die zunehmende Vernetzung aller Bereiche der gesamtwirtschaftlichen Aktivität ausgelöst wird, wodurch der Großteil der Wirtschaft von wachsenden Skalenerträgen, Netzeffekten und positiven Feedback-Loops geprägt sein wird.

2.2.2 Charakteristika der Digitalen Ökonomie

Die in Tabelle 3 zusammengefassten Charakteristika der Digitalen Ökonomie werden nachfolgend im Einzelnen erläutert. Sie haben Auswirkungen auf die Marktstruktur, auf Geschäftsmodelle und Unternehmensstrategien, auf das Konsumverhalten und auf die Politik. Diese gesamtwirtschaftliche Entwicklung befindet sich zwar erst in einem Anfangsstadium, aber in einigen Wachstumsbranchen (z.B. digitales Fernsehen, Internet – B-2-C eCommerce) zeigen sich die Charakteristika der Digitalen Ökonomie auf sektoraler Ebene schon deutlich.

Tabelle 3: Charakteristika der Digitalen Ökonomie

(a) Netze dominieren alle Bereiche der gesamtwirtschaftlichen Aktivität.
(b) Wachsende Skalenerträge prägen die Kostenstruktur in weiten Bereichen der gesamtwirtschaftlichen Aktivität.
(c) Wechselseitige positive Verstärkung von Netzeffekten und wachsenden Skalenerträgen (positive Feedback-Loops).
(d) Große Bedeutung des Faktors Zeit für die Marktstruktur.
(e) Größere Unsicherheit in der Projekt- und Produktentwicklung.
(f) Wachsende Bedeutung digitaler Güter.
(g) Produktpräsentation im Internet, digitale Güter und der Schutz des geistigen Eigentums.
(h) Geografische Zuordnungen von wirtschaftlichen Aktivitäten sind vielfach nicht mehr eindeutig möglich.
(i) Niedrigere Transaktionskosten und weltumspannende Netze könnten Klein- und Mittelbetrieben Zugang zu weltweiten Märkten eröffnen.
(j) Innovationszyklen werden kürzer.

(a) Netze dominieren alle Bereiche der gesamtwirtschaftlichen Aktivität

Netze haben ein ökonomisch bedeutendes Charakteristikum: Der Marktpreis der Teilnahme an einem Netz spiegelt die positiven externen Effekte nicht wider, die durch einen weiteren Teilnehmer erzielt werden: Für die bestehenden Teilnehmer bringt ein zusätzlicher Benutzer einen Vorteil, der ihm nicht abgegolten wird. Um die optimale Teilnehmerzahl zu erreichen, müssten die bestehenden Benutzer alle neuen subventionieren. Falls dies nicht geschieht, wird die optimale Teilnehmerzahl nicht durch den Markt erreicht und das Netzwachstum entwickelt sich suboptimal. Die in Netzen auftretenden positiven Externalitäten nennt man auch *Netzeffekte* oder *Netzexternalitäten*. Als *kritische Masse* bezeichnet man jene Anzahl von Netzbenutzern, die erreicht werden muss, um das Wachstum des Netzes auch ohne Subventionierung zusätzlicher Teilnehmer zu sichern – das Netz hat eine Größe erreicht, ab der die Netzexternalitäten vernachlässigbar gering sind. Gelingt es nicht, diese kritische Masse zu erreichen, scheitert die Entwicklung des Netzes.

Für Benutzer ist die Offenheit eines Netzes, eines Standards oder einer Plattform von großer Bedeutung, weil dadurch Unsicherheiten in Zusammenhang mit der Verwendung neuer Technologien verringert werden können: In der Regel muss man dabei in neue Hard- und Software sowie in die notwendigen Technologie-Kompetenzen investieren. Sind diese Investitionen nicht auch in alternativen Verwendungen einsetzbar, kommt es zum *Lock-in*, d.h. die Übernahme neuer Standards, Netze oder Plattformen ist mit sehr hohen Kosten verbunden.[18] Weiters erhöhen Standards die Kompatibilität einzelner Teilnetze und technologischer Komponenten, wodurch das gesamte, interoperable Netz größer wird. Dadurch steigt sein Wert für alle Benutzer.

Zu *exzessiver Trägheit* kann es kommen, wenn ein bestehender Standard, der als technologisch überholt gilt, durch einen neuen, überlegenen, aber nicht kompatiblen nur sehr langsam abgelöst werden kann, da die meisten erhältlichen Komponenten noch auf dem alten Standard basieren und zahlreiche gewünschte Applikationen im neuen noch nicht erhältlich sind. Solange der neue Standard nicht verbreitet ist, erfolgt die Entwicklung neuer Applikationen nur schleppend. Da sich wachsende Skalenerträge noch nicht ausschöpfen lassen, sind auch die Preise noch relativ (zum alten Standard) hoch. Besteht seitens der Nachfrager Unsicherheit über den mittelfristigen Erfolg des neuen Standards, ist jede Investition in entsprechende Applikationen mit hohen Unsicherheiten verbunden, wodurch die Diffusion weiter verzögert wird.

---

18 Vgl. Finsinger 1991.

Wie bereits beschrieben, spielen Netze auch in der traditionellen Wirtschaft eine bedeutende Rolle (z.B. Eisenbahn, Telefon). Bedeutendstes Merkmal der Digitalen Ökonomie ist die zunehmende Vernetzung aller Bereiche der gesamtwirtschaftlichen Aktivität.[19]

(b) Wachsende Skalenerträge prägen die Kostenstruktur in weiten Bereichen der gesamtwirtschaftlichen Aktivität

Die Marktstruktur in einer gegebenen Industrie hängt u.a. von der Struktur der Produktionsfunktion im Bereich der Marktnachfrage ab.

Wachsende Skalenerträge treten in Industrien auf, in denen der Fixkostenanteil besonders hoch ist. In Fällen, in denen das Produkt Information ist (z.B. Musik, Literatur, Wissenschaft), stellt die Herstellung den größten Kostenfaktor dar. Nachdem die Information digitalisiert wurde, ist ihre Reproduktion und Distribution zu besonders niedrigen Grenzkosten möglich. Die Fixkosten werden anteilig auf die Stückzahl umgelegt, sodass bei größerer Stückzahl die Stückkosten fallen. Auch wenn wachsende Skalenerträge bereits heute eine wichtige Rolle in vielen Wirtschaftsbereichen spielen, soll diese Bedeutung in Zukunft wesentlich größer sein.[20] Dadurch könnte es – abhängig vom Verhältnis der Marktgröße zur optimalen Unternehmensgröße – zu wettbewerbsverzerrenden Marktstrukturen kommen. Ob sich daraus Regulierungsbedarf ableiten lässt, kann nur in Zusammenhang mit anderen Charakteristika der Digitalen Ökonomie (z.B. Bestreitbarkeit der Märkte, kürzere Innovationszyklen) diskutiert werden.

(c) Wechselseitige positive Verstärkung von Netzeffekten und wachsenden Skalenerträgen (positive Feedback-Loops)

Hat ein Netz eine bestimmte kritische Masse erreicht, so beschleunigt sich sein Wachstum und der Diffusionsprozess wird selbsttragend. Da Netze meist einen hohen Fixkostenanteil haben, ergeben sich wachsende Skalenerträge in der Produktion. Daraus folgt, dass eine Erhöhung der Teilnehmerzahl zu einer Reduktion des Preises führt, die ihrerseits zu einem weiteren Wachstum führt, wodurch wiederum die Preise fallen. Zugleich wird das Netz durch die steigende Zahl der Nutzer attraktiver (Netzeffekte) und der Wachstumsprozess wird

---

19 Vgl. Europäische Kommission 1998a, 1; Zerdick et al. 1999, 136 f.

20 Vgl. Kelly 1997 und 1998, 23 f.

zusätzlich beschleunigt. In der Digitalen Ökonomie wird das Herstellen dieser sogenannten positiven Feedback-Loops (Zusammenwirken von wachsenden Skalenerträgen und Netzeffekten) zu einem bedeutenden strategischen Erfolgsfaktor[21] und kann zu einem Anstieg strategischer Allianzen beitragen.

(d) Große Bedeutung des Faktors Zeit für die Marktstruktur

Das Wachstum eines Netzes beschleunigt sich ab dem Erreichen der kritischen Masse aufgrund der wechselseitigen positiven Verstärkung (durch positive Feedback-Loops). Durch die wachsenden Skalenerträge und Netzeffekte können oligopolistische Marktstrukturen schnell entstehen. Es ist daher für Unternehmen besonders wichtig, mögliche positive Feedback-Loops frühzeitig zu erkennen, um den Zeitpunkt des rasanten Wachstums[22] nicht zu versäumen und dadurch den Zugang zu einem bestimmten Netz den Konkurrenten zu überlassen. Durch das Entstehen zumindest kurzfristiger Quasi-Monopolstellungen könnten sich neue Aufgaben für die Wettbewerbspolitik (z.B. asymmetrische Regulierung) ergeben. Zum Beispiel bedeutet die marktbeherrschende Position Microsofts im Bereich der Betriebssysteme für Netscape eine Gefahr. Um Microsoft daran zu hindern, diese dominierende Marktposition auszunützen, könnten verschiedene Maßnahmen seitens der Wettbewerbs- und Regulierungsbehörden ergriffen werden: z.B. das Verbot den Microsoft-Browser automatisch in das Betriebssystem zu integrieren.[23] Allerdings steht der Beschleunigung des Entstehens von Monopolen in der Digitalen Ökonomie auch eine Verkürzung ihrer Lebensdauer durch kürzere Innovations- und Produktzyklen gegenüber,[24] wodurch die Marktstrukturen instabiler werden.

(e) Größere Unsicherheit in der Projekt- und Produktentwicklung

Da es ex ante nicht oder nur schwierig vorhersehbar ist, welches Netz die kritische Masse als Erstes erreichen wird und damit in Abhängigkeit vom Marktvolumen zumindest kurzfristig zum natürlichen Monopol wird, das auch sehr

---

21 *Vgl. Shapiro/Varian 1999, 14, 173 ff.*

22 *Vgl. Kelly 1998, 35.*

23 *Im Prozess gegen Microsoft wurde noch kein Urteil gefällt. Am 5. November 1999 wurde die zusammenfassende Beurteilung der vorgebrachten Argumente beider Seiten durch den Richter veröffentlicht (Findings of Facts).*

24 *Vgl. Europäische Kommission 1998a, 27.*

große Gewinne abwirft, ist die Unsicherheit bei der Projekt- und Produktentwicklung in der Digitalen Ökonomie wesentlich größer: Einer Vielzahl von mit großen Verlusten verbundenen Projekten stehen sehr wenige erfolgreiche gegenüber, die durch positive Feedback-Loops große Gewinne abwerfen können. Beispiele solcher Industrien gibt es bereits – z.B. Film-, Musik- und Buchgeschäft. Ein Titel, der eine größere Medienpräsenz erreicht, wird in der Regel besser verkauft. Titel, die besonders häufig nachgefragt werden, ziehen dadurch weitere Nachfrage auf sich. Es bestehen Mechanismen positiver Verstärkung. Man muss daher, um diese Medienpräsenz zu erreichen, durch aufwändige PR-Arbeit Aufmerksamkeit auf sich ziehen.[25] Die damit verbundenen Investitionen sind irreversible Fixkosten (sog. versunkene Kosten[26]). Wird das Produkt trotz hoher PR-Investitionen kein Erfolg, lassen sich die bereits getätigten Ausgaben auch bei Einstellung der Produktion nicht wieder rückgängig machen. D.h. die mit der Produktion verbundene Unsicherheit ist besonders hoch, weil erstens die notwendigen hohen PR-Investitionen vollständig abgeschrieben werden müssen und zweitens nur wenige Projekte das Volumen erreichen können, bei dem die Mechanismen positiver Verstärkung einsetzen. Die wenigen erfolgreichen Projekte sind aber besonders lukrativ, da die hohen Fixkosten auf eine große Stückzahl umgelegt werden können. Ein weiteres Beispiel ist der besonders forschungs- und entwicklungsintensive Sektor der Pharmaindustrie, da auch die Investitionen in Forschung und Entwicklung zum Teil versunkene Kosten darstellen können. Die Resultate der geplanten Forschungsprojekte lassen sich nur unter großer Unsicherheit abschätzen, die Planungszeiten sind sehr lang und die investierten Summen in der Regel relativ hoch. Falls das Entwicklungsprojekt ein Misserfolg wird, kann in der Regel nur mehr ein sehr geringer Teil der Investitionskosten durch den Verkauf von Forschungsinventar etc. wieder lukriert werden – der Anteil der versunkenen Kosten ist hoch. Wird allerdings ein Erfolg erzielt, kann das pharmazeutische Produkt über einen beträchtlichen Zeitraum rechtlich geschützt werden, wodurch der Anbieter in vielen Fällen eine Monopolstellung in diesem Markt erreicht.

Um in einem derartigen Markt bestehen zu können, bedarf es einer bestimmten Mindestgröße, da der notwendige Kapitaleinsatz besonders hoch ist.

---

25 *Vgl. United States Department of Commerce – Secretariat on Electronic Commerce 1998, 25 f. Alternativ zu Szenarien, in denen der PR-Aufwand im Internet besonders hoch ist, wird ein weiteres Zukunftsszenario entwickelt, in dem diese Kosten durch den Einsatz von intelligent agents, die den Konsumenten die Suche und Auswahl in ferner Zukunft abnehmen, vermieden werden könnten.*

26 *Vgl. Sutton 1991.*

Erstens kann man, um das unternehmerische Risiko zu reduzieren, in sehr viele unterschiedliche Projekte investieren – man kann diversifizieren[27] und Risiken aggregieren. Zweitens sind die Fixkosten sehr hoch, sodass der Kapitalbedarf bei jedem einzelnen Projekt beträchtlich ist. Die hohen versunkenen Kosten stellen daher Marktzutrittsbarrieren für Klein- und Mittelbetriebe dar, nicht aber für kapitalstarke Unternehmen aus anderen Branchen. Strategische Allianzen können dazu dienen, die Risiken besser zwischen den beteiligten Unternehmen zu verteilen und die Streuung der eigenen Investitionen trotz hoher Fixkosten zu erhöhen.

(f) Wachsende Bedeutung digitaler Güter

Digitale Güter sind dadurch gekennzeichnet, dass ihr Vertrieb über das Internet erfolgen kann. Als Folge der wachsenden Bedeutung von Information für die gesamtwirtschaftliche Wertschöpfung lässt sich ein immer größer werdender Anteil der gehandelten Produkte standardisieren und digitalisieren (z.B. Bücher, CDs, personalisierte Informationen).[28] Dadurch wird es möglich, neue Vertriebswege zu erschließen, Wartungs- und Beratungsdienste nach dem Verkauf schneller und kostengünstiger zur Verfügung zu stellen sowie die Produkte kontinuierlich an die Konsumentenpräferenzen anzupassen (z.B. Onlineupdate von Software-Paketen). Die Auswahl erfolgt nicht mehr nach persönlicher physischer Begutachtung, sondern u.a. auf Basis der Produktpräsentation im Internet.

(g) Produktpräsentation im Internet, digitale Güter und der Schutz des geistigen Eigentums

Unternehmen, die ihre Produkte über das Internet und das WWW vermarkten wollen, müssen ihre Produkte im Medium adäquat darstellen. Dies gilt für Inhalte-Produzenten ebenso wie für traditionelle Industrie- und Dienstleistungsbetriebe, die das Internet als Vertriebskanal nützen wollen. In diesem Sinne werden alle Angebote im Netz – egal ob es sich dabei um physische Güter (z.B. Autos) oder um Information (z.B. Filme, Musik, Zeitschriften) handelt – letzt-

27 *Diversifikation ist für Unternehmen von Vorteil, wenn sie risikoavers sind und die Risikoaversion nicht mit dem Absolutwert der Zielvariable (idR Gewinn) zunimmt (vgl. Diamond 1984).*

28 *Vgl. Europäische Kommission 1998a, 16, Abbildung 7.*

lich zu Inhalten,[29] die im Netz in Konkurrenz um die *Aufmerksamkeit* der Nutzer zueinander stehen. Diese wird zu einer wichtigen, begrenzten Ressource, sodass die angebotenen Inhalte (Produktpräsentationen) besonders attraktiv sein müssen, um die jeweilige Zielgruppe erreichen und infolge auch halten zu können. Für professionelle Inhalte-Anbieter (z.B. Designer von Web-sites) erschließen sich dadurch neue Märkte.

Die Erstellung digitaler Inhalte ist in der Regel mit Fixkosten verbunden, die nicht mehr rückgängig gemacht werden können, wenn der Anbieter sich zum Ausscheiden aus dem Markt entschließt. Im Verhältnis zu den niedrigen Reproduktions- und Distributionskosten sind diese Fixkosten sehr hoch, sodass sich wachsende Skalenerträge ergeben.

Für die Anbieter digitaler Güter (z.B. Musik, Software) ergibt sich durch die besonders kostengünstigen Distributionskanäle Internet und WWW ein weiteres Problem – der effektive Schutz des geistigen Eigentums. Digitale Produkte haben – zumindest teilweise – Eigenschaften von öffentlichen Gütern:[30]

(i) Nicht-Rivalität im Konsum bedeutet im Falle digitaler Information, dass Individuen (oder Unternehmen) das jeweilige Gut reproduzieren, verteilen und trotzdem noch konsumieren (oder als Produktionsfaktor einsetzen) können.

(ii) Nicht-Ausschließbarkeit vom Konsum bedeutet, dass einzelne Individuen (oder Unternehmen) auch gegen die Intention der Produzenten eines Gutes in dessen Genuss kommen.

Insbesondere (i) Nicht-Rivalität im Konsum führt zu Problemen beim effektiven Schutz des geistigen Eigentums. Auch wenn Platten und CDs seit jeher in Form von Raubkopien illegal vertrieben werden konnten, erreicht das Problem in der Digitalen Ökonomie eine neue Dimension. Seit sich die Inhalte ganzer CDs dank MPEG3 schnell, einfach und nahezu kostenlos über das Internet verbreiten lassen, wird an technologischen Lösungen zum Schutz des geistigen Eigentums verstärkt gearbeitet (z.B. Wasserzeichen). Die dezentrale und offene Struktur des Internet macht die Durchsetzung des bestehenden rechtlichen Rahmens wesentlich schwieriger.

Der hohe Fixkostenanteil der Erstellung digitaler Inhalte ist ein Anreiz für Unternehmen, selbst weniger zu investieren und an den Innovationen anderer Unternehmen zu partizipieren. Dadurch kommt es zu gesamtgesellschaftlich

---

29 Vgl. Europäische Kommission 1998a, 21.

30 Siehe Kapitel 1.1.

suboptimalen Investitionen in Forschung und Entwicklung, falls sich nicht alternative Wege finden, an Innovationen zu verdienen.

In der Vergangenheit konnten Konkurrenz-Unternehmen durch Geheimhaltung oder rechtliche Maßnahmen (z.B. durch Patente bei Erfindungen und Innovationen und durch Tantiemen-Abkommen bei künstlerischen Werken) von der Verwendung der Information als Produktionsfaktor zumindest teilweise ausgeschlossen werden. In einer vernetzten, digitalisierten Welt sind allerdings die Transaktionskosten der Rechtsdurchsetzung infolge der geringen Reproduktions- und Distributionskosten wesentlich höher. Technologische Neuerungen (z.B. digitale Wasserzeichen, IBM-Cryptolope, Intertrust) wurden in den letzten Jahren entwickelt, um geistiges Eigentum auch in einer digitalen, vernetzten Welt effektiv schützen zu können. Allerdings hat sich noch kein optimales System gefunden, das sich zu einem einheitlichen Standard entwikkeln konnte, wodurch die Verbreitung stark eingeschränkt wurde. Der Zeitfaktor spielt beim Schutz des geistigen Eigentums eine zentrale Rolle:

„In the United States one can already see a parallel economy developing, mostly among small, fast moving enterprises who protect their ideas by getting into the marketplace quicker then their larger competitors who base their protection on fear and litigation. [...] In fact the best way to protect intellectual property is to act on it. It's not enough to invent and patent; one has to innovate as well."[31]

Für einzelne Arten von Information ist Zeit ein wichtiger Faktor (z.B. Börseninformationen), sodass Benutzer bereit sind dafür zu bezahlen, auch wenn die Information zeitversetzt frei verfügbar sein wird. Gegenwärtig erfolgen upgrades von Software diskontinuierlich, in bestimmten zeitlichen Abständen. Dazwischen ist die Raubkopie ebenso aktuell wie das Original. Wenn man nun dazu überginge, upgrades nahezu kontinuierlich zu erstellen und sie an die (registrierten) Käufer der Original-Software kostengünstig und schnell (online) weiterzugeben, hätten diese gegenüber den Benutzern der Raubkopien einen Vorteil, dessen Preis unter der Zahlungsbereitschaft vieler Benutzer liegen könnte – sie wären also bereit dafür zu bezahlen, auch wenn die Software in älteren Versionen (oder in Form von Raubkopien) frei verfügbar wäre.

Durch rege Software-Piraterie könnten sich für ein Unternehmen ähnliche Chancen wie durch das Verschenken (von Teilen) der Software ergeben: Ihre Verbreitung steigt und sie wird vielleicht sogar zu einem Standard, wodurch sich zusätzliche Leistungen (z.B. Beratung, Informationszeitschriften) wesent-

31 *Barlow 1994, 5 ff.*

lich besser verkaufen lassen. Von einer Software, die man sehr häufig verwendet, der als Produktionsfaktor eine bedeutende Rolle zukommt, möchte man die neueste Version, die Original-Handbücher, die beste Benutzerinformation und die kompetenteste Problemlösung und Beratung. Für all diese Dinge könnten die Benutzer dann auch bereit sein zu bezahlen. In Summe kann es daher sein, dass der Umsatz und der Gewinn durch geschickte Marktsegmentierung infolge von Piraterie sogar steigen.

(h) Geografische Zuordnungen von wirtschaftlichen Aktivitäten sind vielfach nicht mehr eindeutig möglich

Eine geschäftliche Transaktion im Internet oder WWW kann häufig nicht mehr eindeutig geografisch zugeordnet werden.[32] Welche nationalstaatlichen Gesetze kommen zur Anwendung, wenn ein Unternehmen mit Sitz in Liechtenstein über einen Server in der Schweiz von einem Unternehmen mit Sitz in den USA über einen Server in Kanada ein digitales Produkt bezieht, das auf einem Server in London gespiegelt oder zwischengespeichert wird, um kürze Zugriffszeiten zu ermöglichen? Die Bezahlung könnte mittels elektronischen Geldes erfolgen, das von einer japanischen Bank auf Basis einer niederländischen Technologie emittiert wird. Die relevante Gesetzesmaterie umfasst in diesem Fall u.a. das internationale Handelsrecht, das Datenschutzgesetz, die Haftungsregelung zwischen Emittenten des digitalen Geldes und den Transaktionsparteien, die jeweiligen Steuergesetze sowie die Gesetze zum Schutz des geistigen Eigentums. Da viele dieser Gesetzesmaterien international nicht vereinheitlicht sind, muss geklärt werden, welche Rechtsmaterie im jeweiligen Bereich zur Anwendung kommt (Rechtswahl) und welches Land in diesem als Gerichtsstand dient.

Auch wenn die nationalen Gesetze stärker harmonisiert sind, löst dies die Frage nach dem Gerichtsstand oder dem steuerlich relevanten Ort der Transaktion im Einzelfall noch nicht zur Gänze. Eine Alternative besteht darin, innerhalb des Netzes äquivalente Institutionen (z.B. außergerichtliche Verfahren zur Streitbeilegung[33]) zu schaffen; eine andere darin, dass in jedem Fall ein Gerichtsstand ex ante vertraglich festgelegt wird.

---

32 Vgl. United States Department of Commerce – Secretariat on Electronic Commerce 1998, 49; Europäische Kommission 1998a, 40.

33 Siehe Kapitel 3.1.2.2.

Auch für die Erstellung der *Volkswirtschaftlichen Gesamtrechnung* (VGR) zur Ermittlung der gesamtwirtschaftlichen Wertschöpfung sowie für die Erstellung der Zahlungsbilanz zur Erfassung der internationalen Handels- und Zahlungsströme innerhalb einer bestimmten Periode ist die geografische Zuordnung einzelner Transaktionen relevant. Da diese beiden Statistiken wichtige Grundlagen der staatlichen Finanz- und Geldpolitik liefern, ist die adäquate Berücksichtigung der Digitalen Ökonomie von Bedeutung.

(i) Niedrigere Transaktionskosten und weltumspannende Netze könnten Klein- und Mittelbetrieben (KMUs) Zugang zu weltweiten Märkten eröffnen

Durch fallende Preise von Telekommunikationsdienstleistungen fallen die Transaktionskosten. Zusätzlich sind die technologischen (exogenen[34]) Fixkosten für Unternehmen, die in den weltumspannenden Netzen ihre Güter anbieten, sehr gering, sodass der Zugang zu einem wesentlich größeren, weltweiten Markt auch KMUs offenstehen könnte.[35] Dabei wird allerdings übersehen, dass die Aufmerksamkeit der Kunden nicht allein durch die Präsenz im Netz erreicht wird. Bekannte Unternehmen haben dabei den Vorteil, dass sie neben Finanzkapital auch über ideelles Kapital in Form von guter Reputation und einem hohen Bekanntsheitsgrad verfügen, die in wenig transparenten Märkten ein großer Wettbewerbsvorteil sein können.[36]

Im Wesentlichen bieten sich drei Szenarien an, die *Markttransparenz* in Netzen zu erhöhen: Erstens können Links auf stark frequentierten Portals zugekauft werden. Da die Zielgruppen der einzelnen Anbieter sehr unterschiedlich sind, wird es zu einer Differenzierung dieser Portals kommen. Spezielle Zugangsforen zum Internet können dabei für Teenager mit besonderen sportlichen Interessen oder für solche mit besonderen musikalischen und künstlerischen Vorlieben entstehen, ebenso sind eigene Portals für Senioren und zahlreiche andere Zielgruppen denkbar. Weiters können die Portals auch regionale Zielgruppen ansprechen. Diese Marktsegmentierung führt zu einem niedrigeren Preis für Werbefläche (in Form von Links) auf diesen Portals, und einer

34 *Exogene versunkene Kosten ergeben sich aus der Struktur der Produktionsfunktion und liegen nicht im Entscheidungsbereich eines Unternehmens. Endogene versunkene Kosten (z.B. PR-Aufwand) hingegen ergeben sich aus Entscheidungen der Unternehmen und sind unabhängig von technologischen Beschränkungen.*

35 *Vgl. OECD 1998i.*

36 *Vgl. Europäische Kommission 1998a, 30.*

größeren Zielgruppen-Genauigkeit. Vergleichbar ist diese Strategie mit den Entwicklungen auf dem Printmedien-Sektor: Inserate in Magazinen mit weltweiter Verbreitung sind sehr teuer und für die meisten Unternehmen nicht relevant, weil die eigene Zielgruppe nur einen verschwindenden Teil der Leserschaft dieser Magazine ausmacht. Da der Anteil der eigenen Zielgruppe an den Lesern von Magazinen auf nationaler und regionaler Ebene höher ist, können hier mehr potenzielle Kunden pro Inseratenschilling angesprochen werden. Die Existenz weltweiter Medien muss also nicht unbedingt dazu führen, dass Marktsegmentierung nach Interessen, Regionen oder anderen Zielgruppenspezifika zurückgehen muss. Durch die Verbreitung des privaten Rundfunks mit regionaler Ausrichtung wurde es mehr Unternehmen ermöglicht, über diese Medien Aufmerksamkeit zu erreichen als über die traditionellen nationalen Kanäle. Vor allem die niedrigeren Werbekosten und die größere Zielgruppen-Adäquanz waren dafür ausschlaggebend.

Zweitens können hohe PR-Investitionen außerhalb der elektronischen Netze die Aufmerksamkeit der Nachfrager auf die eigene Netzpräsenz lenken. Wie auch im Falle der Werbung auf Portals ist das notwendige Investitionsvolumen beträchtlich. Da es sich dabei um (endogene) versunkene Kosten handelt, stellt das Problem der Markttransparenz eine Marktzutrittsbarriere auf internationalen Märkten für KMUs dar, weil diese oft nicht in der Lage sind, derartig hohe Investitionen zu tätigen. Es kommt zu einem Trade-off: Entweder eine weite Marktpräsenz wird durch sehr hohe Kosten erkauft oder die KMUs beschränken sich auf ihre traditionellen Märkte, wodurch die PR-Kosten geringer sind.

Eine Alternative könnte die Entwicklung neuer Technologien sein, welche die Suche im Netz drastisch vereinfachen und dadurch die Markttransparenz erhöhen. Dadurch würden Transaktionskosten allerdings auf die Konsumenten abgewälzt werden, wobei dies das Marktwachstum hemmen könnte.

Welche Chancen sich für KMUs in der Digitalen Ökonomie ergeben, hängt letztlich von der relativen Bedeutung der endogenen im Verhältnis zu den exogenen versunkenen Kosten der Markterschließung ab. Die gegenwärtige Entwicklung deutet eher darauf hin, dass die zusätzlich notwendigen PR-Kosten einer weltweiten Markterschließung wesentlich höher sind als die Kostenreduktion durch neue, günstigere Vertriebskanäle. Der in der Literatur verbreiteten Meinung,[37] dass größere Marktchancen für KMUs auf weltweiten Märkten ein Charakteristikum der Digitalen Ökonomie wären, wird in dieser Studie aufgrund der hohen Intransparenz des Marktes entgegengetreten.[38]

---

37 Vgl. z.B. OECD 1998i.

38 Siehe Kapitel 3.1.4. und 4.

(j) Innovationszyklen werden kürzer

Die Marktstruktur wird in sehr vielen Bereichen der Gesamtwirtschaft durch Oligopole, die auf innovativen, neuen Produkten beruhen, geprägt werden. Die innovativen Unternehmen können ihre Marktposition aber nur schwer rechtlich absichern lassen, da man sich gegen die Kopie eigener Innovationen schützen kann, nicht aber gegen die Innovationen anderer. Infolge schnellerer Diffusion von Wissen und Informationen über weltweite Netze, wird es schwieriger, Marktmacht, die auf neuen Produkten und Erkenntnissen beruht, längere Zeit aufrecht zu erhalten. Durch die kürzeren Innovationszyklen werden Marktstrukturen zeitlich weniger stabil.[39]

Marktmacht kann in einem derartigen Umfeld durch die Gefahr des Markteintritts eines neuen kapitalstarken Wettbewerbers beschränkt werden: Die Märkte werden für kapitalstarke Unternehmen eher bestreitbar.[40] Ob sich aus den oligopolistischen Marktstrukturen regulatorischer (z.B. wettbewerbspolitischer) Handlungsbedarf ergibt, hängt von der Bestreitbarkeit der Märkte und der Innovationsdynamik in den betroffenen Märkten ab.

Kasten 2: Die Theorie der bestreitbaren Märkte

In einem perfekt bestreitbaren Markt wird der Output effizient produziert, die Preise entsprechen den Grenzkosten und interne Quersubventionierung wird unmöglich.[41] Regulatorischer Handlungsbedarf ist unter diesem Umstand nicht gegeben. Ein Markt ist aber nur dann perfekt bestreitbar, wenn (i) es keine rechtlichen Markteintrittsbarrieren gibt (z.B. Patente, staatliche Monopole), (ii) sowohl der Markteintritt als auch das Ausscheiden aus dem Markt kostenlos sind (d.h. es gibt keine versunkenen Kosten – alle Investitionen, die notwendig sind, um den Markt zu erschließen, sind reversibel) und (iii) der neue Wettbewerber seine Produktions- und Vertriebskapazitäten schneller aufbaut, als der bestehende Anbieter auf die Bedrohung seiner Marktposition (z.B. durch Preissenkung) reagieren kann. Weiters darf der neue Anbieter (iv) keine Kostennachteile tragen müssen, weil er keinen Zugang zu adäquaten Distributionsnetzen oder qualifizierten Mitarbeitern hat. In der traditionellen Ökonomie sind die meisten dieser Bedingungen nur in wenigen Industriezweigen mit oligopolistischen Marktstrukturen (z.B. im Telekommunikationsbereich besteht in vielen Ländern noch ein dominanter Anbieter, da insbesondere der Aufbau der Vertriebskanäle teuer und

---

39 *Vgl. Europäische Kommission 1998a, 27.*

40 *Die OECD (1998e Kap. 4, 18) nennt dies „[...] the oppportunity for ‚boundary crossing'."*

41 *Vgl. George/Joll/Lynk 1992, 276 ff.*

zeitaufwendig ist) hinreichend erfüllt, sodass regulatorische Eingriffe (z.B. asymmetrische Regulierung im Telekommunikationsbereich) notwendig sein können.

In der Digitalen Ökonomie kann der Zugang zu einem geeigneten Distributionsmedium (z.B. Internet) sehr schnell hergestellt werden. Außerdem ist er nur mit geringen anfänglichen Investitionen[42] in Netzzugangstechnologien verbunden. Die Produktionskapazitäten für digitale Produkte sind sehr schnell aufgebaut, da man nur die einmal erstellte digitale Information reproduzieren (d.h. kopieren) muss. Innovative Produkte können also die Marktmacht eines bestehenden Anbieters sehr schnell gefährden, falls es gelingt, dem neuen Produkt die notwendige Aufmerksamkeit im intransparenten Internet oder WWW zu verschaffen. Dies ist in der Regel mit hohen versunkenen Kosten verbunden (z.B. Inhaltepräsentation, Web-Design, PR-Aktivitäten), welche dazu beitragen, dass die Märkte nicht perfekt bestreitbar werden und nur kapitalstarke Unternehmen, welche die entsprechenden Risiken tragen können und über die notwendige Größe verfügen, als potenzielle Wettbewerber in Frage kommen. Dennoch sind die Märkte in der Digitalen Ökonomie tendenziell eher bestreitbar als in der traditionellen Wirtschaft, da weniger rechtliche Barrieren bestehen und Wissen bzw. darauf basierende Innovationen schneller diffundieren.

Die Marktstrukturen in der Digitalen Ökonomie

- *Das Vorliegen von wachsenden Skalenerträgen, Netzeffekten und positiven Feedback-Loops lässt tendenziell auf eine oligopolistische Marktstruktur in den einzelnen Teilbereichen der Digitalen Ökonomie schließen.*
- *Dem stehen allerdings die höhere Bestreitbarkeit der einzelnen Märkte durch kapitalstarke Unternehmen aus anderen Branchen entgegen sowie die größere Instabilität der Marktstrukturen infolge kürzerer Innovationszyklen und größerer Unsicherheiten in der Prozess- und Produktentwicklung.*
- *In welchem Markt welche Einflüsse überwiegen und welche regulatorischen Eingriffe sich daraus ableiten lassen, hängt von der Markttransparenz sowie von der Bestreitbarkeit der Märkte und der Innovationsdynamik ab. Dies sind empirische Fragen und können nur anhand von Fallstudien beantwortet werden.*

42 *Die Investitionen in Netzzugangstechnologien sind im Verhältnis zum Aufbau eines traditionellen Vertriebssystems gering.*

2.2.3 Zusammenfassung

Auf Wissen und Information basierende Güter werden an Bedeutung gewinnen, ebenso ihre digitale Verarbeitung und diesbezügliche Vertriebs- und Wartungsformen. Dies wird umfangreiche Auswirkungen auf Geschäftsmodelle und Unternehmensstrategien, Marktstruktur und -dynamik sowie die Wirtschaftspolitik haben, wie sie in diesem Abschnitt dargestellt wurden. Von weitreichenden Konsequenzen wie der Entstehung einer neuen Wirtschaftsstruktur, die mit der heutigen wenig gemeinsam hat,[43] kann sicherlich nicht gesprochen werden. Zum einen entstehen neue Produkte, wie z.B. WWW-Software oder WWW-Content, deren wirtschaftliche Bedeutung beträchtlich zunehmen wird. Einige der beschriebenen Entwicklungen sind aber bereits seit vielen Jahren zu beobachten (z.B. wachsende Bedeutung des Informationssektors seit den 60er-Jahren,[44] Electronic Data Interchange – EDI[45] seit den 70er-Jahren) andere erst seit wenigen Jahren (z.B. WWW seit den 90ern). Dementsprechend vollziehen sich die notwendigen Anpassungsprozesse evolutionär. Zum anderen handelt es sich aber beim Internet und seinen Applikationen in erster Linie um *Prozessinnovationen*, die in zahlreichen Bereichen der Wirtschaft (z.B. B-2-B (Business-to-Business) und B-2-C (Business-to-Consumer) eCommerce) zu Produktivitätssteigerungen führen werden. Derartige Anpassungen der Produktionsstrukturen sind in einer dynamischen Wirtschaft eher die Regel als die Ausnahme. „Technologies change. Economic laws do not."[46]

Zu den entsprechenden Sektoren, in denen wachsende Skalenerträge, Netzeffekte und positive Feedback-Loops die Geschäftsmodelle und Unternehmensstrategien wesentlich beeinflussen, gehören B-2-C eCommerce und digitales Fernsehen. Diese Bereiche haben noch relativ geringe Marktvolumina, aber sie wachsen rasch. Andere Sektoren der Wirtschaft werden in Zukunft ähnlichen Transformationsprozessen ausgesetzt sein. Daher werden Veränderungen von Marktstrukturen, Geschäftsmodellen und Unternehmensstrategien sowie des Konsumverhaltens, die bisher nur in kleineren Bereichen der Gesamtwirtschaft vereinzelt vorzufinden waren, wachsende Auswirkungen auf die Gesamtwirtschaft haben. Zusammenfassend zeigt Tabelle 4 die Charakteristika, anhand derer sich der Übergang von der traditionellen zur digitalen Ökonomie erfassen lässt.

---

43 Vgl. Zerdick et al. 1999, 136 ff.

44 Vgl. Hanappi 1997.

45 EDI beschreibt elektronische, proprietäre Netze, innerhalb derer langfristige Geschäftspartner Daten austauschen und Geschäfte durchführen können.

46 Shapiro/Varian 1999, 1.

Tabelle 4: Übergang von der traditionellen zur Digitalen Ökonomie

Traditionelle Ökonomie		Digitale Ökonomie	Kommentar und Evaluierung
Einzelne Unternehmen agieren unabhängig voneinander und setzen auf wachsende Skalenerträge.	⇨	Unternehmen bilden Netze untereinander und setzen auf Netzeffekte (z.B. strategische Allianzen) und wachsende Skalenerträge → positive Feedback-Loops.	Netzeffekte spielen in der traditionellen Wirtschaft eine Rolle, die in Zukunft an Bedeutung gewinnen wird. Insbesondere in den Bereichen, in denen die Aufmerksamkeit der Öffentlichkeit eine zentrale Rolle spielt (z.B. B-2-C eCommerce).
Wettbewerbsmärkte in vielen Bereichen; natürliche Monopole waren vor allem durch staatliche Intervention geschützt (z.B. Telekom, Strom- und Gasversorger).	⇨	Oligopolistische Marktstrukturen (oder natürliche Monopole) können in Abhängigkeit vom Verhältnis zwischen Marktvolumen und optimaler Unternehmensgröße eine Konsequenz der Netzeffekte, wachsenden Skalenerträge und positiven Feedback-Loops sein. Mögliche Netzeffekte müssen früh erkannt werden, um den Moment des schnellen Wachstums nicht zu versäumen.	Netze können, sobald sie die kritische Masse erreicht haben, sehr schnell wachsen. Es besteht die Gefahr, diesen Zeitpunkt zu verpassen: Dies spielt besonders in den auf die Aufmerksamkeit der Öffentlichkeit ausgerichteten Industrien eine Rolle (z.B. B-2-C eCommerce).
Stabile Marktstrukturen	⇨	Instabile Marktstrukturen, Märkte für kapitalstarke Unternehmen aus anderen Branchen eher bestreitbar.	Oligopolistische Marktstrukturen (oder natürliche Monopole) entstehen zwar häufiger, sind aber weniger stabil: Die negativen Auswirkungen (z.B. höhere Preise) werden durch die höhere Bestreitbarkeit der Märkte für kapitalstarke Unternehmen begrenzt. Für

			KMUs können hohe versunkene Kosten zu echten Marktzutrittsbarrieren werden.
Material (z.B. Eisen und Stahl) und physische Arbeit dominieren die gesamtwirtschaftliche Produktion.	⇨	Wachsende Bedeutung des Faktors Wissen (z.B. Humankapital) in der gesamtwirtschaftlichen Produktion.	Dieser Trend zeigt sich schon in der traditionellen Ökonomie der letzten zwanzig Jahre und wird sich fortsetzen.
Anteil der physischen Handelswaren (z.B. Autos) an den Konsumausgaben ist hoch.	⇨	Anteil der digitalen Güter (z.B. Informationen) an den Konsumausgaben steigt.	Die wachsende Bedeutung der auf Information basierenden Güter in Verbindung mit der Digitalisierung führen zu dieser Entwicklung.
Effektiver rechtlicher Schutz des geistigen Eigentums (z.B. Patente, Geheimhaltung).	⇨	Probleme beim Schutz des geistigen Eigentums (Rechtsdurchsetzung sehr kostspielig).	Bezieht sich vor allem auf digitale Produkte: Technische (z.B. Wasserzeichen) und strategische (z.B. Registrierung, Online-upgrades, Marktsegmentierung) Lösungen sind wahrscheinlich.
Adaption an Kosumentenpräferenzen nur diskretionär (z.B. Neuauflage eines Buches).	⇨	Adaption an Konsumentenpräferenzen nahezu kontinuierlich (z.B. neue Version einer Software wird online durchgeführt).	Folge neuer Technologien. Kann ein Mittel zum Schutz geistigen Eigentums werden, wenn mit der Wartung die Registrierung und Bezahlung verbunden werden.
Kosumenten wählen nach physischer Begutachtung.	⇨	Konsumenten wählen nach Begutachtung der digitalen Darstellung (Produktpräsentation im Internet, Dominanz der Inhalte – alle Anbieter werden Inhalteanbieter).	Große Bedeutung der Inhalte beim Kampf um die Aufmerksamkeit der Konsumenten. Kein Ersatz, sondern Erweiterung der traditionellen Mittel der Werbung, des Marketings und der PR-Arbeit.
Projekterträge variieren, weichen aber weniger von den mittleren Erträgen ab (sowohl	⇨	Größere Projektunsicherheit (z.B. Hit-Industrien: Musik, Bücher) stehen größeren potenziellen Erträgen ge-	Bereits heute in vielen Industrien ein Grund für Konzentrationstendenzen (z.B. Banken, Hit-Industrien, Erdöl, Medien, Pharmaindu-

nach oben als auch nach unten).		gegenüber → Aggregation von Risiken und verstärkte Diversifikation sowie strategische Allianzen gewinnen an Bedeutung.	strie) bei international agierenden Unternehmen.
KMUs können nur regional begrenzte Präsenz erreichen.	⇨	KMUs können dank des Internet weltweit agieren, da die Transaktionskosten geringer sind.	Internationale Internet-Präsenz ist nicht ausreichend: Die große Bedeutung des Bekanntheitsgrades und die größere Projektunsicherheit können die positiven Effekte aufwiegen → mögliche Wettbewerbs-Nachteile für KMUs (echte Marktzutrittsbarrieren durch hohe versunkene Kosten).
Einige wenige Berufsbilder erfordern Technologie-Kompetenz.	⇨	Wachsende Zahl der Berufsbilder erfordert Technologie-Kompetenz.	Bereits seit über zehn Jahren anhaltender Trend → wird sich verstärken.
Hohe Transaktionskosten bei der Lieferung physischer Güter.	⇨	Sehr geringe Transaktionskosten bei der Lieferung digitaler Güter.	Mittelfristig dennoch keine Reduktion des traditionellen Transportes zu erwarten.

3. Ausgewählte Aufgabenbereiche für die Politik

Die Kombination von Mediamatik und Digitaler Ökonomie verlangt nach veränderten *politischen Rahmenbedingungen*. Vordringlich stellen sich für die Politik die Fragen, wie die politisch-ökonomischen Chancen dieser Entwicklungen genutzt und die gesellschaftspolitischen Risiken minimiert werden können. Dieser Abschnitt analysiert einige ausgewählte Politikfelder, in welchen aufgrund des Umbruchs im Kommunikationssystem entweder neue Politikstrategien entwickelt oder bestehende Strategien reformiert werden müssen.

Die größten wirtschaftlichen Hoffnungen werden in das rasche Wachstum des *eCommerce*, des elektronischen Handels gelegt. In unserer Analyse versuchen wir, das in den Medienberichten meist undifferenzierte Bild von eCommerce zu präzisieren. Wir konzentrieren uns dabei auf den ökonomisch zwar weniger bedeutenden, aber dafür gesellschaftspolitisch umso brisanteren *Business-to-Consumer* eCommerce, auf die gesamtwirtschaftlichen Effekte sowie auf die Politikfelder: allgemeiner rechtlicher Rahmen, Verbraucherschutz und Datenschutz, Zölle und Steuern, KMUs und elektronisches Geld und deren Berücksichtigung in diversen Aktionsprogrammen. Die Auswahl der analysierten Politikfelder ist nicht erschöpfend. Sie orientiert sich einerseits an der Bedeutung des Bereichs für den B-2-C eCommerce, andererseits an der gesellschaftspolitischen Bedeutung.

In engem Zusammenhang mit der Entwicklung des eCommerce ist das Verhältnis von *Qualifikationsnachfrage und -angebot* zu sehen, das anschließend qualitativ und quantitativ für Österreich untersucht wird.

Mediamatik und Digitale Ökonomie sind auch durch aufsehenerregende Unternehmenszusammenschlüsse gekennzeichnet. Die Bedeutung einer effizienten *Marktmachtkontrolle* steigt an. Gleichzeitig stellt v.a. die Konvergenz neue Herausforderungen an die nationale und supranationale Politik, die in der abschließenden Politikfeldanalyse thematisiert werden.

3.1 Die Förderung des Business-to-Consumer eCommerce

Stefan W. Schmitz

In diesem Kapitel werden die bedeutendsten Politikfelder des B-2-C eCommerce dargestellt. Aufbauend auf einer problemorientierten Definition des B-2-C eCommerce werden die Rolle nationaler, supranationaler und internationaler Institutionen und die Transformation der Staatlichkeit anhand des allgemeinen rechtlichen Rahmens (inkl. elektronischer Signatur), des Verbraucher- und Datenschutzes, der Förderung der Klein- und Mittelbetriebe und des elektronischen Geldes analysiert.

Im Anschluss daran werden ausgewählte Aktionsprogramme zur Förderung des eCommerce untersucht und die Bedeutung einer umfassenden eCommerce-Strategie aufgrund der bestehenden strategischen Komplementaritäten zwischen den einzelnen Politikfeldern argumentiert. Den Abschluss des Kapitels bildet die Darstellung der gesamtwirtschaftlichen Effekte des B-2-C eCommerce.

3.1.1 Definition und wirtschaftspolitische Herausforderungen

Der folgende Abschnitt ist der Definition des Untersuchungsgegenstandes B-2-C eCommerce gewidmet. In der Literatur existieren unterschiedliche Abgrenzungsversuche, sodass nicht von einer Standarddefinition ausgegangen werden kann. Nach einer kurzen Darstellung und Analyse der vorliegenden Abgrenzungsversuche wird eine problemorientierte Definition auf Basis des Phasenmodells entwickelt. Dabei wird davon ausgegangen, dass sich eine Transaktion in drei unterschiedliche Phasen unterteilen lässt: Informations-, Vereinbarungs- und Abwicklungsphase. Da die mit den einzelnen Phasen verbundenen wirtschaftspolitischen Herausforderungen unterschiedlich sind, werden die einzelnen Phasen auch in der empirischen Erhebung des B-2-C eCommerce-Volumens in Österreich berücksichtigt.[1]

Daten bezüglich des Volumens des elektronischen Handels werden von zahlreichen Institutionen und Unternehmen erhoben. In der Regel sind diese

1 *Siehe Kapitel 4.*

Daten aber wenig aussagekräftig und nicht miteinander vergleichbar, weil die verwendeten Definitionen des Untersuchungsgegenstandes nicht standardisiert und häufig nur unzureichend erläutert sind. Mit unterschiedlichen Teilbereichen des elektronischen Handels sind aber unterschiedliche Auswirkungen auf Unternehmensstrategien, Marktstrukturen und Konsumentenverhalten verbunden. Folglich unterscheiden sich auch die damit verbundenen politischen Herausforderungen, wobei die mit dem *Business-to-Consumer eCommerce* (B-2-C) verbundenen Politikfelder (z.B. Datenschutz, Verbraucherschutz) die größte gesellschaftspolitische Bedeutung haben.

3.1.1.1 Begriffsbestimmung

Im elektronischen Handel kann zwischen *Business-to-Business* (B-2-B) und *Business-to-Consumer* (B-2-C) eCommerce[2] unterschieden werden. Da eine Transaktion aus mehreren Phasen (Informations-, Vereinbarungs- und Abwicklungsphase) besteht und jede dieser Phasen elektronisch oder traditionell (offline) erfolgen kann, ergeben sich für die Definition des elektronischen Handels zahlreiche Möglichkeiten. In Kasten 3 wird ein Überblick über die unterschiedlichen Abgrenzungsversuche in der Literatur gegeben. [3]

Kasten 3: Definitionen des eCommerce

„It [electronic commerce] is concerned specifically with *business occuring over networks which use non-proprietary protocols that are established through an open standard setting process such as the Internet.* As used here, the term „business" broadly means all activity that generates value both within a firm (internally) and with suppliers and customers (externally). In this sense it would include internal networks (e.g. intranets) as well as networks that extend to a limited number of participants (e.g. extranets). Some of this activity may result in monetary transaction and some will not. To assess the economic impact of e-commerce more fully, that

2 *Zusätzlich müssen auch der A-2-C (Administration to Citizen), der A-2-B (Administration to Business) und der C-2-C (Consumer to Consumer) eCommerce als eigene Kategorien erwähnt werden. Sie werden in der vorliegenden Studie aber aufgrund des geringen Volumens und der vom B-2-C eCommerce unterschiedlichen politischen Herausforderungen nicht diskutiert.*

3 *Die Auswahl der inkludierten Zitate ist nicht erschöpfend. Hauptaugenmerk wurde auf die Definitionen politischer Entscheidungsträger (Ministerien wie MITI) und internationale wirtschaftspolitische Institutionen (z.B. WTO, OECD) gelegt.*

portion of the infrastructure which is primarily dedicated to such activity is also included. [...] electronic commerce is one of many applications and components of the broader Internet and the ICT sector." (OECD 1998i, Kapitel 2, 1f., kursiv im Original)
„Broadly speaking, electronic commerce includes any form of economic activity conducted via electronic connections." (Wigand 1997, 2)
„Electronic commerce denotes the seamless application of information and communication technology from its point of origin to its end point along the entire value chain of business processes conducted electronically and designed to enable the accomplishment of a business goal." (Wigand 1997, 5)
„Beim elektronischen Geschäftsverkehr geht es darum, Geschäfte elektronisch zu tätigen. Grundlage ist die elektronische Verarbeitung und Übertragung von Daten einschließlich Text, Ton und Bild. Er umfaßt zahlreiche unterschiedliche Tätigkeiten wie den elektronischen Handel mit Waren und Dienstleistungen, Online-Lieferungen digitalen Inhalts, elektronische Geldüberweisung, den elektronischen Aktienhandel, elektronische Konnossemente, kommerzielle Auktionen, Zusammenarbeit bei Design und Konstruktion, Online-Beschaffung, öffentliche Auftragsvergabe, Direktmarketing beim Verbraucher und den Kundendienst." (KOM (97) 157, 7)
„Through the development of information technology, such efforts towards the development of information society have resulted in the present introduction of electronic commerce, or, that is to say, attempts to replace all economic activity with that based on digital information are becoming the main focus." (MITI 1997, 1)
„Electronic commerce may be simply defined as the production, advertising, sale, and distribution of products via telecommunication networks. Most of the discussion is limited to the internet – the medium with which electronic commerce is primarily associated. The study points out, however, that earlier technological innovations such as the telephone and fax have been used in similar, albeit more limited, ways to conduct business electronically, and future directions in which technology may lead remain uncertain." (WTO 1998, 1)

Die einzelnen *Definitionen* unterscheiden sich auf mehreren Ebenen voneinander:

In allen Definitionen spielt das *Internet* eine zentrale Rolle, dennoch ist die Abgrenzung zu Intra- und Extranets nicht immer eindeutig erkennbar. Derartige Detailfragen wirken sich sowohl auf die auf den jeweiligen Definitionen fußenden empirischen Befunde als auch auf die Implikationen bezüglich des politischen Handlungsbedarfs aus.

Weiters wird häufig auf die Unterscheidung zwischen elektronischem Handel zwischen Unternehmen (*B-2-B*), zwischen Unternehmen und Konsumenten (*B-2-C*), öffentlichen Stellen und Unternehmen oder Bürgern (*A-2-B* und *A-2-C*) sowie unter Konsumenten (*C-2-C*) verzichtet. Es besteht weitgehend Konsens darüber, dass das Volumen der elektronischen Geschäftstätigkeit zwischen

Unternehmen deutlich überwiegt. Dies ist insofern bedeutsam, als sich zentrale politische Implikationen des eCommerce vor allem auf den B-2-C-Bereich beziehen. Politische Prioritäten, die auf empirischen Befunden beruhen, die die Bedeutung des elektronischen Handels mit Konsumenten überschätzen, weil sie nicht hinreichend auf die Unterscheidung zwischen B-2-B- und B-2-C-Aktivitäten eingehen und die elektronischen Geschäfte der öffentlichen Verwaltung nicht berücksichtigen, könnten daher falsch gesetzt sein. Der Zusammenhang zwischen Definition und Marktvolumen des elektronischen Handels wird in Kasten 4 schematisch dargestellt.

Kasten 4: Der Zusammenhang zwischen Definition und Volumen des elektronischen Handels (Quelle: OECD 1997, 19 f., adaptiert)

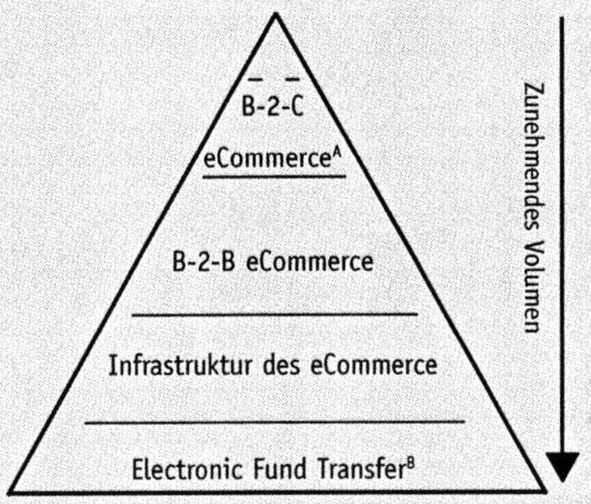

A: Das Volumen elektronischer Transaktionen zwischen Unternehmen und Konsumenten, bei denen auch die Lieferung digital erfolgt, ist im Dreieck oberhalb der strichlierten Linie dargestellt. Die Zuordnung erfolgt auf Basis von geschäftlichen Transaktionen, ohne auf deren Unterteilung in einzelnen Phasen einzugehen [Anm.: Die Form der Bezahlung wird nicht als Kriterium herangezogen.].
B: Electronic Fund Transfer (z.B. elektronisches Zahlungssystem für Banken – über geschlossene Netze) und Debitkartentransaktionen (elektronisches Zahlungssystem für Konsumenten – über geschlossene Netze).

Das Volumen des elektronischen Handels nimmt von der Spitze nach unten hin zu. Die einzelnen Felder lassen sich theoretisch noch weiter unterteilen: Der A-2-C, der A-2-B und der C-2-C eCommerce werden wegen des äußerst geringen Volumens nicht berücksichtigt. In der Grafik wären diese Bereiche in der Spitze der Pyramide zu finden.

3.1.1.2 Eine problemorientierte Definition von eCommerce

3.1.1.2.1 Das Phasenmodell des elektronischen Handels

Jede Transaktion im Handel kann in drei Phasen unterteilt werden: *Informationsphase, Vereinbarungsphase* und *Abwicklungsphase*.[4] Die *Informationsphase* umfasst alle jene Aktivitäten, die den an der Transaktion beteiligten Parteien Klarheit über bestimmte Charakteristika der involvierten Transaktionspartner (z.B. Kreditwürdigkeit, Reputation) und Transaktionsgüter (z.B. Qualität, Preis) liefern. In der *Vereinbarungsphase* stehen diese Charakteristika teilweise zur Disposition. Ebenso werden die Einzelheiten eines Kontrakts, auf dem die Transaktion basieren soll, ausgehandelt (z.B. Lieferbedingungen, Zahlungskonditionen) und der Vertrag elektronisch abgeschlossen. Die *Abwicklungsphase* umfasst die Lieferung der Güter und ihre Bezahlung gemäß den Resultaten der Vereinbarungsphase.

Strom- und Bestandsgrößen

Unter dem Volumen des Handels versteht man die durch diesen Handel erzielten Umsätze – den Wert der gehandelten Güter und der damit in Verbindung stehenden Dienstleitungen (z.B. Beratung, Lieferung). Die Abgrenzung des elektronischen Handels vom traditionellen ist das zentrale Problem jeder Definition des elektronischen Handels. In zahlreichen Definitionen wird nun der Versuch unternommen, diese Abgrenzung durch das Medium, über das eine Transaktion stattfindet, zu gewährleisten. In vielen Fällen wird die Infrastruktur (das Medium), die dazu notwendig ist, in das Handelsvolumen inkludiert. Dadurch ergeben sich methodische Schwierigkeiten, da die Infrastruktur eine Bestandsgröße ist, Handelsumsätze aber Stromgrößen. Eine Bestandsgröße gibt einen zu einem bestimmten Zeitpunkt bestehenden Wert einer Größe an, z.B. der Kapitalstock einer Volkswirtschaft am 31. Dezember eines Jahres, das Vermögen einer Person an einem bestimmten Tag. Eine Stromgröße hingegen gibt den Wert einer bestimmten Größe in einer bestimmten Periode an, z.B. das Bruttoinlandsprodukt im Jahre 1998, das Einkommen einer Person innerhalb eines bestimmten Monats.

Die Berücksichtigung der Infrastruktur in Erhebungen des eCommerce-Volumens entspricht der Berücksichtigung des Straßenbaus, der Errichtung von

---

4 *Vgl. Schmid 1996 und o.J.*

Geschäftslokalen, der Produktion und des Designs des Interieurs der Verkaufsräume sowie der administrativen Einrichtungen und zahlreicher anderer zur Infrastruktur gehörender Güter bei der Berechnung des Handelsvolumens im traditionellen Handel. Dadurch wird aber die Abgrenzung zu anderen Sektoren einer Wirtschaft (z.B. Hoch- und Tiefbau, öffentliche Verwaltung) unscharf. Weiters würde die Abgrenzung zwischen Bestands- und Stromgrößen auf diese Weise vernachlässigt. Da die privaten Infrastrukturinvestitionen (im IKT-Bereich) im Konjunkturverlauf stärker schwanken als die Handelsumsätze verlieren die Daten an Genauigkeit und Aussagekraft.

B-2-C elektronischer Handel

In der folgenden Definition sollen daher nur geschäftliche Transaktionen – also *Stromgrößen* – berücksichtigt werden, die zwischen Unternehmen und Konsumenten getätigt werden, d.h. zumindest eine der Transaktionsparteien muss Kaufmann i.S. des Handelsrechts sein. Diese Einschränkung ergibt sich durch die in der Studie diskutierten wirtschaftspolitischen Probleme und Implikationen (z.B. Verbraucher- und Datenschutz, Steuern, Aktionsprogramme für den elektronischen Handel, Dis- bzw. Re-Intermediation).

Gemessen wird der Umsatz als Summe der *Werte* der innerhalb einer bestimmten Periode geleisteten Transaktionen. Das Sammeln von Kaufinformationen (Informationsphase) über das Internet gilt nicht als Transaktion und wird daher nicht zum Volumen des elektronischen Handels gezählt. Dennoch treten dabei unterschiedliche relevante Probleme auf, sodass die Bedeutung des Internet für die Informationsphase gesondert berücksichtigt und erhoben werden sollte.

Medium Internet

Zur Abgrenzung von der Vernetzung von Unternehmen über geschlossene Systeme (z.B. elektronischer Datenaustausch zwischen Unternehmen und Zulieferern, elektronischer Zahlungsverkehr zwischen Banken) und zur Unterscheidung von (digitalen) TV-Einkaufskanälen werden nur Transaktionen, die über das Internet erfolgen, in die Definition einbezogen.[5] Der Direktvertrieb über Telefon und Fax (z.B. TV-Einkaufskanäle) wird nicht berücksichtigt.

Das zentrale Problem einer Definition des elektronischen Handels ist die Basis, auf der die Abgrenzung zum traditionellen Handel erfolgt, denn Trans-

---

5 *Die Abgrenzung erfolgt unabhängig vom Zugangsgerät (z.B. PC, Mobiltelefon). Bzgl. der Bedeutung des „mobile eCommerce" vgl. Latzer et al. 1999.*

aktionen, die über die oben beschriebenen Netze erfolgen, bestehen aus zahlreichen Interaktionen der einzelnen Transaktionspartner, die nicht notwendigerweise alle über dasselbe Medium erfolgen müssen.

Die in der vorliegenden Arbeit verwendete Definition des B-2-C eCommerce umfasst jene geschäftlichen Transaktionen, bei denen
- *entweder die Vereinbarungs- und/oder Abwicklungsphase zumindest teilweise (z.B. Bestellung/Zahlung) über das Internet abgewickelt werden.*
- *nur einer der beteiligten Transaktionspartner Kaufmann i.S. des Handelsrechts ist*

Das entspricht einer Beschränkung auf B-2-C eCommerce.

Die Abgrenzung zum traditionellen Handel ist deshalb von Bedeutung, weil die mit beiden Formen des Handels assoziierten Probleme unterschiedlich sind. Gesucht wird also eine Definition, die alle jene Transaktionen zusammenfasst und abgrenzt, die mit den erwähnten spezifischen wirtschaftspolitischen Problemen und Implikationen in Verbindung gebracht werden.

3.1.1.2.2 Wirtschaftspolitische Herausforderungen einzelner Phasen

Herausforderungen, die mit dem elektronischen Handel in Verbindung gebracht werden, umfassen u.a. den Verbraucherschutz, den Schutz der Privatsphäre, Datenschutz, die allgemeinen rechtlichen Rahmenbedingungen (z.B. Rechtswirksamkeit elektronischer Kontrakte), Besteuerungsprobleme und die Sicherheit elektronischer Zahlungssysteme.[6]

Das Auftreten einzelner oder mehrerer dieser Probleme ist nicht daran gebunden, dass alle Teilinteraktionen einer Transaktion über das Internet erfolgen. Allein das Sammeln von Informationen via Internet wirft neue Herausforderungen im Bereich des *Verbraucherschutzes* (z.B. falsche Angaben bezüglich Produktqualität) auf, auch wenn das Gut in der Folge telefonisch oder postalisch bestellt wird.

Der *Schutz der Privatsphäre* wird auch dann relevant, wenn die Daten über den Konsumenten lediglich bei der Informationssuche gesammelt wurden, ohne dass eine geschäftliche Transaktion überhaupt zustande gekommen ist.

---

6 *Siehe Kapitel 3.1.2.*

Die *Rechtswirksamkeit elektronischer Kontrakte* ist nur dann ein Problem, wenn diese über das Internet erstellt werden. D.h. solange alle anderen Teilinteraktionen auf diese Weise durchgeführt werden – nicht aber die Bestellung der Güter – tritt dieses Problem nicht auf.

Ebenso ergeben sich Probleme der *Sicherheit von elektronischen Zahlungsmitteln* unabhängig von der Art der Durchführung der anderen Teilinteraktionen. Selbst beim Einkauf über den Versandhandel ergeben sich ähnliche Probleme, wenn die Bezahlung über Kreditkarten erfolgt.

Die *Besteuerungsprobleme*, die bei der Verbreitung des eCommerce befürchtet werden, ergeben sich dadurch, dass die Lieferung der Waren digital erfolgen kann. Solange Waren über nationale Grenzen hinweg physisch geliefert werden müssen, stellen sich auch steuerlich keine grundsätzlichen Probleme, die nicht schon beim internationalen Versandhandel auftreten würden.[7] Sobald Waren aber digitalisiert international transportiert werden können, sind die Probleme der steuerlichen Erfassung unabhängig von der Art und Weise der Abwicklung der Informations- und der Vereinbarungsphase sowie von der Zahlungsmethode.

Die definitorische Abgrenzung aller jener geschäftlichen Transaktionen, bei denen zumindest eine Teilinteraktion über das Internet erfolgt, unter dem Titel „elektronischer Handel" ist notwendig, weil damit eine bestimmte Gruppe von Problemen verbunden werden kann. Da die einzelnen Teilinteraktionen unabhängig voneinander auftreten können und die angesprochenen Schwierigkeiten häufig mit einzelnen davon in Verbindung gebracht werden können, sollte auch differenziertes empirisches Material zur Verfügung stehen. Dadurch wird die empirische Überprüfung der Relevanz einzelner erdenklicher Probleme möglich: So könnte sich zum Beispiel zeigen, dass das Volumen der digitalen Güter, die über das Internet geliefert werden, relativ gering ist. Da aber nur dort neue steuerliche Probleme auftreten, könnte daher geschlossen werden, dass sie gegenwärtig nicht zu den Prioritäten zählen müssten.

Die mit den einzelnen Phasen verbundenen Probleme (z.B. Verbraucher- und Datenschutz) sind sehr unterschiedlich, weshalb in empirischen Arbeiten die Größenordnung der einzelnen Phasen explizit erhoben werden sollte, auch jene der Informationsphase ist hier von Interesse.

---

7 *Allerdings spielt dieser quantitativ selbst innerhalb des Europäischen Binnenmarktes keine Rolle (vgl. OECD 1997a).*

Die größere Genauigkeit des Datenmaterials hat allerdings ihren Preis: Der Aufwand bei der Datensammlung ist wesentlich größer, mehr Details bezüglich der Transaktionsgewohnheiten müssten erfragt werden, um geschäftlichen Transaktionen die entsprechenden Gewichte zuordnen zu können.

Beispiele zur Abgrenzung des elektronischen Handels
Verwandte Formen des elektronischen Handels stellen vor allem der Versandhandel und der Vertrieb über TV-Einkaufskanäle dar.

Solange der Versandhandel auf postalischem oder fernmündlichem Weg, nach Auswahl der Produkte aus einer auf postalischem Weg eingelangten Broschüre erfolgt und die Produkte per Post geliefert werden sowie die Rechnung per Nachnahme bezahlt wird, zählt die Transaktion nicht zum elektronischen Handel. Die Bestellung per Telefon (oder Fax) erfolgt zwar im weitesten Sinne elektronisch, wird aber nicht zum elektronischen Handel gerechnet.

Für TV-Werbekanäle gilt Ähnliches. Die Auswahl der Produkte erfolgt hier zwar auf Basis von Informationen, die im weitesten Sinne elektronisch von einem TV-Sender terrestrisch oder kabelgebunden empfangen werden, dennoch werden diese Transaktionen nicht zum elektronischen Handel gezählt.

Für beide Fälle gilt allerdings, dass von elektronischem Handel gesprochen werden kann, sobald die Vereinbarungs- und/oder die Abwicklungsphase über das Internet erfolgt. Die Bestellung eines Gutes, das aus der Broschüre eines Versandhandels-Unternehmens ausgewählt wird, über das Internet gilt auch dann als Anwendung des elektronischen Handels, wenn sowohl Lieferung als auch Bezahlung auf traditionellem Weg erfolgen.

Hingegen gilt eine Transaktion in einem Geschäftslokal, bei der mittels elektronischer Börse gezahlt wird, nicht als elektronischer Handel, da diese Form der Zahlung über die eigenen geschlossenen Datennetze der entsprechenden Finanzunternehmen (z.B. Kreditkartenfirmen oder lokale Finanzinstitute) erfolgt.

Weiters werden die seit über 20 Jahren verwendeten EDI-Systeme in der vorliegenden Arbeit nicht zum elektronischen Handel gezählt. Die Herausforderungen, die sich dabei ergeben, sind andere als jene, die beim B-2-C eCommerce im Sinne der hier angewendeten Definition auftreten können. Dabei handelt es sich um B-2-B eCommerce.

Der Zahlungsverkehr der Banken und Finanzinstitute erfolgt sowohl national als auch international seit langem elektronisch, wird aber in dieser Studie nicht dem elektronischen Handel zugeordnet, da dabei nur geschlossene Netze unterschiedlicher Zahlungssystemanbieter (z.B. nationale Zentralbanken) zum Einsatz kommen. Auch hier handelt es sich nicht um B-2-C eCommerce.

Einige bestehende elektronische Vertriebssysteme werden nicht zum B-2-C eCommerce gezählt, sodass die Prognosen bezüglich seiner Entwicklung nicht nur Wachstumseffekte des elektronischen Vertriebs, sondern auch Substitutionseffekte zwischen seinen unterschiedlichen Formen einschließen (z.B. Übergang von Versandhandel u.a. per Telefon und Fax sowie TV-Einkaufskanälen zu B-2-C eCommerce). Von größerer quantitativer Bedeutung sind auch hier die Substitutionseffekte, die beim Übergang von EDI zu Internet basierenden B-2-B eCommerce auftreten.

3.1.2 Bausteine einer umfassenden eCommerce Politik

In diesem Abschnitt werden folgende Politikfelder einer umfassenden eCommerce Politik dargestellt: (1) allgemeiner rechtlicher Rahmen (inkl. elektronische Signatur), (2) Verbraucherschutz, (3) Datenschutz, (4) Zoll- und Steuerpolitik, (5) die Förderung der Klein- und Mittelbetriebe (KMUs) sowie (6) das elektronische Geld. Im Vordergrund stehen dabei die Fragestellungen: (i) Welche Rolle spielen nationale, supranationale und internationale Institutionen in den einzelnen Politikfeldern? (ii) Was sind die zentralen Maßnahmen in den einzelnen Politikfeldern?

Es wird argumentiert, dass zwischen den einzelnen Politikfeldern strategische Komplementaritäten bestehen; d.h. der marginale Effekt einer einzelnen Maßnahme ist in Kombination mit anderen Maßnahmen wesentlich größer als in Isolation. In einigen Politikbereichen sind punktuelle Ansätze nahezu wirkungslos. Daraus lässt sich die Forderung nach einer umfassenden eCommerce-Strategie für Österreich ableiten, die die strategischen Komplementaritäten berücksichtigt, die Aufgabengebiete der einzelnen Akteure klar definiert, operationalisiert und koordiniert.

3.1.2.1 Vertrauensbildung – allgemeiner rechtlicher Rahmen

Die Frage nach der Rolle nationaler, supranationaler und internationaler Institutionen bei der Vertrauensbildung im elektronischen Handel wird eingangs anhand von Methoden der Politischen Ökonomie untersucht. Im Vordergrund steht dabei die Frage, in welchen Fällen Marktversagen vorliegt. Die Rolle von

Selbstregulierungs-Mechanismen im B-2-C eCommerce wird ausführlich diskutiert. Im Anschluss daran werden die wichtigsten Aktivitäten der Europäischen Union kurz umrissen, um die zentralen Punkte der einzelnen Strategien darzustellen. Vertrauensbildung ist eine Aufgabe, die in erster Linie durch die Schaffung des adäquaten rechtlichen Rahmens (inkl. elektronischer Signatur) erreicht werden kann.

3.1.2.1.1 Die Rolle nationaler, supranationaler und internationaler Institutionen bei der Vertrauensbildung im B-2-C eCommerce

Vertrauensbildung als öffentliches Gut

Für die Entwicklung des B-2-C elektronischen Handels ist die Vertrauensbildung seitens der Verbraucher und der Unternehmen zentral. Die dazu notwendigen Maßnahmen müssen von Unternehmen (Online-Anbietern) und von nationalen Regierungen sowie supra- und internationalen Institutionen (z.B. EU, OECD, WTO) gesetzt werden.

Da Vertrauensbildung teilweise die Charakteristika eines öffentlichen Gutes[8] hat, investieren die Marktteilnehmer nicht das sozial effiziente Ausmaß in die Herstellung dieses Vertrauens seitens der Verbraucher. Sobald in einem Markt ein gewisses Niveau an wechselseitigem Vertrauen herrscht, profitieren alle Marktteilnehmer davon (Nicht-Ausschließbarkeit), also auch jene, die nicht oder nur unzureichend in vertrauensbildende Maßnahmen investiert haben. Dieses sogenannte Schwarzfahrer- oder „Freerider"-Problem hat zur Folge, dass für jeden Online-Anbieter der Anreiz gegeben ist, strategisch weniger zu investieren als sozial effizient wäre.[9] Die Politik ist daher gefordert, vertrauensbildende Maßnahmen zu setzen.

Nationale Regierungen und supranationale Institutionen tragen durch die Schaffung eines rechtlichen Rahmens für den eCommerce (inkl. digitaler Signatur), die Formulierung von Verbraucherschutz- und Datenschutz-Bestimmungen dazu bei, das Vertrauensniveau seitens der Wirtschaftsakteure zu erhöhen. Zusätzlich ist ein klarer regulatorischer Rahmen für eGeldinstitute notwendig, um Vertrauen in das elektronische Geld sowie in die es emittierenden Institute zu schaffen.

8 *Siehe Kapitel 1.1.*

9 *Im Sinne der Pareto-Effizienz (vgl. Kreps 1990).*

Die wichtigsten EU-Maßnahmen zur Vertrauensbildung im B-2-C eCommerce sind in Tabelle 5 zusammengefasst.

Tabelle 5: Vertrauensbildende Maßnahmen für eCommerce in der EU

1999:	Geänderter Vorschlag für eine Richtlinie des Europäischen Parlaments und des Rates über bestimmte rechtliche Aspekte des elektronischen Geschäftsverkehrs im Binnenmarkt. KOM (99) 427 endg.
1999:	Entscheidung 99/276/EG des Europäischen Parlaments und des Rates vom 25. Januar 1999 über die Annahme eines mehrjährigen Aktionsplans der Gemeinschaft zur Förderung der sicheren Nutzung des Internet durch die Bekämpfung illegaler und schädlicher Inhalte in globalen Netzen.
1998:	Vorschlag für eine Richtlinie über die Aufnahme, Ausübung und Beaufsichtigung von E-Geldinstituten. KOM (98) 461
1997:	Richtlinie 97/7/EG des Europäischen Parlaments und des Rates vom 20. Mai 1997 über den Verbraucherschutz bei Vertragsabschlüssen im Fernabsatz.
1997:	Empfehlung 97/489/EWG der Kommission vom 30. Juli 1997 zu den Geschäften, die mit elektronischen Zahlungsinstrumenten getätigt werden (besonders zu den Beziehungen zwischen Emittenten und Inhabern solcher Instrumente).
1995:	Richtlinie 95/46/EG des Europäischen Parlaments und des Rates vom 24. Oktober 1995 zum Schutz natürlicher Personen bei der Verarbeitung personenbezogener Daten und zum freien Datenverkehr.
1988:	Empfehlung 88/590/EWG der Kommission vom 17. November 1988 zu Zahlungssystemen, insbesondere zu den Beziehungen zwischen Karteninhabern und Kartenausstellern.
1987:	Empfehlung 87/598/EWG der Kommission vom 8. Dezember 1987 für einen Verhaltenskodex im Bereich des elektronischen Zahlungsverkehrs.

Bildung als meritorisches Gut

Durch die Verbreitung von Informations- und Kommunikationstechnologien ändern sich die Bildungs- und Ausbildungsanforderungen der Gesellschaft und der Wirtschaft. Technologie-Kompetenz wird zu einer zentralen Komponente der Allgemeinbildung. Für viele Menschen bestehen allerdings Schwellen- und Berührungsängste mit neuen Technologien. Häufig sind die notwendigen Investitionen in Geräte, Anwendungen und Ausbildung relativ hoch. Zusätzlich sind die Entwicklungen der Bildungs- und Ausbildungserfordernisse nicht so transparent, dass dadurch für alle Menschen genügend Anreize bestehen würden, ausreichend in die eigene Ausbildung und Technologie-Kompetenz zu investieren. Daher ist es notwendig, dass nationale und supranationale Institutionen Fördermaßnahmen setzen und Barrieren, die das Erwerben von Technologie-Kompetenz erschweren, ausräumen.[10]

Durch derartige Maßnahmen kann verhindert werden, dass nur eine kleine Gruppe Privilegierter von den Vorteilen des B-2-C elektronischen Handels profitiert. Der möglichen Spaltung der Gesellschaft – in Personen mit Zugang zu Information und solchen ohne – sowie einem zukünftigen strukturellen Ungleichgewicht auf dem Arbeitsmarkt kann dadurch bereits frühzeitig entgegengewirkt werden.

Der Mangel an Technologie-Akzeptanz und -Kompetenz stellt ein Entwicklungshemmnis für den B-2-C elektronischen Handel dar. Folgende Maßnahmen können von nationalen, supranationalen und internationalen Institutionen gesetzt werden, um die gesellschaftliche Technologie-Akzeptanz und die individuelle Technologie-Kompetenz zu erhöhen:

- *Schaffung von Aufmerksamkeit für neue Technologien*
- *Nichtdiskriminierung bzw. Förderung schutzbedürftiger Verbraucher beim Zugang zum elektronischen Handel (z.B. Zugang für sozial schwache Gruppen durch Universaldienstpolitik)*
- *Förderung der Vertrauensbildung in den B-2-C elektronischen Handel*
- *Subventionierung von Bildungs- und Ausbildungsprogrammen*
- *Förderung der Entwicklung benutzerfreundlicher Geräte und Anwendungen*
- *Förderung nicht proprietärer Standards, um „Lock-in"-Effekte[11] zu vermeiden*

Netzeffekte bei Bewertungs-/ Filtersystemen, Verhaltenskodizes und Zertifizierungs-Systemen

Insbesondere zur Eindämmung unerwünschter Inhalte im Internet (z.B. demeritorische Güter[12] wie Gewaltdarstellungen) und zum Schutz der Verbraucher vor unerbetener kommerzieller Kommunikation (z.B. Werbematerial über E-Mail)

10 *Siehe Kapitel 3.2.*

11 *Siehe Kapitel 2.2.*

12 *Siehe Kapitel 1.1.*

werden Bewertungs- und Filtersysteme vorgeschlagen, die nur dann erfolgreich sein können, wenn sie standardisiert sind. Standardisierung ermöglicht es, Filme, Spiele und allgemeine Informationen mit einem einzigen Filter zu untersuchen, um das angestrebte Schutzniveau zu erreichen, anstatt mit zahlreichen unterschiedlichen Systemen, die auf unterschiedlichen Standards basieren, wodurch die damit verbundenen Transaktionskosten (v.a. Anschaffungspreise, Zeitverlust) reduziert werden können. Dabei werden offene, nicht proprietäre Standards vorgezogen, um die Verbraucher vor „Lock-in"-Effekten zu schützen, d.h. ihnen soll ermöglicht werden, stets neueste Technologien zu vertretbaren Preisen verwenden zu können, ohne ständig neue Fertigkeiten erlernen und/oder Hard- und Software anschaffen zu müssen; d.h. die „switching costs"[13] – Kosten, die beim Umstieg auf einen neuen Anbieter oder auf neuen Standard entstehen – sollten niedrig sein.

Standards sind mit Netzen vergleichbar, die durch Netzeffekte (oder Netzexternalitäten) charakterisiert sind. Je mehr Informations-Anbieter sich einem Bewertungs- und Filtersystem freiwillig unterwerfen, desto attraktiver wird es für die Konsumenten. Dadurch wird das betreffende System für andere Informations-Anbieter wiederum interessanter. Sobald also eine kritische Masse an Teilnehmern erreicht ist, entwickelt sich eine selbsttragende Wachstumsdynamik. Allerdings kann es möglich sein, dass diese kritische Masse ohne staatliche Intervention nicht erreicht wird: Obwohl die Übernahme des Standards sozial effizient wäre, kommt sie durch die Marktlösung nicht zustande, weil Netzexternalitäten wirken. Setzt sich ein beliebiges Bewertungs- und Filtersystem einmal durch, ist es sehr schwierig, dieses durch neuere Entwicklungen wieder zu verdrängen:[14] Solange im alten System die meisten Inhalte bewertet werden, werden Verbraucher vor allem jene Filtersysteme anschaffen, die diese Bewertung auch bearbeiten können. Solange aber die meisten Verbraucher nicht auf neue Technologien umsteigen, lohnt sich der entsprechende Umstieg auch für die Inhalteanbieter nicht.

Neben Bewertungs- und Filtersystemen spielen auch Verhaltenskodizes und Zertifizierungs-Systeme eine wichtige Rolle, um das Vertrauen der Konsumenten in den elektronischen Handel zu stärken. Dabei können nationale Regierungen und supranationale Institutionen Richtlinien entwickeln, denen die Verhaltenskodizes entsprechen sollen.

Nationale Regierungen sowie supranationale und internationale Institutionen können durch Fördermaßnahmen (z.B. Subventionen) das Erreichen der

13 *Siehe Kapitel 2.2.*

14 *Exzessive Trägheit – siehe Kapitel 2.2.*

kritischen Masse beschleunigen und zur internationalen Kompatibilität der Bewertungs- und Filtersysteme sowie der Verhaltenskodizes und Zertifizierungs-Systeme beitragen. Offene Standards sind proprietären Standards aus Gründen der Wettbewerbspolitik und der Effizienz in der Regel vorzuziehen. Die Schaffung eines internationalen Informations-Systems (z.B. eines internationalen Hotline-Systems, an das illegale und schädliche Inhalte gemeldet werden können) kann die Auffindung illegaler und schädlicher Inhalte in globalen Netzen erleichtern.

Verhaltenskodizes: Selbstregulierung und staatliche Regulierung

Mit der *Fernabsatzrichtlinie*[15] schützt die Europäische Union die Rechte der Verbraucher und legt einen einheitlichen Mindeststandard für alle Sektoren (Ausnahme Finanzdienstleistungen) fest. Zusätzlich werden von der EU Verhaltenskodizes und Zertifizierungs-Systeme als Mittel der Selbstregulierung gefördert.

Die Europäische Initiative für den Elektronischen Geschäftsverkehr[16] geht davon aus, dass „[...] ein Binnenmarkt für den elektronischen Geschäftsverkehr nur dann entstehen kann, wenn anerkannte allgemeine Interessen wie der Schutz der Privatsphäre und der Verbraucherschutz [...] gewährleistet sind." Die Fernabsatzrichtlinie und die Datenschutz-Richtlinie[17] sollen diesen Anforderungen gerecht werden. Um die Vertrauensbildung beim Verbraucher zu fördern, werden Qualitätszeichen und Verhaltenskodizes angeregt. Die Kommission kündigt an, Selbstregulierungsmaßnahmen zu unterstützen. Um die Transaktionskosten zu senken, plädiert die Kommission für weltweit einheitliche Verhaltenskodizes und Qualitätszeichen.

In der Entschließung des EU-Parlaments zur Initiative für den Europäischen Geschäftsverkehr[18] heißt es unter Punkt P. „[...], daß der Schutz der Privatsphäre und ein hohes Niveau des Verbraucherschutzes Grundrechte des Individuums sind, die gewahrt werden müssen, und [...], daß die Rechte der Verbraucher sichergestellt und dem neuen Umfeld angepaßt werden müssen." Während unter Punkt R. darauf hingewiesen wird, „[...] daß die Regierungen gegebenenfalls zur Selbstregulierung der Industrie ermutigen und die Selbstregulierung unterstützen sollten, wohingegen die Verantwortung der öffentli-

---

15 97/7/EG.

16 KOM (97) 157 endg., 24.

17 95/46/EG.

18 Entschließung A4-0173/98.

chen Regelungsbehörden darin besteht, den Handlungsrahmen festzusetzen." Unter Punkt 13. wird betont, dass der regulatorische Rahmen „[...] Spielraum für Maßnahmen der Selbstregulierung lassen muß [...]". Bezüglich des Schutzes der Privatsphäre vertritt das Europäische Parlament die Position, dass verbindliche Regeln für den effektiven Schutz der Privatsphäre zu vereinbaren seien sowie die Selbstregulierung der Industrie zu fördern sei. Die Errichtung eines *internationalen Streitschlichtungs-Mechanismus*, der von der Industrie als Form der Selbstregulierung betrieben wird, solle unterstützt werden.

Die Vereinigten Staaten und Japan hingegen setzen wesentlich stärker auf die Initiative und Problemlösungs-Kapazität der Industrie. „We believe that private efforts of industry working in cooperation with consumer groups are preferable to government regulation, but if effective privacy protection cannot be provided in this way, we will reevaluate this policy."[19] Ähnliches geht auch aus einer bilateralen Erklärung der USA und Japans bezüglich der Entwicklung des elektronischen Handels hervor: „Since content, usage, and the method for collection of private information differ from industry to industry, means for privacy protection should be considered by each industry. Enforcement mechanisms would be developed and implemented by the private sector, including preparing guidelines and developing verification and recourse methodologies, and supported by the public sector. If data in a certain industry is highly confidential, legal methods can be considered for that industry."[20] Nur bei besonders heiklen Daten soll staatliche Regulierung die Selbstregulierungs-Mechanismen dominieren können. Auch das Aktionsprogramm der Internationalen Handelskammer betont die Dominanz von Selbstregulierungs-Mechanismen.[21]

Die Europäische Kommission setzt auf supranationale Regulierung (d.h. vor allem Vereinheitlichung staatlicher Regulierung) und darauf aufbauende Selbstkontrolle, während andere Staaten (USA, Japan) und internationale Organisationen (ICC) vor allem auf Selbstregulierung durch Verhaltenskodizes und Zertifizierungs-Systeme bauen.

Das grundlegende Argument für die staatliche Regulierung liegt in der Annahme, dass der Staat als Regulator einen komparativen Vorteil habe: (1) Vertrauensbildung seitens der Konsumenten sei notwendig, um einen Markt im Be-

19 *Clinton/Gore 1997, 14.*

20 *United States – Japan 1998, 3.*

21 *Vgl. ICC 1999, 21 ff.*

reich des B-2-C elektronischen Handels erst ermöglichen zu können. (2) Staatliche Regulierung sei am besten geeignet, um diese Vertrauensbildung durch den regulatorischen Rahmen optimal zu fördern.

Argumente gegen die staatliche Regulierung bestreiten vor allem den komparativen Vorteil des Staates bei der Vertrauensbildung. Einerseits würden nationalstaatliche Regulierungsstrukturen dem internationalen Charakter des Internet nicht gerecht werden, andererseits sei der Markt das optimale Instrument zur Vertrauensbildung. Selbstregulierung durch Verhaltenskodizes und Qualitätszeichen sei effizienter als staatliche Regulierung[22] und könne auf technologischen und strukturellen Fortschritt schneller reagieren, während rigide und schwerfällige gesetzliche Regelungen häufig Entwicklungshemmnisse darstellten. Der Wettbewerb der Selbstregulierungs-Institutionen schaffe für Konsumenten größere Wahlmöglichkeiten und fördere Innovationen bei der Vertrauensbildung (z.B. neue Technologien im Bereich des Datenschutzes). [23]

Die Argumentation für die *Selbstregulierung* geht im Wesentlichen von drei Annahmen aus:

- Die Marktstruktur, die den Handlungsspielraum für Selbstregulierungs-Mechanismen vorgibt, ist effizient. Es gibt kein Marktversagen.
- Die Interessen von Anbietern und Nachfragern sind identisch oder zumindest ähnlich.
- Die theoretische Überlegenheit der Selbstregulierung wird seitens der Nachfrager als solche akzeptiert, so dass der Staat seinen komparativen Vorteil verliert.

Die Annahme, der Markt, der den Handlungsspielraum für Selbstregulierungs-Mechanismen vorgibt, sei effizient, verkennt die Existenz von Marktversagen. Vor allem asymmetrische Information – bezüglich der Qualität und der Vertrauenswürdigkeit der Unternehmen, die die Einhaltung von Verhaltenskodizes durch die Vergabe von Qualitätszeichen überwachen – führt zu hohen Transaktionskosten für die Konsumenten. Unter bestimmten Annahmen[24] kann es

22 Die Kritik der Effizienz staatlicher Regulierung bezieht sich vor allem auf das Verhältnis verfolgter öffentlicher Interessen und Partikularinteressen (zu Special Interest Theorie und Regulatory Capture siehe Kapitel 1.1).

23 Siehe Kapitel 5.1.

24 Diese Annahmen beziehen sich auf den Anteil der Unternehmen, die Verhaltenskodizes tatsächlich korrekt kontrollieren, und ihre Gewinnfunktionen. Für eine ausführliche Darstellung der theoretischen Grundlagen vgl. Kreps 1990, 638 ff. oder Rothschild/Stiglitz 1976.

unter dieser Voraussetzung sein, dass es gar kein Marktgleichgewicht gibt. Trotz Selbstregulierung kann es sein, dass unter asymmetrischer Information kein Markt zustande kommt, der den Handlungsspielraum für Selbstregulierungs-Mechanismen vorgibt, obwohl alle Beteiligten davon profitieren würden. Wer kontrolliert die Kontrolleure, wenn der Markt dazu nicht in der Lage ist? Um den Markt transparenter zu gestalten, wird die Entwicklung eigener Kriterien zur Messung und Beurteilung des Erfolgs von Selbstregulierungs-Mechanismen vorgeschlagen.[25]

Selbstregulierungs-Mechanismen basieren auf der Idee, dass die Beteiligten ähnliche Interessen hätten und daher zur Schlichtung von Streitfällen keine Beteiligung Dritter erforderlich sei. Die Machtverteilung innerhalb des Selbstregulierungs-Mechanismus folge Prinzipien, auf die sich alle Beteiligten in einem demokratischen Prozess (z.B. auch durch wirtschaftlichen Zuspruch) geeinigt hätten.

Derartige Verfahren sind daher besonders für Streitigkeiten zwischen Unternehmen (z.B. internationale Schiedsgerichte wie das der Internationalen Handelskammer) geeignet. Zwischen Unternehmen und Verbrauchern besteht aber ein grundsätzlicher Interessenskonflikt und ein Machtungleichgewicht.[26] Der Ausgleich dieser beiden erfordert demokratische und transparente Institutionen. Dem Staat wird durch die Prinzipien der Rechtstaatlichkeit und der Gewaltentrennung sowie durch die parlamentarische Kontrolle größere Transparenz zugeschrieben als Unternehmen, die zueinander in Konkurrenz stehen. Weiters ist er demokratisch legitimiert und bietet auch die Möglichkeit der Partizipation unabhängig von wirtschaftlicher Macht.

Innerhalb der EU dominiert seit langem die staatliche Regulierung gegenüber der Selbstregulierung. Konsumenten haben ihr Verhalten an das Bestehen von Daten- und Verbraucherschutz-Bestimmungen adaptiert. Ein Wechsel der Grundlagen der regulatorischen Rahmenbedingungen wäre mit hohen Transaktionskosten[27] verbunden. Zumindest in der Übergangsphase wären Rechtsunsicherheit seitens der Anbieter und der Nachfrager die Folge. Für Selbstregulierungs-Mechanismen könnte sich zudem ein Akzeptanz-Problem ergeben. In

---

25 Vgl. Murray 1999.

26 Vgl. Falch/Henten 1999.

27 Ein bestimmtes Regulierungs-Regime kann als Standard interpretiert werden. Der Übergang von einem Standard zu einem effizienteren kann an Koordinationsproblemen scheitern (exzessive Trägheit) oder durch das Bestehen von hohen Transaktionskosten nicht effizient sein (vgl. Finsinger 1991).

Tabelle 6 werden Argumente für Selbstregulierung und für staatliche Regulierung dargestellt.

Tabelle 6: Argumente für Selbstregulierung und für staatliche Regulierung

Argumente für reine Selbstregulierung	**Argumente für die Dominanz der staatlichen Regulierung**
Größere Vielfalt der Regulierung – größere Auswahl für Konsumenten	Asymmetrische Information auf dem Markt, der den Handlungsspielraum für Selbstregulierungs-Mechanismen vorgibt – Wer kontrolliert die Kontrolleure?
Staatliche Regulierung wegen der zunehmenden Internationalisierung im eCommerce nicht mehr möglich	Zwischen Unternehmen und Konsumenten bestehen Interessenskonflikte und Machtungleichgewichte – der Ausgleich erfolgt durch demokratische, transparente und rechtsstaatliche Institutionen besser als durch Unternehmen
Staatliche Kosten der Regulierung sind hoch – durch Übertragung der entsprechenden Ausgaben an Selbstregulierungs-Mechanismen kommt es zu einer Budgetentlastung	Status-quo in der EU
Abbau der Entwicklungshemmnisse durch rigide und schwerfällige Regulierungs-Strukturen	
Bessere allokative Effizienz	
Größere Flexibilität	
Wettbewerb fördert Innovation	

Die vorausgegangene Evaluierung der Argumente spricht für einen regulatorischen Rahmen, der Mindeststandards für Selbstregulierungs-Mechanismen zwingend vorschreibt. Diese sollen aber darauf aufbauend gefördert werden. Es steht ihnen frei, strengere Standards als die staatlichen Mindeststandards vorzusehen und dadurch Verbrauchern eine größere Auswahl zu ermöglichen. Durch eine Kombination von staatlichen Rahmenbedingungen und Selbstregulierungs-Mechanismen können Entwicklungshemmnisse abgebaut und die Flexibilität und Innovationsbereitschaft gefördert werden. Den Selbstregulierungs-Mechanismen kommt somit eine wichtige Bedeutung zu, um die negativen Effekte staatlicher Kontrolle zu vermeiden. Zugleich lösen der staatliche Rahmen und die staatliche Kontrolle das Problem „Wer kontrolliert die Kontrolleure?" und sorgen für den Ausgleich von Interessenskonflikten und Machtungleichgewichten. Innerhalb der EU kann die Akzeptanz von Selbstregulierungs-Mechanismen durch Einbettung in staatliche Rahmenbedingungen gefördert werden.

Die staatliche Regulierung hat (vor allem innerhalb der EU) einen komparativen Vorteil gegenüber der reinen Selbstregulierung, sollte aber durch diese ergänzt werden, um größere Flexibilität und Innovationsbereitschaft zu fördern und Entwicklungshemmnisse zu reduzieren.

Internationalität der Netze

Einer der Wesenszüge des Internet ist sein internationaler Charakter. Da sich nationalstaatliches Recht auf eine genau abgegrenzte geografische Region bezieht, kann es relativ leicht umgangen werden.[28] Durch die relativ geringen Kosten einer Verlagerung von Servern und Unternehmenssitz ins Ausland besteht die Gefahr, dass nationale Verbraucher- und Datenschutz-Bestimmungen sowie Steuergesetze umgangen werden könnten. Daher ist es notwendig, nicht nur innerhalb der EU auf eine koordinierte Vorgangsweise hinzuarbeiten, sondern auch auf internationaler Ebene. Allerdings gilt es zwei wesentliche Argumentationslinien zu unterscheiden: Der internationale Charakter des Internet macht es notwendig, Regulierungsmaßnahmen in einzelnen Bereichen (z.B. Zölle) auf internationaler Ebene (z.B. OECD, WTO, GATS, UNCITRAL) zu entwikkeln und durchzusetzen. Die Konsensfindung ist aufgrund der unterschiedlichen Interessenslagen, Rechtssysteme und Wertvorstellungen sehr *schwierig*. In anderen Bereichen der internationalen Wirtschaftspolitik gibt es internationale, sanktionierbare Übereinkommen, z.B. im Rahmen der Welthandelsorganisation (WTO). Der internationale Charakter des Internet macht es daher *nicht sui generis unmöglich,* durchsetzbare Regulierungsstrukturen zu schaffen.

---

28 Siehe Kapitel 5.1.

3.1.2.1.2 Der allgemeine rechtliche Rahmen für den elektronischen Handel in der Europäischen Union

Zum Zeitpunkt der Erstellung dieser Studie lag der Entwurf für eine „Richtlinie über bestimmte rechtliche Aspekte des elektronischen Geschäftsverkehrs im Binnenmarkt" („E-Commerce"-Richtlinie) vor, über welchen am 7.12.1999 auf dem Binnenmarktrat in Brüssel eine politische Einigung erzielt worden ist.[29] Mit dieser Richtlinie soll ein einheitlicher und übergreifender Rechtsrahmen für das einwandfreie Funktionieren des Binnenmarktes, insbesondere der freie Verkehr von Diensten der Informationsgesellschaft zwischen den Mitgliedstaaten, sichergestellt werden.[30]

Die künftige „E-Commerce"-Richtlinie lässt zahlreiche Richtlinien zum Verbraucherschutz und für die öffentliche Gesundheit unberührt und soll insbesondere das Schutzniveau des Verbraucherschutzes nach der bereits bestehenden Fernabsatz-Richtlinie[31] lediglich ergänzen. Weiters wird aufgrund der „E-Commerce"-Richtlinie zwischen den Diensten der Informationsgesellschaft („Online-Phase") und den außerhalb des Anwendungsbereiches dieser Richtlinie liegenden Diensten und Leistungen („Offline-Phase") zu unterscheiden sein. Ebenso werden durch die künftige „E-Commerce"-Richtlinie keine zusätzlichen Regelungen im Bereich des Internationalen Privatrechts (IPR) aufgestellt und die Richtlinie befasst sich überdies auch nicht mit den Fragen im Zusammenhang mit der internationalen Zuständigkeit der Gerichte.

Dieses Zusammenspiel von unterschiedlichen Rechtsgrundlagen zur Regelung der einzelnen Phasen einer Transaktion durch die vorgeschlagene Richtlinie einerseits und das jeweilige (wenn auch auf der Ebene der EU bereits weitgehend harmonisierte) nationale IPR (Europäisches Schuldvertragsüber-

---

29 *Dieser Entwurf basiert auf dem Kommissionsvorschlag vom 18.11.1998 (KOM (98) 586 endg.). Die Verabschiedung der „E-Commerce"-Richtlinie ist bis zum Herbst 2000 vorgesehen. Vgl. dazu und zum Folgenden Tettenborn 2000, 59 ff. Für wertvolle Hinweise zu diesem Abschnitt danke ich Georg Kresbach.*

30 *Vgl. die Zielbestimmung in Art 1 Z 1 des Richtlinienentwurfs; beim Begriff „Dienste der Informationsgesellschaft" wird wiederum auf die entsprechende Definition in der Richtlinie 98/34/EG idF 98/48/EG („Notifikations-Richtlinie") verwiesen: Darunter wird „jede in der Regel gegen Entgelt elektronisch im Fernabsatz und auf individuellen Abruf eines Empfängers erbrachte Dienstleistung" verstanden (z.B. Online-Informationsdienste).*

31 *Vgl. Richtlinie 97/7/EG in Österreich umgesetzt durch das Fernabsatzgesetz 1999, BGBl. I/1999/185.*

einkommen – EVÜ) sowie internationales Verfahrensrecht (Gerichtsstands- und Vollstreckungsabkommen von Brüssel und Lugano[32]) andererseits kann zu erhöhter Rechtsunsicherheit führen. Das Vorhandensein mehrerer Rechtsgrundlagen in unterschiedlichen Fundstellen zur Anknüpfung ein und desselben Sachverhaltes („Transaktion") führt zur Unübersichtlichkeit und verstärkt somit die Rechtsunsicherheit aller Beteiligten.

Der vorliegende Entwurf für eine „E-Commerce"-Richtlinie geht grundsätzlich vom sogenannten *Herkunftslandsprinzip* aus: Dies bedeutet, dass Internet-Diensteanbieter grundsätzlich der Rechtsordnung ihres Niederlassungsstaates unterworfen werden. Die rechtliche Basis dafür bilden die innerstaatlichen Vorschriften, die der Richtlinie entsprechen müssen. Dieses Herkunftslandprinzip erhöht die Rechtssicherheit der Diensteanbieter.[33] In einigen Ausnahmefällen wird dieses Prinzip allerdings durchbrochen: Unter anderem beim Jugendschutz, zur Gewährleistung der öffentlichen Gesundheit und vor allem bei Konsumentenverträgen; bei Konsumentenverträgen („Verbraucherschutz"[34]) gilt das sogenannte *Bestimmungslandprinzip*. Demnach sind bei Konsumentenverträgen jedenfalls die zwingenden Konsumentenschutzbestimmungen des Verbraucherstaates anzuwenden[35] und für Klagen sind die Verbrauchergerichte zuständig.[36] Weiters wird vorgesehen, dass der Zugang zu Diensten der Informationsgesellschaft im Allgemeinen zulassungsfrei ist.

Den Anbietern von Diensten der Informationsgesellschaft werden strenge Informationspflichten auferlegt. Insbesondere sind alle Daten, die zur Identifizierung des Anbieters notwendig sind, anzugeben. In diesem Impressum müssen z.B. Name, Anschrift, Kontaktmöglichkeiten, Firmenbuchnummer, Steuernummer und gegebenenfalls die Aufsichtsbehörde angegeben werden. Preise müssen klar und deutlich ausgezeichnet werden, und es müssen Angaben gemacht werden, ob in den Preisen Steuern und Portokosten enthalten sind.

Um den Umgang mit kommerzieller Information (z.B. E-Mails zu Werbezwecken) zu erleichtern, müssen diese entsprechend klar als solche erkennbar sein. Ebenso muss der Auftraggeber identifizierbar sein. Betroffene haben die Möglichkeit, sich in „opt-out"-Register[37] („Robinson-Liste") einzutragen, wenn

---

32 Siehe Kasten 7.

33 Siehe Kasten 5.

34 Siehe Kapitel 3.1.2.2.

35 Vgl. Art 5 EVÜ, BGBl. III/1998/208.

36 Vgl. Art 13 ff. Brüsseler bzw. Lugano-Abkommen, BGBl. 448/1996.

37 Das sind Sperrlisten gegen Spamming.

sie keine derartigen unerbetenen Werbe-E-Mails („Spamming") erhalten wollen.[38] Die Diensteanbieter haben diese Register regelmäßig zu konsultieren und den Wünschen der eingetragenen Personen nachzukommen. Verbraucherverbände fordern allerdings, dass anstelle der „opt-out"-Register „opt-in"-Register geführt werden, in die sich jene Verbraucher eintragen lassen, die dem Erhalt von kommerzieller Information über E-Mail zustimmen. Der *Schutz der Privatsphäre* soll zur Norm und nicht zur Ausnahme werden.

In allen Mitgliedstaaten der EU muss der gültige und rechtswirksame Abschluss von elektronischen Verträgen ermöglicht werden. Dabei ist darauf zu achten, dass der Vertragsabschluss so gestaltet ist, dass eine „vollständige, in Kenntnis aller Umstände zustandegekommene Einigung sichergestellt ist" (Art. 10 (2)).[39] Alle für den Vertrag relevanten Vertragsbestimmungen, Verhaltenskodizes und Geschäftsbedingungen sowie die Auftragsbestätigung müssen dem Nutzer zugänglich sein bzw. geschickt werden sowie sich speichern und reproduzieren lassen.

Der Richtlinienentwurf beinhaltet auch Regelungen über die Providerhaftung (Art 12 bis 15)[40], die für Provider unter näher definierten Bedingungen eine grundsätzliche Freistellung von einer zivil- und strafrechtlichen Haftung vorsieht. So ist z.B. im Falle der reinen Durchleitung (Übermittlung von Informationen in einem Kommunikationsnetz oder Vermittlung des Zuganges zu einem Kommunikationsnetz; „Acess-Providing") der Diensteanbieter in aller Regel nicht für die übermittelten Informationen verantwortlich. Überdies können den Providern keine generellen Überwachungspflichten aller anfallenden Informationen auferlegt werden. Allerdings können die Justizbehörden zur Verbrechensbekämpfung (nationale Sicherheit, Verteidigung, öffentliche Sicherheit) eine zeitweilige, zielgerichtete Überwachung anordnen.

Bei der Umsetzung der Maßnahmen setzt die EU-Kommission auf zwei Säulen: Die Bestimmungen müssen in jedem Mitgliedsland wirksam klagbar und durchsetzbar sein. Um dem transnationalen Charakter der Informationsdienste gerecht zu werden, wird dazu die Zusammenarbeit der Behörden vorge-

---

38 *Anders jedoch § 101 TKG (idF: BGBl. I/1999/188), wonach die Zusendung von unerbetenen Werbe-E-Mails grundsätzlich unzulässig ist und unter einer Verwaltungsstrafdrohung von bis zu öS 500.000,- Geldstrafe steht.*

39 *Z.B. sollte klar sein, wodurch der Verbraucher sich letztendlich tatsächlich verpflichtet oder wie und wie lange diese Entscheidung noch rückgängig gemacht werden kann, ohne auf das allgemeine Widerrufsrecht bauen zu müssen (Details vgl. Zimmer 1999, Glatz 1999).*

40 *Diese betreffen die „reine Durchleitung", das Caching und das Hosting.*

sehen.[41] Die Mitgliedsstaaten sollen zusätzlich Verbindungsstellen einrichten, die den Nutzern zur Beratung und Unterstützung in Streitfällen und zur Information im Allgemeinen zur Verfügung stehen.

Als zweite Säule werden die Erstellung von Verhaltenskodizes und die Einrichtung (elektronischer) Mechanismen zur außergerichtlichen Streitbeilegung forciert. In Verbindung mit einem Zertifizierungs-System können jene Anbieter, die sich an einen anerkannten Verhaltenskodex halten, identifiziert werden.

3.1.2.1.3 Aktionsplan zur sicheren Nutzung des Internet

Der Aktionsplan zur sicheren Nutzung des Internet[42] hat eine Laufzeit von vier Jahren (1/99-12/2002) und einen Finanzrahmen von 25 Mio. Euro. Die Ziele des Aktionsplans sind in der Tabelle 7 angeführt.

Tabelle 7: Ziele des Aktionsplans zur sicheren Nutzung des Internet

Bekämpfung der illegalen Inhalte des Internet (z.B. Straftaten gegen Kinder, Menschenhandel, Verbreitung rassistischen und fremdenfeindlichen Gedankenguts)
Eindämmung schädlicher Inhalte

Die „illegalen Inhalte" können in folgenden Bereichen Probleme verursachen: (1) Nationale Sicherheit, (2) Jugendschutz, (3) Schutz der Menschenwürde, (4) Sicherheit der Wirtschaft, (5) Informationssicherheit, (6) Schutz der Privatsphäre, (7) Schutz des guten Rufs und (8) Schutz des geistigen Eigentums.

Als „schädliche Inhalte" werden jene verstanden, deren Verbreitung zwar erlaubt ist, häufig aber nur in eingeschränktem Maße (z.B. nur für Erwachsene). Die Unterscheidung dieser beiden Gruppen von Inhalten voneinander ist wichtig, weil

- illegale Inhalte von den jeweiligen nationalen Strafverfolgungsbehörden an der Quelle verfolgt werden müssen. Die Internet-Branche (z.B. Internet

41 *Der Richtlinienentwurf regelt allerdings nicht, welche nationale Privatrechtsordnung zur Anwendung kommen sollte und welcher nationale Gerichtsstand gilt (vgl. Glatz 1999). Innerhalb des EWR kommen diesbezüglich das EVÜ sowie die Übereinkommen von Brüssel und Lugano zur Anwendung (siehe Kapitel 3.1.2.2).*

42 *Entscheidung 99/276/EG.*

Service Provider) kann allerdings durch Selbstkontroll-Mechanismen die Verbreitung illegaler Inhalte eindämmen;

- die wichtigsten Maßnahmen zur Eindämmung schädlicher Inhalte sind insbesondere Filter- und Bewertungssysteme (technische Lösungen) sowie die zu ihrer Wirksamkeit notwendigen Sensibilisierungs-Maßnahmen.

Der Aktionsplan bezieht sich nur auf die Inhalte nicht auf illegale Aktivitäten, die über das Internet verfolgt werden können (z.B. Hacking). Die im Aktionsplan vorgesehenen Maßnahmen zur Erreichung der Ziele sind in Tabelle 8 zusammengefasst.

Tabelle 8: Im Aktionsplan zur sicheren Nutzung des Internet vorgesehene Maßnahmen

Förderung von Verfahren zur Selbstkontrolle
Förderung der Entwicklung effizienter Verhaltenskodizes (z.B. durch Ausarbeitung von Richtlinien) und von Qualitätskennzeichen für jene Web-sites, die sich an die Verhaltenskodizes halten
Schaffung eines europäischen Hotline-Netzes (zur Beobachtung und Aufdeckung illegaler und schädlicher Aktivitäten im Internet)
Förderung der Entwicklung von Filter- und Bewertungssystemen durch die Branche
Förderung des Erreichens der „kritischen Masse" und der internationalen Kompatibilität von Filter- und Bewertungssystemen
Stärkere Sensibilisierung und Aufklärung der Benutzer
Flankierende Maßnahmen: Internationale Zusammenarbeit (z.B. int. Organisationen) und Prüfung der rechtlichen Auswirkungen

3.1.2.1.4 Vertrauen durch elektronische Signaturen in Österreich: Rechtliche Rahmenbedingungen

Peter Slominski

Mit der Zunahme der elektronischen Kommunikation im Bereich des B-2-C eCommerce, aber auch zwischen den Bürgern und öffentlichen Stellen, wird die Frage des Vertrauens der Teilnehmer in die neuen Kommunikationstechnologien immer wichtiger. Im Mittelpunkt der Debatte stehen einerseits der Problembereich der Identifizierung des Kommunikationspartners und andererseits die Sicherung[43] des gesendeten Datenmaterials. Da der Markt diese Leistungen nicht von sich aus hervorbringt, bedarf es dafür staatlicher Regelungen, welche die notwendigen Voraussetzungen für die elektronische Kommunikation garantieren. Aus heutiger Sicht scheint in erster Linie die elektronische Signatur dieses – allseits gewünschte – Vertrauen auch tatsächlich zu gewährleisten. Dabei handelt es sich um elektronische Daten, die es einerseits erlauben, eine elektronische Nachricht einer bestimmten Person zuzuordnen, und andererseits, etwaige Veränderungen dieser Nachricht während des Datentransports festzustellen. Dies erfolgt mit Hilfe eines *asymmetrischen Verschlüsselungsverfahrens*: Dabei besitzen und verwenden sowohl der Sender als auch der Empfänger je zwei verschiedene Schlüssel (privat; öffentlich). Während der private Schlüssel nur dem betreffenden Anwender bekannt sein soll, ist und soll der öffentliche Schlüssel grundsätzlich für jeden zugänglich sein.[44]

Der österreichische Gesetzgeber hat mit der Verabschiedung des Signaturgesetzes (SigG),[45] das seit 1. Jänner 2000 in Kraft ist, rechtliche Rahmenbedingungen im Bereich der elektronischen Signatur[46] geschaffen. Dieses Datum ist umso bemerkenswerter, als Österreich bereits weit vor Ablauf der Umsetzungsfrist (18. Juli 2001) der EG-Signatur-Richtlinie[47] ein eigenes Gesetz erlassen hat. Andere Mitgliedstaaten wie Deutschland oder Italien, haben zwar schon länger ein eigenes Signaturgesetz, müssen aber aufgrund der nunmehr verabschiedeten Richtlinie Anpassungen vornehmen.[48]

43 *Die Sicherung des Datenmaterials ist auf zweifache Weise zu gewährleisten: Einerseits geht es um den Schutz vor einer Verfälschung und andererseits um die Geheimhaltung des Kommunikationsinhalts.*

44 *Vgl. Mayer-Schönberger/Pilz 1999 bezüglich der verschiedenen Kombinationen der asymmetrischen Verschlüsselung. Bei der* symmetrischen *Verschlüsselung operieren die Kommunikationsteilnehmer nur mit einem einzigen Schlüssel. Hier stellt sich das Problem, dass dieser Schlüssel unter möglichst sicheren Umständen zwischen den beiden Partnern ausgetauscht werden müsste. Da dieser Schlüsseltransport ein gewisses Sicherheitsrisiko darstellt, operiert das asymmetrische Verfahren mit zwei verschiedenen Schlüsseln, wobei der öffentliche jedermann zugänglich sein sollte. Vgl. auch Forgó 1999.*

45 *BGBl I 190/1999.*

46 *Durch die Verwendung des Begriffs der elektronischen Signatur wählte der österreichische Gesetzgeber einen technologieneutralen Überbegriff, der auch den engeren Terminus der digitalen Signatur erfasst (vgl. Forgó 1999a, Brenn 1999).*

47 *Vgl. 1999/93/EG.*

48 *Vgl. Forgó 1999.*

Der Gegenstand des SigG ist die Schaffung eines rechtlichen Rahmens sowohl für die Erstellung und Verwendung elektronischer Signaturen als auch für die Erbringung von Signatur- und Zertifizierungsdiensten, deren zentrale Aufgabe in der Ausgabe von Zertifikaten[49] besteht. Dabei werden im Wesentlichen folgende Bereiche geregelt:

- Zulassung und Nichtdiskriminierung elektronischer Signaturen
- Grundsätzliche Gleichstellung einer sicheren Signatur mit einer eigenhändigen Unterschrift
- Schaffung von Zertifizierungsdiensten für die Ausgabe von Zertifikaten
- Etablierung eines umfangreichen Aufsichtssystems
- Haftungs- und Datenschutzregeln
- Anerkennung innerhalb und außerhalb der EU

Zulassung und Nichtdiskriminierung elektronischer Signaturen

Wesentlicher Grundsatz des SigG ist die Zulassung elektronischer Signaturen mit *unterschiedlichen Sicherheitsstandards* im Rechts- und Geschäftsbereich. Dies bedeutet, dass beispielsweise ein über das Internet abgewickelter und elektronisch signierter Kaufvertrag grundsätzlich gültig ist. Ebenso kann die elektronische Unterschrift auch in einem gerichtlichen oder verwaltungsbehördlichen Verfahren Beweiswirkung entfalten.

Grundsätzliche Gleichstellung einer sicheren Signatur mit einer eigenhändigen Unterschrift

All das bedeutet jedoch nicht, dass jeder elektronischen Signatur die gleiche rechtliche Wirkung zukommt. Nur eine *sichere* elektronische Signatur ist grundsätzlich mit einer eigenhändigen Unterschrift gleichzusetzen.[50] Um jedoch als sichere Signatur zu gelten, müssen eine Reihe von vorgeschriebenen Auflagen erfüllt sein, insbesondere muss die Signatur ausschließlich dem Signator zuge-

---

49 *Ein Zertifikat ist eine elektronische Bescheinigung mit der die öffentliche Signatur einer bestimmten Person zugeordnet wird und deren Identität bestätigt wird. Grundsätzlich ist zwischen „einfachen" und „qualifizierten" Zertifikaten zu unterscheiden.*

50 *Ausnahmen, wo auch die sichere elektronische Signatur keine Rechtswirkung entfaltet, finden sich in einigen Bereichen des Erb- und Familienrechts und in allen Bereichen, wo eine öffentliche Beglaubigung, eine gerichtliche oder notarielle Beurkundung oder ein Notariatsakt bzw. die Eintragung in das Firmen- oder Grundbuch notwendig sind. Vgl. dazu näher § 4 Abs 2 SigG.*

ordnet sein und dessen Identifizierung ermöglichen. Überdies muss sie auf einem *qualifizierten Zertifikat* beruhen. Dieses Zertifikat muss ebenfalls eine Reihe von Voraussetzungen erfüllen wie z.B. Name des Zertifizierungsdiensteanbieters, Name oder Pseudonym des Signators, eindeutige Kennzeichnung des Zertifikats, etwaige Einschränkungen des Anwendungsbereiches des Zertifikats bzw. Begrenzung des geschäftlichen Transaktionswertes. Qualifizierte Zertifikate machen jedoch nur dann Sinn, wenn sie nicht von jeder „normalen" Zertifizierungsstelle[51] ausgestellt werden. Mit anderen Worten: Einfache Zertifikate können von jedem Zertifizierungsdienstleister ausgestellt werden und müssen nur absolute rechtliche Minimalanforderungen erfüllen. Demgegenüber dürfen *qualifizierte* Zertifikate, denen am Markt auch das entsprechende Vertrauen entgegengebracht wird, nur von einer seinerseits qualifizierten, d.h. spezifische rechtliche Auflagen erfüllenden Zertifizierungsstelle ausgestellt werden. Grundsätzlich obliegt es den am jeweiligen elektronischen Geschäftsverkehr teilnehmenden Partnern sich für einen bestimmten Sicherheitsstandard zu entscheiden. Je größer die Risiken einer Transaktion von den Beteiligten eingeschätzt werden, desto höhere Anforderungen wird man vermutlich an die elektronische Signatur stellen und sich für eine qualifizierte Signatur entscheiden.[52] Der finanzielle Aufwand, den die Zertifizierung einer elektronischen Signatur mit sich bringt, hängt ebenfalls von der gewählten Sicherheitsstufe ab.[53]

Schaffung von Zertifizierungsdiensten für die Ausgabe von Zertifikaten

Der Verschlüsselungsvorgang kann für sich allein noch nicht das gewünschte Vertrauen in die elektronische Kommunikation herstellen. So ist es beispielsweise möglich, dass der private Schlüssel von einer unbefugten Person missbräuchlich verwendet wird, was nicht nur das Vertrauen im konkreten Fall kompromittiert, sondern letztlich das gesamte System der elektronischen Kommunikation gefährdet. Folglich bedarf es einer Garantie, die den (potenziellen) Kommunikationsteilnehmern die gewünschte Identität über ihren jeweiligen Partner und die Authentizität des Kommunikationsinhalts gewährleistet. Die-

51 *Zu den Zertifizierungsstellen siehe unten.*

52 *Es ist natürlich möglich, dass eine Person gleichzeitig mehrere elektronische Signaturen mit unterschiedlichsten Sicherheitsstandards besitzt.*

53 *Forgó schätzt die diesbezüglich anfallenden Kosten von öS 0,– für eine sicherheitstechnisch relativ wertlose Signatur bis zu öS 2400,–/Jahr für die höchste Sicherheitsstufe (vgl. Forgó 1999).*

ser Forderung kommt das SigG durch die Einrichtung sog. Zertifizierungsdiensteanbieter nach, welche die gewünschte Zuordnung eines öffentlichen Schlüssels zu einer bestimmten Person mittels Zertifikats vornehmen. Dabei sind jedoch die unterschiedlichsten Sicherheitsstufen möglich. Grundsätzlich darf die Aufnahme und die Ausübung der Tätigkeit eines „normalen" Zertifizierungsdiensteanbieters, der bloß „einfache" Zertifikate ausstellt, *keiner* Genehmigung unterworfen werden,[54] d.h. es bleibt marktwirtschaftlichen Entwicklungen überlassen, ob jemand einen Zertifizierungsdienst anbietet und sich am Markt behaupten kann.[55]

Ein qualifizierter Diensteanbieter, der auch qualifizierte Zertifikate ausstellen darf, muss jedoch gewisse gesetzliche Anforderungen erfüllen. Dazu zählen etwa die erforderliche Zuverlässigkeit für die zu erbringenden Dienste und der Betrieb eines schnellen und sicheren Verzeichnis- und unverzüglichen und sicheren Widerrufsdienstes. Weiters müssen entsprechende personelle, technische und finanzielle[56] Voraussetzungen vorliegen.

Etablierung eines umfangreichen Aufsichtssystems

Das SigG sieht ein für alle Stufen der elektronischen Signatur geltendes Aufsichtssystem vor, das im Wesentlichen von der durch das Telekommunikationsgesetz (TKG) eingerichteten Telekom-Control-Kommission ausgeübt wird.[57] Ihr obliegt die laufende Kontrolle über die Zertifizierungsstellen, insbesondere die Umsetzung der Angaben im Sicherheits- und Zertifizierungskonzept. Eine weitere Aufgabe der Aufsichtsstelle besteht in der *Akkreditierung* von Zertifizierungs-

---

54 Vgl. demgegenüber § 4 [deutsches] SigG, wonach jede Zertifizierungsstelle einer Genehmigung bedarf. Diese Regelung steht jedoch im Widerspruch zu Art 3 Abs 1 RL 1999/93/EG und darf angesichts des Vorrangs des EG-Rechts nicht angewandt werden.

55 Ungeachtet dessen hat der Zertifizierungsdiensteanbieter die Aufnahme seiner Tätigkeit der Telekom-Control-Kommission anzuzeigen und ein Sicherheits- und Zertifizierungskonzept vorzulegen.

56 So sind für die Registrierung 6.000 Euro und für einige andere Leistungen jeweils Gebühren, die bis zu 6.000 Euro betragen können, an die Aufsichtsstelle zu entrichten. Überdies ist vom Diensteanbieter für jedes ausgegebene qualifizierte Zertifikat eine Gebühr in der Höhe von 2 Euro pro Jahr zu entrichten. Für Mayer-Schönberger widersprechen diese in der SigV (BGBl II 30/2000) festgelegten Beträge den im SigG festgelegten kostendeckenden Charakter der Gebühren (vgl. Mayer-Schönberger 2000).

57 Die Telekom-Control-Kommission kann sich bei der Erfüllung ihrer Aufgaben der Telekom-Control GmbH bedienen. Vgl. dazu §§ 15 Abs 1 SigG iVm 108 TKG.

diensteanbietern, die sichere elektronische Signaturverfahren bereitstellen. Diese Akkreditierung darf *nicht* mit einer Genehmigung oder Lizenz verwechselt werden, ohne die ein Zertifizierungsdienst nicht tätig werden darf. Der Sinn besteht vielmehr darin, dass ein akkreditiertes Unternehmen auf dem Markt auch als solches auftreten darf und somit für jeden Marktteilnehmer erkennbar ist (Informationsfunktion), dass es sich hier um einen Zertifizierungsanbieter handelt, der gewisse technische Sicherheitserfordernisse erfüllt und sich somit von anderen – nicht akkreditierten Unternehmen – unterscheidet.

Die Einhaltung dieser technischen Erfordernisse werden ihrerseits von einer eigenen *Bestätigungsstelle* bescheinigt. Es ist bemerkenswert, dass der Gesetzgeber in diesem Fall aus Kosten-Nutzen-Überlegungen auf die Errichtung einer eigenen Behörde verzichtet hat.[58] Statt dessen kann jede Einrichtung, sofern sie gewisse Anforderungen, wie z.B. die Einhaltung ausreichender personeller, technischer und finanzieller Ressourcen und Unabhängigkeit, bzw. Unparteilichkeit erfüllt, die Tätigkeit einer Bestätigungsstelle ausüben. Diese Voraussetzungen werden derzeit nur von dem für diesen Zweck durch die Bundesregierung eingerichteten Verein „Zentrum für sichere Informationstechnologie – Austria" (A-SIT) erfüllt.[59]

Haftungs- und Datenschutzregeln

Stellt ein Zertifizierungsdiensteanbieter ein qualifiziertes Zertifikat aus, so haftet er im Wesentlichen gegenüber jeder Person, die vernünftigerweise auf die Richtigkeit und Vollständigkeit aller Information und Angaben in diesem Zertifikat vertraut.[60] Weiters haftet er für die Nichtregistrierung des Widerrufs des Zertifikats. Die diesbezügliche Beweislast liegt dabei auf Seiten des Zertifizierungsdienstleisters. Um etwaige Haftungsansprüche befriedigen zu können, hat der Zertifizierungsdiensteanbieter bereits im Vorhinein über ausreichende finanzielle Mittel zu verfügen.[61]

---

58 Vgl. Brenn 1999.

59 Vgl. Brenn 1999.

60 Der Art 6 RL 1999/93/EG enthält lediglich haftungsrechtliche Mindestregelungen. Dies bedeutet, dass das jeweilige innerstaatliche Recht strengere Haftungsregelungen festschreiben darf.

61 Gem § 2 Abs 2 SigV ist eine Haftpflichtversicherung mit einer Mindestversicherungssumme von 1.000.000 Euro pro Versicherungsfall abzuschließen. Für Mayer-Schönberger widerspricht diese Bestimmung § 7 Abs 1 Z 6 SigG (vgl. Mayer-Schönberger 2000). Wollen Bund, Länder, Gemeindeverbände und Ortsverbände mit mehr als 50.000 Einwohner qualifizierte Zertifikate ausstellen, sind sie im Gegensatz zu son-

Ein Zertifizierungsdiensteanbieter darf nur jene personenbezogenen Daten verwenden, die er für die Durchführung seiner Aufgaben benötigt. Und diese darf er sich nur beim Betroffenen selbst oder – mit dessen Zustimmung – bei einer anderen Person einholen. Verwendet der Signator ein Pseudonym, so hat der Zertifizierungsdiensteanbieter bei Vorliegen eines berechtigten Interesses im Sinne des Datenschutzgesetzes die wahre Identität des Signators glaubhaft zu machen.

Anerkennung innerhalb und außerhalb der EU

Jedes Zertifikat, das von einer Zertifizierungsstelle innerhalb der EU ausgestellt wurde und vom Inland aus überprüft werden kann, gilt auch in jedem anderen Mitgliedstaat. Durch dieses Prinzip der gegenseitigen Anerkennung (horizontaler Ansatz) wird naturgemäß die ökonomische Aktivität innerhalb des Binnenmarktes erleichtert. Für Zertifikate, die außerhalb der Europäischen Union ausgestellt werden, kann bei der Einhaltung gewisser Anforderungen ebenfalls eine Gleichstellung mit inländischen erreicht werden.

Resümee

Das österreichische Signaturgesetz hat – nicht zuletzt durch die Berücksichtigung der korrespondierenden EG-Richtlinie – die notwendigen rechtlichen Rahmenbedingungen für die Verwendung elektronischer Signaturen geschaffen. Doch der Staat scheint sich nicht mit der Schaffung rechtlicher Grundvoraussetzungen zufrieden zu geben. So kann beispielsweise dem Regierungsübereinkommen 2000 zwischen der Österreichischen Volkspartei und der Freiheitlichen Partei Österreichs entnommen werden, dass eine „digitale Signatur für jeden österreichischen Staatsbürger" vorgesehen ist.[62] Der symbolische Charakter dieser Maßnahme zeigt sich aber nicht nur in der nicht näher begründeten Beschränkung auf österreichische Staatsbürger[63] und der pauschalen Ausnahme aller EU-Bürger und Drittstaatsangehörigen. Essenzielle Konkretisie-

---

stigen (privaten) Zertifizierungsdiensteanbietern von der Erbringung des Mindestkapitals in der Höhe von 300.000 Euro und dem Eingehen der – oben genannten – obligatorischen Haftpflichtversicherung befreit. Vgl. dazu § 2 SigV. Im Verlauf des Gesetzwerdungsprozesses war die Frage der obligatorischen Haftpflichtversicherung auch eines der umstrittensten Themen (vgl. Forgó 1999a).

62 *Regierungsübereinkommen 2000, 104. Vgl. z.B. http://www.parlinkom.gv.at/v-klub/default.htm.*

63 *Nach dem Wortlaut des Regierungsübereinkommens würden auch sämtliche Auslandsösterreicher von dieser Maßnahme umfasst sein.*

rungen wie der Sicherheitsstandard der elektronischen Signaturen bleiben ebenso ungeklärt wie die Frage, wer für die etwaigen – mitunter überaus hohen – Kosten aufkommen soll.

3.1.2.1.5 Zusammenfassung

In den Bereichen des allgemeinen rechtlichen Rahmens und des Aktionsplans zur sicheren Nutzung des Internet wird seitens der EU die Bedeutung von Selbstregulierungs-Mechanismen betont. Allerdings vertritt die EU im Gegensatz zu den USA und Japan die Position, dass diese in einen klaren regulatorischen Rahmen eingebettet werden müssen. Dennoch finden sich in den diskutierten Maßnahmenkatalogen klare Belege für eine Transformation der Staatlichkeit,[64] da die Rolle der Selbstregulierung zunimmt und internationale Koordination und Kooperation an Bedeutung gewinnen. In Tabelle 9 werden die Probleme im Zusammenhang mit Vertrauensbildung zusammengefasst und Gegenmaßnahmen angeführt.

Tabelle 9: Vertrauensbildungen: Probleme und Gegenmaßnahmen

Probleme	Gegenmaßnahmen
Vertrauensbildung als öffentliches Gut	Allgemeiner rechtlicher Rahmen, rechtliche Bestimmungen zu Verbraucher- und Datenschutz, elektronische Signatur
Bildung als meritorisches Gut	Maßnahmen zur Förderung der Technologie-Kompetenz und -Akzeptanz
Netzeffekte bei Bewertungs- und Filtersysteme	Fördermaßnahmen im Rahmen des Aktionsplans zur sicheren Nutzung des Internet (z.B. Europäische Hotline, nicht-proprietäre Standards)
Verhaltenskodizes und Qualitätszeichen	Einbettung in einen rechtlichen Rahmen, Fördermaßnahmen im Bereich des Verbraucher- und des Datenschutzes, im Rahmen des allgemeinen rechtlichen Rahmens

64 *Siehe Kapitel 5.1.*

Internationalität der Netze	Internationale Kooperation über entsprechende Institutionen (z.B. OECD, WTO), multilaterale Abkommen (z.B. EVÜ, Brüsseler bzw. Lugano-Übereinkommen), bilaterale Abkommen, internationale Streitschlichtungs-Mechanismen

Damit sich das notwendige Vertrauen auch adäquat entwickeln kann, wurden im Jahr 1999 wichtige regulatorische Maßnahmen verabschiedet. Sowohl die EU als auch Österreich kamen den Bedürfnissen des elektronischen Geschäftsverkehrs entgegen und beschlossen eine weitgehende Gleichstellung gewisser elektronischer Signaturen mit der eigenhändigen Unterschrift. Auch in diesem Bereich kann die These der veränderten Staatlichkeit bestätigt werden. Der Staat überlässt sehr viel der Selbstregulierung des Marktes und konzentriert sich nur noch auf die Vorgabe spezifischer Sicherheitsstandards, deren Einhaltung aber nicht mehr Behörden im traditionellen Sinne überwachen, sondern aus der Verwaltung ausgegliederte, unabhängige *agencies*.

3.1.2.2 Verbraucherschutz

Das Vertrauen der Konsumenten ist eine conditio sine qua non für die Entwicklung des B-2-C elektronischen Handels. Im ersten Abschnitt wird die Rolle von Verbraucherschutz-Bestimmungen im B-2-C eCommerce diskutiert und das Bestehen von Marktversagen argumentiert. Anschließend wird anhand nationaler und internationaler empirischer Untersuchungen gezeigt, dass der B-2-C eCommerce für Verbraucher noch kein zufriedenstellendes Qualitätsniveau erreicht. Die zentralen Maßnahmen der EU werden kurz umrissen, um die wichtigsten Komponenten der Verbraucherschutz-Politik darzustellen. Aufgrund des transnationalen Charakters des Internet muss eine erfolgreiche Verbraucherschutz-Politik innerhalb der Europäischen Union auf supranationaler Ebene ansetzen. Internationale gesetzliche Mindeststandards wären allerdings optimal. Wegen der unterschiedlichen Grundsätze bezüglich der relativen Bedeutung staatlicher Rahmenbedingungen einerseits und Selbstregulierung andererseits scheint eine diesbezügliche Einigung zwischen der EU, Japan und den USA nicht wahrscheinlich.[65]

65 *Für wertvolle Hinweise zu diesem Abschnitt danke ich Harald Glatz, Karl Kollmann und Daniela Zimmer.*

3.1.2.2.1 Die Rolle nationaler, supranationaler und internationaler Institutionen im Verbraucherschutz

Die Notwendigkeit des Eingriffs in die Marktprozesse durch nationale Regierungen oder supranationale Institutionen ergibt sich im Wesentlichen aus zwei Gründen: Erstens besteht zwischen Anbietern und Verbrauchern ein Verhältnis asymmetrischer Information bezüglich der Qualität der angebotenen Güter. Zweitens sind die Transaktionskosten in vielen Fällen für Verbraucher prohibitiv hoch. Asymmetrische Information und hohe Transaktionskosten können die Entwicklung eines funktionsfähigen Marktes stark beeinträchtigen.

Asymmetrische Information

Im Fernabsatz hat der Verbraucher nicht die Möglichkeit, die Qualität der einzelnen Güter vor dem Kauf zu überprüfen. Häufig erfolgt die Bezahlung, bevor der Verbraucher das Gut erhält, so dass es hohe Transaktionskosten verursacht, das Gut zu retournieren und die bezahlte Summe refundiert zu bekommen.[66] Zusätzliche Probleme ergeben sich durch die Eigenschaften der Güter,[67] die den elektronischen Handel gegenwärtig dominieren. Dabei lassen sich drei Gruppen unterscheiden, die in Tabelle 10 dargestellt werden.

Tabelle 10: Eigenschaften der gehandelten Güter

Inspektionsgüter: Die Qualität des Produkts kann vom Konsumenten sehr leicht (d.h. zu geringen Transaktionskosten) bestimmt werden. Beim Kauf von frischen Lebensmitteln lässt sich häufig anhand des Geruchs, der äußeren Erscheinung etc. sehr leicht feststellen, ob sie tatsächlich frisch sind. Textilien können durch Berührung auf einzelne Materialeigenschaften hin geprüft sowie probiert werden. Beim elektronischen Handel sind diese Formen der Inspektion nicht mehr möglich.
Erfahrungsgüter: In diesem Fall können einzelne Qualitätsmerkmale des Gutes nur über eine gewisse Zeitspanne durch Erfahrung ermittelt werden. Manche Eigenschaften von Textilien beispielsweise lassen sich oft erst durch das Waschen ergründen. Allerdings ist dann ein Umtausch meist nicht mehr möglich. Unterschiede zwischen elektronischem und traditionellem Handel treten in diesen Fällen kaum auf.

66 Die in Österreich verbreitete Möglichkeit, erst nach Erhalt der Ware zu bezahlen, ist aus diesem Grund für die Verbraucher von Vorteil (siehe Kapitel 4).

67 Vgl. OECD 1998g, 104 ff.

Reputationsgüter: In diesem Falle lässt sich die Qualität des Gutes durch den Konsumenten nicht oder erst zu spät (z.B. ärztlicher Kunstfehler) ermitteln. Das Qualitätssiegel einer Datenschutzorganisation kann hier als Beispiel dienen. Ein bewusster Konsument entschließt sich, nur mit jenen Online-Anbietern zu handeln, die von einer bestimmten Datenschutzorganisation geprüft wurden. Die Qualität dieser Überprüfung könnte aber mangelhaft gewesen sein. Vom erfolgten Missbrauch seiner Daten könnte der Konsument unter Umständen nie etwas erfahren. Daher ist es ihm allein nicht möglich, die Qualität der Überprüfung festzustellen. In solchen Fällen werden häufig externe, unabhängige Prüfungsinstanzen herangezogen. Reputationsgüter (z.B. Informationen) spielen im elektronischen Handel eine bedeutende Rolle.

Anbieter von *Inspektionsgütern* bieten daher auch im Versandhandel häufig die Möglichkeit, die Güter nach Erhalt ohne Angabe von weiteren Gründen zu retournieren (Widerrufsrecht). Dadurch wird dem Verbraucher die Inspektion ermöglicht. Zu den Aufgaben der Verbraucherschutz-Gesetzgebung gehört es, diese Regelung für alle Verbraucher zu garantieren und praktisch (v.a. kostengünstig) durchsetzbar zu machen. In zahlreichen Ländern bestehen gesetzliche Mindeststandards bezüglich der Qualität und der Sicherheit einzelner Güter, um Verbraucher zu schützen.

Auch im traditionellen Handel gibt es *Erfahrungs- und Reputationsgüter* (z.B. Haarschnitt, ärztliche Leistungen). Verbraucher tendieren in solchen Fällen dazu, immer wieder zu einem erprobten Anbieter zurückzukehren. Durch wiederholten Handel zwischen zwei Vertragspartnern kann ein Vertrauensklima (Reputation) geschaffen werden.[68] Beim elektronischen Handel spielen diese Gütergruppen eine wesentlich größere Rolle (z.B. Online-Informationen). Typische Reputationsgütern sind meist vom Widerrufsrecht im Fernabsatz ausgenommen. Um Verbrauchern die positiven Effekte des elektronischen Handels (insbesondere die größere Auswahl an internationalen Anbietern und den verstärkten Wettbewerb) zugänglich zu machen, bedarf es daher eines Mechanismus, der Reputation zwischen den Verbrauchern kommunizierbar macht. D.h. ein System von Verhaltenskodizes verbunden mit einem Zertifizierungs-System. Verstößt ein Anbieter gegen einen Verhaltenskodex, wird ihm das Zertifikat entzogen, wodurch andere Verbraucher von diesem Verstoß erfahren.[69]

---

68 *Andere Maßnahmen, um Vertrauen zu schaffen, sind unabhängige Tests durch Experten, Werbung etc.*

69 *Die entsprechenden Zertifikate (inkl. begleitende Erläuterungen) werden auf der Web-site des entsprechenden B-2-C eCommerce-Anbieters angebracht.*

Transaktionskosten – öffentliches Gut

Bei Verbraucherrechts-Streitigkeiten besteht in der Regel ein krasses Mißverhältnis zwischen dem Streitwert und den Kosten für die Regelung auf dem Rechtsweg (lange Verfahrensdauer, hohe Verfahrens- und Anwaltskosten). Bei grenzüberschreitenden Streitfällen sind die Transaktionskosten in der Regel prohibitiv hoch. Die *Einhaltung von Verbraucherschutz-Bestimmungen* hat die Charakteristika eines öffentlichen Gutes – Nicht-Rivalität im Konsum und Nicht-Ausschließbarkeit vom Konsum. Ein einzelner Verbraucher, der die hohen Transaktionskosten auf sich nimmt und bei einer Verletzung der Verbraucherschutz-Bestimmungen klagt, erhöht damit die Wahrscheinlichkeit, dass andere Online-Anbieter sich an die Verbraucherschutz-Bestimmungen halten (Präventivwirkung). Dieser positive multilaterale, nicht individuell zuordenbare externe Effekt führt zu einem sub-optimalen Niveau an Sanktionierung von Verletzungen der Verbraucherschutz-Bestimmungen. Als Folge verlieren die einschlägigen Bestimmungen teilweise ihre Wirkung, wodurch das Vertrauen der Konsumenten in den elektronischen Handel deutlich reduziert wird.

Unter diesem Gesichtspunkt ist die Funktion der *Verbandsklage* als kollektive Handlung zur Internalisierung dieses externen Effekts zu verstehen. Ebenso ist der Übergang vom Herkunftsland-Prinzip zum *Bestimmungsland-Prinzip* zu erklären: Die hohen Transaktionskosten der Rechtsdurchsetzung für den Konsumenten werden verringert, indem dem Produzenten höhere Transaktionskosten auferlegt werden. Durch Gewährung von Widerrufsrechten werden die Transaktionskosten für die Verbraucher zusätzlich reduziert.

Anstatt die Transaktionskosten nur anders zu verteilen, soll die Schaffung von *außergerichtlichen Einrichtungen* zur Beilegung von Verbraucherrechts-Streitigkeiten die Transaktionskosten senken.

Der Verbraucherschutz ist eine notwendige Voraussetzung für die Entwicklung des elektronischen Handels, weil dadurch die Auswirkungen des Marktversagens infolge von asymmetrischer Information und hohen Transaktionskosten gemindert werden können. Aus den theoretischen Überlegungen ergeben sich folgende Aufgaben für nationale, supranationale und internationale Institutionen:

- *Reduktion von asymmetrischer Information durch garantierte Rechte (z.B. faires und wahrheitsgetreues Marketing und Werbung sowie strenge Informationspflichten, Widerrufsrechte) und die Förderung von Verhaltenskodizes und Zertifizierungs-Systemen.*

- *Übertragung der Transaktionskosten von den Verbrauchern auf die Anbieter durch den Übergang vom Herkunfts- zum Bestimmungsland-Prinzip im Verbraucherschutz sowie der Gewährung von Widerrufsrechten.*
- *Reduktion der Transaktionskosten durch Schaffung und/oder Förderung außergerichtlicher Einrichtungen zur Streitbeilegung und die Möglichkeit der Verbandsklage.*

Empirische Ergebnisse zum Verbraucherschutz

Im Rahmen der Studie Consumers@shopping[70] bestellten Vertreter von Konsumentenschutz-Organisationen in 11 Ländern mehr als 150 Produkte bei Online-Anbietern aus 17 verschiedenen Ländern, um den Großteil der Waren unmittelbar nach Erhalt wieder zu retournieren. Die Studie kam zu folgenden Ergebnissen:

- Zehn Prozent der bestellten Güter wurden nicht geliefert.
- Zwei Einkäufer mussten über fünf Monate auf die Refundierung der bezahlten Summen warten.
- Mehr als die Hälfte (56%) der Waren wurde ohne Rechnung geliefert.
- Fast drei Viertel (73%) der Online-Anbieter gaben wichtige Details des Kaufvertrages nicht bekannt.
- Mehr als 25% der Online-Anbieter gaben ihre Adresse oder Telefonnummer nicht an.
- Bei 24% der Anbieter blieb der genaue Preis der bestellten Ware unklar.

In vielen Fällen wurden wichtige Informationen nicht bekanntgegeben: Lieferkosten, Bearbeitungsstand einer Lieferung, Datenschutzpolitik, Retournierung der Waren und Refundierung der geleisteten Zahlung.

Während zahlreiche Waren erst sehr spät oder gar nicht geliefert wurden, erfolgte die Abrechnung sehr schnell: Konsumenten mussten häufig lange vor dem Erhalt der bestellten Waren bezahlen. In jenen Fällen, in denen Waren retourniert wurden, erfolgte die Abrechnung der Refundierung häufig weitaus weniger schnell.

Zahlreiche Anbieter informierten die Konsumenten nur unzureichend oder gar nicht über den ihnen zur Verfügung stehenden Beschwerdeweg. Weiters wurden notwendige Kontaktinformationen (z.B. Adresse, Telefonnummer) in

70 *Consumers International 1999. Der Erhebungszeitraum der Studie erstreckte sich von Ende 1998 bis Anfang 1999.*

einigen Fällen nicht angegeben, wodurch die Transaktionskosten für unzufriedene Konsumenten weiter steigen. [71]

Für Österreich führte die Arbeiterkammer Wien im Jahre 1999 eine ähnliche Erhebung durch und kam im Wesentlichen zu denselben Ergebnissen: [72]

- Es ist schwer feststellbar, mit wem man es zu tun hat. Wichtige Informationen über den Anbieter werden häufig nicht oder nur versteckt angegeben.
- Die Allgemeinen Geschäftsbedingungen sind schwer zu finden.
- In vielen Fällen sind die Versandkosten hoch.
- Die Zahlungsmodalitäten sind häufig nicht kundenfreundlich.

3.1.2.2.2 Der Verbraucherschutz in der Europäischen Union

In Tabelle 11 sind die wichtigsten Dokumente der EU für den Verbraucherschutz im elektronischen Handel zusammengefasst:

Tabelle 11: Relevante EU-Dokumente für den Verbraucherschutz im elektronischen Handel

1999:	Entschließung des Rates vom 19. Jänner 1999 über die Verbraucherdimension der Informationsgesellschaft.
1998:	Empfehlung 98/257/EG der Kommission vom 30. März 1998 betreffend die Grundsätze für Einrichtungen, die für die außergerichtliche Beilegung von Verbraucherrechtsstreitigkeiten zuständig sind.
1997:	Richtlinie 97/7/EG des Europäischen Parlaments und des Rates vom 20. Mai 1997 über den Verbraucherschutz bei Vertragsabschlüssen im Fernabsatz.
1988:	Übereinkommen über die Gerichtliche Zuständigkeit und die Vollstrekkung gerichtlicher Entscheidungen in Zivil- und Handelssachen, geschlossen in Lugano am 16. September 1988. (Lugano-Übereinkommen[73])
1980:	Übereinkommen von Rom über das auf vertragliche Schuldverhältnisse anzuwendende Recht – Europäisches Schuldvertragsübereinkommen (EVÜ[74]).

71 *Für ausführliches Datenmaterial über die auf B-2-C eCommerce-Web-sites angegebenen Informationen über Lieferung, Beschwerdeweg, Zusatzkosten und Ähnliches siehe Siftung Warentest 1999.*

72 *Arbeiterkammer Wien 1999, 19.*

73 *BGBl. 448/1996.*

74 *BGBl. III/1998/208.*

Zu den wichtigsten Bestimmungen der Richtlinie über den Verbraucherschutz bei Vertragsabschlüssen im Fernabsatz (Fernabsatzrichtlinie)[75] gehören jene, die strenge *Informationspflichten* für die Anbieter von Produkten verlangen. Neben dem Impressum müssen dem Verbraucher auch wesentliche Eigenschaften des Produktes, Einzelheiten bezüglich der Zahlung und Lieferung sowie gegebenenfalls das Bestehen eines Widerrufsrechts rechtzeitig mitgeteilt werden.

Verbrauchern steht in der Regel ein *Widerrufsrecht* zu. Innerhalb von 7 Werktagen ab dem Tag des Einlangens der Ware beim Verbraucher bzw. mit dem Tag des Vertragsabschlusses bei Dienstleistungen kann der Verbraucher vom Vertrag zurücktreten, d.h. das Produkt ohne Angabe von Gründen retournieren. Ausgenommen sind leicht reproduzierbare Güter (z.B. Software, Audio- und Videoaufzeichnungen), Hauslieferungen (Lebensmittel, Getränke etc.) und Freizeit-Dienstleistungen.

Falls Verbraucher mittels *Kreditkarte* bezahlen, wird das Missbrauchsrisiko, das vom Vertragspartner (dem Anbieter des Produktes) ausgeht, vom Kartenbenutzer (Verbraucher) auf das Kreditkarten-Unternehmen übertragen. Diese Regelung ist sinnvoll, da der Betreiber eines Zahlungssystems deutlich besser über die Missbrauchsrisiken, die von seinem Vertragspartner ausgehen, informiert ist als die Benutzer.

Die Bestimmungen zur *Rechtsdurchsetzung* sehen Sammelklagen durch Verbände und Institutionen vor, die im jeweiligen nationalen Recht zu bestimmen sind. Zusätzlich besteht die Möglichkeit, dem Lieferer die Beweislast für die Befolgung einzelner ihm nach der Richtlinie obliegender Verpflichtungen (z.B. Informationspflichten) aufzuerlegen. Weiters können nationale Maßnahmen Institutionen freiwilliger Selbstkontrolle und Einrichtungen zur außergerichtlichen Streitschlichtung vorsehen.

Die Rechte, die dem Verbraucher aufgrund der Richtlinie zustehen, sind *unabdingbar*. Dies gilt auch für Geschäfte im Fernabsatz mit Ländern außerhalb der EU:[76] „Die Mitgliedstaaten ergreifen die erforderlichen Maßnahmen, damit der

---

75 *Vgl. 97/7/EG.*

76 *Auch innerhalb der EU ist die Rechtswahl zum Nachteil des Verbrauchers unzulässig, wenn davon zwingende Bestimmungen des Rechts am gewöhnlichen Aufenthaltsort des Verbrauchers betroffen sind (vgl. Czernich 1996; Fernabsatzgesetz 1999, BGBl. I/1999/185). Innerhalb der Europäischen Union wird die Rechtswahl bei Verbraucherverträgen durch das Übereinkommen von Rom geregelt (siehe Kasten 5).*

Verbraucher den durch diese Richtlinie gewährten Schutz nicht verliert, wenn das Recht eines Drittlands als das auf den Vertrag anzuwendende Recht gewählt wurde und der Vertrag einen engen Zusammenhang mit dem Gebiet eines oder mehrerer Mitgliedstaaten aufweist."[77]

Aus dieser Formulierung kann geschlossen werden, dass der Übergang vom Herkunftsland-Prinzip zum *Bestimmungsland-Prinzip* grundsätzlich auch für Geschäfte mit *Drittländern* beachtlich ist (im Anwendungsbereich der Fernabsatz-Richtlinie und wenn das Recht eines Drittstaates vereinbart wurde).

Kasten 5: Die Konsequenzen des Übergangs vom Herkunfts- zum Bestimmungsland-Prinzip im Handel mit Drittländern im Verbraucherschutz

Das Bestimmungsland-Prinzip führt in erster Linie zu einer starken Erhöhung der Transaktionskosten für die Anbieter zugunsten geringerer Transaktionskosten (z.B. in Form geringerer Anwaltskosten und steigender Rechtssicherheit) für die Verbraucher. Theoretisch müsste jeder Anbieter zusätzlich zu den Verbraucherschutz-Bestimmungen in dem Land, in dem das Unternehmen seinen Sitz hat, auch alle einschlägigen Gesetze in den Ländern kennen, in die er liefert und in denen das Bestimmungsland-Prinzip gilt. Die dadurch entstehenden Transaktionskosten könnten prohibitiv hoch sein und damit zu einer Barriere für den internationalen elektronischen Handel werden. Die Rechtssicherheit der Anbieter wird reduziert.

Das Herkunftsland-Prinzip hingegen hätte zur Folge, dass die Verbraucher im Handel mit internationalen eCommerce-Anbietern höhere Risiken zu tragen hätten. Dies könnte zu deutlichen Präferenzen für nationale eCommerce Anbieter führen und daher ebenso ein geringeres Volumen internationaler eCommerce-Transaktionen bewirken. Darauf deuten sowohl die äußerst geringen Umsätze im internationalen Versandhandel selbst innerhalb des EU-Binnenmarktes als auch die verstärkte Gründung nationaler Niederlassungen durch internationale eCommerce-Anbieter (z.B. amazon.at) hin.

Müssen die Verbraucher die hohen Transaktionskosten bei der Durchsetzung ihrer Rechte im internationalen eCommerce tragen, wird das Transaktionsvolumen im internationalen B-2-C elektronischen Handel sehr gering bleiben.

Für Verbraucherschutzverbände spielt diese Ausnahme vom Herkunftsland-Prinzip eine zentrale Rolle, da die Harmonisierung der Verbraucherschutz-Bestimmungen innerhalb der EU nicht als hinreichend angesehen werden (vgl. Austrian Chamber of Labour 1999).

77 *97/7/EG Artikel 12 (2).*

Der Übergang vom Herkunfts- zum Bestimmungsland-Prinzip beim Handel mit Drittländern verlagert Transaktionskosten lediglich von Verbrauchern zu Anbietern, senkt sie aber nicht. Doch nur eine Senkung der Transaktionskosten kann zu einer Beschleunigung der Verbreitung des B-2-C eCommerce führen. Wodurch können die Transaktionskosten gesenkt werden?

Der EU-Richtlinienvorschlag über bestimmte rechtliche Aspekte des elektronischen Geschäftsverkehrs im Binnenmarkt[78] sieht in seinen Bestimmungen vor, dass Mitgliedsstaaten Verfahren zur *außergerichtlichen Beilegung von Streitigkeiten* vorsehen können. Um das Vertrauen der Verbraucher in derartige Verfahren zu stärken, wird die EU-Kommission eine Datenbank einrichten. In dieser sollen alle für die außergerichtliche Beilegung von Verbraucherrechtsstreitigkeiten zuständigen Institutionen angeführt werden, die die Grundsätze der Empfehlung 98/257/EG wahren.

Diese Empfehlung sieht vor, dass die betreffenden Verfahren unabhängig und transparent sein müssen. Die betroffenen Parteien müssen die Möglichkeit haben, ihre Standpunkte vorzubringen und über die Argumentation der Gegenseite aufgeklärt zu werden. Verbraucher dürfen durch außergerichtliche Verfahren nicht ihre unabdingbaren Rechte verlieren. Um geringe Transaktionskosten zu ermöglichen, sollte im Verfahren der Grundsatz der Effizienz gewahrt werden. Dies soll durch Unentgeltlichkeit (oder zumindest moderate Kosten), Inanspruchnahme ohne zwangsläufige Einschaltung eines Rechtsvertreters, rasche Abwicklung und die Zuerkennung einer aktiven Rolle für die außergerichtliche Einrichtung erreicht werden. Dennoch hat der Verbraucher das Recht auf Vertretung.

Entscheidungen sind nur dann für die Parteien bindend, wenn diese davon vorab in Kenntnis gesetzt wurden und die Entscheidung ausdrücklich angenommen haben. Die Entscheidung des Verbrauchers, dem außergerichtlichen Verfahren zuzustimmen, darf nicht darauf basieren, dass der Verbraucher vor der Entstehung der Streitfrage eine Verpflichtung eingegangen wäre, die ihm das Recht entzieht, ein Gericht anzurufen.

Die Einrichtungen dürfen nicht nur auf Grundlage des geltenden Rechts entscheiden, sondern auch auf Basis von Verhaltenskodizes und nach billigem Ermessen, was allerdings nicht dazu führen darf, dass das Schutzniveau der Verbraucher beeinträchtigt wird. Außergerichtliche Verfahren dürfen nicht das Ziel haben, anstelle des gerichtlichen Systems zu treten. Nach dem Grundsatz der Handlungsfreiheit kann der Verbraucher auf sein Recht auf gerichtliches

---

78 Vgl. KOM (98) 586 endg., siehe Kapitel 3.1.2.1.

Gehör nur dadurch verzichten, dass er dies in voller Kenntnis der Sachlage nach Entstehung des Streitfalls ausdrücklich billigt.

Elektronische Einrichtungen zur außergerichtlichen Streitbeilegung sind gegenwärtig kaum verbreitet.[79] Die Förderung ihrer Verbreitung ist eine der Maßnahmen im Rahmen der eEurope-Initiative.[80]

Kasten 6: Fallstudie – der Internet-Ombudsmann[81] (ombudsmann.at)

Der Internet-Ombudsmann wurde vom Österreichischen Institut für Angewandte Telekommunikation (ÖIAT) in Zusammenarbeit mit dem Verein für Konsumenteninformation (VKI) im November 1999 ins Leben gerufen. Die Finanzierung erfolgt über privatwirtschaftliche und öffentliche Förderungen. Der Internet-Ombudsmann ist unabhängig. Der Rechtsweg steht den Verbrauchern unabhängig von ihrem Kontakt mit dem Internet-Ombudsmann zur Verfügung. Der kostenlose Beschwerdeprozess hat folgende, vereinfachte Struktur:

Idealerweise sollte der Erstkontakt des betroffenen Verbrauchers direkt mit dem Unternehmen, dessen Leistungen beanstandet werden, erfolgen. Wird die Beschwerde nicht zur Zufriedenheit des Verbrauchers erledigt, wendet er sich online an den Internet-Ombudsmann und schildert mittels eines Online-Formulars seine Beschreibung des Tatbestandes.

In der Folge wird der Verbraucher vom Internet-Ombudsmann telefonisch kontaktiert, um eine detaillierte Beschreibung der Zusammenhänge zu ermöglichen. Dem Internet-Ombudsmann wird dadurch die Einschätzung der Erfolgsaussichten der Beschwerde ermöglicht.

Falls tatsächlich eine begründete Beschwerde vorliegt, wird das beanstandete Unternehmen telefonisch kontaktiert. Der Internet-Ombudsmann strebt eine einvernehmliche Lösung an.

Verwehrt sich das Unternehmen bei einer begründeten Beschwerde einer außergerichtlichen Streitbeilegung, stehen dem Internet-Ombudsmann unterschiedliche Optionen offen. Je nach Einschätzung der Lage reichen diese von Rechtsbeistand für die Betroffenen und Verbandsklagen bei Musterprozessen mit einer allgemeinen Vorbildwirkung bis hin zu Druck durch den Gang an die Öffentlichkeit. Unberührt davon bleiben die Möglichkeiten des einzelnen Betroffenen, den Rechtsweg zu beschreiten.

Die Initiative hat Qualitätsrichtlinien entwickelt, die zehn Punkte umfassen. Mittelfristig ist auch die Vergabe eines Qualitätszertifikats möglich, das die Einhaltung

79 Allerdings existieren bereits Beispiele: Cybercourt (DE), iCourthouse (CA – USA).

80 Vgl. eEurope – Eine Informationsgesellschaft für alle. Zur Förderung ihrer Verbreitung hat die EU-Kommission ein „e-confidence forum" eingerichtet – http://dsa-isis.jrc.it/ADR/.

81 Die Darstellung stützt sich auf ein Interview mit Stefan Bachleitner (ÖIAT).

dieser zehn Punkte durch das jeweilige Unternehmen dokumentieren soll. Die Erfahrungen der Initiative sollen zur Prävention verwendet werden und Verbrauchern sowie Unternehmen die Möglichkeit geben, potenzielle Konflikte zu vermeiden. Die Initiative plant weiters die Publikation eines periodischen Berichts über die Art und den Umfang der Beschwerden sowie den Ausgang der Vermittlungsversuche.

Erste Erfahrungen können wahrscheinlich erst nach zumindest einjähriger Betriebszeit aussagekräftig ausgewertet werden. Die Effektivität des Internet-Ombudsmanns (siehe Kasten 6) hängt im Wesentlichen davon ab, (i) wie gut es gelingt, ihn unter Konsumenten als außergerichtliches Streitbeilegungsverfahren zu etablieren, (ii) wie die betroffenen Unternehmen mit den an sie herangetragenen Fällen umgehen und (iii) wie wirksam die Optionen (z.B. Druck durch die Öffentlichkeit) des Internet-Ombudsmanns sind. Zum Großteil handelt es sich bei seinen Aktivitäten um die Vermittlung von einvernehmlichen Lösungen (u.a. nach sanftem öffentlichen Druck). Nur in Ausnahmefällen sind Rechtsbeistand und Verbandsklage (in Verbindung mit einer entsprechenden Institution) vorgesehen. Der Erfolg hängt somit besonders von der Einstellung der betroffenen Unternehmen ab.

Verhaltenskodizes

Bereits im Jahre 1992 hat die Europäische Kommission eine Empfehlung[82] über Verhaltenskodizes zum Verbraucherschutz bei Vertragsabschlüssen im Fernabsatz herausgebracht. Darin wird auf das Verhältnis von staatlicher Regulierung und Selbstregulierung eingegangen. Es wird betont, dass im Richtlinienweg ein Grundbestand an Mindestvorschriften zum Verbraucherschutz vorzulegen sei, die eine Bedingung für die ordnungsgemäße Funktionsfähigkeit dieses Marktes sind. Allerdings sei es wünschenswert, diese zwingenden Mindestvorschriften durch freiwillige Bestimmungen der betroffenen Berufskreise in Form von Verhaltenskodizes zu ergänzen.

Auch in den Erwägungsgründen der Fernabsatz-Richtlinie[83] wird explizit auf die Bedeutung verwiesen, dass ihre verbindlichen Grundregeln im Einklang mit der Empfehlung 92/295/EWG durch freiwillige Bestimmungen der betreffenden Berufszweige ergänzt würden.

Die Kommission unterstreicht damit die Bedeutung der Selbstregulierung im Rahmen zwingender rechtlicher Mindeststandards.

---

82 Vgl. 92/295/EWG.

83 Vgl. 97/7/EG, 21.

Rechtswahl, Gerichtsstand und Rechtsdurchsetzung
Nur in Fällen, in denen der Streitwert zumindest öS 50.000,– (Euro 3.600,–) erreicht, ist die Klagserhebung im Inland ökonomisch gerechtfertigt, während der durchschnittliche Streitwert bei öS 1.850,– (Euro 135,–) liegt. Wird ein Verfahren in einem anderen Land angestrebt, sind die Kosten wesentlich höher (z.B. Reise-, Übersetzungs- und Anwaltskosten, Prozessdauer).[84]

Kasten 7: Die Übereinkommen von Rom, Brüssel und Lugano[85]

RECHTSWAHL
Im Übereinkommen von Rom (1980) wird festgelegt, dass mangels Rechtswahl der Parteien das Recht des Staates zur Anwendung gelangt, in dem der Verbraucher seinen gewöhnlichen Aufenthalt hat, falls der Unternehmer in diesem Staat ein Angebot gestellt und Bestellmöglichkeiten geboten hat.[86] Gemäß dem Übereinkommen von Rom ist die Rechtswahl zum Nachteil des Verbrauchers unzulässig, wenn sie den Verbraucher betreffend einer zwingenden Bestimmung des Rechts an seinem gewöhnlichen Aufenthaltsort schlechter stellt. Allerdings gilt auch hier, dass der Vertragsabschluss in Zusammenhang mit einer Tätigkeit des Unternehmers im Land des Verbrauchers zustande gekommen sein muss (z.B. ausdrückliches Angebot oder Werbemaßnahmen des Unternehmers im Land des Verbrauchers). Czernich (1996, 84) geht davon aus, dass „[...] auch das Werben und die Anbotstellung via Internet als abstrakte Anbahnungstätigkeit [...] zu qualifizieren ist und von inländischen Verbrauchern via Internet abgeschlossene Verträge österreichischem Recht unterliegen“. Dadurch wird dem besonderen Schutzbedürfnis des „passiven“ Konsumenten Rechnung getragen. Einschränkungen ergeben sich, wenn aus dem Angebot im Internet oder aus der Sprache, in der es abgefasst ist, hervorgeht, dass der intendierte Markt nicht der österreichische ist (z.B. Web-site auf Japanisch erstellt). Der Schutz der Verbraucher wurde durch die Umsetzung der Richtlinie 97/7/EG im Verhältnis zum Lugano-Übereinkommen ausgedehnt.
GERICHTSSTAND
Das Lugano-Übereinkommen (1988) hat nahezu den gleichen Wortlaut wie das Brüsseler Übereinkommen aus dem Jahre 1968, aber der Geltungsbereich wird von den

---

84 *Vgl. Austrian Chamber of Labour 1999. Auch die angeführten Daten stammen aus dieser Arbeit.*

85 *Vgl. Generaldirektion – Justiz und Inneres 1999a. Über Adaptionen des Lugano-Übereinkommens für eine EU-Verordnung wird gegenwärtig diskutiert.*

86 *Vgl. Generaldirektion – Justiz und Inneres 1999a. Das Übereinkommen von Rom gilt aber nicht für außervertragliche Schuldverhältnisse (s.g. gesetzliche Schuldverhältnisse z.B. Schadenersatzrecht). Rom II ist bereits in Planung.*

EU-Staaten auf die EWR-Staaten ausgedehnt. Der Verbraucher kann nur vor den Gerichten des Landes geklagt werden, in dem er seinen Wohnsitz hat (Passivgerichtsstand). Eine für den Verbraucher nachteilige Vereinbarung kann nur nach Entstehung der Streitigkeiten getroffen werden.
Unter der Voraussetzung, dass der Vertragsabschluss in Zusammenhang mit einer Tätigkeit des Unternehmers im Land des Verbrauchers zustande gekommen ist, kann der Verbraucher seine Rechte an seinem Wohnsitz auch einklagen, sofern der Beklagte seinen Wohnsitz innerhalb des Geltungsbereichs des Lugano-Übereinkommens hat (Aktivgerichtsstand). Andernfalls müsste der Beklagte einen hinreichenden Bezug zu Österreich haben, um ihn vor ein österreichisches Gericht zu ziehen.[87] Bei Internetgeschäften ist dies häufig nicht der Fall, da die oben erwähnten Formen der „abstrakten Anbahnungstätigkeit" (z.B. Werbung im Inland) nicht als hinreichender Bezug zu Österreich gelten. Ein österreichisches Gerichtsurteil gegen einen Beklagten in einem Staat außerhalb des Geltungsbereichs des Lugano-Übereinkommens ist nur dann von Bedeutung (d.h. vor allem vollstreckbar), wenn letzterer über Vermögen im Inland verfügt, was bei Internetgeschäften nicht häufig der Fall sein dürfte.

RECHTSDURCHSETZUNG

Die Entscheidungen eines Gerichtes in einem Vertragsstaat werden grundsätzlich nicht auch in anderen Vertragsstaaten automatisch anerkannt, es sei denn, es gibt dementsprechende bi- oder multilaterale Vollstreckungsabkommen. Eine in einem EU-Mitgliedsstaat vollstreckbare Entscheidung ist jedoch in einem anderen vollstreckbar, wenn sie dort auf Antrag des Berechtigten für vollstreckbar erklärt wurde. In jenen Fällen, in denen der Beklagte Vermögen in einem Mitgliedsstaat des Lugano-Übereinkommens hat, ist ein österreichisches Urteil von Bedeutung, da „[...] die Urteile, die in einem Vertragsstaat ergangen sind, in allen anderen ohne weiteres anerkannt und vollstreckt werden."[88]

PRINZIPIEN[89]

Verbrauchergeschäften sollte das Recht des Landes zugrunde liegen, in dem der Verbraucher seinen Wohnsitz hat. Auf dieses Recht sollte nur unter bestimmten Bedingungen verzichtet werden können. Verbraucher sollten bei den Gerichten in ihrem Wohnsitz-Land geklagt werden und selbst klagen können. Die Schutzwürdigkeit der Verbraucher darf nicht durch eine zu enge Auslegung des „passiven" Verhaltens des Unternehmens untergraben werden.

87 *Vgl. Czernich 1996, 85.*

88 *Czernich 1996, 85.*

89 *Vgl. Arbeiterkammer Wien 1999.*

Aufgrund der Internationalität des Internet ist es notwendig, Mindeststandards zu schaffen, die über die Europäische Union und den EWR hinausgehende Gültigkeit und Verbindlichkeit besitzen. Die wichtigsten Ansprechpartner in einem derartigen Prozess – Japan und die USA – setzen aber auch im Bereich des Verbraucherschutzes stark auf Selbstregulierungs-Mechanismen, sodass eine internationale Einigung zur Schaffung von Mindeststandards nicht wahrscheinlich ist.[90]

3.1.2.2.3 Zusammenfassung

Der Beschluss der Richtlinie über den Vertragsabschluss im Fernabsatz verdeutlicht die Position der Europäischen Union im Bereich des Verbraucherschutzes: Ein klarer regulatorischer Rahmen definiert die Mindeststandards. Auf diesen aufbauend ist die Förderung von Selbstregulierungs-Mechanismen vorgesehen.[91] Die Thesen einer Transformation der Staatlichkeit von der Fremd- zur Selbstregulierung und von der zentralen, staatlichen Regulierung zur dezentralen, technikgestützten Selbstbeschränkung werden durch die beschriebene Strategie der EU bestätigt.[92]

In Tabelle 12 werden Probleme im Zusammenhang mit Verbraucherschutz und Gegenmaßnahmen[93] zusammengefasst.

Tabelle 12: Verbraucherschutz: Probleme und Gegenmaßnahmen

Probleme	Gegenmaßnahmen
Asymmetrische Information	Informationspflichten, Widerrufsrecht
Transaktionskosten – öffentliches Gut	Bestimmungsland-Prinzip (im Fernabsatz mit Drittländern); Lugano-Übereinkommen; Förderung außergerichtlicher Verfahren zur Streitbeilegung; Verbandsklagen

90 *Deutlich werden die Differenzen zwischen den einzelnen Positionen auch in den OECD-Guidelines zum Verbraucherschutz im B-2-C eCommerce (vgl. OECD 1999d).*

91 *Siehe Kapitel 3.1.2.1.*

92 *Siehe Kapitel 5.1.*

93 *Diese aufgrund der politisch-ökonomischen Analyse hergeleiteten Maßnahmen sind innerhalb der EU bereits umgesetzt.*

Interessenskonflikt	Staatliche Rahmenbedingung; transparente, demokratische Institutionen; Selbstregulierung ergänzend; besondere Grundsätze für die Einrichtungen zur außergerichtlichen Streitbeilegung
Machtungleichgewicht zwischen Anbietern und Konsumenten	Einzelne Verbraucherschutz-Bestimmungen sind unabdingbar
Transnationalität der Netze	Bestimmungsland-Prinzip; Rom-(EVÜ) Brüssel- & Lugano-Übereinkommen im EWR und EU-Verordnung-(svorschlag); elektronische Einrichtungen zur außergerichtlichen Streitbeilegung (gegenwärtig noch nicht weit verbreitet)

3.1.2.3 Datenschutz – Schutz der Privatsphäre

Dem Datenschutz wird seitens der Verbraucher große Bedeutung beigemessen, sodass entsprechende Maßnahmen notwendig sind, um ihr Vertrauen in den B-2-C eCommerce zu stärken. Beim B-2-C eCommerce ist es in den einzelnen Phasen unvermeidlich, dass eine große Menge personenbezogener Daten verarbeitet wird: Informationssammlung (Informationsphase), Auswahl und Bestellung (Vereinbarungsphase) können dazu dienen, Benutzerprofile zu erstellen. Zur Abwicklung der Lieferung und Zahlung sind Angaben wie Kreditkartennummern und (virtuelle) Adressen meistens notwendig (Abwicklungsphase).

Welche Rolle den nationalen, supranationalen und internationalen Institutionen beim Schutz vor dem Missbrauch dieser personenbezogenen Daten zukommt, wird im ersten Abschnitt behandelt. Das Bestehen von asymmetrischer Information zwischen den Verbrauchern und den Anbietern im elektronischen Handel macht eine Delegation[94] der Kontrollfunktion an Experten notwendig. Die hohen Transaktionskosten, die mit der gerichtlichen Durchsetzung der entsprechenden Rechte verbunden sind, sprechen für eine Aufsichtsbehörde, die auch von sich aus aktiv werden kann.

---

94 Der Terminus Delegation ist an dieser Stelle im ökonomischen Sinne zu verstehen, nicht im juristischen.

Anschließend werden die wichtigsten Datenschutz-Bestimmungen der EU kurz umrissen, um die zentralen Maßnahmen exemplarisch darzustellen. Als wichtigster eCommerce-Exporteur gelten die USA, daher wird auf die entsprechenden Bestimmungen in den USA eingegangen. Auch im Bereich des Datenschutzes zeigt sich, dass sowohl die EU als auch die USA die Rolle des privaten Sektors und von Selbstregulierungs-Mechanismen betonen. Während die EU sie in gesetzliche Rahmenbedingungen eingebettet fördern möchte, weisen ihnen die USA die zentrale Rolle im Bereich des Datenschutzes zu. Aufgrund der Internationalität der Netze ist eine internationale Vereinheitlichung wünschenswert, aber wegen der unterschiedlichen Positionen zwischen der EU und den USA nicht wahrscheinlich.

3.1.2.3.1 Die Rolle nationaler, supranationaler und internationaler Institutionen im Datenschutz

Asymmetrische Information

Um im elektronischen Handel eine Geschäftstransaktion zu tätigen, müssen bestimmte Daten wechselseitig zugänglich gemacht werden, z.B. Identität der Vertragspartner (inkl. virtuellen und/oder physischen Adressen), Inhalt des geschlossenen Vertrages, Details zu Zahlungsinstrumenten (z.B. Kreditkarten- oder Kontonummer). Weiters entstehen durch den Vertragsabschluss selbst Daten bezüglich individueller Konsumentenpräferenzen. Vom erfolgten Missbrauch seiner Daten könnte der Konsument unter Umständen nie etwas erfahren. Daher ist es ihm allein nicht möglich, das tatsächliche Niveau des Datenschutzes festzustellen.

Der Schutz der Privatsphäre ist aber ein Menschen- und Grundrecht, d.h. das Sammeln und Verarbeiten von personenbezogenen Daten und ihre Weitergabe an Dritte dürfen in der Regel nicht ohne Zustimmung der betroffenen Person geschehen. Um diese Rechte oder vertraglich vereinbarte Abweichungen davon durchsetzen zu können, bedarf es einer externen, unabhängigen Kontrollinstanz. Im Gegensatz zum einzelnen Konsumenten verfügt sie über das notwendige Expertenwissen, um die Kontrolle effektiv durchführen zu können. Die Ausübung der Kontrolle hat Charakteristika eines öffentlichen Gutes, d.h. die Ergebnisse einer einmal durchgeführten Untersuchung können allen Interessierten zugänglich gemacht werden, ohne den Wert für den einzelnen Betroffenen zu reduzieren. Durch die Delegation der Überwachung von Datenschutzrechten (oder von vertraglich vereinbarten Abweichungen) können die

Transaktionskosten deutlich gesenkt werden, weil nicht mehr jeder einzelne Betroffene dieselben Kontrollfunktionen auszuüben hat.

Dies allein bedeutet nicht notwendigerweise, dass diese Kontrollinstanz der Staat sein muss. Allerdings muss diese Kontrollinstanz mit weitreichenden Kompetenzen (z.B. Ermittlungsbefugnis, Parteienstellung) ausgestattet sein, um ihre Funktion erfüllen zu können, sodass sie zumindest einen behördlichen Einschlag haben sollte. Der Schutz der Menschen- und Grundrechte ist eine der zentralen Staatsfunktionen und sollte daher auch im Falle des Schutzes der Privatsphäre nicht ausgelagert werden. Dennoch können Selbstregulierungs-Mechanismen innerhalb staatlicher Rahmenbedingungen zur Schaffung eines Vertrauensklimas beim elektronischen Handel beitragen.

Transaktionskosten – öffentliches Gut

Für den einzelnen sind mit der Durchsetzung seines Rechts auf Schutz der Privatsphäre in der Regel sehr hohe Transaktionskosten verbunden. Da das Vertrauen auf den Schutz der Privatsphäre den Charakter eines öffentlichen Gutes hat, kommt es zu einem Schwarzfahrer-Problem, d.h. im Vertrauen auf die Durchsetzung der Datenschutz-Bestimmungen durch andere, könnte der einzelne Betroffene auf die Durchsetzung seiner Rechte wegen der hohen Transaktionskosten verzichten. Die Präventivwirkung der Datenschutz-Bestimmungen würde dadurch beeinträchtigt werden. Es bedarf daher zur Rechtsdurchsetzung der Möglichkeit, dass die Aufsichtsbehörde von sich aus aktiv werden kann.[95]

3.1.2.3.2 Der Schutz der Privatsphäre in der Europäischen Union

Bereits im Jahre 1953 wurde vom Europarat in der Menschenrechtskonvention das Recht auf den Schutz der Privatsphäre für die Mitgliedsstaaten verankert. Im Jahre 1980 beschloss das Europäische Parlament, dass alle EU-Mitgliedsstaaten die Menschenrechtskonvention unterzeichnen sollten, dennoch geschah dies in einigen Mitgliedsländern nur mit großen Verzögerungen.[96] Im Jahre 1995 wurde die Richtlinie 95/46/EG zum Schutz natürlicher Personen bei der Verarbeitung personenbezogener Daten und zum freien Datenverkehr (Datenschutz-Richtlinie) verabschiedet.

---

95 In Österreich wird die Datenschutzkommission in der Regel nach der Beschwerde eines Betroffenen aktiv. Liegen keine Verdachtsmomente vor, wird sie nicht aktiv.

96 Pearce/Platten 1998, 531 ff.

In Tabelle 13 sind die wichtigsten EU-Aktivitäten für den Schutz der Privatsphäre im elektronischen Handel dargestellt.[97]

Tabelle 13: EU-Richtlinien für den Schutz der Privatsphäre im elektronischen Handel

1997:	Richtlinie 97/66/EG des Europäischen Parlaments und des Rates vom 17. Dezember 1997 über die Verarbeitung personenbezogener Daten und den Schutz der Privatsphäre im Bereich der Telekommunikation.
1995:	Richtlinie 95/46/EG des Europäischen Parlaments und des Rates vom 24. Oktober 1995 zum Schutz natürlicher Personen bei der Verarbeitung personenbezogener Daten und zum freien Datenverkehr.

Die Datenschutz-Richtlinie hat im Wesentlichen zwei Ziele:[98]

- Die Verankerung des Grundrechtes auf Schutz der Privatsphäre in der Gemeinschaft.
- Die Verwirklichung des Binnenhandels durch den Abbau von Handelshemmnissen, die auf unterschiedliche nationale Datenschutz-Bestimmungen zurückzuführen wären.

Die Richtlinie bezieht sich auf die automatische sowie jede nicht-automatische Verarbeitung personenbezogener Daten, sofern letztere in einer Datei enthalten sind. Die nationale Umsetzung findet Anwendung, wenn der Auftraggeber (für die Verarbeitung Verantwortlicher[99]) in einem Mitgliedsstaat niedergelassen ist oder Ausrüstung verwendet, die sich in einem Mitgliedsland befindet, außer diese wird ausschließlich zur Durchleitung verwendet.
In der Richtlinie werden

- Bedingungen für die rechtmäßige Verarbeitung von Daten,
- Auskunfts-, Zugangs- und Widerspruchsrechte der betroffenen Personen,
- Anspruch auf Geheimhaltung und Sicherheit der personenbezogenen Daten,

97 *Für wertvolle Hinweise zu diesem Abschnitt danke ich Waltraud Kotschy.*

98 *Vgl. 95/46/EG, Art. I und Erwägungsgründe (1), (2), (3) und (8).*

99 *95/46/EG, Art. 2 (d) definiert: „[...] für die Verarbeitung Verantwortlicher: die natürliche oder juristische Person, Behörde, Einrichtung oder jede Stelle, die allein oder gemeinsam mit anderen über die Zwecke und die Mittel der Verarbeitung von personenbezogenen Daten entscheidet."*

- Rechtsbehelfe und Schadensersatzansprüche der betroffenen Personen,
- Regelungen zum Verhältnis von Datenschutz und Meinungsfreiheit,
- Meldepflichten und Aufsichtsbehörde,
- Bestimmungen bezüglich der Förderung von Verhaltenskodizes und
- Beschränkungen des transnationalen Datenverkehrs

festgelegt.

Generell sind Ausnahmen von den Schutzbestimmungen der Richtlinie für die Bereiche der öffentlichen und nationalen Sicherheit, der Verteidigung, des Strafrechts (z.B. Cyber-crime), statistische, historische und wissenschaftliche Forschungen etc. zulässig.

Für die rechtmäßige Verarbeitung von personenbezogenen Daten müssen bestimmte Kriterien erfüllt werden: Die Daten dürfen nur zu explizit angegebenen Zwecken adäquat, relevant und nicht exzessiv gesammelt und verarbeitet werden. Die Daten dürfen nicht länger als notwendig in personenbezogener Form gespeichert werden. Daten, die inkorrekt oder unvollständig sind, müssen gelöscht werden. Die Verarbeitung von Daten muss rechtmäßig und fair erfolgen.

Die Bedingungen, unter denen personenbezogene Daten verarbeitet werden dürfen, sind in Artikel 7 aufgelistet (z.B. (a) Die betroffene Person hat eindeutig ihre Zustimmung erteilt. Die Verarbeitung ist notwendig, (b) um einen Vertrag mit der betroffenen Person zu erfüllen, (c) um rechtliche Verpflichtungen des Auftraggebers zu erfüllen, (d) um lebenswichtige Interessen der betroffenen Person zu schützen, (e) um dem öffentlichen Interesse zu dienen. (f) Die Datenverarbeitung ist im legitimen Interesse des Auftraggebers notwendig, außer die schutzwürdigen Interessen der betroffenen Person überwiegen.) Die unterschiedlichen Voraussetzungen für die rechtmäßige Verarbeitung von personenbezogenen Daten sind gleichwertig. Bei besonders heiklen Daten (religiöse oder philosophische Glaubensauffassungen etc.) sind die Bestimmungen strenger gefasst.

Die betroffene Person muss folgende Informationen erhalten: Identität der für die Daten Verantwortlichen, Zwecke der Datenverarbeitung und weitere Informationen (z.B. Zugangs- und Richtigstellungsrecht der betroffenen Personen).

Auskunfts-, Zugangs- und Widerspruchsrechte der betroffenen Personen

Die betroffenen Personen haben folgende Rechte: Zugangsrecht zu den Daten sowie deren Richtigstellung und Löschung, falls die Ermittlung oder Verarbeitung nicht rechtmäßig erfolgt oder die Daten falsch und unvollständig sind.

Ein Widerspruchsrecht besteht, wenn Daten im öffentlichen Interesse, von der öffentlichen Verwaltung oder im legitimen Interesse des Auftraggebers an sich rechtmäßig verarbeitet werden, aber ein bestimmter Betroffener doch in seinem schutzwürdigen Interesse verletzt wird; d.h. es handelt sich um einen Sonderfall. Ein Widerspruchsrecht besteht auch, wenn die personenbezogenen Daten zu Zwecken des Direkt-Marketings verwendet werden sollen.

Anspruch auf Geheimhaltung und Sicherheit der personenbezogenen Daten
Die betroffenen Personen haben Anspruch auf die Geheimhaltung der personenbezogenen Daten. Der Auftraggeber muss alle technischen und organisatorischen Maßnahmen treffen, um die Sicherheit der Daten zu gewährleisten.

Rechtsbehelfe und Schadensersatzansprüche der betroffenen Personen
Jede Person kann bei Gericht einen Rechtsbehelf einlegen, wenn ihr zustehende Rechte bezüglich der Verarbeitung personenbezogener Daten verletzt werden. Diese Bestimmung gilt unbeschadet des verwaltungsrechtlichen Beschwerdeverfahrens, das vor Beschreiten des Rechtsweges bei der zuständigen Kontrollstelle eingeleitet werden kann. Schadensersatzansprüche seitens der betroffenen Personen können geltend gemacht werden, wenn durch die unrechtmäßige Verarbeitung von personenbezogenen Daten ein Schaden entstanden ist.

Regelungen zum Verhältnis von Datenschutz und Meinungsfreiheit
Ein Spannungsverhältnis zwischen Datenschutz und Meinungsfreiheit ergibt sich besonders im Bereich der Medien: Daten, die zur journalistischen Tätigkeit (z.B. durch Medienunternehmen, Mediendienste und ihre Mitarbeiter) gesammelt werden, sind von Teilen der Richtlinie[100] ausgenommen. Dennoch gilt auch hier das Grundrecht auf Datenschutz. Eine ex ante Kontrolle ist nicht möglich, ohne in die Nähe der Zensur zu rücken. Diese personenbezogenen Daten unterliegen der Selbstkontrolle und der nachträglichen Kontrolle durch das Mediengesetz. Daher sieht die Richtlinie Ausnahmen für die Datenverarbeitung zu journalistischen Zwecken oder in den Bereichen Kunst und Literatur dann vor, wenn diese notwendig sind, um den Datenschutz mit dem Recht auf freie Meinungsäußerung zu vereinbaren.

---

100 Nicht ausgenommen sind sie von Kapitel III (Rechtsbehelfe, Haftung und Sanktionen), IV (Übermittlung personenbezogener Daten in Drittländer) und VI (Kontrollstelle und Gruppe für den Schutz von Personen bei der Verarbeitung personenbezogener Daten).

Meldepflichten und Aufsichtsbehörde
Der Auftraggeber muss die Aufnahme von Aktivitäten im Bereich der automatischen Verarbeitung personenbezogener Daten an ein Register melden. Ausnahmen oder Erleichterungen können in jenen Fällen verfügt werden, in denen die Verletzung des Datenschutzes unwahrscheinlich ist oder der Auftraggeber einen Datenschutzbeauftragten einstellt. Datenverarbeitung, die mit besonderen Risiken verbunden ist, kann die Aufsichtsbehörde ex ante einer Überprüfung unterziehen. Die Aufsichtsbehörde soll weiters ein öffentlich zugängliches Datenverarbeitungs-Register anlegen. Sie soll unabhängig und mit jenen Kompetenzen (z.B. Ermittlungsbefugnis, Vertretungsbefugnis vor entscheidenden Stellen soweit nicht selbst entscheidende Behörde) ausgestattet sein, die zur Durchführung ihrer Arbeit notwendig sind.

Bestimmungen bezüglich der Förderung von Verhaltenskodizes
Die Mitgliedsstaaten sollen Verhaltenskodizes im Rahmen der Bestimmungen der Richtlinie fördern, um die Anwendung der Richtlinie zu unterstützen und auf die spezifischen Charakteristika der Datenverarbeitung in einzelnen Sektoren einzugehen. Vorschläge für Verhaltenskodizes sollen der Aufsichtsbehörde vorgelegt werden, um zu beurteilen, ob sie mit den nationalen Umsetzungsmaßnahmen der Richtlinie vereinbar sind. Für europaweit gültige Verhaltenskodizes übernimmt diese Funktion eine Arbeitsgruppe, die bei der Kommission eingerichtet wird und aus Vertretern der unabhängigen Kontrollstellen besteht.

Beschränkungen des transnationalen Datenverkehrs
Der Übermittlung von personenbezogenen Daten, die Gegenstand einer Verarbeitung sind oder nach der Übermittlung verarbeitet werden sollen, in ein Drittland ist nur zulässig, wenn in diesem Land der angemessene (adäquate) Schutz der personenbezogenen Daten sichergestellt ist. Die Bestimmung lässt Ausnahmen zu, die mit jenen übereinstimmen, die für die Verarbeitung personenbezogener Daten allgemein gelten (z.B. Die betroffene Person hat ohne jeden Zweifel ihre Einwilligung gegeben. Die Verarbeitung ist notwendig, um einen Vertrag mit der betroffenen Person zu erfüllen; um lebenswichtige Interessen der betroffenen Person zu schützen; im öffentlichen Interesse.). Die Übermittlung kann vom Mitgliedsstaat auch genehmigt werden, wenn der für die Verarbeitung Verantwortliche ausreichende Garantien hinsichtlich des Schutzes der Privatsphäre bietet. Der Schutz der personenbezogenen Daten muss also nicht unbedingt durch die gesetzliche Lage im jeweiligen Land gewährleistet sein, sondern kann auch durch adäquate Vertragsbestimmungen zwischen

Datenexporteur und -importeur erreicht werden. Eine bei der Kommission eingerichtete Arbeitsgruppe soll beurteilen, ob in einem Drittland ein adäquates Niveau des Datenschutzes erreicht wird. Diese Einschränkung der Übertragung personenbezogener Daten in ein Drittland betrifft die Übermittlung durch einen Datenexporteur, nicht durch natürliche Personen, die ihre eigenen Daten bei einer Bestellung bei einem B-2-C eCommerce-Anbieter in den USA angeben. Als Datenexporteur gilt, wer selbst Auftraggeber ist und personenbezogene Daten, die Gegenstand der Verarbeitung sind oder nach der Übermittlung verarbeitet werden sollen, in ein Drittland übermittelt.

Betreibt ein US B-2-C eCommerce-Anbieter in einem Mitgliedstaat einen Server, um über diesen Produkte zu vertreiben, so sind die Vorschriften dieses Mitgliedsstaates, die zur Umsetzung der Richtlinie erlassen wurden, anzuwenden. Die Übermittlung von personenbezogenen Daten zur Verarbeitung an die Zentrale in den USA fällt unter die Bestimmungen der Artikel 25 und 26 der Datenschutz-Richtlinie. Auch in Fällen, in denen dem Drittland nicht das adäquate Schutzniveau attestiert wurde, ist die Übermittlung unter den oben angeführten Bedingungen möglich. Allerdings implizieren diese Bedingungen höhere Transaktionskosten (z.B. Rechtsunsicherheit, Genehmigungsverfahren) für Datenexporteure und -importeure sowie für die betroffenen Personen.

Die Richtlinie 97/66/EG über die Verarbeitung personenbezogener Daten und den Schutz der Privatsphäre im Bereich der Telekommunikation ist eine Ergänzung der Datenschutz-Richtlinie 95/46/EG. Ihr Ziel ist es, den gleichmäßigen Schutz der Privatsphäre in der EU zu gewährleisten und damit zum freien Verkehr von Telekommunikationsdiensten und -geräten beizutragen. Sie schafft einen rechtlichen Rahmen für den Datenschutz im Zusammenhang mit der Erbringung öffentlicher Telekommunikationsdienste.

Die Vertraulichkeit der Kommunikation muss von den Mitgliedsstaaten sichergestellt werden; d.h. ein angemessenes Sicherheitsniveau muss gewährleistet sein.

Alle Daten, die für den Verbindungsaufbau und die Gebühren- und Zusammenschaltungsverrechnung notwendig sind, müssen nach Beendigung der Verbindung bzw. nach Ablauf der Einspruchsfrist gegen die Abrechnung gelöscht oder anonymisiert werden. Die Erhebung der diesbezüglichen Daten ist auf das erforderliche Maß zu beschränken.

3.1.2.3.3 Der transnationale Datenverkehr zwischen der EU und den USA

Die in den Vereinigten Staaten gültigen Rahmenbedingungen für den elektronischen Handel setzen wesentlich stärker auf Selbstregulierungs-Mechanismen als dies in der EU der Fall ist.[101] Die EU-Kommission[102] vertrat daher in einem Arbeitspapier vom Jänner 1999 die Meinung, dass der Datenschutz in den USA nicht ausreichend ist, um den Bestimmungen bezüglich der Übermittlung personenbezogener Daten in Drittländer gerecht zu werden.

Die USA setzten in ihrer Datenschutzpolitik auf *„International Safe Harbor Principles"* (Fassung April 1999)[103], wodurch das Ziel erreicht werden sollte, den internationalen Datentransfer zwischen den USA und der EU durch einen rechtlichen Rahmen, der den Artikeln 25 und 26 gerecht würde, nicht zu behindern (siehe Tabelle 14):

Tabelle 14: International Safe Harbor Principles (Fassung April 1999)

Informationspflichten: Die betroffene Person muss über den Zweck der Sammlung von Daten, Möglichkeiten des Kontakts mit der verantwortlichen Institution, Kategorien von Institutionen, an die Daten weitergegeben werden und ihre Wahlmöglichkeiten informiert werden. Bei der Weitergabe von Daten an Dritte besteht die Informationspflicht nur bei Vorliegen einer Zweckänderung.[104]
Zustimmung: Die Zustimmung der betroffenen Person zur geplanten Datenverarbeitung und ihrer Form sowie zur möglichen Weitergabe der Daten an Dritte muss eingeholt werden. Bei sensiblen Daten ist ein „opt-in"- und bei nicht sensiblen Daten ein „opt-out"-Verfahren vorgesehen.
Weitergabe von Daten: Personenbezogene Daten dürfen an Dritte weitergegeben werden, wenn die Informationspflichten erfüllt wurden und die Zustimmung der betroffenen Person vorliegt. Die Informationspflicht besteht aber nur, wenn mit der Weitergabe der Daten eine Zweckänderung verbunden ist.

101 *Siehe Kapitel 3.1.2.1.*

102 *Vgl. Working Party on the Protection of Individuals with regard to the Processing of Personal Data 1999a.*

103 *Vgl. Unites States Department of Commerce 1998. Die angeführten Prinzipien sind Gegenstand der Verhandlungen zwischen der EU und den USA.*

104 *Da die Informationspflicht nur bei Vorliegen einer Zweckänderung besteht, waren diese Punkte der Fassung von April 1999 bei den Verhandlungen zwischen der EU und den USA besonders umstritten.*

Sicherheit: Institutionen, die personenbezogene Daten verarbeiten, müssen deren Sicherheit gewährleisten; d.h. sie vor dem Zugriff Dritter und gegen Manipulationen etc. schützen.
Datenintegrität: Institutionen, die personenbezogene Daten verarbeiten, müssen gewährleisten, dass die Daten gewisse Qualitätsmerkmale erfüllen; d.h. es dürfen keine unvollständigen oder falschen Angaben verarbeitet werden. Die Daten dürfen nur zu dem Zwecke verarbeitet werden, der bei ihrer Sammlung angegeben wurde.
Zugang: Betroffene Personen müssen Zugang zu den Daten haben, die sie betreffen, soweit dies der Institution zumutbar ist; d.h. in Abhängigkeit von der Sensitivität der Daten dürfen dadurch bestimmte Kosten und Mühen nicht überstiegen werden. Weiters haben betroffene Personen das Recht, sie betreffende Daten zu korrigieren.
Rechtsdurchsetzung: Der effektive Schutz der Privatsphäre muss Mechanismen umfassen, die einerseits die Einhaltung der Prinzipien sichern sollen, andererseits betroffenen Personen die Möglichkeit geben, bei Nichteinhaltung eine unabhängige Untersuchung zu fordern und gegebenenfalls Schadenersatz einklagen zu können. Weiters muss der Mechanismus die Überprüfung der von den Unternehmen angegebenen Datenschutz-Maßnahmen sowie Sanktionen bei Nichteinhaltung vorsehen. Nicht nur US-Behörden und Selbstregulierungs-Mechanismen, sondern auch die nationalen Aufsichtsbehörden der EU-Mitgliedsstaaten werden in diesem Zusammenhang genannt.
Ausnahmen: Alle Ausnahmen, die die EU-Datenschutz-Richtlinie sowie das Recht der Mitgliedstaaten zulassen, werden auch vom amerikanischen Handelsministerium anerkannt. Darüber hinaus können auch solche Ausnahmen gewährt werden, die amerikanischen sektoralen, regionalen oder ähnlichen Datenschutz-Gesetzen zugrunde liegen.

Um als „Safe Harbor" zu gelten, konnten sich Institutionen einem Selbstregulierungs-Mechanismus unterwerfen, der die Einhaltung dieser Prinzipien verlangt oder sich öffentlich zur Einhaltung der Prinzipien verpflichten („self-assessment"). Jene Institutionen, die einem der sektoralen, regionalen oder ähnlichen amerikanischen Datenschutz-Gesetze unterliegen oder die „International Safe Harbor"-Prinzipien in einen Kontrakt mit einem Datenexpoteur aus der EU aufnehmen, galten ebenso als „Safe Harbor".

Die Anstrengungen des amerikanischen Handelsministeriums in Form der „Safe Harbor"-Prinzipien reichten allerdings nicht aus, um die Bedenken der

EU-Kommission bezüglich des US-Datenschutzes auszuräumen.[105] Insbesondere wurden (1) mehr Rechte für die betroffenen Personen, (2) mehr Transparenz bezüglich der Inhalte und der praktischen Umsetzung der sektoralen, regionalen oder ähnlichen amerikanischen Datenschutz-Gesetze sowie der Selbstregulierungs-Mechanismen und (3) effektivere Rechtsdurchsetzungs-Mechanismen gefordert. Die Ausnahmen, die die „International Safe Harbor"-Prinzipien vorsehen, wurden von der EU als zu weitgehend angesehen.

Die Safe-Harbor-Prinzipien wurden im November 1999 durch 15 FAQs (Frequently Asked Questions) ergänzt,[106] die detaillierte Fragen und Antworten zu den Safe-Harbor-Prinzipien, ihrer Interpretation und Umsetzung enthalten. Die EU-Kommission hat einen Entwurf einer Artikel 25 (6) Entscheidung[107] vorgelegt, der den US Safe-Harbor-Prinzipien und den FAQ in ihrer Fassung vom November 1999 die Angemessenheit des Schutzniveaus attestierte. Allerdings basierte die Entscheidung auf zwei Bedingungen: (1) Die Befolgung der Prinzipien muss von der jeweiligen Organisation öffentlich erklärt werden. (2) Alle Unternehmen, die sich den Prinzipien unterwerfen, müssen in den rechtlichen Zuständigkeitsbereich der Federal Trade Commission oder einer anderen öffentlichen Einrichtung fallen. In einem Arbeitspapier[108] hat die zuständige Gruppe der Vertreter der unabhängigen Kontrollstellen auf die neue Position der USA reagiert und ihre Vorbehalte bekräftigt. Hervorgehoben wurden folgende Punkte:

- Der Anwendungsbereich der Safe-Harbor-Prinzipien ist missverständlich. Für US-Organisationen könnte der Eindruck entstehen, dass in Fällen, in denen die Datenschutz-Richtlinie gilt, die Befolgung der Safe-Harbor-Prinzipien ausreichend wäre.
- Die vom US Department of Commerce geführte Liste mit den Unternehmen, welche die Safe-Harbor-Prinzipien erfüllen, wird als zuwenig sicher angesehen. Unternehmen, die die Prinzipien nicht mehr erfüllen (z.B. durch

105 *Vgl. Working Party on the Protection of Individuals with regard to the Processing of Personal Data 1999b.*

106 *Vgl. http://www.ita.doc.gov/td/ecom/256summary1199.html.*

107 *Vgl. http://www.ita.doc.gov/td/ecom/256summary1199.html. Aufgrund des Artikel 25 (6) der Datenschutz-Richtlinie kann die Kommission nach einem entsprechenden Verfahren feststellen, ob ein Drittland ein angemessenes Datenschutzniveau im Sinne der Richtlinie gewährleistet.*

108 *Vgl. Working Party on the Protection of Individuals with regard to the Processing of Personal Data 1999c.*

Übernahmen durch ein anderes Unternehmen mit einer weniger strengen Datenschutzpolitik), müssen sofort aus der Liste gestrichen werden.

- Für alle Unternehmen, die sich zur Einhaltung der Prinzipien verpflichten, muss eine mit entsprechenden Kompetenzen ausgestattete öffentliche Einrichtung zur Rechtsdurchsetzung zuständig sein.
- Alle nicht geklärten Beschwerdefälle bei Einrichtungen zur außergerichtlichen Streitbeilegung müssen von diesen an eine mit entsprechenden Kompetenzen ausgestattete öffentliche Einrichtung zur Rechtsdurchsetzung übergeben werden.
- Die angeführten Ausnahmen und Befreiungen müssen präziser formuliert werden, um zu verhindern, dass sie als Umgehungsmöglichkeiten dienen können.
- Das Prinzip der freien Wahl muss gestärkt werden, da es als der zentrale Schwachpunkt des US-Ansatzes gesehen wird. Die Informationspflichten und die Wahlmöglichkeit des Betroffenen sind so formuliert, dass Unternehmen personenbezogene Daten auch bei Zweckänderung verarbeiten dürfen, ohne dem Betroffenen eine Wahlmöglichkeit anbieten zu müssen.

Die Arbeitsgruppe hat auch den Entwurf der Artikel 25 (6) Entscheidung entlang der im beschriebenen Arbeitspapier geäußerten Vorbehalte ausführlich kommentiert. Die Vereinigten Staaten haben daraufhin Adaptionen der Prinzipien und der FAQs (Fassung März 2000) vorgenommen,[109] die Verbesserungen in den Bereichen (a) Rechtsdurchsetzung durch öffentliche Einrichtungen in den USA, (b) Verlässlichkeit der vom Department of Commerce zu führenden Liste der Unternehmen, die die Prinzipien erfüllen, (c) mögliche Sanktionen bei Verletzung der Prinzipien sowie (d) den Anwendungsbereich der Informationspflichten[110] umfassen. In der Folge kam es zu einer provisorischen Einigung, dass die Safe-Harbor-Prinzipien und die FAQs (Fassung März 2000) den Anforderungen der Datenschutz-Richtlinie (Art. 25(6)) entsprechen. Eine endgültige Entscheidung ist allerdings noch ausständig.[111] Basierend auf den Be-

---

109 Vgl. http://www.ita.doc.gov/td/ecom/256summary1199.html.

110 Insbesondere wurde die Einschränkung auf Zweckänderungen bei der Informationspflicht über die Weitergabe von Daten an Dritte gestrichen.

111 Seitens der EU wird noch im Sommer 2000 mit einer endgültigen formellen Einigung gerechnet. Die Gruppe für den Schutz von Personen bei der Verarbeitung personenbezogener Daten weist in einem eigenen Arbeitspapier allerdings darauf hin, dass eine Beurteilung der adaptierten Prinzipien ihrerseits noch aussteht und eine endgültige Entscheidung nur im Lichte einer derartigen Beurteilung erfolgen sollte (Vgl. Working Party on the Protection of Individuals with regard to the Processing of Personal Data 2000).

stimmungen der Datenschutz-Richtlinie gelten die USA daher nicht als Drittland, in dem ein adäquates Datenschutzniveau gewährleistet wird. Der transnationale Datentransfer in die USA ist daher nur unter den Bedingungen des Artikel 26 erlaubt, z.B. bei expliziter Zustimmung der betroffenen Person oder, wenn der für die Verarbeitung Verantwortliche ausreichende Garantien hinsichtlich des Datenschutzes bietet (z.B. durch Vertragsklauseln).

3.1.2.3.4 Zusammenfassung

Der Beschluss der Datenschutz-Richtlinie verdeutlicht die Position der EU: Der Schutz der Privatsphäre muss durch einen rechtlichen Mindeststandard abgesichert werden. In der Richtlinie wird Verhaltenskodizes ein eigenes Kapitel (Kapitel V Verhaltensregeln) gewidmet. Daraus wird eine Transformation der Staatlichkeit von der Fremd- zur Selbstregulierung und von der zentralen, staatlichen Regulierung zur dezentralen, technikgestützten Selbstbeschränkung ersichtlich. Allerdings betont die EU im Gegensatz zu Japan und den USA, dass die Selbstregulierung im Rahmen gesetzlicher Mindeststandards erfolgen muss.[112]

Dementsprechend wird die Dominanz der staatlichen Kontrolle in jedem System – also auch bei Selbstregulierungs-Mechanismen – zum Schutz der Privatsphäre von der EU gefordert und stellt einen der Schwerpunkte der Diskussion mit den USA über die Safe-Harbor-Prinzipien und die FAQs dar.

Gesetzlich festgelegte Rechtmäßigkeits-Voraussetzungen gewährleisten einen besseren Schutz der Privatsphäre als das US-System von „opt-in"- und „opt-out"-Registern. Im US-System wird den Betroffenen nämlich ein sehr hoher Verwaltungs- und Kontrollaufwand zugemutet.

Durch die Internationalität des Internet und des eCommerce erlangen Fragen der Rechtswahl und der Rechtsdurchsetzung zentrale Bedeutung. Internationale Mindeststandards wären notwendig, um den Schutz der Privatsphäre auch im internationalen Datenverkehr zu gewährleisten. Der beschriebene Diskussionsprozess zwischen der EU und den USA zeigt die großen Differenzen in den jeweiligen Positionen, so dass eine Einigung auf eine internationale Datenschutzregulierung, die zumindest die wichtigsten Wirtschaftsregionen umfasst, gegenwärtig nicht wahrscheinlich ist. Die auch von den USA angenommenen diesbezüglichen Richtlinien der OECD stellen für die Arbeitsgruppe der EU die Mindestanforderungen an angemessenem Schutz der Privatsphäre dar, wurden aber in den Safe-Harbor-Prinzipien und FAQs in der Fassung vom

112 Siehe Kapitel 3.1.2.1.

November 1999 nicht vollständig berücksichtigt.[113] Die mögliche Entscheidung der Europäischen Union, die USA aufgrund der Fassung der Prinzipien und FAQs vom März 2000 zu einem sicheren Drittland gemäß Art. 25 (6) zu erklären, würde zumindest den internationalen Datentransfer zwischen den bedeutenden Wirtschaftsregionen EU und USA ermöglichen. Die grundlegenden Differenzen zwischen dem Ansatz der EU und der USA im Bereich des Datenschutzes blieben allerdings bestehen. Zusammenfassend werden die Datenschutzprobleme und Gegenmaßnahmen[114] in Tabelle 15 dargestellt.

Tabelle 15: Datenschutz: Probleme und Gegenmaßnahmen

Probleme	**Gegenmaßnahmen**
Asymmetrische Information	Grundrechtlicher Schutz der Privatsphäre; Informationspflichten; Auskunfts-, Zugangs- und Widerspruchsrechte der betroffenen Personen; Meldepflicht durch den für die Verarbeitung Verantwortlichen
Transaktionskosten – öffentliches Gut	Vertretungsbefugnis der Aufsichtsbehörde bei entscheidenden Stellen, falls sie nicht selbst die entscheidende Stelle ist
Interessenskonflikte	Grundrechtlicher Schutz der Privatsphäre durch staatliche Regulierung; unabhängige Aufsichtsbehörde; Selbstregulierung ergänzend
Transnationalität der Netze	Verbot des transnationalen Datenverkehrs mit Drittländern, die keine adäquaten Datenschutz-Maßnahmen setzen

113 *Vgl. Working Party on the Protection of Individuals with regard to the Processing of Personal Data 1999c, 3.*

114 *Diese aufgrund der politisch-ökonomischen Analyse entwickelten Maßnahmen sind in der EU bereits umgesetzt.*

3.1.2.4 Zölle und Steuern im B-2-C eCommerce

Grundsätzliche zoll- und steuerpolitische Probleme ergeben sich im B-2-C eCommerce in jenen Fällen, in denen digitale Güter über das Internet bestellt und geliefert werden. Sowohl die steuerliche Behandlung elektronischer Belege als auch die Kontrolle derartiger Lieferungen ist zu klären. Aufgrund der Transnationalität des Internet erfolgt die politische Willensbildung zur Lösung der anstehenden Fragen auf internationaler Ebene (v.a. WTO, OECD).

Im folgenden Abschnitt werden die (politischen und technologischen) Herausforderungen bei der Adaption der bestehenden Steuersysteme dargestellt: Nach einer ausführlichen Darstellung der Probleme im Bereich der Verbrauchs- und Ertragssteuern sowie des Zolls werden die Auswirkungen der unterschiedlichen Transaktionsphasen des B-2-C eCommerce auf die einzelnen Bereiche erläutert. Anschließend werden die unterschiedlichen Positionen der EU, der USA und der OECD zur Reform der Verbrauchsbesteuerung beschrieben. Im Bereich der Ertragsbesteuerung besteht zwischen der EU und den USA grundsätzlich weitgehender Konsens. Die Herausforderungen der praktischen Umsetzung werden kurz angerissen.

Im Zentrum der anschließenden Analyse stehen dabei folgende Fragen: Auf welcher Ebene (national, supranational oder international) muss staatliches Handel in Fragen der Adaption des Zoll- und Steuersystems ansetzen? Welche Interessenskonstellation ergibt sich aufgrund der Positionen der USA als eCommerce-Exportland, der EU und Österreichs als eCommerce-Importländer? Welche technologischen Voraussetzungen müssen erfüllt sein, um die Transaktionskosten der Besteuerung des eCommerce zu minimieren?

3.1.2.4.1 Problemstellung

Mit der Verbreitung des elektronischen Handels ergeben sich für die Steuerbehörden der eCommerce-Importländer (z.B. EU, Österreich[115]) vor allem bei den Verbrauchssteuern (z.B. Umsatzsteuer) und bei den Ertragssteuern (z.B. Körperschaftssteuer) Probleme:

- Bei einem eCommerce-Importland kommt es zu einer teilweisen Verlagerung des Verbrauchs vom Inland (traditioneller Handel) ins Ausland (ausländische B-2-C eCommerce-Anbieter). Dies führt zu einer Erosion der Be-

115 *Vgl. Weninger 1999, 450 ff.*

steuerungsgrundlage bei der *Verbrauchssteuer*, falls es nicht gelingt, die eingeführten Gegenstände an der Grenze zu erfassen und entsprechend zu besteuern. Die Mehrwertsteuer-Eigenmittel machen 35,17% der Einnahmen der EU-Kommission aus.[116] Laut Bundesvoranschlag 1999 beträgt bspw. das Steueraufkommen in Österreich öS 457 Mrd., wovon öS 213 Mrd. auf die Umsatzsteuer entfallen.[117] Die Bedeutung der Umsatzsteuer für die EU und den österreichischen Fiskus ist also erheblich. Bei physischen Gütern kann es durch die mögliche Zunahme des transnationalen B-2-C eCommerce zu einem starken Anstieg der Anzahl von Klein- und Kleinstlieferungen kommen, wodurch die Kontrolle zunehmend erschwert wird[118] und der Zusammenarbeit der nationalen Steuerbehörden größere Bedeutung zukommt.[119] Bei digitalen Gütern, also jenen die über das Netz geliefert werden, ist die Kontrolle derzeit kaum möglich. Der steigende Anteil digitaler Güter an den Verbrauchsausgaben könnte daher zu einer starken Reduktion des Mehrwertsteueraufkommens in der EU und in Österreich führen.

- Die *Ertragsbesteuerung* ist an die Konzepte der Betriebsstätte oder der Tätigkeit (z.B. bei künstlerischen Aktivitäten) angebunden. Bei Ersterem wird zur Beantwortung der Frage, in welchem Land die Ertragssteuern zu entrichten sind, der Ort der Betriebsstätte herangezogen, bei Zweiterem der Ort des persönlichen Tätigwerdens. Im B-2-C eCommerce stellt sich bei der Betriebsstättenanknüpfung daher die Frage, ob ein Server eine Betriebsstätte ist. Wird der Ort des Tätigwerdens als Grundlage für die Zuordnung der Steuerhoheit angesehen, ergibt sich das Problem, dass ein Unternehmen im B-2-C eCommerce in sehr vielen Ländern zugleich tätig werden kann.
- Digitale Lieferungen gelten als Dienstleistungen und sind daher im Rahmen des GATS (General Agreement on Trade in Services) *zollbefreit.*[120] Bei

116 *Vgl. Europäische Kommission 1998b, 30.*

117 *Vgl. Weninger 1999.*

118 *Einschränkend ist allerdings zu bemerken, dass der transnationale Warenverkehr zwischen Unternehmen und Konsumenten selbst innerhalb des EU-Binnenmarktes noch sehr gering ist (z.B. Versandhandel).*

119 *Die Europäische Kommission übt angesichts der steigenden Fälle von Mehrwertsteuer-Betrug durch Unternehmen scharfe Kritik an den nationalen Steuerbehörden der Mitgliedsstaaten: Weder würden die zur Kontrolle zur Verfügung gestellten Ressourcen zur effektiven Kontrolle des innergemeinschaftlichen Steuerbetrugs ausreichen, noch würden die nationalen Steuerbehörden neue Kontroll-Technologien und -Methoden verwenden (vgl. KOM 2000) 28 endg.*

120 *Vgl. Dittlbacher 1999, 426.*

der traditionellen Lieferung nicht-digitaler Güter kann es im Zuge der Verbreitung des B-2-C eCommerce allerdings zu einem Anstieg des Volumens der internationalen Klein- und Kleinstlieferungen kommen, wodurch die Zollbehörden – sowie die Steuerbehörden – vor einem Kapazitätsproblem im Bereich der Kontrolle und administrativen Bewältigung des grösseren Volumens stehen.[121]

- Im Zuge der Diffusion des eCommerce könnte es auch zur Disintermediation[122] kommen, wodurch die Besteuerung der Wertschöpfung bei den Zwischenhändlern wegfällt und die Besteuerungsgrundlage weiter verringert wird. Ob, in welchem Ausmaß und in welcher Form es zu Disintermediation und/oder Reintermediation kommt, ist allerdings noch umstritten.[123]
- Zahlreiche Inhalte, die in der traditionellen Ökonomie von Verbrauchern entgeltlich erworben werden, werden in der Digitalen Ökonomie für den Endverbraucher kostenlos vertrieben. Dadurch ist die Anwendung des Umsatzsteuerkonzeptes nicht möglich. Neue Geschäftsmodelle ermöglichen die Finanzierung dieser Inhalte z.B. über Online-Werbung. Da die Transaktionen in diesem Bereich nicht unter die in dieser Studie verwendete eCommerce-Definition fallen, werden sie im folgenden Abschnitt nicht eingehend behandelt. Es soll an dieser Stelle lediglich darauf verwiesen werden, dass es zur Substitution von Verbrauch, der kostenpflichtig ist (z.B. Kauf einer CD), durch unentgeltlichen Bezug (z.B. Herunterladen eines unentgeltlich angebotenen Musikstücks) kommen kann. Die steuerlichen Auswirkungen hängen von der steuerlichen Behandlung der alternativen Finanzierungsformen (z.B. Online-Werbung) ab.

3.1.2.4.2 Die steuerlichen Auswirkungen der unterschiedlichen Transaktionsphasen des B-2-C eCommerce

Die Auswirkungen des B-2-C eCommerce auf das Steueraufkommen hängen davon ab, welche Phase(n) einer Transaktion (v.a. Vereinbarungs- und/oder Abwicklungsphase) elektronisch und welche auf traditionellem Weg abgewickelt werden.

---

121 Vgl. Weninger 1999.

122 Siehe Kapitel 3.1.4.

123 Siehe Kapitel 3.1.4.

Vereinbarungsphase erfolgt online, die Abwicklungsphase (insb. die Lieferung) erfolgt offline

Die Lieferung erfolgt auf traditionellem Wege, sodass bei der Einfuhr die entsprechende Einfuhrumsatzsteuer[124] und der entsprechende Zoll – falls gegeben – eingehoben werden können. In Bezug auf die Umsatzsteuer ergibt sich daher keine neue prinzipielle Herausforderung für die Steuerbehörden – dieselben Vorschriften und Verfahren wie beim internationalen Versandhandel kommen zur Anwendung. Es ist allerdings nicht ausgeschlossen, dass das Volumen derartiger Transaktionen durch die Verbreitung des B-2-C eCommerce zunehmen wird, sodass sich administrative Herausforderungen ergeben können. Ob die Bezahlung auf elektronischem Weg (z.B. Kreditkartenbezahlung über das Internet) oder auf traditionellem Weg (z.B. Banküberweisung) erfolgt, spielt für die Besteuerung keine Rolle.

Bezüglich der ertragssteuerlichen Behandlung der durch derartige Transaktionen (Lieferung erfolgt physisch) im B-2-C eCommerce anfallenden Gewinne ergeben sich durch die elektronische Abwicklung der Informations- und Vereinbarungsphase keine wesentlichen neuen Herausforderungen. Es kann allerdings zu Schwierigkeiten bei der Kontrolle kommen, da die Behandlung von digitalen Belegen bei der Steuerprüfung noch nicht ausreichend geklärt sowie ihre technologische Entwicklung noch nicht ausgereift sind.

Vereinbarungsphase und die Abwicklungsphase (insb. die Lieferung) erfolgen online

Auch wenn es sich um einen internationalen Anbieter handelt, fallen keine Zölle an, da digitale Güter als Dienstleistungen gelten und im Rahmen des GATS zollbefreit sind. Für die Bemessung der Verbrauchssteuern ergeben sich folgende Fragen:

- Wessen Steuergesetze sollen für die Lieferung über nationale Grenzen hinweg zur Anwendung kommen – die des Herkunftslandes (Sitz des Anbieters) oder jene des Bestimmungslandes (Ort des Verbrauchs)? Das Herkunftslandprinzip führt zu einer Erosion der Besteuerungsgrundlage für eCommerce-Importländer. Weiters kann es durch die hohe Mobilität der Anbieterinfrastruktur (z.B. Server, Datenbank) zur Steuervermeidung kommen, indem sich Anbieter in Niedrigststeuerländern niederlassen. Das Bestimmungslandprinzip hingegen kann zu hohen Transaktionskosten füh-

124 *Die Einfuhrumsatzsteuer ist bei der Einfuhr von Gütern zu entrichten, die im Inland umsatzsteuerpflichtig sind.*

ren. Wie soll der Steuerstatus des Transaktionspartners festgestellt werden? Handelt es sich um einen Endverbraucher oder um ein Unternehmen, das die Mehrwertsteuer selbst im Bestimmungsland abführt? Falls es sich um einen Endverbraucher handelt, wo ist der Ort des Verbrauchs, welcher Steuersatz kommt zur Anwendung? Wie soll die Steuer auf digitale Güter eingehoben werden?

- Welche Steuersätze sollen auf digitale Güter angewendet werden? Sollen die für die physischen Datenträger (z.B. CD) geltenden auf die digitalisierte Lieferung (z.B. Musikstück wird vom Server des Anbieters geladen) übertragen werden? Oder sollen alle digitalisierten Güter als homogene Steuerklasse betrachtet und mit demselben Steuersatz besteuert werden? Im ersten Fall wären die Transaktionskosten für die Unternehmer höher als im Fall der homogenen Klassifikation digitaler Güter. Durch einen international (oder zumindest auf Ebene der EU und USA) einheitlichen Steuersatz auf diese homogene Klasse von digitalen Gütern könnten diese Kosten weiter reduziert werden. Allerdings kann es dadurch zu unterschiedlicher Besteuerung von digitalen Gütern (z.B. herunterladbare Musikstücke) und ihren physischen Äquivalenten (z.B. CDs) kommen, wodurch eine Form des Handels (elektronisch oder traditionell) benachteiligt wäre.
- Falls es sich um einen *internationalen Anbieter* (mit Sitz außerhalb der EU) handelt, ergeben sich zusätzlich die Probleme der Steuerehrlichkeit, der Kontrolle und des Vollzugs. Für nationale Steuerbehörden kann die Identifizierung eines im Inland tätigen internationalen eCommerce-Anbieters ein Problem darstellen. Allerdings muss einschränkend festgehalten werden, dass die Intransparenz des eCommerce dazu führt, dass eine relativ hohe Marktkonzentration zu erwarten sein wird und diese Unternehmen sehr hohe PR-Ausgaben tätigen müssen, um entsprechende Umsätze erzielen zu können,[125] wodurch die Identifizierung bedeutender internationaler Anbieter erleichtert wird. Nationale Steuerbehörden haben keinen direkten Zugriff auf die Geschäftsunterlagen von im Inland tätigen ausländischen B-2-C eCommerce-Anbietern, die nicht in ihre Jurisdiktion fallen. Der internationalen Zusammenarbeit der Steuerbehörden wird daher grössere Bedeutung zukommen. Wie sollen die relevanten Daten (z.B. Preis, Menge, Ort des Verbrauchs) elektronischer Transaktionen überprüft werden? Wie können unabhängige Belege für elektronische Transaktionen angelegt, gespeichert und geprüft werden, ohne die Transaktionskosten so

125 Siehe Kapitel 2.2 und 3.1.4; vgl. Kerrigan 1999.

weit zu erhöhen, dass der elektronische Handel unattraktiv wird oder die Steuerhinterziehung eine günstige Alternative darstellt?

Für die Bemessung der Ertragssteuern ergeben sich bei der elektronischen Abwicklung der Lieferung folgende Schwierigkeiten:

- In welchem Land ist ein eCommerce-Anbieter ertragssteuerpflichtig, wenn er digitale Güter über (einen oder mehrere) Server in unterschiedlichen Ländern anbietet?
- Wie und von wem können die durch den Vertrieb digitaler Güter erwirtschafteten Erträge überprüft werden?

3.1.2.4.3 Die Verbrauchssteuern im elektronischen Handel

Das Modell der Europäischen Union

Das gegenwärtige System der Mehrwertsteuern benachteiligt eCommerce-Anbieter *digitaler Güter* innerhalb der EU und führt zu einer Gefährdung der Steuereinnahmen der EU-Mitgliedsstaaten und der EU-Kommission. Anbieter digitaler Güter außerhalb der EU, die an Verbraucher in der EU liefern, unterliegen gegenwärtig nicht der Besteuerung innerhalb der EU,[126] Anbieter innerhalb der EU aber prinzipiell schon.[127] Daraus resultiert für letztere ein komparativer Nachteil. Verschiebungen der Nachfrage nach digitalen Gütern von EU-Anbietern zu Nicht-EU-Anbietern führen zu einer Reduktion der besteuerbaren Nachfrage und einer Reduktion der Steuereinnahmen der EU-Mitgliedsstaaten und der EU-Kommission. Die USA haben als eCommerce-Exportland ein Interesse an der gegenwärtigen steuerlichen Situation, da sie für amerikanische Anbieter Wettbewerbsvorteile schafft,[128] ohne die amerikanische Besteuerungsgrundlage zu schmälern, da Exporte nicht der Verbrauchsbesteuerung unterliegen.

---

126 *Für Deutschland vgl. Pinkernell 1999. Das Einheben einer Einfuhrumsatzsteuer ist de facto unmöglich.*

127 *Die Rechtslage ist allerdings sehr unübersichtlich. Vgl. Pinkernell 1999.*

128 *Der Wettbewerbsvorteil ergibt sich einerseits daraus, dass es de facto unmöglich ist, auf digitale Lieferungen Einfuhrumsatzsteuer zu erheben, und andererseits daraus, dass digitale Lieferungen in den USA idR nicht der Verbrauchsbesteuerung unterliegen, was einer impliziten Subventionierung der US-Anbieter entspricht, wodurch diese von schnellerem Wachstum und positiven Feedback-Loops profitieren (siehe Kapitel 2.2).*

Daher hat die Europäische Kommission 1998 einen Vorschlag für die Behandlung digitaler Güter vorgelegt, der folgende Prinzipien für die Besteuerung des elektronischen Handels beinhaltet: [129]

- Es sollen keine neuen Steuern eingeführt werden. Stattdessen sollte das bestehende Steuersystem an die Erfordernisse des elektronischen Handels angepasst werden.
- Produkte, die digital geliefert werden, sind für Mehrwertsteuerzwecke als Dienstleistungen zu betrachten.
- Dienstleistungen, die innerhalb der EU konsumiert werden, sollen auch innerhalb der EU besteuert werden, während jene, die außerhalb der EU konsumiert werden, in der EU nicht mehrwertsteuerpflichtig sind. Die steuerliche Absetzbarkeit der Faktorkosten (Arbeits- und Kapitalkosten) in der EU soll in jedem Fall gewährleistet sein.

Die EU-Kommission lehnt Vorschläge ab, die auf eine (zeitlich befristete) Steuerbefreiung des elektronischen Handels abzielen. Um die optimale Entwicklung des eCommerce zu gewährleisten, sollte stattdessen die Unsicherheit bezüglich der Besteuerung minimiert werden, indem ein eindeutiger und vorhersehbarer steuerlicher Rahmen geschaffen wird.[130]

(a) Anbieter innerhalb der EU

Soll der Verbrauch digitaler Güter der Besteuerung am Ort des Verbrauchs unterliegen, müssen dem Anbieter innerhalb der EU folgende Informationen vorliegen:

- Ist der Transaktionspartner Verbraucher oder Unternehmer (im Besitz einer gültigen Mehrwertsteuer-Nummer)?
- Wo findet der Verbrauch statt?
- Welcher Steuersatz kommt daher zur Anwendung?

Zusätzlich muss für die entsprechenden Angaben ein überprüfbarer unabhängiger Beleg vorliegen.

Um das System in der Praxis anwendbar zu machen, dürfen die dafür notwendigen Schritte die Transaktionskosten des eCommerce nicht wesentlich erhöhen:

Die Verifikation einer angegebenen Mehrwertsteuer-Nummer erfolgt gegenwärtig im traditionellen Handel über die nationalen Steuerbehörden. Im B-2-C

---

129 *Die folgende Darstellung stützt sich auf Europäische Kommission – Arbeitsgruppe Nr. 1 Harmonisierung der Umsatzsteuern 1999.*

130 *Vgl. auch Preißl/Haas 1998.*

eCommerce müsste dies noch im Zuge der Transaktion (vor Abschluss des Vertrags also während der Vereinbarungsphase) geschehen, sodass eine Online-Verifikation der vom Transaktionspartner angegebenen Information notwendig ist. Diese kann entweder durch unmittelbaren Datenbankzugang bei der Steuerbehörde oder durch Aufnahme dieser Information in elektronische Zertifikate, die von Zertifizierungsstellen ausgegeben werden, geschehen.

Falls sich nun herausstellt, dass es sich beim Transaktionspartner um ein Unternehmen mit einer gültigen Mehrwertsteuer-Nummer handelt, wird vom Anbieter keine Mehrwertsteuer verrechnet. Das belieferte Unternehmen gibt den Transaktionswert bei der für ihn zuständigen Steuerbehörde an und bezahlt die entprechende Umsatzsteuer (Reverse Charge). Im gleichen Zuge kann – falls das Unternehmen dazu berechtigt ist – der Betrag als Vorsteuerabzug veranschlagt werden.

Falls der Transaktionspartner Verbraucher ist, muss nun festgestellt werden, ob und, wenn ja, welcher Steuersatz vom Anbieter zu verrechnen ist.

Um eine Transaktion im elektronischen Handel abschließen zu können, muss ein Mindestmaß an Informationen ausgetauscht werden (z.B. Lieferadresse, Zahlungsmodalitäten, Vertragsbestimmungen bezüglich des Verbraucherschutzes und des Schutzes der Privatsphäre). Die EU-Kommission fordert, dass auch Angaben bezüglich des Orts des Verbrauches und damit der Verbrauchsbesteuerung in diese Mindestangaben inkludiert werden. Als Approximation des Ortes, an dem der Verbrauch stattfindet, können die Rechnungsadresse, der Sitz des Intermediärs, über den die Zahlung abgewickelt wird (z.B. Kreditkartenunternehmen) oder Wohnadresse des Kreditkartenkunden dienen.[131]

Auf Basis dieser Information müssen die Transaktionsprotokolle in der Lage sein, den anzuwendenden Steuersatz unmittelbar dem Verkaufspreis zuzuschlagen. Wie bei der Besteuerung von Transaktionen physischer Güter müssen die Unternehmer die von ihnen eingehobene Steuer an das Finanzamt abführen. Um das System möglichst einfach zu gestalten, sollte für alle digitalen Güter in der EU derselbe Steuersatz zur Anwendung kommen. Dadurch würde für alle Verbraucher in der EU derselbe Mehrwertsteuersatz zur Anwendung kommen, unabhängig vom Mitgliedsstaat, in dem der Verbrauch stattfindet. Allerdings

131 *„Whatever method is adopted, it must be with the clear understanding that the responsibility lies with business to develop tax compatible operating systems for e-commerce." (Kerrigan 1999, 442). Ähnliche Informationen sind zudem zur Einhaltung der Verbraucherschutzbestimmungen der EU notwendig (Bestimmungslandprinzip im elektronischen Handel mit Drittländern – siehe Kapitel 3.1.2.2).*

kann dies die unterschiedliche Besteuerung von digitalen und physischen Gütern, die enge Substitute sind, zur Folge haben, wodurch sich Wettbewerbsverzerrungen ergeben können.

Als unabhängige, überprüfbare Belege können die Aufzeichnungen der Zertifizierungsstellen dienen, die die Angaben zur Approximation des Ortes des Verbrauches zertifizieren oder die Aufzeichnungen des Unternehmens, d.h. die Sicherungskopien der vom Unternehmen ausgestellten signierten elektronischen Belege.[132]

Offensichtlich sind aber noch einige technologische und rechtliche Probleme zu lösen, bevor die geltenden Umsatzsteuer-Bestimmungen der EU auf den elektronischen Handel angewendet werden können:

- Die Verifikation des Steuerstatus, des geltenden Umsatzsteuerrechts und des geltenden Umsatzsteuersatzes müssen online bei geringst möglichen Transaktionskosten erfolgen können.
- Unabhängige, überprüfbare Belege für die einzelnen Transaktionen müssen verfügbar sein (z.B. signierte elektronische Belege).
- Das Mehrwertsteuerrecht in der EU sollte vereinfacht werden (z.B. durch eine einheitliche Steuerklasse für digitale Güter), um die Transaktionskosten für die Anwendung der EU-Mehrwertsteuer-Bestimmungen auf den elektronischen Handel zu reduzieren. Dies kann durch die Klassifikation digitaler Güter als Dienstleistungen geschehen.

Um die Transaktionskosten der Besteuerung zu minimieren, sind also sowohl technologische Innovation (Adaption der Transaktionsprotokolle) als auch politische Willensbildung auf supra- und internationaler Ebene im Bereich der Harmonisierung der Steuerklassen und -sätze notwendig.

(b) Anbieter außerhalb der EU

Auch Anbieter, deren Sitz außerhalb der EU liegt, sollen den Umsatzsteuer-Bestimmungen am Ort des Verbrauchs unterworfen sein. Für sie gelten dieselben Bestimmungen wie für die in der EU ansässigen Unternehmen. Andernfalls wären letztere einem Wettbewerbsnachteil ausgesetzt. Für die Anbieter außerhalb der EU stellen sich daher dieselben Fragen:

- Ist der Transaktionspartner Verbraucher oder Unternehmer (im Besitz einer gültigen Mehrwertsteuer-Nummer)?

---

132 Dies setzt natürlich voraus, dass die entsprechenden Systeme gegenüber Manipulationen durch die Unternehmen geschützt werden können.

- Wo findet der Verbrauch statt?
- Welcher Steuersatz kommt daher zur Anwendung?

Für die entsprechenden Angaben muss ein überprüfbarer, unabhängiger Beleg vorliegen.

Unter der Annahme, dass Anbietern mit Sitz außerhalb der EU dieselben technologischen Möglichkeiten offenstehen wie Anbietern mit Sitz in der EU, können dieselben Transaktionsprotokolle zum Einsatz kommen. Der einzige Unterschied ergibt sich im Kontakt mit den Steuerbehörden, da die Anbieter mit Sitz außerhalb der EU keine Steuernummern in der EU haben und daher keinen Zugang zu den Informationen über den Steuerstatus eines EU-Transaktionspartners haben sowie keine Steuererklärungen einreichen können. Daher ist ihre Registrierung innerhalb der EU notwendig.

Für die Registrierung der eCommerce-Anbieter mit Sitz außerhalb der EU ergeben sich drei Möglichkeiten:

- Der Anbieter gründet eine Niederlassung innerhalb der EU und wird dadurch zu einem Anbieter mit Sitz in der EU und somit diesen gleichgestellt.
- Der Anbieter wird verpflichtet, sich in jedem EU-Mitgliedsland registrieren zu lassen, in dem er anbieten möchte (ab einem gewissen Mindestwert des Umsatzes).
- Der Anbieter lässt sich in einem Mitgliedsstaat registrieren. Auskunftsansuchen bezüglich des Steuerstatus der Transaktionspartner sowie eine einheitliche Steuererklärung bezüglich aller in der EU getätigten Umsätze werden bei der Steuerbehörde dieses Mitgliedsstaates eingereicht.

Die EU-Kommission tritt für die letzte Variante – Registrierung in einem einzigen EU-Mitgliedsstaat – ein und ist der Auffassung, dass digitale Güter im Rahmen der Umsatzbesteuerung als homogene Kategorie von Gütern klassifiziert werden sollen.[133] Grundlage der Besteuerung wären die Angaben der ausländischen eCommerce-Anbieter bezüglich ihres Umsatzes mit digitalen Gütern in der EU (genauer, die zum Verbrauch in der EU bestimmt sind).

133 Vgl. Kerrigan 1999; Europäische Kommission – Arbeitsgruppe Nr. 1 Harmonisierung der Umsatzsteuern 1999.

Die Position der USA

B-2-C eCommerce-Umsätze in digitalen Gütern sind auf Bundesebene sowie in den meisten Bundesstaaten und Kommunen der USA nicht umsatzsteuerpflichtig.[134] Die Vereinigten Staaten haben einen Internet Tax Freedom Act[135] beschlossen, der ein dreijähriges Steuermoratorium festlegt. Bis zum 21. Oktober 2001 können keine neuen Steuern auf B-2-C eCommerce-Transaktionen auf Bundes-, Bundesstaats- oder lokaler Ebene eingeführt werden. Darüber hinaus ist es das Ziel dieses Gesetzes, die Mehrfachbesteuerung des eCommerce durch die einzelnen Bundesstaaten und lokaler Steuerbehörden in den USA sowie diskriminierende und ungeeignete Steuern (z.B. Bit Tax[136]) auf Dauer zu verhindern.[137] Dennoch wird von den USA keine langfristige Steuerfreiheit des eCommerce angestrebt.[138] Eine Kommission (Advisory Commission on Electronic Commerce) wurde eingesetzt, die die langfristigen Adaptionen des bestehenden Steuersystems untersuchen soll, um die Erosion der Steuergrundlage in den USA auf den unterschiedlichen Ebenen der staatliche Verwaltung zu verhindern.[139] Das Steuermoratorium wird gegenwärtig als sinnvoll angesehen,

---

134 *Vgl. Hellerstein 1999; Cline/Neubig 1999. Ausnahmen waren bzw. sind Connecticut, Vermont – vgl. http://cox.house.gov/nettax/. Auf Transaktionen mit Unternehmen, die außerhalb des jeweiligen Staates ihren Sitz haben, kann die sales tax in der Regel nicht eingehoben werden. Stattdessen wird eine use tax eingehoben, die der Verbraucher selbst erklären und abführen muss, die aber de facto in vielen Fällen nicht durchsetzbar ist, sodass auch physische Güter de facto (aber nicht de jure) im B-2-C eCommerce bezogen werden können, ohne Umsatzsteuer zu bezahlen.*

135 *Public Law 105-277, http://cox.house.gov/nettax/.*

136 *Eine Bit Tax wurde vom United Nations Development Program (United Nations Development Program 1999, 66) vorgeschlagen. Dabei soll die Information unabhängig vom Inhalt besteuert werden.*

137 *Vgl. The Department of Treasury 1998.*

138 *Allerdings gibt es in den USA eine starke Lobby, welche die generelle Steuerfreiheit (bezügl. Verbrauchssteuern) digitaler Transaktionen forciert und eine unbefristete Verlängerung des Steuermoratoriums vorschlägt (vgl. http://cox.house.gov/nettax/). Dadurch sollen der eCommerce und der internationale Freihandel gefördert werden.*

139 *Der Vorschlag der Kommission umfasst die Vereinfachung der Verbrauchssteuern in den USA (inkl. der Regelung bezüglich der Besteuerung von Lieferungen, die von Verbrauchern aus anderen als ihrem Wohnsitzbundesstaat bezogen werden), die Verlängerung des Moratoriums betreffend die mehrfache und diskriminierende Besteuerung des eCommerce sowie die Berücksichtigung des Datenschutzes bei der möglichen Einführung eines Steuersystems für den B-2-C eCommerce (vgl. http://www.ecommercecommission.org/releases/acec0321.htm.)*

weil (1) die Kosten des Vollzugs der geltenden Verbrauchssteuer-Bestimmungen noch sehr hoch sind, aber (2) der erwartete Ausfall durch Nicht-Vollzug angesichts des geringen Volumens des eCommerce noch relativ gering ist.[140] In beiden Fällen werden die weiteren Entwicklungen zu einer Verschiebung der Entscheidungsgrundlagen zugunsten des Vollzugs führen. Als Aufgabe der Politik in den USA wird die Adaption des bestehenden Steuerrahmens für den eCommerce angesehen.

Allerdings sollte zwischen politischen und technologischen Barrieren der Besteuerung unterschieden werden, um der Interessenslage der beteiligten Akteure gerecht werden zu können. Zu diesem Zwecke werden die zwischen der EU und den USA geklärten Punkte kurz dargestellt. Das wichtigste Forum der Koordination auf dem Gebiet der eCommerce-Besteuerung ist die OECD.

Die Position der OECD

Die OECD bildet das wichtigste Forum zur internationalen Koordination der Steuerpolitik ihrer Mitgliedsländer. Anhand von OECD-Dokumenten können daher jene Punkte identifiziert werden, bezüglich derer zwischen den Mitgliedsländern weitgehender Konsens herrscht. In einem Papier über die Besteuerung des eCommerce wurden folgende grundlegenden Anforderungen an ein für den eCommerce adaptiertes Steuersystem dargestellt:[141]

- Neutralität zwischen traditionellem und elektronischem Handel.
- Effizienz in Bezug auf die administrativen Kosten, die von den Unternehmen, den Konsumenten und den Steuerbehörden zu tragen sind.
- Rechtssicherheit, Klarheit und Einfachheit sollen dazu beitragen, dass diese administrativen Kosten minimiert werden, und die Entwicklung des eCommerce nicht durch Unsicherheit bezüglich zukünftiger steuerrechtlicher Maßnahmen behindert wird.
- Effektivität und Fairness bedeuten, dass Steuerhinterziehung entsprechend geahndet werden muss, um einen fairen Wettbewerb zwischen den Unter-

140 *Vgl. Goolsbee/Zittrain 1999. Widerstand gegen die Steuerbefreiung des eCommerce regt sich vor allem unter den traditionellen Anbietern, die dadurch einem Wettbewerbsnachteil ausgesetzt sind. Der Ausfall an sales tax-Einnahmen der Steuerbehörden in den USA durch B-2-C eCommerce wird auf etwa 0,1% des gesamten sales tax-Aufkommens der Bundesstaaten und der lokalen Behörden geschätzt (vgl. Cline/Neubig 1999).*

141 *Vgl. OECD – Directorate for Financial, Fiscal and Enterprise Affairs, Committee on Fiscal Affairs 1998b.*

nehmen zu gewährleisten. Die Kontrollmechanismen sollen den zu erwarteten Risiken der Steuerhinterziehung entsprechen, also angemessen sein.
- Flexibilität und Dynamik des Steuersystems sind notwendig, um die Anpassungen an technologische und betriebliche Innovationen (z.B. neue Geschäftsmodelle) zu ermöglichen.

Auf Basis dieser Prinzipien, die sich in den einschlägigen Dokumenten der EU und der USA ebenso wieder finden, werden in Bezug auf die Umsatzsteuer einige Grundlagen außer Diskussion gestellt:
- Die Besteuerung soll im Bestimmungsland (am Ort des Verbrauchs) stattfinden.
- Digitale Güter sollen nicht wie physische Güter behandelt werden.
- Das System der Selbstveranlagung oder ähnliche Mechanismen werden zur Diskussion gestellt, um die Erosion der Steuerbasis zu verhindern sowie die Wettbewerbsfähigkeit der nationalen Anbieter nicht zu gefährden.
- Steuerdumping soll verhindert werden.
- Die Mitgliedsländer werden aufgefordert, die entsprechenden Maßnahmen gemeinsam mit der Industrie zu setzten, um die administrativen Kosten für die Beteiligten (einschließlich Verbrauchern) bei der Verzollung und Besteuerung physischer Lieferungen über Grenzen hinweg möglichst gering zu halten.

Die Eckpunkte der umsatzsteuerlichen Behandlung des elektronischen Handels sind auf internationaler Ebene vereinbart. Dennoch bestehen zur Zeit noch entscheidende Barrieren auf politischer und technologischer Ebene. Zu den politischen Barrieren gehört vor allem die Vereinfachung des umsatzsteuerlichen Rahmens in der EU: Der Übergang zu einem einheitlichen Steuersatz in allen Mitgliedsländern und für alle digitalen Güter. In den USA stehen die zukünftige umsatzsteuerliche Behandlung digitaler Güter sowie physischer Lieferungen über Bundesstaatsgrenzen hinweg im Zentrum der Diskussion über die Adaption des bestehenden Steuersystems für den B-2-C eCommerce. Aufgrund der Wettbewerbsvorteile, die sich für US B-2-C eCommerce-Anbieter durch die gegenwärtige steuerliche Behandlung des B-2-C eCommerce in den USA und der EU ergeben, ist es im Interesse der USA, die Reformen des bestehenden Steuersystems auf internationaler Ebene zu verzögern.

Im Bereich des Vollzugs ist die Zusammenarbeit zwischen den Steuerbehörden auf internationaler Ebene unumgänglich, um das Kontrollproblem zu lösen, ebenso ist aber die grundsätzliche Akzeptanz der involvierten Unternehmen notwendig, um den Mechanismus der Selbstveranlagung zu einem tragfähigen System für die Besteuerung des eCommerce machen zu können. Letztlich müssen die politisch Verantwortlichen die Steuerbehörden mit den notwendigen technologischen und finanziellen Mitteln ausstatten, um den zusätzlichen Kontrollaufwand bewältigen zu können.

In jedem Fall müssen aber die Transaktionsprotokolle im B-2-C eCommerce an die Anforderungen der Verbrauchssteuer-Bestimmungen angepasst werden. Da es dabei vor allem um die Verifikation des Steuerstatus internationaler Verbraucher geht, muss die internationale Kompatibilität dieser Protokolle mit jenen der Steuerbehörden gewährleistet sein.

3.1.2.4.4 Die Ertragsbesteuerung im elektronischen Handel

Aus einschlägigen OECD-Publikationen[142] ist der internationale Konsens zwischen der EU und den USA ersichtlich, dass Erträge aus dem B-2-C eCommerce der traditionellen Ertragsbesteuerung unterliegen. Darin sind allerdings auch eine Reihe von praktischen Herausforderungen angeführt:

- Welcher Jurisdiktion wird die Steuerhoheit über bestimmte Erträge zugeordnet? Diese Frage wurde in der Regel auf Basis der Betriebsstättenanknüpfung entschieden. Dieses Konzept muss für den elektronischen Handel adaptiert werden. Gilt ein Server oder eine Web-site als Betriebsstätte? Die österreichischen Steuerbehörden (Finanzministerium) haben diesbezüglich einen Vorstoß unternommen und in einer Anfragebeantwortung im Jahre 1996 festgestellt, dass „ein in Österreich befindlicher Server mit Alleinverfügungsrecht eines ausländischen Unternehmens als Betriebsstätte qualifiziert wurde, gleichzeitig aber ausgesprochen wurde, dass eine bloße Server-Mitbenutzung keine Betriebsstätte begründe".[143] Es steht allerdings außer Zweifel, dass derartige Beurteilungen langfristig nur im internationalen Einklang (z.B. OECD-Niveau) erfolgen können, da davon internationale Abkommen (z.B. OECD Transfer Pricing Guidelines) betroffen sind. Ohne internationale Koordination würde es zu einer Mehrfachbesteuerung einzelner Erträge aus dem internationalen eCommerce kommen. Sowohl die Steuerbehörden im Land, in dem der Anbieter seinen Sitz hat, als auch die Steuerbehörden im Land, in dem sich der Server befindet, könnten Ansprüche auf Steuerhoheit über dieselben Erträge stellen. Das erklärte

142 *Vgl. OECD – Directorate for Financial, Fiscal and Enterprise Affairs, Committee on Fiscal Affairs 1998a-1, b.*

143 *Weninger 1999, 453.*

Ziel ist es aber, dass die Ertragsbesteuerung mit der Verteilung der ökonomischen Aktivitäten zwischen den einzelnen Jurisdiktionen konsistent ist.

- Die bestehenden multi- und bilateralen Abkommen im Bereich der steuerlichen Behandlung von Erträgen und der Reallokation von Erträgen zwischen Niederlassungen multinationaler Unternehmen in unterschiedlichen Steuerjurisdiktionen (OECD Transfer Pricing Guidelines) müssen entsprechend adaptiert werden.
- Die hohe Mobilität elektronischer Vertriebsstrukturen macht die Regelungen zum Umgang mit Steuerflucht in Niedrigststeuerländer notwendig.

3.1.2.4.5 Zusammenfassung

Die Adaption des bestehenden Steuersystems für Verbrauchssteuern wie für Ertragssteuern ist in erster Linie eine politische Herausforderung. Die notwendige politische Willensbildung muss auf internationalem Niveau erfolgen. Die Hauptakteure EU und USA haben sich im Rahmen der WTO (GATS) und OECD auf die wichtigsten Eckpunkte geeinigt:

- Es werden keine Zölle auf digitale Güter erhoben.
- Die Verbrauchsbesteuerung soll am Ort des Verbrauchs erfolgen.
- Die Ertragsbesteuerung soll konsistent mit der (d.h. am Ort der) ökonomischen Aktivität erfolgen.
- Darüber hinaus besteht ein breiter Konsens bei den Grundsätzen für die Besteuerung (Neutralität, Effizienz, Rechtssicherheit und Einfachheit, Effektivität und Fairness, Flexibilität).

Die Erosion der Besteuerungsgrundlagen wird von allen Beteiligten als das zentrale Problem angesehen. Innerhalb der EU ist es daher von zentraler Bedeutung, dass das Umsatzsteuersystem der EU vereinfacht wird (z.B. digitale Güter als homogene Güterklasse mit einem einheitlichen Umsatzsteuersatz in allen Mitgliedsländern). Ebenso sollte in den USA die Umsatzsteuer für digitale Güter einer bundesstaatlichen Vereinheitlichung unterworfen werden, falls sich die USA zu einer Besteuerung digitaler Güter entschließen. Dadurch können sich Wettbewerbsverzerrungen ergeben, da enge Substitute je nach Form der Lieferung (elektronisch oder traditionell) unterschiedlich besteuert werden könnten. Bei Beibehaltung des bestehenden Systems sind die Wettbewerbsverzerrungen allerdings deutlich grösser, weil US-eCommerce-Anbieter keine Verbrauchssteuern abführen müssen und daher gegenüber allen Anbietern (sowohl im elektronischen als auch im traditionellen Handel) in eCommerce-Importländern (z.B. EU, Österreich) sowie gegenüber den Anbietern im traditionellen Handel in den USA einen komparativen Vorteil genießen.

Die Zusammenarbeit zwischen Unternehmen und Steuerbehörden wird an Bedeutung gewinnen, da der Selbstveranlagung in Hinkunft mehr Gewicht zukommen soll. Die Kontrollkosten steigen sowohl durch den internationalen Charakter der Transaktionen als auch durch die grössere internationale Mobilität von Unternehmenssitzen, Servern und anderen möglichen Anknüpfungs-Charakteristika für das Betriebstättenkonzept.

Die Steuerbehörden müssen die größeren Kontrollerfordernisse rechtzeitig erkennen, um die Effektivität und Fairness der Besteuerung zu gewährleisten und den internationalen B-2-C eCommerce nicht durch administrative Belastungen in seiner Entwicklung zu hemmen. Dies umfasst sowohl die Ausstattung mit den notwendigen Ressourcen zur Kontrolle sowie die Zulassung neuer Technologien im Behördenverkehr und in der Buchführung sowie die Anwendung neuer Technologien zur Kontrolle.

Die Anpassung des bestehenden Steuersystems an die Anforderungen des elektronischen Handels setzt die Entwicklung neuer Technologien in zahlreichen Details (z.B. Verifikation des Ortes des Verbrauchs oder einer adäquaten Approximation, Adaption der Transaktionsprotokolle zur Berechnung der Mehrwertsteuer und zur Schaffung unabhängiger, überprüfbarer Belege für Transaktionen) voraus. Die notwendige Innovation kann nur in Zusammenarbeit von Unternehmen mit den Steuerbehörden geschehen und muss international kompatibel sein, um die Transaktionskosten des B-2-C eCommerce zu minimieren.

Gegenwärtig ist es im Interesse der eCommerce-Exportländer, alle internationalen Entwicklungen zu verzögern (z.B. durch den Vorschlag internationaler Moratorien), da auf diese Weise ein Wettbewerbsvorteil für internationale B-2-C eCommerce-Anbieter gegenüber traditionellen Anbietern und den lokalen B-2-C eCommerce-Anbietern in den Importländern besteht, dem keine Erosion der Steuerbasis in den Exportländern gegenüber steht. Daraus ergibt sich für die EU und für Österreich (eCommerce-Importländer) die Interessensposition, auf eine schnelle internationale Einigung in den eCommerce betreffenden Steuerfragen zu drängen. Die USA als wichtigstes eCommerce-Exportland hingegen setzen in den internationalen Verhandlungen auf die vorläufige Beibehaltung der steuerlichen Rahmenbedingungen für eCommerce. Allerdings ist aufgrund des politischen wie technologischen status quo davon auszugehen, dass die Kosten der Besteuerung die Erträge noch übersteigen, sodass nationalstaatliche Alleingänge ineffizient wären.

3.1.2.5 Kleine und Mittlere Unternehmen im B-2-C eCommerce

In zahlreichen Arbeiten wird die These vertreten, dass den kleinen und mittleren Unternehmen (KMUs) durch die Verbreitung des elektronischen Handels Zugang zu internationalen Märkten eröffnet werde.[144] Weiters spielen die KMUs in der europäischen ebenso wie in der österreichischen Wirtschaft eine bedeutende Rolle. Die Verbreitung der Prozess-Innovationen B-2-B und B-2-C eCommerce in KMUs ist daher für die europäische und die österreichische Wirtschaft sowohl aus wettbewerbs- als auch aus standortpolitischer Sicht erstrebenswert.

Die folgende Analyse soll daher mögliche Adaptionsbarrieren identifizieren und die Rolle nationaler, supranationaler und internationaler Institutionen bei der Bewältigung möglicher Diffusionshemmnisse des B-2-C eCommerce in KMUs aufzeigen. Nach der Darstellung der Bedeutung der KMUs in der europäischen und österreichischen Wirtschaft werden die Adaptionsbarrieren, die in kleinen und mittleren Unternehmen gegenüber dem B-2-C eCommerce bestehen, identifiziert und beschrieben: Insbesondere sind der geringe Informationsstand, der schlechte Zugang zum Risikokapitalmarkt sowie das mangelnde Humankapital als Hindernisse zu nennen. Als politische Hauptakteure treten in diesem Politikfeld die lokalen, regionalen und nationalen Institutionen (Regierungen) auf. Die enge Kooperation mit Unternehmensverbänden, privaten Beratungsunternehmen und Fortbildungseinrichtungen ist für den Erfolg wirtschaftspolitischer Initiativen in diesem Bereich bedeutend. Abschließend werden mögliche wirtschaftspolitische Maßnahmen sowie die grundlegenden Charakteristika einer Web-site zur Unterstützung einer eCommerce-Initiative für KMUs angeführt.

3.1.2.5.1 Bedeutung der KMUs in der Europäischen Union

Definition der KMUs

Die in Tabelle 16 zusammengefasste Definition der kleinen und mittleren Unternehmen basiert auf einer Empfehlung der EU-Kommission.

144 *Siehe Kapitel 2.2 und 3.1.4 und die dort angeführte Literatur (z.B. OECD 1998g, i). Die These wird in Kapitel 3.1.4 kritisch diskutiert, daher wird an dieser Stelle nicht näher darauf eingegangen.*

Tabelle 16: Die Definition von KMUs in der Europäischen Union

	Beschäftigte[145]	Jahresumsatz	Bilanzsumme
Kleinstunternehmen	< 10		
Kleine Unternehmen	< 50	Bis zu 7 Mio. ECU	Bis zu 5 Mio. ECU
Mittlere Unternehmen	< 250	Bis zu 40 Mio. ECU	Bis zu 27 Mio. ECU

Quelle: Empfehlung 96/280/EG.

Als KMU gilt ein Unternehmen, das das Beschäftigungskriterium (weniger als 250 Beschäftigte) sowie eines der beiden Finanzkriterien erfüllt und zusätzlich unabhängig in dem Sinne ist, dass nicht mehr als 25% seines Kapitals oder seiner Stimmanteile im Besitz eines oder mehrerer Unternehmen stehen, die nicht als KMUs gelten.[146]

Die Zahl der nicht im primären Sektor (z.B. Landwirtschaft) tätigen privaten Unternehmen in der EU betrug im Jahre 1996 etwa 18,59 Mio.,[147] wovon 18,555 Mio. KMUs waren.

Aus Tabelle 17 geht die hohe Bedeutung von KMUs in der EU hervor. Fast zwei Drittel der Beschäftigten in der EU sind in KMUs tätig.

Die große Bedeutung der KMUs für die österreichische Wirtschaft (Tabelle 18) ergibt sich aus dem hohen Anteil an Arbeitsplätzen, die in KMUs bestehen: Zwei Drittel der unselbstständigen Beschäftigten arbeiten in KMUs. Das Arbeitsangebot in KMUs – insbesondere in den Größenklassen 10 bis 49 (+ 4,18%) und 50 bis 249 (+ 4,92%) ist in den Jahren 1988 bis 1995 in den KMUs deutlich stärker gestiegen als in den Großunternehmen (+ 0,39%).

---

145 Die Zahl der Beschäftigten wird in Jahresarbeitseinheiten gemessen, sodass Teilzeitbeschäftigte und Saisonarbeitskräfte nur gemäß ihres Anteils an den Jahresarbeitseinheiten berücksichtigt werden.

146 Dieser Schwellenwert kann in Ausnahmefällen überschritten werden.

147 Vgl. EIM Small Business Research and Consultancy 1997.

Tabelle 17: Die Bedeutung der KMUs in der EU im Jahre 1996

	KMUs	Großunternehmen
Anzahl (in Tsd.)	18.555	35
Davon (in Tsd.)		
mit 0 bis 9	17.300	
10 bis 49	1.100	
50 bis 249 Beschäftigten	165	
Beschäftigte in der EU (in Tsd.)	73.000	38.000
Durchschnittliche Beschäftigte	4	1.035

Quelle: EIM Small Business Research and Consultancy 1997.

Tabelle 18: Die Bedeutung der KMUs in Österreich

Beschäftigten-größenklassen		Anteil in %		Veränderung der Beschäftigtenzahlen 1988 bis 1995 (in %)
	Gesamtzahl der Unternehmen	Gesamt-beschäftigung	Gesamt-umsatz	
0 bis 9	84,4	23,3	16,1	0,67
10 bis 49	12,7	22,4	19,4	4,18
50 bis 249	2,1	19,3	22,1	4,92
> 250	0,4	35,0	42,2	0,39

Quelle: Wirtschaftskammer Österreich 1999, Übersichten 9 und 19.

Aggregierte Daten bezüglich der Nutzung von Informations- und Kommunikationstechnologien (IKT) verbergen strukturelle Unterschiede zwischen einzelnen Gruppen von KMUs:[148]

- KMUs in High-Tech-Industrien sind tendenziell überdurchschnittlich gut mit IKT ausgestattet.
- KMUs in städtischen Ballungszentren sind tendenziell besser mit IKT ausgestattet als KMUs in ländlichen Gebieten.
- Grössere KMUs sind tendenziell besser mit IKT ausgestattet als kleinere.
- Unterschiedliche Charakteristika (z.B. Position in der Wertschöpfungskette) der KMUs führen dazu, dass die Parameter der strategischen Entscheidung zur Adaption des B-2-C eCommerce sehr unterschiedlich sein können.

148 Vgl. OECD – Working Party on Small and Mide-Size Enterprises 1998.

Nicht für alle KMUs ist die Adaption des B-2-C eCommerce die optimale strategische Unternehmensentscheidung.[149]

Jede erfolgreiche, umfassende eCommerce-Initiative muss diese Heterogenität der KMUs berücksichtigen und daher frühest möglich differenzierte Ansätze bis hin zu Pilotprojekten mit einzelnen Firmenclustern oder sogar einzelnen Firmen entwickeln.

3.1.2.5.2 Erwartete Auswirkungen des eCommerce auf KMUs

Die Adaption des eCommerce führt in KMUs zu Kosten-, Zeit- und Qualitätsvorteilen (siehe Tabellen 19 bis 21) und ist daher für ihre Wettbewerbsfähigkeit von Bedeutung. Die Erhebung, aus der die Daten stammen, wurde unter Unternehmen durchgeführt, die bereits eCommerce betreiben und daher bereits über erste Erfahrungen verfügen.[150]

Tabelle 19: Kostenvorteile durch eCommerce für KMUs

Kostenvorteile	Anteil der Unternehmen, die entsprechenden Vorteil erwarten
Personalkosten	58%
Logistikkosten	54%
Versandkosten	51%
Lagerkosten	47%
Mietkosten	47%
Zahlungsverkehrskosten	44%

Quelle: Chappell/Feindt 1999, 22. Die Ergebnisse beruhen auf Daten von 89 KMUs in 17 Ländern, die eCommerce betreiben. Von den untersuchten Unternehmen waren 61% Kleinstunternehmen (bis zu 9 Beschäftigten), 23% kleine Unternehmen (10 bis 49 Beschäftigte) und 16% mittlere Unternehmen (50 bis 250 Beschäftigte).

149 *Siehe Kapitel 3.1.4.*

150 *Die befragten Unternehmen betreiben zwar bereits eCommerce, aber erst seit kurzer Zeit, sodass nur von ersten Erfahrungen ausgehende Erwartungen der Unternehmen erhoben werden konnten.*

Tabelle 20: Zeitvorteile durch eCommerce für KMUs

Zeitvorteile	Anteil der Unternehmen, die entsprechenden Vorteil erwarten
Schnellere Reaktion auf Marktveränderungen	67%
Schnellere Bearbeitung von Aufträgen	67%
Größere Flexibilität	65%
Verkürzte „Time-to-Market"	65%
Kürzere Lieferzeiten	57%
Schnellere Bearbeitung von Zahlungen	55%

Quelle: Chappell/Feindt 1999, 22.

Tabelle 21: Qualitätsvorteile durch eCommerce für KMUs

Qualitative Vorteile	Anteil der Unternehmen, die entsprechenden Vorteil erwarten
Zugang zu neuen Märkten	72%
Verbesserte Kundenbeziehung	71%
Neue Marketingmethoden	67%
Verbesserter Informationsfluss	61%
Neue Produkte und Dienstleistungen	58%
Verbesserte Lieferbarkeit	57%
Verbesserte Markttransparenz	52%
Geringere Fehleranzahl	51%

Quelle: Chappell/Feindt 1999, 22.

Gemäß einer weiteren Untersuchung[151] erklärten 63% der befragten Unternehmen, dass sie durch die Installation einer Web-site Kostenersparnisse erzielen konnten. Durch die Adaption des elektronischen Handels können sowohl interne Unternehmensprozesse als auch Transaktionen mit anderen Unternehmen im Zuge des B-2-B eCommerce effizienter abgewickelt werden. Die dargestell-

151 Vgl. Heletel 1999. Befragt wurden 2129 Unternehmen mit Web-sites, von denen nur 20 als Großunternehmen klassifiziert wurden. Nicht alle Unternehmen boten die Möglichkeit zur online-Transaktionen (37%).

ten Ergebnisse unterscheiden nicht zwischen B-2-B und B-2-C eCommerce und können daher nicht direkt auf letzteren umgelegt werden. Dennoch präsentieren sie gute Indikatoren für die Auswirkungen der Adaption der Prozessinnovation eCommerce und belegen ihre Bedeutung für die Wettbewerbsfähigkeit der KMUs.

Der zentrale Unterschied zwischen dem B-2-B und dem B-2-C eCommerce liegt in der *Markttransparenz.*[152] Während im ersteren mittel- bis langfristige Geschäftsbeziehungen mit bekannten Zulieferen und Abnehmern durch die Adaption neuer Medien effizienter gestaltet werden und die Akquisition neuer Geschäftspartner zwar möglich, aber nicht vorrangiges Ziel ist, spielt das Erreichen der kritische Masse[153] im B-2-C eCommerce eine zentrale Rolle. Angesichts der geringen Transparenz des B-2-C eCommerce ist dies mit sehr hohen Marketing-Investitionen verbunden. Diese Ausgaben gelten als versunkene Kosten, da sie bei einer strategischen Reorientierung nicht wieder lukriert werden können. Dadurch steigen die Investitionskosten im B-2-C eCommerce gegenüber dem B-2-B eCommerce deutlich an, wodurch die Adaptionsbarrieren im elektronischen Handel mit Konsumenten deutlich höher sind als in jenem mit anderen Unternehmen. Handelt es sich bei ersterem um eine strategische Unternehmensentscheidung, so stellt letzterer eher eine technologische Investitionsentscheidung dar. Für kapitalschwache Unternehmen ist die Adaption des B-2-C eCommerce mit besonders hohen Risiken verbunden.

3.1.2.5.3 Barrieren bei der Adaption des elektronischen Handels in KMUs

Die wichtigsten Adaptionsbarrieren in KMUs sind einer OECD-Studie[154] zufolge:

- *Geringe Kenntnis über eCommerce*
  Besonders angesichts der großen Medienpräsenz des elektronischen Handels erscheint die geringe Kenntnis der KMUs über den eCommerce etwas überraschend. Allerdings ist die über die Medien zugängliche Information in der Regel häufig widersprüchlich und zu allgemein, um als Grundlage für unternehmerische Entscheidungen dienen zu können. Zusätzlich kann die undifferenzierte mediale Berichterstattung zu einem „Hype", d.h. zu

152 *Siehe Kapitel 3.1.4.*

153 *Siehe Kapitel 2.2.*

154 *Vgl. OECD – Working Party on Small and Middle-Size Enterprises 1998.*

einerseits unrealistisch hohen Erwartungen und andererseits zu einem Gefühl der Überforderung durch die Möglichkeiten neuer Technologien und in der Folge zu einer psychologischen Hemmschwelle führen.

- *Unsicherheit über den Nutzen des elektronischen Handels*
  Eine Folge der geringen Kenntnis über den B-2-C eCommerce ist die Unsicherheit über seinen Nutzen für das einzelne Unternehmen.
- *Mangelndes Humankapital in KMUs*
  Der Arbeitsmarkt für EDV-Spezialisten ist durch einen Überhang der Nachfrage gekennzeichnet.[155] KMUs sind häufig nicht in der Lage, eigene EDV-Spezialisten anzustellen oder externe Beratung in der notwendigen Größenordnung zu finanzieren.[156] Zusätzlich haben die Arbeiten an der Behebung des Y2K-Problems die EDV-Budgets der KMUs belastet, sodass für Investitionen in neue EDV Technologie wenig Ressourcen zur Verfügung standen.
  Neben der Technologiekompetenz muss ein KMU auch über die notwendigen Fähigkeiten zur Reorganisation des Unternehmens im Zuge der Integration des eCommerce in die Unternehmensprozesse (z.B. Buchhaltung, Logistik, Marketing) verfügen. Ähnlich wie im EDV-Bereich greifen KMUs auch im betriebswirtschaftlichen Bereich weniger häufig als Großunternehmen auf externe Berater zurück.
  Für KMUs, die im Zuge der Adaption des B-2-C eCommerce neue Geschäftsfelder (z.B. neue geografische Märkte) erschließen wollen, ergibt sich der Bedarf an zusätzlichen betriebswirtschaftlichen Kenntnissen (z.B. internationales Marketing, Logistik).
- *Höhe und Unsicherheit bezüglich des notwendigen Investitionsvolumens*
  Für KMUs sind hohe Investitionen, die zusätzlich zu regelmäßig notwendigen Innovationen vorgenommen werden müssen, nur schwer zu finanzieren. Die meisten KMUs sind auf Bankkredite oder die Finanzierung aus dem Cash-flow angewiesen, da ihnen der direkte Zugang zum Kapitalmarkt aufgrund ihrer geringen Größe verwehrt ist. Zu den hohen Investitionskosten im B-2-C eCommerce tragen nicht nur die Kosten der Infrastruktur (inkl. schnelle Netzanbindung, entsprechende Hard- und Software), sondern auch die laufenden Kosten (inkl. Ausbildungs-, Telekommunikations-, Beratungs- und Instandhaltungskosten) bei.

---

155 Siehe Kapitel 3.2.

156 Vgl. EIM Small Business Research and Consultancy 1997.

Für jene Unternehmen, welche die strategische Entscheidung treffen, den B-2-C eCommerce zu forcieren, sind die Investitionskosten durch den hohen Marketing-Aufwand noch wesentlich höher als für jene KMUs, die vor allem auf den B-2-B eCommerce mit traditionellen Geschäftspartnern setzen.

- *Zweifel an der Sicherheit des B-2-C eCommerce*
  Eine weitere Folge des geringen Kenntnisstandes bezüglich des B-2-C eCommerce sind Befürchtungen bezüglich der Sicherheit des elektronischen Handels zwischen Unternehmen und Konsumenten. Elektronische Geschäftsverbindungen zwischen Unternehmen sind in Österreich seit Jahren verbreitet (z.B. EDI – Electronic Data Interchange). Dabei sind die Unternehmen allerdings mit bekannten Geschäftspartnern verbunden, mit denen häufig langfristige Geschäftsverbindungen bestehen. EDI basierte in der Regel auf bi- oder multilateralen Verbindungen, d.h. auf Netzen, die nur für eine begrenzte Zahl autorisierter Teilnehmer zugänglich sind. Erst in jüngster Vergangenheit zeichnet sich ein Trend zum Übergang auf das Internet-Protokoll (IP) (d.h. auf Internet basierende Netze) ab. Dabei werden aber häufig Intranet- oder Extranet-Lösungen verwendet, sodass der Zugang wieder nur autorisierten Nutzern möglich ist.
  Für die frühen Anwendungen des eCommerce (z.B. Beschränkung auf die Informations- und/oder Vereinbarungsphase einer Transaktion während die Abwicklungsphase offline erfolgt) spielt die Sicherheit der verwendeten Systeme eine weniger bedeutende Rolle als wenn auch die Bezahlung online erfolgt.

Als weitere Barrieren bei der Adaption des elektronischen Handels wurden von Unternehmen, die bereits eCommerce Lösungen verwendeten, folgende angeführt (siehe Tabelle 22).

Tabelle 22: Barrieren bei der Adaption des elektronischen Handels in KMUs

Adaptionshemmnisse	**Anteil der Unternehmen, die entsprechendes Hemmnis angaben**
Investitionskosten	64%
Kulturelle Hemmnisse	62%
Infrastruktur	57%
Sicherheit	56%

Zugangskosten der Konsumenten	52%
Sprache	47%
Politische Barrieren	30%

Quelle: Chappell/Feindt 1999, 23.

Die Liberalisierung und Reregulierung des Telekommunikationssektors in Europa hat bereits zu einer Verbesserung der Infrastruktur und zu einer Reduktion der Preise (inkl. Zugangskosten für Konsumenten) geführt.[157] Die weitere Reduktion der Infrastrukturkosten (u.a. Zugangskosten für Konsumenten) bei einem gleichzeitigen Ausbau der Qualität (z.B. Bandbreite) kann im Rahmen einer umfassenden eCommerce-Initiative über die weitere Liberalisierung und Reregulierung des Telekommunikations-Sektors angestrebt werden. Der Abbau kultureller Hemmnisse seitens der Unternehmen sowie seitens der Konsumenten (z.B. Technologie-Akzeptanz) und der politischen Barrieren sowie eine Reduktion der hohen Investitionskosten für die Unternehmen sollten Gegenstand einer umfassenden eCommerce-Initiative sein.

3.1.2.5.4 Die Rolle nationaler, supranationaler und internationaler Institutionen

Gesamtwirtschaftliche Bedeutung der KMUs

Die große wirtschaftliche Bedeutung der KMUs für die europäische und österreichische Wirtschaftsentwicklung und Beschäftigung machen ihre Wettbewerbsfähigkeit zu einem bedeutenden wirtschaftspolitischen Ziel. Kleine und mittlere Unternehmen sind durch ihre strukturellen Charakteristika bei der Adaption neuer Technologien größeren Barrieren ausgesetzt als Großunternehmen: Im Vordergrund stehen dabei Probleme der *Finanzierung* und des *Humankapitals*.

Die KMUs finanzieren ihre Investitionen häufig aus dem Cash-flow oder über Bankkredite, da die Risikokapitalfinanzierung in Österreich noch nicht weit fortgeschritten ist. Die Eigenkapitalausstattung ist meistens gering und der Zugang zum (Risiko-)Kapitalmarkt in der Regel schwierig.[158]

Die geringe Zahl der Beschäftigten bei einem KMU macht es in der Regel schwierig, hinreichend in Aus- und Weiterbildung zu investieren, wodurch das

157 Siehe Kapitel 3.1.4.

158 Für einen Überblick über die eigenkapitalwirksame Finanzierung in Österreich vgl. Kühnelt/Lichtmannegger 1997.

Humankapital für die Adaption neuer Technologien oft fehlt. Externe Berater kommen aber aus finanziellen Gründen häufig nicht in Frage.

Die Verbesserung der Finanzierungssituation der KMUs sowie die Förderung von Investitionen ins Humankapital sind Aufgaben der lokalen, regionalen und nationalen Wirtschaftspolitik. Dabei kommt es zu Überschneidungen mit der Standortpolitik und einer Wirtschaftspolitik, die sich die Förderung von Unternehmensgründungen zum Ziel gemacht hat. Ein funktionsfähiger Kapitalmarkt und qualifizierte Arbeitskräfte sind bei den genannten Politikfeldern notwendige Voraussetzungen. Die Programme der EU (z.B. 5. Rahmenprogramm), die u.a. die Interaktion zwischen Forschung und KMUs fördern und dadurch die Adaption neuer Technologien beschleunigen sollen, sind wichtige Ergänzungen zu regionaler und nationaler Wirtschaftspolitik. Dennoch bleiben lokale, regionale und nationale Institutionen (v.a. Regierungen, aber auch Unternehmensverbände, Kammern) die Hauptakteure im Bereich der Wirtschaftspolitik, die sich die Förderung der B-2-C eCommerce-Adaption in kleinen und mittleren Unternehmen zum Ziel gesetzt hat.

Netzexternalitäten im B-2-C eCommerce

Durch die bestehenden Netzexternalitäten[159] im B-2-C eCommerce kommt öffentlichen Institutionen eine besondere Bedeutung als Initiatoren zu. Jede private Initiative hat positive externe Effekte,[160] da sie die Aufmerksamkeit für den elektronischen Handel erhöht – wovon auch andere Anbieter profitieren –, sodass tendenziell zu wenig in die Schaffung eines B-2-C eCommerce-Marktes investiert wird. Öffentliche Institutionen können dies durch die Erhöhung von Aufmerksamkeit, die Digitalisierung administrativer Dienstleistungen (elektronische Behördenkontakte) und die Verlagerung der Bereiche Ausschreibungen und Beschaffung auf eCommerce-Plattformen[161] kompensieren. Zusätzlich zur Förderung von Plattformen und zur Erhöhung der Transparenz des B-2-C eCommerce ist es die Aufgabe der öffentlichen Institutionen, die notwendigen

---

159 *Siehe Kapitel 1.1.*

160 *Siehe Kapitel 1.1.*

161 *Eine Plattform ist eine gemeinsam benutzte Einstiegs-Web-site mit Links zu den Web-sites der beteiligten Unternehmen und/oder öffentlichen Stellen. Der Plattformbetreiber kann das Marketing für die Einstiegs-Web-site, die technische Betreuung der Web-sites der Unternehmen und ähnliche Dienstleistungen übernehmen.*

Maßnahmen zu setzen, um die seitens der KMUs bestehenden Adaptionsbarrieren zu durchbrechen. Für Großunternehmen ergibt sich die Möglichkeit, durch einen größeren Marktanteil die kritische Masse[162] leichter zu erreichen als für KMUs. Die Intransparenz des B-2-C eCommerce[163] kann von Großunternehmen durch große Marketing-Ausgaben umgangen und in der Folge über die Preissetzung ausgenützt werden.

Intransparenz des B-2-C eCommerce

Die Intransparenz des B-2-C eCommerce führt zu hohen Werbekosten beim Aufbau einer Internet-Präsenz eines einschlägigen Markennamens. Dadurch geraten KMUs aufgrund ihrer Finanzierungsnachteile besonders beim B-2-C eCommerce ins Hintertreffen. Da die Aufmerksamkeit, die eine Plattform (ein virtueller Marktplatz) generiert, von zahlreichen Unternehmen geteilt werden kann, stellt sie ein Club-Gut[164] dar. Als Beispiele können in diesem Zusammenhang Einkaufszentren dienen: Das Marketing übernimmt der Betreiber – zugute kommt es aber allen Mietern im Einkaufszentrum. Gelingt es dem Betreiber, einen sogenannten Frequenzbringer[165] als Mieter zu gewinnen, so wird dieser häufig von den anderen Mietern subventioniert.[166]

Zusätzlich zu Marketing-Aufgaben kann die Plattform auch die Logistik und die Abwicklung des Zahlungsverkehrs übernehmen sowie Beratungs- und Fortbildungsdienstleistungen anbieten und dadurch die KMUs entlasten. Lokale, regionale und nationale Regierungen und Institutionen können die Entstehung von B-2-C eCommerce-Plattformen im Rahmen einer umfassenden eCommerce-Strategie fördern sowie durch die Verlagerung der Beschaffungspolitik auf den lokalen und regionalen elektronischen Handel zum Erreichen

162 Siehe Kapitel 2.2.

163 Siehe Kapitel 3.1.4.

164 Ein Club-Gut hat zum Teil Charakteristika öffentlicher Güter: (1) Nicht-Rivalität im Konsum sowie (2) Nicht-Ausschließbarkeit vom Konsum. Allerdings bezieht sich die Nicht-Ausschließbarkeit – im Unterschied zum öffentlichen Gut – nur auf die Club-Mitglieder.

165 Als Frequenzbringer werden jene Unternehmen bezeichnet, die besonders große Kundenströme in das Einkaufszentrum locken (z.B. IKEA, H&M).

166 Eine mögliche Form der Subventionierung besteht darin, dass kleinere Geschäfte, die von den Kundenströmen des Frequenzbringers profitieren, höhere Quadratmetermieten bezahlen als dieser.

der kritischen Masse beitragen. Weiters können lokale, regionale und nationale Institutionen als Frequenzbringer auftreten, indem sie wichtige Informationen (z.B. Pressetexte) sowie administrative Dienstleistungen (z.B. Bürgerservice, elektronische Behördenkontakte) über die Plattform anbieten. Die Plattformen für den B-2-C eCommerce tragen auch zur Erhöhung der Markttransparenz für die Konsumenten bei. Weiters können sie durch B-2-B eCommerce-Plattformen ergänzt werden, sodass es für Unternehmen leichter wird, potenzielle Kooperationspartner zur Umsetzung neuer Technologie zu finden, neue Marktnischen zu entdecken und neue Märkte zu erschließen.

Im Rahmen der Förderung der Adaption des B-2-C eCommerce durch KMUs spielen lokale, regionale und nationale Regierungen und Institutionen die zentrale Rolle (z.B. Schaffung eines funktionsfähigen Kapitalmarktes auch für KMUs und Förderung von Humankapitalinvestitonen in KMUs, Verlagerung der Beschaffung und administrativer Dienstleistungen auf B-2-C eCommerce-Plattformen) während die supra- und internationalen Institutionen relativ wenig Bedeutung haben. Grundlage für jede Form der eCommerce-Förderung für KMUs ist eine umfassende eCommerce-Strategie.

3.1.2.5.5 Politikmaßnahmen zur Überwindung der Adaptionsbarrieren beim B-2-C eCommerce in KMUs

Grundsätze

- Die Politikmaßnahmen zur Überwindung der Adaptionsbarrieren beim B-2-C eCommerce in KMUs müssen in eine *umfassende eCommerce-Initiative* eingebunden sein, da einige der Adaptionsbarrieren (z.B. Zugangskosten für Konsumenten, politische Barrieren) nicht nur für KMUs von zentraler Bedeutung sind, sondern Bedingungen für die Entwicklung des elektronischen Handels allgemein darstellen. Eine erfolgreiche B-2-C eCommerce Politik für KMUs muss *starken politischen Rückhalt* haben und *große Aufmerksamkeit* generieren können.
- Außer ihrer Größe haben KMUs sehr wenig gemeinsam: Unterschiedliche Produkte werden auf unterschiedlichen Märkten unterschiedlichen Zielgruppen angeboten. KMUs, die start-ups im Bereich des B-2-C eCommerce sind, haben völlig andere Probleme als traditionelle KMUs, für die der B-2-C eCommerce ein zusätzlicher Vertriebskanal ist. KMUs, die bis dato Zulieferer waren und nun den Konsumentenmarkt erschließen wollen, stehen vor

anderen Problemen als jene Unternehmen, die bereits im traditionellen Einzelhandel tätig sind.[167] Die Grundlagen bezüglich der strategischen Unternehmensentscheidung über die Adaption des B-2-C eCommerce können zwischen den einzelnen KMUs sehr unterschiedlich sein. Eine erfolgreiche eCommerce-Initiative muss die *Heterogenität der KMUs* berücksichtigen.

Maßnahmen: Die Programme müssen so strukturiert sein, dass sie möglichst präzise auf die Bedürfnisse der heterogenen KMUs eingehen, d.h. allgemeine, sektorale, lokale, regionale und individuelle Komponenten müssen integriert werden, um die Effizienz der Programme zu garantieren. Die Auswahl von „best practice"-Beispielen sollte daher soweit als möglich auf homogene Untergruppen von KMUs zugeschnitten sein. Frühzeitig sollte die Beratung individualisiert werden.[168] Das kann entweder durch die zur Verfügungstellung einzelner Berater für Unternehmen[169] erfolgen oder durch die Förderung von Partnerschaften zwischen Unternehmen mit Technologiekompetenz und solchen mit der adäquaten betriebswirtschaftlichen Kompetenz oder durch Web-sites, die in einer ersten Stufe standardisierte Lösungen an die Bedürfnisse einzelner KMUs anpassen können.[170] Die enge Zusammenarbeit mit Beratungs- und Fortbildungsanbietern ist angesichts der Heterogenität der KMUs notwendig.[171]

- Die Reduktion der Adaptionsbarrieren ist nur ein Teil einer erfolgreichen eCommerce-Initiative. Von zumindest ebensolcher Bedeutung ist es, dass die KMUs die notwendigen Kenntnisse und Kompetenzen erwerben können, welche die Anwendung des B-2-C eCommerce zu einem Erfolg machen.

  Maßnahmen: Allgemeine wirtschaftspolitische Maßnahmen zur Förderung der Wettbewerbsfähigkeit der KMUs: z.B. Reduktion hoher Verwaltungskosten durch one-stop-shopping bei Unternehmensgründungen; Zugang zu und Umgang mit Risikokapital.

---

167 Zu Multichannel-Anbieter vs. reine Online-Anbieter siehe Kapitel 3.1.4.

168 Allerdings ist zu berücksichtigen, dass die Kosten einer eCommerce-Initiative dadurch stark ansteigen können.

169 Z.B. die „Go on"-Initiative der österreichischen Bundesregierung.

170 Als Beispiel für derartige Web-sites kann das deutsche AGENTISME-Projekt dienen (vgl. OECD o.J.).

171 Dabei sind Mechanismen vorzuziehen, welche die Wettbewerbsverzerrungen auf dem Markt für Beratungs- und Fortbildungsdienstleistungen minimieren (z.B. Schecksysteme).

- Jede eCommerce-Initiative soll evaluiert werden und *Kriterien zu ihrer Evaluierung* bereits in der Planung entwickeln (Operationalisierung der Ziele sowie Verfahren der Evaluierung: z.B. Kostenersparnisse und Effizienzgewinne der beteiligten Unternehmen; Umsatzsteigerungen; Reduktion von strukturellen Arbeitsmarktungleichgewichten).

Geringe Kenntnis über eCommerce
Zu den wichtigsten Maßnahmen jeder eCommerce-Initiative gehört unabhängig von der Zielgruppe eine *Informationskampagne*. Dabei müssen neue Medien aufgrund der Vorbildwirkung verstärkt zum Einsatz kommen (z.B. eigene Web-site zur Unterstützung der Kampagne). In Bezug auf die Zielgruppe der KMUs muss sie allerdings insbesondere auf die Unsicherheit über den Nutzen des elektronischen Handels für kleine und mittlere Unternehmen sowie die Höhe der notwendigen Investitionen eingehen.

Maßnahmen: Im Rahmen einer umfassenden eCommerce-Strategie soll eine Informationskampagne (gemeinsam mit Interessenvertretungen, Unternehmensverbänden und Anbietern von eCommerce-Infrastruktur) initiiert werden, die auf die KMUs zugeschnitten ist (inkl. Workshops, Kongresse, Web-sites, Demonstrationszentren, interaktiven (Online-)Workshops). Die Schaffung von Aufmerksamkeit für „best practice"-Anwender kann diese als positive Beispiele für KMUs zu Vorbildern machen. Die Entwicklung und Förderung von Pilotprojekten, denen die notwendige Aufmerksamkeit zu Verbreitung der gewonnenen Erkenntnisse gewidmet wird, trägt zur Verbreitung von Informationen über KMUs in unterschiedlichen Sektoren bei. Die Regierung kann im Bereich von Ausschreibungen und Beschaffung sowie bei der Verwaltung als Vorreiter der eCommerce-Adaption auftreten.

Hohe Investitionskosten
Kleine und mittlere Unternehmen haben in der Regel keinen direkten Zugang zum Kapitalmarkt und sind auf die Finanzierung über Bankkredite oder aus dem Cash-flow angewiesen. Investitionen in den B-2-C eCommerce sind nicht nur mit hohen Investitonskosten in Infrastruktur und laufende Kosten verbunden, sondern müssen aufgrund der Intransparenz des Marktes von sehr hohen Marketing-Ausgaben begleitet werden.

Maßnahmen: In Österreich ist das Angebot an Risikokapital bereits seit sehr vielen Jahren Gegenstand der wirtschaftspolitischen Diskussion. Zahlreiche Initiativen (z.B. Bürges) haben zu einer Verbesserung des Angebots geführt, sind aber teilweise auf relativ geringe Nachfrage gestoßen. Daher muss die Wirtschaftspolitik verstärkt auf die nachfrageseitigen Barrieren der Risikokapital-Finanzierung (z.B. Unsicherheit seitens mancher Unternehmer über die Folgen der Risikokapital-Finanzierung für die Unternehmenskontrolle) eingehen. Die Präsenz öffentlicher Körperschaften auf B-2-C eCommerce-Plattformen (z.B. Angebot administrativer Leistungen) führt zu einer Erhöhung der Aufmerksamkeit und somit der Besucherfrequenz und senkt dadurch die notwendigen Marketing-Kosten.

Die Förderung der Entwicklung standardisierter B-2-C eCommerce-Lösungen senkt die Investitonskosten für die KMUs relativ zu individuell programmierten Lösungen. Dabei können nationale Anbieter eine größere Rolle als häufig angenommen spielen, da eine erfolgreiche B-2-C eCommerce-Lösung in die Unternehmensprozesse integriert werden muss und dies bedingt auch bei standardisierter Software ein Mindestmaß an Kenntnis jedes Einzelfalles. Dadurch ergeben sich Anknüpfungspunkte für die wirtschaftspolitische Förderung von standardisierten B-2-C eCommerce-Lösungen.

Mangelndes Humankapital

Technologische Kenntnisse können durch Kurse und Trainings-Programme vermittelt werden. Durch die Verbreitung standardisierter Software-Lösungen für den B-2-C eCommerce werden die Anforderungen an die Technologie-Kompetenz der KMUs reduziert. Allerdings ist die Adaption von B-2-C eCommerce keine Technologie-Investition, sondern entspricht einer strategischen Unternehmensentscheidung. Dies impliziert, dass neben zusätzlicher Technologiekompetenz auch zusätzliche betriebswirtschaftliche Kenntnisse notwendig sind: Die Organisationstrukturen müssen häufig angepasst werden, um die Integration des B-2-C eCommerce in das Unternehmen zu ermöglichen; sollen neue Märkte durch den elektronischen Handel erschlossen werden, müssen entsprechende Marketing-Maßnahmen getroffen werden. Jede Beratung und Fortbildung muss daher ein umfassendes Programm bieten, dass neben Technologie-Kompetenz auch die notwendigen betriebswirtschaftlichen Kenntnisse vermittelt, die notwendig sind, um den Anforderungen einer neuen Unternehmensstrategie zu genügen.

Maßnahmen: Aus- und Weiterbildungsprogramme müssen propagiert und teilweise subventioniert werden und sowohl technologische als auch zusätzlich notwendige betriebswirtschaftliche Kenntnisse vermitteln. Gesetzliche Regelungen können verbessert werden, sodass Fachkräfte für bestimmte Perioden von anderen Unternehmen (z.B. Beratungsunternehmen) „geliehen" werden können, wodurch die hohen Kosten der Personalauswahl und einer vollen

Anstellung wegfallen. Kurz- und langfristige Strategien müssen parallel entwickelt und implementiert werden: Interaktive Web-sites und telefonische Hotlines können auch nach der eigentlichen Aus- und Weiterbildung die Effizienz der Maßnahmen erhöhen. Langfristig müssen die Lehrpläne im Primär-, Sekundär- und Tertiärbildungsbereich reformiert werden.

Kasten 8: Charakteristika einer eCommerce-Web-site für KMUs

Web-sites, die zur Unterstützung von eCommerce-Initiativen für KMUs angelegt werden, haben vor allem drei Funktionen (vgl. OECD o.J.): Informations-, Beratungs- und Plattformfunktion.

Informationsfunktion

- *Die Informationen müssen benutzerfreundlich sein. Insbesondere für Neueinsteiger muss eine Offline-Unterstützung (z.B. telefonische Hotline) angeboten werden.*
- *Die Web-site muss zusätzlich zu den Informationen über eCommerce (inkl. aktuellen Gesetzen, Initiativen, Daten, Förderprogrammen) für die Zielgruppe interessante, aktuelle Informationen anbieten, um eine hohe Besucherfrequenz sicherstellen zu können. Diese können Zugang zu (Wirtschafts-) Datenbanken (z.B. Kammern, Kreditschutzverband) sowie Angebote der öffentlichen Hand (z.B. elektronische Behördenkontakte) umfassen.*

Beratungsfunktion

- *Allgemeine Informationen zur Umsetzung von B-2-C eCommerce in KMUs müssen für potenzielle Einsteiger leicht und verständlich dargestellt werden. Angesichts der Heterogenität der KMUs kann dieser allgemeine Teil aber nur relativ kurz sein.*
- *So früh als möglich sollte auf einzelne Sektoren, Regionen und Märkte eingegangen werden und die Information dementsprechend detaillierter sein.*
- *Durch das Angebot von Simulationen typischer B-2-C eCommerce-Transaktionen können psychologische Barrieren abgebaut und detaillierte Kenntnisse über die potenziellen Auswirkungen auf die entsprechenden Prozesse in einzelnen Unternehmen vermittelt werden.*
- *Als Schritt in Richtung individualisierte Beratung sollte der Zugang zu Online- und Offline-Beratungszentren oder -plattformen, die sowohl technologische als auch allgemeine betriebswirtschaftliche Beratung umfassen, angeboten werden.*
- *Als Vorbild kann die deutsche SME Web-site dienen, auf der das AGENTISM-Projekt dargestellt wird (http://www.ihk.de/BMWi/g7-sme/index.htm). Der Zugang der KMUs zu neuen Technologien soll dabei durch fünf Schritte ermöglicht werden: (1) Beurteilung der spezifischen Bedürfnisse eines KMUs in Bezug auf die Technologie, (2) Auswahl einer adäquaten Technologie aus den bestehenden, (3) Adaption und Implementierung der betreffenden Technologie, (4) Demonstrati-*

on von Szenarien zur Darstellung der Effekte und Risiken der Adaption des eCommerce, (5) Veröffentlichung der Ergebnisse für andere KMUs.

- *Die Vorteile von AGENTISM umfassen: (i) Die Herangehensweise berücksichtigt die Heterogenität der KMUs. (ii) Günstige Technologielösungen werden durch standardisierte Produkte forciert. (iii) Durch Individualität und die Lerneffekte durch die Beratung wird Technologiekompetenz vermittelt und eine Reduktion der psychologischen Adaptionsbarrieren erreicht.*
- *Die Nachteile umfassen vor allem: (i) Die Methode ist zeitaufwendig und teuer.*

Plattformfunktion

- *Durch Online-Zugang zu Informationen über die Beschaffung/Ausschreibungen der öffentlichen Hand sowie frühest möglich die Online-Abwicklung in diesen Bereichen können die Umsätze der im Bereich des eCommerce tätigen KMUs erhöht, und das Erreichen der kritischen Masse gefördert werden.*
- *Durch das Angebot elektronischer Behördenkontakte (z.B. Steuererklärungen, Bezahlung von Steuern und Gebühren) können die positiven gesamtwirtschaftlichen Effekte des eCommerce (z.B. Effizienzsteigerung) besser ausgeschöpft werden.*
- *Die Schaffung eines Marktplatzes für KMUs, die Partner oder Abnehmer/Zulieferer im B-2-B eCommerce oder in traditionellen Geschäftsbeziehungen suchen, kann die Transparenz des Marktes deutlich erhöhen. eCommerce-Transaktionen könnten in der Folge auch über die Plattform direkt durchgeführt werden.*
- *Die Betreiber können durch das Angebot zusätzlicher Dienstleistungen (z.B. Marketing, Beratungsdienste, Logistik und Zahlungsverkehr) die Einstiegskosten und die Einstiegsrisiken für die beteiligten KMUs senken.*

3.1.2.5.6 Zusammenfassung

Den kleinen und mittleren Unternehmen kommt in der europäischen (und österreichischen) Wirtschaftsentwicklung eine bedeutende Rolle zu. Der Erhalt und weitere Ausbau ihrer Wettbewerbsfähigkeit ist daher eine bedeutende Aufgabe für die Wirtschaftspolitik. Eine große Rolle spielt dabei die Adaption neuer Technologien – insbesondere im Bereich der Informations- und Kommunikations-Technologien. Eine Reihe von Adaptionsbarrieren für KMUs wurde identifiziert und dargestellt. Aufgabe der Wirtschaftspolitik ist es, zu ihrer Überwindung beizutragen.

Dabei bestehen für die lokalen, regionalen und nationalen Institutionen größere Gestaltungsmöglichkeiten als für supranationale und internationale. Im Vordergrund der Transformation der Staatlichkeit steht daher nicht die Notwendigkeit der internationalen Koordination und Kooperation, sondern die Zusammenarbeit mit Unternehmensverbänden, Kammern und privatwirtschaftlichen Anbietern von Fort- und Weiterbildung, Finanzmarktinstitutionen (z.B. Risikokapital-Fonds), Hard- und Software-Anbietern (z.B. Entwicklung standardisierter eCommerce-Lösungen) und Betriebsberatungsunternehmen. Durch das Bestehen von Netzexternalitäten ergibt sich die Notwendigkeit zur Koordination unterschiedlicher lokaler, regionaler und nationaler Akteure (inkl. Anbieter, Nachfrager, Unternehmensverbände) im B-2-C eCommerce.

Die traditionellen Instrumente der Industriepolitik (z.B. Subventionen) müssen im Bereich der Förderung des elektronischen Handels ergänzt werden. Dies sind insbesondere Maßnahmen, die zur Koordination unterschiedlicher Akteure beim Bestehen von Netzexternalitäten beitragen sowie die Intransparenz des B-2-C eCommerce reduzieren (z.B. B-2-C eCommerce-Plattformen). Das wichtigste Instrument der eCommerce-Politik ist eine umfassende eCommerce-Strategie, in die wirtschaftspolitische Initiativen zur Förderung der eCommerce-Adaption in KMUs integriert werden müssen.

Tabelle 23: Die wichtigsten Maßnahmen für KMUs

Die zentralen Adaptionsbarrieren	**Die wichtigsten Maßnahmen**
Geringe Kenntnis über den B-2-C eCommerce	Schaffung von Aufmerksamkeit (umfassende eCommerce-Initiative, „visibility" – z.B. durch eMinister); Förderung von und Publizität für „best practice"-Beispiele; Förderung von Pilotprojekten und Publikation ihrer Ergebnisse; Vorreiterrolle der öffentlichen Institutionen im Bereich der Ausschreibungen, Beschaffung sowie durch elektronische Behördenkontakte.
Mangelndes Humankapital	Förderung von Aus- und Weiterbildungsmaßnahmen (z.B. im Rahmen des AMS, des Steuersystems) in Kombination mit langfristigen Veränderungen in den Lehrplänen der Primär-, Sekundär- und Tertiärausbildung; Verbesserung des Zugangs der KMUs zu externen Experten.

Hohes Investitionsvolumen	Erhöhung der Effizienz des österreichischen Risikokapitalmarktes; Förderung der Standardisierung von eCommerce-Lösungen; aktive Beteiligung an eCommerce-Plattformen (z.B. elektronische Behördenkontakte, Beschaffung und Ausschreibungen über die Plattformen).

Die Heterogenität der KMUs muss im Rahmen der Förderung der eCommerce-Adaption berücksichtigt werden. B-2-C eCommerce ist nicht für alle KMUs ein zielführender Vertriebsweg. Ebenso sollten ex ante Kriterien zur Evaluierung der vorgesehenen Maßnahmen definiert werden.

3.1.2.6 Elektronisches Geld

Der Verkauf von Gütern mit sehr niedrigen Preisen (z.B. Aufrufen einzelner Zeitungsartikel) ist wegen der hohen Transaktionskosten der derzeit üblichen Zahlungsformen (z.B. Kreditkarten, Banküberweisung) im B-2-C eCommerce nicht profitabel. Einzelne Formen des elektronischen Geldes hingegen verursachen sehr niedrige Transaktionskosten bei der Übertragung über das Internet, sodass auch die Bezahlung von Kleinstbeträgen möglich (d.h. effizient) ist. Zudem gilt das elektronische Geld als sicherer als die gegenwärtig dominierende Zahlungsform im Internet – die ungeschützte Übermittlung der Kreditkarteninformation über das Internet. Dem elektronischen Geld könnte daher im Rahmen des B-2-C eCommerce eine besondere Bedeutung zukommen.

Im Vordergrund der Analyse stehen die Fragen, von wem elektronisches Geld emittiert werden kann und ob die Emission staatlicher Regulierung unterworfen werden soll. Wie würde sich die Verbreitung des elektronischen Geldes auf die Geldpolitik auswirken? Welche Konsequenzen für die Rechtsdurchsetzung ergeben sich durch die mögliche Anonymität des elektronischen Geldes?

Der Begriffsbestimmung des elektronischen Geldes kommt aufgrund der häufig unscharfen Verwendung der Begriffe elektronisches Geld, elektronische Geldbörse und digitales Geld eine zentrale Bedeutung zu. Im ersten Abschnitt werden die einzelnen Termini daher ausführlich erläutert. Elektronisches Geld wird als eine Form eines elektronischen Zahlungssystems interpretiert. Auf

Basis der mit solchen Zahlungssystemen verbundenen Risiken wird die Rolle der nationalen, supranationalen und internationalen Institutionen diskutiert. Die Auswirkungen auf die Stabilität des Finanzsystems sowie auf die Geldpolitik werden dargestellt. Vor dem Hintergrund der besonderen operationalen Risiken wird die Bedeutung der gesetzlichen Regulierung der Emittenten elektronischen Geldes diskutiert. Aus nachfrage- und angebotsorientierten Überlegungen wird für eine frühzeitige Einführung der Regulierung argumentiert. Diese ist allerdings auf ein notwendiges Minimum zu reduzieren und flexibel zu gestalten, um die Innovationsdynamik in diesem Bereich nicht zu behindern. Abschließend werden die Bestimmungen bezüglich der Regulierung der Emittenten elektronischen Geldes in der Europäischen Union kurz umrissen. Weiters werden empirische Daten zu den dominierenden Zahlungsformen im B-2-C eCommerce in Europa angeführt.

3.1.2.6.1 Begriffsbestimmung

Elektronisches Geld existiert in unterschiedlichen Formen. Man unterscheidet zwischen auf *Karten* basierenden (elektronische Geldbörsen) und auf *Software* basierenden Systemen (digitales Geld).[172] Die Transaktionen mit elektronischem Geld entsprechen der Übertragung von Forderungen gegen Dritte (den Emittenten) – der Bezahlende überträgt eine Forderung gegen den Emittenten auf den Empfänger der Zahlung. Sie sind rechtlich nicht als Banknoten zu betrachten und fallen daher nicht unter das Banknoten-Monopol der Notenbank. Insbesondere im Fernabsatz (z.B. im eCommerce) könnte elektronisches Geld in Zukunft zu einem beträchtlichen Ersparnis für die Konsumenten in Form von größerer Sicherheit, Bequemlichkeit, Geschwindigkeit und größerer Auswahl möglicher Zahlungssysteme bei gleichzeitig niedrigeren Kosten führen.

Bei auf Karten basierenden Systemen oder *elektronischen Geldbörsen* werden gängige Plastikkarten (z.B. Euro-Scheckkarten) mit einem Mikrochip ausgestattet, der die gewünschten Operationen (Zahlungen) durchführt.

- Der Karteninhaber erwirbt vom Emittenten elektronisches Geld, das auf den Chip geladen wird und mit dem in ausgewiesenen Geschäften bezahlt werden kann (z.B. Quick-Karte).

172 Die verwendeten Bezeichnungen sind international noch nicht standardisiert. Die hier verwendeten basieren auf Bank for International Settlements 1996a. In Zukunft sind zudem Hybridformen denkbar, bei denen Kartenbasierendes elektronisches Geld mit entsprechender Software kombiniert über das Internet verwendet wird.

Die geringsten Transaktionskosten fallen bei einer Zahlung an, bei der keine Online-Verbindung mit dem Emittenten aufgenommen werden muss. Allerdings wird aus Sicherheitsgründen häufig ein „audit trail" (Verzeichnis der mit einer bestimmten Karte durchgeführten Transaktionen) aufgezeichnet; dies ist jedoch nur durch Online-Verbindung bei der Zahlung möglich. Um die Transaktionskosten zu senken, werden in manchen Systemen Zufallsstichproben gezogen, d.h. eine Online-Verbindung kommt nur bei einigen Transaktionen zustande, allerdings wissen die Benutzer im Vorhinein nicht, bei welchen.

Bei auf *Software* basierenden Systemen oder *digitalem Geld* werden zwei Formen unterschieden:

- Der mit der entsprechenden Software ausgestattete Zahlende erwirbt vom Emittenten über ein offenes Datensystem (z.B. Internet) gegen Bezahlung Zahlenkombinationen (*digitale Banknoten*[173]), die durch entsprechende kryptographisch gesicherte Codes als dessen „Verbindlichkeit" erkannt werden können. Damit kann er dann, falls auch der Zahlungsempfänger die entsprechende Software installiert hat, die gewünschte Summe direkt an diesen über das Datensystem übertragen.
- Der Zahlende stellt mittels Software auf seiner Festplatte einen *digitalen Scheck* aus, der in weiterer Folge zu einer Kontenüberweisung führt. Auch in diesem Fall ist es notwendig, dass der Empfänger über die entsprechende Software verfügt, um die Echtheit überprüfen und die Überweisung durch die Institution, auf die der Scheck lautet, auf sein Konto veranlassen zu können.

Digitale Banknoten können als Äquivalent für Bargeld betrachtet werden, digitale Schecks nur als Äquivalent für Schecks, die in der Regel zahlungshalber entgegengenommen werden. Die schuldbefreiende Wirkung wird dort erst durch die Einlösung des Schecks erreicht.

Die Einordnung des elektronischen Geldes in die Klassifikation der Zahlungssysteme

Durch die Einordnung von auf Karten und auf Software basierenden Systemen elektronischen Geldes in die Klassifikation der Zahlungssysteme (siehe Tabelle 24) kann auf die für diese Systeme entwickelte Regulierungsanalyse zurückgegriffen werden. Zahlungssysteme können anhand verschiedener Kriterien unterschieden werden:

---

173 Die Analogie zu Banknoten ist zwar gegeben, dennoch fallen diese Formen des Geldes nicht unter die rechtliche Definition von Banknoten.

Wie erfolgt die Übertragung des Zahlungsbetrags?

1. Die Übertragung des Zahlungsbetrags erfolgt ohne weitere Zwischenschritte direkt in Form der Übergabe von Zahlungsmitteln (wertbasierendes Zahlungssystem).
2. Die Übertragung des Zahlungsbetrages erfolgt mittels Überweisung vom Konto des Zahlers auf jenes des Zahlungsempfängers (kontenbasierendes Zahlungssystem).
3. Die Übertragung des Zahlungsbetrages findet über Dritte statt. Dabei handelt sich gewöhnlich um ein Kreditinstitut oder eine Kreditkartenfirma (kreditbasierendes Zahlungssystem).

Ist das Zahlungssystem als elektronisches zu klassifizieren oder nicht?

Der Betreiber eines Zahlungssystems (Clearing-Haus) offeriert im Wesentlichen zwei Arten von Dienstleistungen:

Clearing: Die Berechnung aller (bilateralen) Belastungen und Gutschriften der am Zahlungssystem Teilnehmenden.

Settlement: Die Vermögensübertragungen zum Ausgleich aller nach dem Clearing verbleibenden Nettopositionen.

Als elektronisch sind jene Zahlungssysteme zu klassifizieren, bei denen das Clearing und das Settlement elektronisch erfolgen.

Tabelle 24: Überblick über die Einordnung des elektronischen Geldes in die Klassifikation der Zahlungssysteme

	Nicht-elektronische Zahlungssysteme	**Elektronische Zahlungssysteme**
Wertbasierend	Bargeld	Auf Karten basierendes elektronisches Geld (elektronische Geldbörsen), auf Software basierendes elektronisches Geld in Form digitaler Banknoten
Kontenbasierend	Traditioneller Scheck	Software basierendes elektronisches Geld in Form digitaler Schecks

Kreditbasierend	Kreditkarte (Konsument bezahlt die Rechnung nicht elektronisch)	Kreditkarte (Konsument bezahlt Rechnung elektronisch – z.B. Dauerauftrag)

Quelle: Chakravorti 1997, 1.

Was ist neu am elektronischen Geld?

In den meisten Ländern hält die Notenbank ein Banknotenmonopol: Sie allein hat das Recht, Banknoten zu emittieren. Die Emission von *Banknoten* durch Geschäftsbanken war in der Vergangenheit nicht unüblich.[174] Da digitale Banknoten nicht unter das Banknotenmonopol fallen, ergibt sich damit die Möglichkeit *privater* Geldemission. In der Regel ist elektronisches Geld aber in Bargeld einlösbar oder auf Verlangen auf ein Bankkonto auszubezahlen, sodass der geldpolitische Handlungsspielraum der Notenbanken nicht grundsätzlich eingeschränkt wird. Die digitalen Banknoten bieten – ebenso wie Bargeld – die Möglichkeit der Anonymität der beteiligten Parteien bei der Bezahlung.

Das *Scheckmodell* ist in seiner traditionellen Form sehr weit verbreitet.[175] Die Zahlungsform an sich ist also nicht neu – lediglich die Art und Weise der Ausstellung eines Schecks kann in Zukunft elektronisch erfolgen. Dadurch wird es möglich, die Transaktionskosten (inkl. der damit verbundenen Unsicherheiten) der Übersendung von Schecks zu reduzieren. Anstatt den Scheck z.B. mit der Post zu versenden, kann er jetzt über das Internet an den Zahlungsempfänger geschickt werden. Dadurch wird das Zahlungssystem "Scheck" für Transaktionen attraktiv, die geringe Beträge betreffen und bei denen die involvierten Parteien nicht zur selben Zeit am selben Ort handeln (z.B. elektronischer Handel).

Gegenwärtig nicht verbreitet, aber technisch möglich ist die mit der Kryptographie verbundene Möglichkeit, Schecks so auszustellen, dass keine der beiden involvierten Parteien ihre Identität preisgeben muss (Anonymität).[176]

Neu am elektronischen Geld sind die Möglichkeit privater Emission (digitaler) Banknoten, die potenzielle Anonymität der beteiligten Parteien sowie die niedrigen Transaktionskosten.[177]

---

174 Vgl. Selgin/White 1994 und die dort angeführte Literatur.

175 Vgl. EZB 2000.

176 Vgl. Neumann/Nedvinski 1997; Schneier 1993 für detaillierte Darstellungen der verwendeten Algorithmen.

177 Vgl. u.a. Millicent, ein System, bei dem Zahlungen ab 0,1 US cent möglich sind. http://www.millicent.digital.com/home.html.

Im folgenden Abschnitt wird untersucht, welche regulatorischen Herausforderungen sich aufgrund der Möglichkeit der privaten Emission elektronischen Geldes ergeben und welche Rolle nationalen, supranationalen und internationalen Institutionen dabei zukommt. Zu diesem Zweck wird auf die Einordnung der auf Karten und der auf Software basierenden Systeme in die Klassifikation der Zahlungssysteme zurückgegriffen.

Im Anschluss daran werden die Auswirkungen des elektronischen Geldes auf die Geldpolitik der Notenbanken untersucht sowie die Konsequenzen der möglichen Anonymität für die Rechtsdurchsetzung kurz dargestellt.

3.1.2.6.2 Die Rolle nationaler, supranationaler und internationaler Institutionen beim elektronischen Geld

Für den Betrieb von Zahlungssystemen bestehen in den meisten Ländern besondere regulatorische Rahmenbedingungen: Das Zahlungssystem Bargeld wird in der Regel von einem Staatsmonopol (Notenbank) betrieben und die Institutionen, die im Rahmen des Zahlungsverkehrs eine besondere Rolle einnehmen (Banken), werden besonders streng reguliert. Die besondere wirtschaftliche Stellung der Zahlungssysteme einer Volkswirtschaft wird in der Regel in drei Schritten argumentiert:

- Die mit dem Betrieb von Zahlungssystemen verbundenen Risiken sind besonders komplex, d.h. die einzelnen Risiken sind voneinander nicht unabhängig, sodass das Gesamtrisiko für den Laien besonders schwierig einzuschätzen ist. Die effiziente Risikoallokation durch Marktkräfte ist daher nur beschränkt möglich.
- Mit dem Zusammenbruch einzelner Teilnehmer an einem Zahlungssystem und/oder einzelnen Zahlungssystemen sind externe Effekte[178] auf andere Teilnehmer an einem Zahlungssystem und/oder anderen Zahlungssystemen verbunden, sodass die Stabilität des gesamtwirtschaftlichen Zahlungssystems gefährdet wäre (systemisches Risiko).[179]

---

178 *Siehe Kapitel 1.1.*

179 *Der Zusammenbruch einer Bank kann z.B. zu Gerüchten betreffend die Stabilität einer anderen Bank führen. Dadurch werden deren Sparer verunsichert und beheben ihre Einlagen. In der Folge kann die betroffene Bank in eine Liquiditäts- und in eine Solvenzkrise geraten, die durch den Zusammenbruch einer anderen Bank ausgelöst wurde. Setzt sich der Prozess fort, kann das gesamte Banken- und damit das gesamtwirtschaftliche Zahlungssystem, das von ihnen mitgetragen wird, in eine Krise geraten.*

- Der Zusammenbruch des gesamtwirtschaftlichen Zahlungssystems hat negative Auswirkungen auf die reale Wirtschaftsleistung einer Volkswirtschaft.

Mit Zahlungssystemen verbundene Risiken
Die typischerweise mit Zahlungssystemen verbundenen Risiken lassen sich in zwei Gruppen einteilen: quantifizierbare und nicht-quantifizierbare Risiken.[180]

Quantifizierbare Risiken
Alle an Zahlungssystemen teilnehmenden Personen und Institutionen sind einem möglichen *Kreditrisiko (Solvenzrisiko)* ausgesetzt. Das elektronische Geld emittierende Finanzinstitut hält zur Deckung des Umlaufs Forderungen gegen Dritte (z.B. Guthaben bei einer Bank, ausgewählte Staatsanleihen), die möglicherweise insolvent werden könnten.[181] Stundet der Emittent dem Bezieher des elektronischen Geldes die Bezahlung dafür oder übernimmt er für ihn eine Scheckgarantie, trägt er auch das damit verbundene Kreditrisiko. Die Empfänger elektronischen Geldes tragen das Risiko, dass der Emittent bis zur Einlösung der Umlaufsmittel insolvent werden könnte. Da die Forderungen zur Deckung des Umlaufs in der Regel weniger liquide sind als die (sofort fälligen) Umlaufsmittel selbst, muss man zwischen Insolvenz und Illiquidität unterscheiden. Das *Liquiditätsrisiko* ergibt sich daraus, dass die Einlösung nicht unmittelbar erfolgen könnte, da die Liquiditätsreserven des Emittenten nicht ausreichen und die Liquidisierung der Forderungen gegen Dritte etwas Zeit in Anspruch nehmen könnten. Dies bedeutet nicht, dass die Einlösung überhaupt nicht erfolgt, aber unter Umständen mit Verzögerungen. Aus einem Liquiditätsproblem kann sich durch die schnelle Liquidation weniger liquider Forderungen ein Solvenzproblem entwickeln. Daher müssen die Forderungen der Emittenten elektronischen Geldes besonders liquide sein.

---

180 *Die Klassifikation der Risiken ist in der Literatur Standard. Die folgenden Darstellungen orientieren sich an EZB 1998; Bank for International Settlement 1998; McAndrews 1997.*

181 *Eine besondere Form des Kreditrisikos ist das sogenannte* Herstattrisiko, *das bei Verzögerungen beim Austausch von Zahlungsströmen auftreten kann. In der sehr kurzen Zeit zwischen der Zahlung und dem Erhalt der Gegenleistung (z.B. Fremdwährung bei einer Devisenmarkttransaktion) kann der Transaktionspartner zahlungsunfähig werden. Relevant ist dies vor allem dort, wo sehr große Geldsummen und große Risiken involviert sind.*

Der Wert der Forderungen gegen Dritte kann durch Bewegungen des Zinsniveaus und der Zinsstruktur[182] sowie der Wechselkurse beeinflusst werden. Dem *Zins-* und dem *Wechselkursrisiko* ist vor allem der Emittent ausgesetzt, indirekt (über das Kreditrisiko) auch der Empfänger. Falls der Emittent auch Fremdwährungen gegen die Umlaufsmittel tauscht, spielt dieses Risiko auch auf der Seite seiner Erlöse eine Rolle.

Weitere Risiken, denen der Emittent gegenübersteht, hängen von spezifischen Charakteristika der Forderungen ab, die zur Deckung des Umlaufs gehalten werden (z.B. Aktienkursrisiken).

Nicht-quantifizierbare Risiken

Das Finanzinstitut, das ein Zahlungssystem anbietet, ist einem *strategischen Risiko* ausgesetzt, das mit dem Grad der Komplexität des Designs, der Entwicklung und Implementierung des Systems steigt. D.h. die strategischen Ziele (z.B. ein bestimmter Marktanteil) könnten nicht erreicht werden.

Unzulängliche interne Kontrollen und fehleranfällige Informationssysteme bilden für das emittierende Finanzinstitut das *operationale Risiko*. Vor allem interner Betrug kann zu großen Verlusten (u.U. der gesamten Reserven) führen. Funktionstüchtige und fehlerresistente Informationssysteme spielen bei elektronischem Geld eine zentrale Rolle, da Unterbrechungen der Funktionsbereitschaft mit hohen Liquiditätskosten seitens der Konsumenten und Probleme der Datenverwaltung mit hohen Verwaltungskosten seitens des Emittenten verbunden sind.

Weiters kann dadurch die Reputation eines Zahlungssystems leiden. Da Vertrauen eine zentrale Rolle bei der Akzeptanz von Umlaufsmitteln spielt, sind die Emittenten einem besonders hohen *Reputationsrisiko* ausgesetzt. Die Bewältigung dieses Risikos ist besonders schwierig, da auch nicht auf Fakten, sondern auf Gerüchten basierender Reputationsverlust bedacht werden muss. Unter anderem sind daher Maßnahmen im Bereich des Marketing und der Öffentlichkeitsarbeit von besonders großer Bedeutung.

Rechtliche Risiken ergeben sich aus möglichen Veränderungen bezüglich des regulatorischen Rahmens, innerhalb dessen der Emittent agiert (z.B. Verbraucher- und Datenschutz).

---

182 Die Zinsstruktur gibt die Höhe der Zinsen von Forderungen mit unterschiedlicher Restlaufzeit zu einem bestimmten Zeitpunkt an.

Systemische Risiken – regulatorischer Handlungsbedarf in Zahlungssystemen

Die Besonderheit von Zahlungssystemen liegt nun darin, dass einerseits zwischen den einzelnen Teilnehmern Wechselbeziehungen (z.B. externe Effekte) bestehen und andererseits die Funktionsfähigkeit des gesamtwirtschaftlichen Zahlungssystems zentrale Auswirkungen auf die Wirtschaftsleistung einer Volkswirtschaft hat. Aus diesen beiden Phänomenen ergibt sich regulatorischer Handlungsbedarf.

Externe Effekte, asymmetrische Information und Auswirkungen auf die reale Wirtschaftsleistung einer Volkswirtschaft

Informationsprobleme Dritter – am Zahlungssystem nicht Beteiligter – können im Zuge der Insolvenz eines Finanzinstitutes zu einem Vertrauensverlust in das gesamte Zahlungssystem führen (negativer externer Effekt). Diese sogenannte „Contagion" („Ansteckung") basiert darauf, dass die bestehenden Informationsdefizite durch Analogieschlüsse von einem am Zahlungssystem beteiligten Institut (im Krisenfall vom insolventen Finanzinstitut/Emittenten elektronischen Geldes) auf alle anderen ausgeglichen werden. Dadurch kann die Insolvenz oder Illiquidität eines Finanzinstitutes das Vertrauen in das gesamtwirtschaftliche Zahlungssystem untergraben.

Der Zusammenbruch des gesamtwirtschaftlichen Zahlungssystems führt zu einer Beeinträchtigung der wirtschaftlichen Aktivität weit über den Finanzsektor hinaus. Der Grund dafür liegt in der zentralen Funktion eines gesamtwirtschaftlichen Zahlungssystems – nämlich die (realen) Transaktionskosten in allen Bereichen der Wirtschaft zu senken. Dieser negative externe Effekt reicht über das jeweilige Zahlungssystem hinaus. Die Stabilität des gesamtwirtschaftlichen Zahlungssystems ist daher ein bedeutendes wirtschaftspolitisches Ziel. Die diesbezüglichen Maßnahmen reichen vom Banknoten-Monopol bis zu besonders strengen Zulassungskriterien zum und zur strengen Regulierung des Bankgeschäfts, da Banken das gesamtwirtschaftliche Zahlungssystem tragen. International koordiniert werden die Bemühungen durch die Bank für Internationalen Zahlungsausgleich (BIZ) und das dort angesiedelte „Basle Committee on Banking Supervision".

Als Teil des gesamtwirtschaftlichen Zahlungssystems sind die Emittenten des elektronischen Geldes daher in die Regulierungsstruktur des Bankensektors einzubeziehen. In diesem Zusammenhang ist auch der diesbezügliche Richtlinienvorschlag der Europäischen Kommission (s.u.) zu interpretieren.

Wodurch unterscheidet sich elektronisches Geld von traditionellen Zahlungssystemen?
Die Ausgabe elektronischen Geldes entspricht der Ausgabe besonders liquider Verbindlichkeiten (Finanzpassiva), daher müssen auch die entsprechenden Liquiditätsreserven der Emittenten liquider und höher sein als bei traditionellen Banken. Mangelndes Vertrauen in die Liquiditätsausstattung eines Emittenten elektronischen Geldes könnte zu einem Vertrauensverlust in dieses Institut und in der Folge – aufgrund asymmetrischer Information bezüglich der Reservehaltung einzelner Institute – in das elektronische Geld im Allgemeinen führen. Im äußersten Fall kann dies auch zu einem Vertrauensverlust in das gesamtwirtschaftliche Zahlungssystem führen und dessen Stabilität gefährden.

Zusätzlich zu der hohen Liquidität ihrer Verbindlichkeiten unterscheiden sich Emittenten elektronischen Geldes von den traditionellen Trägern des gesamtwirtschaftlichen Zahlungssystems (v.a. Banken) durch die besondere Bedeutung operationaler Risiken.

Der Betrieb von Zahlungssystemen ist mit einer Vielzahl von unterschiedlichen Risiken verbunden, von denen die operationalen Risiken bei elektronischem Geld besonders bedeutend sind (siehe Tabelle 25). Die elektronischen Zahlungssysteme, die im Zahlungsverkehr zwischen Banken Verwendung finden, basieren auf proprietären, geschlossenen Systemen und verbinden eine relativ kleine Zahl von Nutzern, die sich über Passworte im System anmelden müssen und daher sehr leicht identifizierbar sind.

Elektronisches Geld hingegen ermöglicht die Übertragung von Wert über offene, nicht proprietäre Kommunikations-Netze. Dadurch wird es möglich, die Nachrichten abzufangen und zu manipulieren. Eine weitere wichtige Quelle möglicher Sicherheitsrisiken sind jene Hard- und/oder Software-Produkte, die den einzelnen Teilnehmern (Konsumenten und Händlern) zugänglich sind. Da diese in großer Zahl kostengünstig hergestellt werden müssen, sind den Optionen technologischer Sicherheitsvorkehrungen enge Grenzen gesetzt. Weiters sind zahlreiche Exemplare der Hard- und/oder Software in der Öffentlichkeit verfügbar, wodurch die Analyse der Sicherheitsvorkehrungen ebenso erleichtert wird wie durch die mögliche Simulation von Kommunikation zwischen einzelnen Teilen des Systems und die geringen Kosten der Zerstörung einzelner seiner Komponenten.

Das elektronische Geld unterscheidet sich von traditionellen Zahlungssystemen durch die besonders hohe Liquidität der Verbindlichkeiten seiner Emittenten (im Verhältnis zu den Trägern traditioneller Zahlungssysteme – den Banken) und durch die größere Bedeutung der operationalen Risiken.

Diese spezifischen Risiken sind in der Regel *systemische Risiken* und verdienen daher spezielle regulatorische Aufmerksamkeit, da es möglich ist, durch Betrug die gesamten Liquiditätsreserven und die gesamte Kapitalbasis eines Emittenten zu eliminieren und ihn dadurch in die Insolvenz zu zwingen, wodurch auch andere Emittenten in Liquiditäts- und Solvenzkrisen geraten können. Zusätzlich zu den höheren Liquiditätsreserven und einer hinreichenden Eigenkapitalausstattung kommt bei elektronischem Geld dem Management von Sicherheitsrisiken eine besonders hohe Bedeutung zu.

Die Auswirkungen auf das gesamtwirtschaftliche Zahlungssystem sind allerdings in Anbetracht der geringen Verbreitung des elektronischen Geldes gegenwärtig noch vernachlässigbar. Das Schaffen des notwendigen Vertrauens der Benutzer in die Systeme und die Reduktion der Rechtsunsicherheit für Anbieter werden daher häufig als Gründe für regulatorische Eingriffe gesehen. Dieser Argumentation stehen angebotsorientierte Einwände gegenüber, wonach frühzeitige Regulierung zu inflexiblen Strukturen, technologisch suboptimalen Lösungen und geringerer Innovationsdynamik im Bereich des elektronischen Geldes führen könnte.

Tabelle 25: Die unterschiedlichen Formen operationaler Risiken beim elektronischen Geld

Vervielfältigung von Hardware
Manipulation der Software oder der gespeicherten Daten
Manipulation der Daten während des Transfers
Diebstahl von Hard- und Software
Fehlfunktionen des Systems

Die Sicherheitsmaßnahmen, die zur Zeit in unterschiedlicher Zusammensetzung und Struktur in einzelnen elektronischen Zahlungssystemen Verwendung finden, lassen sich in drei Gruppen einteilen: Prävention, Betrugs- und Manipulationserkennung sowie Schadensbegrenzung.[183]

---

183 Vgl. Bank for International Settlements 1996a, b, 1998.

Die bestehenden Sicherheitsmaßnahmen für elektronische Zahlungssysteme müssen in Relation zu den Sicherheitsmaßnahmen traditioneller Zahlungssysteme (z.B. Bargeld) gesehen werden. In diesem Lichte betrachtet, beurteilt die Bank für Internationalen Zahlungsausgleich[184] die bestehenden technologischen Optionen als hinreichend. Die Chipkarten (elektronische Geldbörsen) sind in der Regel sicherer als bestehende Magnetstreifen-Karten. Bei digitalem Geld ist es wesentlich leichter, die Software zu kopieren oder zu manipulieren. Diese Systeme müssen daher andere Sicherheitsmaßnahmen setzen (z.B. Online-Autorisierung jeder einzelnen Transaktion, keine Transfers unter Konsumenten).

Die Eliminierung jedes Risikos wäre aus ökonomischer Sicht nicht als effizient anzusehen. Viel mehr sollte jenes Sicherheitsniveau angestrebt werden, bei dem die Grenzkosten der Implementierung den erwarteten Grenzkosten der Verluste durch eine erfolgreiche Manipulation des Systems entsprechen. Für die Betreiber besteht ein Trade-off zwischen Sicherheit und den damit verbundenen pekuniären und nicht pekuniären Kosten (z.B. Funktionalität, Geschwindigkeit).

Asymmetrische Information – Monitoring als öffentliches Gut

Aufgrund der besonderen Bedeutung der operationalen Risiken ergibt sich beim elektronischen Geld Regulierungsbedarf, da die Komplexität der notwendigen Sicherheitseinrichtungen eines elektronischen Zahlungssystems es Individuen nahezu unmöglich macht, selbstständig deren Adäquanz zu überprüfen (asymmetrische Information). Weiters hätte das Ergebnis einer derartigen Überprüfung teilweise den Charakter eines öffentlichen Gutes[185], sodass die gesellschaftlich (Pareto-)optimale Überprüfungsintensität nicht durch dezentrale Entscheidungsstrukturen erreicht wird (Schwarzfahrer-Problem). Darüber hinaus wird eine spezialisierte Kontrollinstanz durch wachsende Skalenerträge (insbesondere als Folge des notwendigen Expertenwissens in den Bereichen Technologie, Kryptographie und Organisation) die Überwachung effizienter leisten können als jeder einzelne Benutzer. In Anbetracht der anhaltenden Innovationsdynamik im Bereich der Sicherheitsmaßnahmen müssen diese regelmäßig auf ihre Adäquanz überprüft werden.

Analog zur Argumentation in Bezug auf die Sicherheitsmaßnahmen ist im Bereich der adäquaten Reservehaltung liquider Mittel von asymmetrischer In-

---

184 Vgl. Bank for International Settlements 1996b.

185 Vgl. Diamond 1984.

formation zwischen Konsumenten und Emittenten elektronischen Geldes auszugehen. Aus denselben Überlegungen ergibt sich, dass die Erfüllung besonderer Liquiditätsvorschriften von der Aufsichtsbehörde geprüft wird.

Die Rolle des elektronischen Geldes als Teil des gesamtwirtschaftlichen Zahlungssystems sowie die Kontrolle des Kontrolleurs (der Aufsichtsbehörde) – analog zu den im Kapitel 3.1.2.1 angeführten Argumenten (z.B. Transparenz) – sprechen für die Zuordnung dieser Kompetenz an die Bankaufsichtsbehörde.

Da nicht unterstellt werden kann, dass alle Benutzer dieselben Risikopräferenzen hätten, könnte elektronisches Geld mehreren Klassen unterschiedlicher Sicherheitsniveaus zugeordnet werden, die mit unterschiedlichen pekuniären und nicht pekuniären Kosten (z.B. Funktionalität, Geschwindigkeit) verbunden wären.[186] Diese Form des Versioning[187] könnte die Wahlmöglichkeiten der Benutzer und folglich die gesellschaftliche Akzeptanz erhöhen sowie die Verbreitung des elektronischen Geldes beschleunigen.

Aus nachfrage- und angebotsorientierten Überlegungen scheint es daher notwendig, die Regulierungsstrukturen und -vorschriften frühzeitig einzuführen, um das Vertrauen der Verbraucher in die elektronischen Zahlungssysteme zu erreichen, aber sie auf das dazu notwendige Minimum zu reduzieren und so flexibel zu gestalten, dass die Innovationsdynamik der technischen Entwicklung dadurch nicht behindert wird (Technologieneutralität).
Der Regulierungsbedarf ergibt sich aufgrund der mit Zahlungssystemen verbundenen externen Effekte auf die gesamtwirtschaftliche Aktivität, der besonderen Bedeutung der operationalen Risiken des elektronischen Geldes sowie der hohen Liquidität der Verbindlichkeiten der Emittenten des elektronischen Geldes.

Dies spricht gegen eine Standardisierung, die über einzelne Komponenten eines Sicherheitssystems (z.B. Kryptographie) hinausgeht sowie gegen Marktzutrittsbarrieren, die die Kosten des Markteintritts stark erhöhen würden (z.B. Ausschluss aller Nicht-Banken vom Betrieb elektronischer Zahlungssysteme). Da sich die Methoden der Systemmanipulation ständig weiterentwickeln, sollte die Innovationsdynamik im Bereich der Sicherheitsmaßnahmen nicht verzögert werden.

---

186 Unterschiedliche Sicherheitsniveaus bestehen auch bei der digitalen Signatur (siehe Kapitel 3.1.2.1).

187 Siehe Kapitel 3.1.4.

3.1.2.6.3 Elektronisches Geld und Geldpolitik

Die Verbreitung des elektronischen Geldes kann zu einer Reduktion der Geldnachfrage der Wirtschaftssubjekte führen: Die Transaktionen finden in Form von Transfers des elektronischen Geldes ohne die Verwendung von Bargeld statt. Die Europäische Kommission hat allerdings in ihrem Richtlinienentwurf (s.u.) vorgeschlagen, dass die Reservehaltung der Emittenten elektronischen Geldes 100% des in Umlauf befindlichen elektronischen Geldes betragen und aus besonders liquiden Mitteln (z.B. Sichteinlagen bei Banken) bestehen muss. Dadurch wird verhindert, dass die erweiterte Geldmenge (zu der auch besonders liquide Mittel gehören) durch die Verbreitung des elektronischen Geldes stärker ansteigt, als bei einem Anstieg der Verwendung traditioneller bargeldloser Zahlungsformen (z.B. traditioneller Schecks).[188]

Für die Geldpolitik ist das Verhältnis zwischen den Instrumenten der Geldpolitik – in erster Linie dem kurzfristigen Zinssatz und der Zentralbankgeldmenge (Bargeld und freie Reserven der Geschäftsbanken bei der Zentralbank) – und der Zielvariable Preisniveau von Bedeutung. Prima facie besteht kein Grund zur Annahme, dass das Verhältnis zwischen den Instrumenten der Geldpolitik und dem Preisniveau durch die Verbreitung des elektronischen Geldes volatiler und daher schwieriger zu prognostizieren wird, da elektronisches Geld in der Regel in Bargeld einlösbar ist oder auf traditionelle Bankkonten auf Verlangen ausbezahlt wird. Die Verbreitung des elektronischen Geldes kann zu einer Reduktion des Münzgewinns der Notenbanken (Seigniorage) führen, da die Bargeldnachfrage reduziert wird. Negative Auswirkungen auf die Geldpolitik sind aber von der Verbreitung des elektronischen Geldes – unter den vorgeschlagenen regulatorischen Rahmenbedingungen – nicht zu erwarten.

3.1.2.6.4 Probleme der Rechtsdurchsetzung beim elektronischen Geld angesichts der Anonymität

Elektronisches Geld wird wegen der Anonymität, die es sowohl für Zahler als auch für Empfänger in manchen Systemen (z.B. DigiCash) bieten kann, häufig in Verbindung mit organisiertem Verbrechen und Geldwäsche gebracht. Die

---

188 Die Verbreitung von Kreditkarten hat zu einer Veränderung des Verhältnisses zwischen den Instrumentvariablen und den Zielvariablen der Geldpolitik beigetragen. Allerdings erfolgte diese Veränderung langsam, sodass es den Zentralbanken möglich war, ihre Politik dementsprechend zu adaptieren.

Argumentation baut auf der Bedeutung des Bargeldes für das organisierte Verbrechen auf, die sich aus der Anonymität der beteiligten Parteien sowie den niedrigen Transaktionskosten ergibt.

Dennoch schätzt die Bank für Internationalen Zahlungsausgleich[189] die Missbrauchsgefahr gegenwärtig noch gering ein:

- Elektronisches Geld ist für kleine Beträge konzipiert. Insbesondere auf Karten basierende Systeme elektronischen Geldes haben häufig sehr niedrige Ladelimits (z.B. österreichisches Quick öS 1.999,–).
- Transaktionen zwischen Verbrauchern sind häufig unmöglich. In der Regel sind nur Transaktionen mit Händlern vorgesehen. Dadurch kommt es sehr häufig zu Interaktionen mit dem Zahlungssystem-Betreiber, der dadurch personenbezogene Kontenbewegungen verfolgen kann.
- Transfers zwischen neuen elektronischen Zahlungssystemen und traditionellen Konten oder Bargeld sind in der Regel nicht anonym.
- Die meisten Anbieter von elektronischem Geld (v.a. Banken) unterliegen den rechtlichen Auflagen zur Bekämpfung der Geldwäsche (z.B. Meldung verdächtiger Kontenbewegungen).

Die Attraktivität elektronischen Geldes für das organisierte Verbrechen kann im Zuge technologischer und institutioneller Innovationen steigen. In ihrer gegenwärtigen Form werden durch neue elektronische Zahlungssysteme keine spezifischen Probleme bei der Rechtsdurchsetzung erwartet.

3.1.2.6.5 Bestimmungen bezüglich des elektronischen Geldes in der Europäischen Union

Innerhalb der Europäischen Union wird im Zuge der Entwicklung des Binnenmarktes für Finanzdienstleistungen auch der regulatorische Rahmen für Emittenten elektronischen Geldes vereinheitlicht. Der Prozess der Vereinheitlichung im Bankrecht begann bereits im Jahre 1977 mit der ersten Bankrechtskoordinierungsrichtlinie.[190] Die neuen Herausforderungen im Zuge der Entwicklung des elektronischen Geldes sollen durch die vorgeschlagenen Richtlinien in diesen Rahmen integriert werden. Auf internationaler Ebene wird die Bankregulierung vor allem durch die Bank für Internationalen Zahlungsausgleich (BIZ) koordiniert. Die Entwicklung des elektronischen Geldes führt daher nicht

---

189 Vgl. Bank for International Settlements 1997.

190 Vgl. 77/780/EWG.

zu grundlegend neuen Herausforderungen im Bereich supranationaler und internationaler Koordinierung staatlicher Regulierung. Allerdings ist im B-2-C eCommerce die internationale technische Kompatibilität des elektronischen Geldes von Bedeutung. Aufgrund der konkurrierenden Entwicklungen unterschiedlicher technischer Standards ist in diesem Bereich aber kein regulatorischer Handlungsbedarf gegeben, sondern auf Technologieneutralität zu setzen, um die technische Entwicklung nicht zu hemmen.

Tabelle 26: EU-Bestimmungen und Vorschläge zum elektronischen Geld

Die wichtigsten EU-Bestimmungen und Vorschläge zum elektronischen Geld
1998: KOM(98) 461 endg. COD 252 Vorschlag für eine Richtlinie zur Änderung der Richtlinie 77/780/EWG zur Koordinierung der Rechts- und Verwaltungsvorschriften über die Aufnahme und Ausübung der Tätigkeit der Kreditinstitute
1998: KOM(98) 461 endg. COD 253 Vorschlag für eine Richtlinie über die Aufnahme, Ausübung und Beaufsichtigung der Tätigkeit von E-Geld-Instituten
1998: KOM(98) 468 endg. Vorschlag für eine Richtlinie über den Fernabsatz von Finanzdienstleistungen an Verbraucher und zur Änderung der Richtlinie 90/619/EWG sowie der Richtlinien 97/7/EG und 98/27/EG
1997: Empfehlung 97/489/EG der Kommission vom 30. Juli 1997 zu den Geschäften, die mit elektronischen Zahlungsinstrumenten getätigt werden (besonders zu den Beziehungen zwischen Emittenten und Inhabern solcher Instrumente)

Regulierung von Emittenten elektronischen Geldes (E-Geldinstitute)

Der Diskussionsprozess bezüglich der Regulierung von Emittenten elektronischen Geldes ist innerhalb der EU (v.a. Kommission und EZB) noch nicht abgeschlossen. Innerhalb der EU sollen die Emittenten elektronischer Zahlungsmittel durch Adaption der ersten Bankrechtskoordinierungs-Richtlinie[191] in die Definition der Kreditinstitute aufgenommen werden und würden damit auch der zweiten Bankrechtskoordinierungs-Richtlinie[192] unterliegen. Allerdings

191 Vgl. 77/780/EWG.
192 Vgl. 89/646/EWG.

würden nicht alle Bestimmungen auf Nicht-Kreditinstitute[193] angewandt, die lediglich elektronische Zahlungssysteme betreiben.

Die Ziele der EU-weiten Regulierung der Emittenten elektronischen Geldes sind vor allem: (1) Die Schaffung eines einheitlichen rechtlichen Rahmens für die gesamte Union, um eine Verzerrung des Wettbewerbs zwischen Emittenten aus unterschiedlichen Mitgliedsstaaten zu verhindern. (2) Die Ausdehnung der besonderen aufsichtsrechtlichen Maßnahmen von den Kreditinstituten auf die Emittenten elektronischen Geldes – die nicht notwendigerweise Kreditinstitute sind -, um den Wettbewerb zwischen ihnen und den idR strenger regulierten Kreditinstituten nicht zu verzerren. (3) Der regulatorische Rahmen und die Darstellung der Rechte und Pflichten von Verbrauchern und Emittenten sollen das Vertrauen der Verbraucher in des elektronische Geld stärken sowie die Stabilität des Finanzsystems (und damit des gesamtwirtschaftlichen Zahlungssystems) gewährleisten.

Die Europäische Kommission hat im Oktober 1998 einen Vorschlag für eine Richtlinie[194] bezüglich der Regulierung von E-Geldinstituten – d.h. elektronisches Geld emittierende Institute, die keine Kreditinstitute sind – vorgelegt, um den Besonderheiten dieser Institute und der notwendigen Harmonisierung der Vorschriften bezüglich Aufnahme, Ausübung und Beaufsichtigung ihrer Geschäftstätigkeit innerhalb der Gemeinschaft Rechnung zu tragen. Dadurch kann durch eine einzige Zulassung in einem Mitgliedsland und die dort erfolgende Aufsicht die Geschäftstätigkeit in der gesamten Union aufgenommen werden. Um die technologische Entwicklung nicht zu behindern, wird ein technologieneutraler regulatorischer Rahmen vorgeschlagen. Die Emission elektronischen Geldes wird dabei nicht als Entgegennahme von Einlagen angesehen und ist daher auch Nicht-Kreditinstituten möglich.

Die Geschäftstätigkeit von E-Geldinstituten ist auf die mit der Emission von elektronischem Geld eng verknüpften Dienstleistungen (z.B. Verwaltung des elektronischen Geldes durch Wahrnehmung operativer Aufgaben) sowie die Erbringung von sonstigen nicht finanziellen Dienstleistungen über elektronische Hilfsmittel beschränkt. Weiters sollten sie keine Beteiligungen an anderen Unternehmen halten, die nicht mit der Emission eng verknüpfte Aufgaben erfüllen.

---

193 Da die Emission von elektronischem Geld nicht als Entgegennahme von Einlagen angesehen wird, sind die Emittenten trotz der Aufnahme in die Definition in der ersten Bankrechtskoordinierungs-Richtlinie funktionell keine Kreditinstitute. Sie fallen auch nicht unter die Richtlinie 94/19/EWG bezüglich der Einlagensicherungssysteme.

194 Vgl. Vorschlag für eine Richtlinie KOM (98) 461 COD 252/253.

E-Geldinstitute unterliegen teilweise etwas weniger restriktiven Auflagen als Kreditinstitute: (i) Sie müssen über ein Anfangskapital von mindesten Euro 500 000,– verfügen und ihr Eigenkapital darf unter diesen Wert nicht absinken. (ii) Sie müssen jederzeit über ein Eigenkapital im Ausmaß von zumindest 2% des höheren der beiden folgenden Werte verfügen: Aktueller Betrag oder der Durchschnitt der letzten sechs Monate der Summe ihrer Finanzpassiva, die mit dem noch nicht verwendeten, d.h. in Umlauf befindlichen elektronischen Geld verbunden sind.

Den weniger restriktiven Auflagen stehen auch restriktivere Vorschriften gegenüber: (i) E-Geldinstitute müssen zumindest 100% ihrer ausstehenden Finanzpassiva in Verbindung mit dem noch nicht verwendeten elektronischen, d.h. in Umlauf befindlichen elektronischen Geld in besonders liquider Form zu sehr geringem Risiko (z.B. Sichteinlagen bei ausgewählten Kreditinstituten, ausgewählte kurzfristige Staatsschuldtitel) veranlagen.[195]

Die Kontrolle dieser Vorschriften obliegt den nationalen Behörden. Kleinere Systeme (d.h. die Summe des noch nicht verwendeten elektronischen Geldes liegt üblicherweise unter Euro 10 Mio. und die Wertobergrenze bei einzelnen Instrumenten liegt nicht über Euro 150,–) können von bestimmten Auflagen befreit werden, wodurch sie allerdings nicht in den Genuss der Niederlassungs- und Dienstleistungsfreiheit kommen.

Neben einer soliden und umsichtigen Geschäftsführung, sachgemäßen Verwaltungs- und Rechnungslegungsverfahren müssen E-Geldinstitute insbesondere die angemessenen internen Kontrollmechanismen, die den finanziellen und nicht finanziellen Risiken entsprechen, denen das Institut ausgesetzt ist, vorsehen.[196]

Bereits bestehende E-Geldinstitute werden von den nationalen Aufsichtsbehörden geprüft, um festzustellen, ob den Anforderungen dieser Richtlinie entsprochen wird und wenn nicht, ob die Zulassung widerrufen werden muss oder, ob adäquate Maßnahmen seitens der E-Geldinstitute ergriffen werden, um die Anforderungen zu erfüllen.

Die Europäische Zentralbank[197] hat dem Entwurf vor allem geldpolitische Vorbehalte entgegengebracht: Um die Emission elektronischen Geldes über die

---

195 Dadurch soll der besonders hohen Liquidität ihrer Verbindlichkeiten Rechnung getragen werden.

196 Dadurch soll der besonderen Bedeutung der operationalen Risiken beim elektronischen Geld Rechnung getragen werden.

197 Vgl. EZB 1999a.

Zentralbankgeldmenge und den Geldmarktzinssatz effektiver steuern zu können, verlangt die EZB, dass (1) die Emittenten elektronischen Geldes der jeweiligen Notenbank statistische und andere notwendige Informationen zukommen lassen, (2) elektronisches Geld dem Inhaber auf Verlangen in Bargeld oder auf ein Konto seiner Wahl ausbezahlt wird,[198] (3) Emittenten elektronischen Geldes von der Notenbank mit Mindestreserveverpflichtungen belegt werden können. Dies wird durch die Aufnahme der Emittenten elektronischen Geldes in die Definition der Kreditinstitute in der ersten Bankrechtskoordinierungs-Richtlinie gewährleistet. Generell ist allerdings keine Beeinträchtigung der Wirksamkeit der Geldpolitik durch die Verbreitung des elektronischen Geldes zu erwarten.[199]

3.1.2.6.6 Empirische Daten zu den Zahlungsmöglichkeiten im eCommerce in Europa

In einer Studie der Stiftung Warentest[200] wurden in neun europäischen Ländern Güter über den B-2-C eCommerce bei in- und ausländischen Anbietern bestellt. Dabei wurden auch Daten über die von den B-2-C eCommerce-Anbietern angebotenen (siehe Tabelle 28) und die von den eCommerce-Nutzern ausgewählten (siehe Tabelle 29) Zahlungsmöglichkeiten der einzelnen Web-sites gesammelt und nach in- bzw. ausländischen Bestellungen ausgewertet. Die dargestellten Ergebnisse sind nicht das Resultat einer repräsentativen Umfrage und daher nur als anekdotische Evidenz zu interpretieren.

Kreditkarten werden sowohl bei in- als auch bei ausländischen Bestellungen im B-2-C eCommerce bevorzugt akzeptiert. Nur in Schweden (20%) und in Deutschland (40,4%) sind vor allem Barzahlung bei Lieferung und Giroüberweisungen sehr häufig angebotene Zahlungsformen.

---

198 Der Richtlinienvorschlag sowie die entsprechende Einleitung sprechen zwar beim elektronischen Geld von Finanzpassiva sowie vom Erwerb durch Bargeld. Die Einlösung in Bargeld auf Verlangen des Inhabers wird aber nicht explizit vorgeschrieben, wodurch die EZB die Recheneinheitsfunktion des Geldes, die Preisstabilität sowie die Wirksamkeit ihres geldpolitischen Instrumentariums gefährdet sieht (EZB 1999a, Punkt 19). In der Regel wird elektronisches Geld dem Inhaber auf Verlangen in Bargeld oder auf ein Konto ausbezahlt, sodass explizite Regulierung in diesem Punkt nicht notwendig erscheint.

199 Vgl. Abschnitt Elektronisches Geld und Geldpolitk.

200 Vgl. Stiftung Warentest 1999.

Barzahlung bei Lieferung ist in allen untersuchten Ländern außer Großbritannien (10%) und Frankreich (25%) bei inländischen Bestellungen eine häufig angebotene Zahlungsmöglichkeit. Bei ausländischen jedoch mit nur 10% wenig verbreitet. Die einzige Zahlungsform, die von B-2-C eCommerce-Anbietern bei ausländischen Bestellungen neben den Kreditkarten häufig angeboten wird, ist der Scheck (36%).

Elektronisches Geld[201] wird nur in den Niederlanden (13,3%) und Belgien (11,1%) von einem nennenswerten Anteil der Web-sites bei inländischen Bestellungen akzeptiert. Bei ausländischen Bestellungen gestatteten nur 2,9% der Web-sites derartige Zahlungen.

Bei den von den Bestellern tatsächlich ausgewählten Zahlungsformen ist die Dominanz der Kreditkarten bei inländischen Bestellungen noch deutlicher ausgeprägt. In fast allen untersuchten Ländern sind sie mit 75% bis 100% der Transaktionen das beliebteste Zahlungsmittel. Ausnahmen bilden vor allem Portugal (60%), Deutschland (22,4%), Schweden (20%) und Niederlande (8,3%). In diesen Ländern ist Barzahlung nach Lieferung mit etwa 40% die beliebteste Alternative. In Deutschland, Niederlande und Schweden wird aber auch sehr oft mittels Giroüberweisung (vor oder nach Zustellung) bezahlt. Elektronisches Geld wird lediglich in Frankreich in 5,7% der Transaktionen als Zahlungsform gewählt.

Bei ausländischen Bestellungen ist die Kreditkarte mit 92,7% der Transaktionen das meist verwendete Zahlungsmittel. Nennenswerte Alternativen sind Giroüberweisungen (3,6%) und Schecks (2,2%). Elektronisches Geld wird im B-2-C eCommerce in Europa bei transnationalen Transaktionen nicht verwendet.

Das Transaktionsvolumen mit elektronischem Geld in Europa

Da auf Karten basierendes elektronisches Geld gegenwärtig vor allem im traditionellen Handel und nicht im B-2-C eCommerce verwendet wird, muss der Referenzrahmen der empirischen Analyse auf den traditionellen Handel ausgeweitet werden. Um die Bedeutung des elektronischen Geldes für die Geldpolitik abschätzen zu können, muss das Volumen der Transaktionen mit elektronischem Geld (unabhängig ob im traditionellen Handel oder im B-2-C eCommerce) in Relation zu den Gesamttransaktionen mit bargeldlosen Zahlungsinstrumenten (z.B. Scheck, Debit- und Kreditkarte, Kontoüberweisung, Abbuchungsauftrag) empirisch untersucht werden. Die Statistiken der Europäischen Zentralbank[202]

201 *In der Studie der Stiftung Warentest (vgl. Stiftung Warentest 1999) wird nicht zwischen auf Karten und auf Software basierendem elektronischen Geld unterschieden.*

202 *Vgl. EZB 2000.*

belegen, dass auf Software basierendes elektronisches Geld im Jahre 1998 in keinem EU-Land in nennenswertem Ausmaß verwendet wurde. Auf Karten basierendes elektronisches Geld (z.B. Quick-Karte) ist hingegen in einigen EU-Ländern (siehe Tabelle 27) bereits in Verwendung.

Tabelle 27: Das Transaktionsvolumen mit auf Karten basierendem elektronischen Geld im Jahre 1998 (in % des Gesamttransaktionsvolumens mit bargeldlosen Zahlungsinstrumenten)

Land	Transaktionsvolumen mit auf Karten basierendem elektronischen Geld im Jahre 1998 (in % des Gesamtvolumens mit bargeldlosen Zahlungsinstrumenten*)
Belgien	2,26
Dänemark	5,21
Deutschland	0,10
Finnland	0,02
Italien	0,01
Österreich	0,15
Portugal	0,71
Spanien	0,12

* Schecks, Debit- und Kreditkarten, Überweisungen, Abbuchungsaufträge etc.
Quelle: EZB 2000. Eigene Berechnungen.

Nur in Belgien (2,26%) und Dänemark (5,21%) hatte auf Karten basierendes elektronisches Geld nennenswerte Volumina erreicht. In den übrigen EU-Mitgliedsstaaten sind die Volumina noch vernachlässigbar gering.

Laut einer im Auftrag der Oesterreichischen Nationalbank durchgeführten Erhebung besitzen 53% der Österreicher über 15 Jahre (Stichprobe 2000, Erhebungszeitraum: November, Dezember 1999) eine Bankkundenkarte, etwa 23% eine mit Quick-Funktion ausgestattete Bankkundenkarte und ebenso 23% eine Kreditkarte.[203] Weitere 7% der Bevölkerung besitzen eine separate Quick-Karte (ohne Bankkundenkarten-Funktion). In Österreich ist das auf Karten basieren-

203 *Die in Europa im Verhältnis zu den USA geringere Verbreitung von Kreditkarten wird häufig als Entwicklungshemmnis des B-2-C eCommerce in Europa gesehen – sog. „Plastic Gap" (vgl. Preißl/Haas 1998, 41). Allerdings deuten die empirischen Daten bezüglich der Zahlungsformen im B-2-C eCommerce in Europa sowie die Daten für Österreich auf die Akzeptanz einer Vielzahl alternativer Zahlungsformen hin.*

de elektronische Geld (Quick) seit 1996 verfügbar. Nur 8% der Quick-Karteninhaber benutzen diese Funktion regelmäßig (einmal pro Woche oder öfter). Etwa ein Viertel (27%) verwendet die Funktion gelegentlich und zwei Drittel (65%) überhaupt nicht. Das Transaktionsvolumen wuchs von öS 0,08 Mio. (1996) auf öS 1,16 Mio. (1998)[204] und ist mit einem Anteil von 0,15% (1998) am Gesamttransaktionsvolumen mit bargeldlosen Zahlungsinstrumenten (siehe Tabelle 27) vernachlässigbar gering.

Die Ursachen der geringen Verbreitung elektronischen Geldes sind vor allem:

- Netzeffekte:[205] Nur wenige B-2-C eCommerce-Anbieter akzeptieren elektronisches Geld. Daher nehmen Konsumenten die relativ hohen anfänglichen Kosten (z.B. Erwerb der Kompetenz, Anschaffung der Software) nicht in Kauf. Infolge ergibt sich auch für die B-2-C eCommerce-Anbieter keine Notwendigkeit, elektronisches Geld zu akzeptieren.
- Technologie: Die Technologie (v.a. bei auf Software basierendem elektronischen Geld) ist noch nicht ausgereift und standardisiert. Bei einzelnen Systemen auf Software basierendem elektronischen Geldes kann oft nur bei einer kleinen Anzahl von B-2-C eCommerce-Anbietern eingekauft werden. Zwischen einzelnen Systemen sind Zahlungen nicht möglich. Für Konsumenten ist die Entscheidung für ein bestimmtes System daher mit einem Risiko verbunden, sodass Konsumenten eher abwarten. Dem elektronischen Geld wird noch nicht das für Zahlungssysteme notwendige große Vertrauen entgegengebracht.
- Verfügbare Zahlungsmittel sind teilweise hinreichend: Für zahlreiche Transaktionen im B-2-C eCommerce haben sich die verfügbaren Zahlungsmittel (z.B. Kreditkarte, Überweisung) bewährt. Sie sind bereits weit verbreitet und verfügen über eine hohe Akzeptanz. Sicherheitsrisiken könnten durch Adaptionen bestehender Zahlungsmittel (z.B. SET für Kreditkarten) gelöst werden.
- Neue Geschäftsmodelle: Die verfügbaren Zahlungsmittel sind allerdings für die Bezahlung von kleinen Beträgen nicht geeignet, weil die Transaktionskosten zu hoch sind. Durch neue Geschäftsmodelle werden derartige Transaktionen aber häufig nicht mehr notwendig. Zahlreiche Informationen werden im Netz gratis angeboten und über Werbung finanziert.

---

204 Vgl. EZB 2000, Tabelle 14.

205 Siehe Kapitel 1.1. und 2.2.

Das wichtigste Zahlungsmittel im B-2-C eCommerce in Europa ist die Kreditkarte. Elektronisches Geld wird im B-2-C eCommerce in Europa noch nicht verwendet. Es wird nur von wenigen B-2-C eCommerce Anbietern als Zahlungsform angeboten.
Das Transaktionsvolumen mit auf Software basierendem elektronischen Geld ist in der EU vernachlässigbar gering. Das Transaktionsvolumen mit auf Karten basierendem elektronischen Geld ist nur in Belgien und Dänemark von nennenswerter Bedeutung.

Tabelle 28: Angebotene Zahlungsmöglichkeiten im B-2-C eCommerce in Europa

Angebotene Zahlungsmethoden (Angaben in % der B-2-C eCommerce-Anbieter; Mehrfachnennungen möglich)									
Land	Bar bei Liefe-rung	Elek-troni-sches Geld*	Scheck	Kredit-karte online und/oder offline	Giro-über-wei-sung (nach Liefe-rung)	Giro-über-wei-sung (vor Liefe-rung)	direct debit (online)	Raten-zah-lung	Andere
Inländische Bestellung									
Deutschland (n=109)	63,3	4,6	8,3	40,4	39,4	16,5	39,4	9,2	10,1
Belgien (n=18)	38,9	11,1	33,3	88,9	16,7	33,3			27,8
Frankreich (n=35)	25,7	8,6	65,7	100,0		5,7		5,7	11,4
UK (n=5)	10,0		40,0	100,0					20,0
Spanien (n=35)	57,1		17,1	97,1		40		2,9	17,1
Niederlande (n=15)	33,3	13,3	26,7	60	53,3	13,3	6,7		20,0
Schweden (n=5)	80,0			20,0	20,0	20,0			

Italien (n=32)	62,5		6,3	100,0		15,6			
Portugal (n=23)	78,3		39,1	69,6		13,0			
Ausländische Bestellung									
Alle Länder (n=139)	10,1	2,9	36	97,8	6,5	4,3	2,9	1,4	21,6

Quelle: Stiftung Warentest 1999, 34.
Andere: Klub- und Mitgliedskarten. In 3,7% der Web-sites wurden keine Angaben über die Zahlungsmöglichkeiten gemacht.
*Beim elektronischen Geld wurde keine Unterscheidung zwischen auf Karten und auf Software basierenden Systemen getroffen.

Tabelle 29: Ausgewählte Zahlungsmöglichkeiten im B-2-C eCommerce in Europa

Ausgewählte Zahlungsmethoden (Angaben in % der Transaktionen)									
Land	Bar bei Liefe-rung	Elek-troni-sches Geld*	Scheck	Kredit-karte online und/oder offline	Giro-über-wei-sung (nach Liefe-rung)	Giro-über-wei-sung (vor Liefe-rung)	direct debit (online)	Raten-zah-lung	Andere
Inländische Bestellung									
Deutschland (n=109)	42,1			22,4	19,6	1,9	12,1		1,8
Belgien (n=18)	16,7			77,8		5,6			
Frankreich (n=35)		5,7	20,0	74,3					
UK (n=5)				100,0					
Spanien (n=35)	11,4			85,5					2,9

Niederlande (n=15)	33,3			8,3	41,7	8,3			8,3
Schweden (n=5)	40,0			20,0	20,0	20,0			
Italien (n=32)				100,0					
Portugal (n=23)				60,0					
Ausländische Bestellung									
Alle Länder (n=139)			2,2	92,7	3,6		0,7		0,7

Quelle: Stiftung Warentest 1999, 35.
Andere: Klub- und Mitgliedskarten.
*Beim elektronischen Geld wurde keine Unterscheidung zwischen auf Karten und auf Software basierenden Systemen getroffen.

3.1.2.6.7 Zusammenfassung

Elektronisches Geld (auf Karten oder auf Software basierend) ist eine Form eines elektronischen Zahlungssystems. Als solches ist es Teil des gesamtwirtschaftlichen Zahlungssystems. Seine Emittenten (E-Geldinstitute) sind daher, ebenso wie andere Träger des gesamtwirtschaftlichen Zahlungssystems (v.a. Banken) im Rahmen der Bankaufsicht zu regulieren.

Die Besonderheiten des elektronischen Geldes zeigen sich vor allem in der großen Bedeutung operationaler Risiken und in der sehr hohen Liquidität der Verbindlichkeiten seiner Emittenten. Daher sind die Vorschriften bezüglich der internen Kontrollmechanismen sowie die Reservehaltung der Emittenten strenger gefasst als für Banken.

Auf supranationaler Ebene ist die Bankrechtskoordinierung bereits seit 1977 Gegenstand zahlreicher EU-Richtlinien. Auf internationaler Ebene werden die Regulierungsmaßahmen im Rahmen der BIZ koordiniert, sodass sich aufgrund des elektronischen Geldes keine Transformation der Staatlichkeit von der nationalen auf eine übergeordnete Ebene ergibt. Die Regulierung der Emittenten elektronischen Geldes wird in die bestehenden Strukturen der Bankaufsicht eingegliedert.

Die Möglichkeit der privaten Geldemission durch die Verbreitung des elektronischen Geldes führt nicht zu geldpolitischen Problemen, da die Relation zwischen den Zielgrößen und den Instrumenten der Geldpolitik, die für die Geldpolitik entscheidend ist, nur langsamen Veränderungen – wie bei der Verbreitung der Kreditkarten – durch die Verbreitung des elektronischen Geldes unterworfen wird. Für die Zentralbanken ergibt sich daher kein grundsätzliches Problem in Bezug auf die Wirksamkeit des bestehenden geldpolitischen Instrumentariums.

Durch die Möglichkeit der Anonymität wird elektronisches Geld häufig mit organisiertem Verbrechen und Geldwäsche in Zusammenhang gebracht. Die gegenwärtigen Vorkehrungen scheinen allerdings ausreichend, insbesondere unterliegen die meisten Emittenten (Banken) den entsprechenden Gesetzen gegen die Geldwäsche.

Die Regulierung der Emittenten elektronischen Geldes kann zu mehr Vertrauen seitens der Konsumenten und zu einer Reduktion der Rechtsunsicherheit für die Emittenten führen und dadurch zu einem Anstieg der Verbreitung beitragen. Allerdings hängt dies vom Umgang mit Netzeffekten seitens der E-Geldinstitute und der Adaption bestehender Zahlungsmittel (z.B. seitens der Kreditkartenunternehmen) für die Anforderungen des B-2-C eCommerce ab. Von großer Bedeutung wäre elektronisches Geld insbesondere für die Bezahlung von Kleinstbeträgen (z.B. Preis für das Laden eines Zeitungsartikels). Allerdings haben sich im Internet Geschäftsmodelle entwickelt, bei denen derartige Leistungen für den Konsumenten häufig gratis angeboten werden. Die internationale Standardisierung der verwendeten Technologie könnte einen wichtigen Beitrag zur Verbreitung des elektronischen Geldes leisten, daher ist bei der Regulierung auf Technologie-Neutralität zu achten. Für die Entwicklung des B-2-C eCommerce ist die Verbreitung des elektronischen Geldes keine notwendige Bedingung.

3.1.3 Aktionsprogramme zur Förderung des eCommerce

eCommerce-Aktionsprogramme dienen der Schaffung von *Aufmerksamkeit* für den elektronischen Geschäftsverkehr und für geplante Maßnahmen der jeweiligen Regierungen. Weiters soll sich durch die Veröffentlichung einer umfassenden Darstellung aller geplanten Maßnahmen die *Planungssicherheit* für Unternehmen erhöhen und das Investitionsklima verbessern. Durch die Vorgabe von Zielen und Fristen sowie die eindeutige Zuordnung der Verantwortlichkeit zu einzelnen Institutionen soll die Regierungsarbeit operationalisiert und die Zielerreichung ex post kontrollierbar werden. Im folgenden Abschnitt wird argumentiert, dass zwischen den einzelnen Politikfeldern im Bereich des eCommerce strategische Komplementaritäten und Netzeffekte bestehen, sodass die Entwicklung einer umfassenden eCommerce Strategie vorgeschlagen wird.

Ende der 90er-Jahre wurden eine Reihe von Aktionsprogrammen publiziert. Maßnahmen aus den Aktionsprogrammen der OECD, EU, Japan, USA, Kanada, Deutschland und Großbritannien werden nachfolgend kategorisiert und analysiert. In Österreich gibt es keine nationalen eCommerce-Aktionsprogramme.

3.1.3.1 Die Funktion von Aktionsprogrammen

Die Ziele, die mit der Publikation von Aktionsprogrammen verfolgt werden, sind in Tabelle 30 zusammengefasst.

Tabelle 30: Ziele, die mittels Aktionsprogrammen verfolgt werden

• Schaffung von Aufmerksamkeit für den elektronischen Handel
• Schaffung von Vertrauen durch klare politische Zuständigkeiten und öffentliche Präsenz (z.B. e-Minister in Großbritannien)
• Erhöhung der Planungssicherheit für Unternehmen
• Operationalisierung der Ziele
• Ermöglichung einer ex post Kontrolle der Zielerreichung
• Berücksichtigung strategischer Komplementaritäten und Netzeffekte
• Abstimmung unterschiedlicher nationaler Initiativen innerhalb eines kohärenten Rahmens für alle Bereiche der eCommerce-Politik (z.B. e-Minister und e-Envoy in Großbritannien)

Zwischen den einzelnen Politikfeldern und Instrumenten einer eCommerce Strategie bestehen *strategische Komplementaritäten*, d.h. der zusätzliche Nutzen einer Maßnahme in einem bestimmten Politikfeld kann durch eine Maßnahme in einem anderen wesentlich erhöht werden. Die Förderung von eCommerce Anwendungen in KMUs ist beispielsweise wenig effektiv, wenn die Arbeitskräfte nicht entsprechend ausgebildet sind und die KMUs Schwierigkeiten haben, qualifizierte Mitarbeiter zu rekrutieren. Das Aus- und Weiterbildungssystem muss also frühzeitig adaptiert werden, um Arbeitsmarktungleichgewichte infolge einer Veränderung der Struktur der Arbeitsnachfrage zu verhindern. Politische Strategien, welche die strategischen Komplementaritäten nicht berücksichtigen, führen zu suboptimalem und ineffizientem Mitteleinsatz.

Ebenso treten auf der Nachfrageseite strategische Komplementaritäten auf: Politische Maßnahmen, die das Vertrauen der Verbraucher in den B-2-C eCommerce stärken sollen, sind nur beschränkt effektiv, solange der preisgünstige Zugang zur Infrastruktur für einen Großteil der Verbraucher nicht gewährleistet ist.

In einer schematischen Darstellung (siehe Abbildung 8) können die einzelnen Politikmaßnahmen[206] (graue Felder) einem oder mehreren Zwischenzielen (1. Stufe – vertikal gestreifte Felder und 2. Stufe – horizontal gestreifte Felder) zugeordnet werden. Das Ziel der eCommerce-Politik ist die Förderung des Wachstums des eCommerce-Volumens und der positiven Auswirkungen auf Gesellschaft und Wirtschaft (diagonal gestreiftes Feld).

Wenn sich die Nachfrage, das Angebot und der internationale Marktmechanismus (z.B. effiziente Zahlungssysteme, rechtlicher Rahmen) im elektronischen Handel gemeinsam entwickeln, dann wird auch das Marktvolumen entsprechend stärker wachsen. Im elektronischen Handel treten *Netzeffekte*[207] auf: Die Unternehmen zögern, als Anbieter in den elektronischen Handel zu investieren, solange die Nachfrage noch gering ist. Ebenso zögern die Nachfrager, die notwendige Hard- und Software sowie die entsprechenden Kompetenzen zu erwerben, um über elektronische Kanäle einkaufen zu können, solange das Angebot noch bescheiden ist. Verstärkt wird dieses Dilemma durch das Fehlen eines effizienten Marktmechanismus (d.h. hohe Transaktionskosten) auf internationaler Ebene.

Aufgrund der strategischen Komplementaritäten und der Netzeffekte im elektronischen Handel kann nur eine umfassende eCommerce-Politik (d.h. eine Strategie, die nachfrage- und angebotsseitige Maßnahmen ebenso umfasst wie jene, welche die Effizienz des internationalen Marktmechanismus erhöhen sollen) Grundlage für das optimale Wachstum des Volumens im elektronischen Handel sein.

Durch Aktionsprogramme kann auf diese strategischen Komplementaritäten eingegangen werden. Dadurch könnten weniger effektive, kurzfristige Einzelmaßnahmen verhindert werden. An ihre Stelle treten *langfristig orientierte* Strategien, welche die Wechselbeziehungen zwischen einzelnen Politikfeldern berücksichtigen und die Abstimmung der Initiativen unterschiedlicher Institutionen (z.B. zwischen Regierung und Unternehmensverbänden, zwischen unterschiedlichen Ministerien) ermöglichen.

206 Die Auswahl der Politikfelder ist nicht erschöpfend.

207 Siehe Kapitel 1.1.

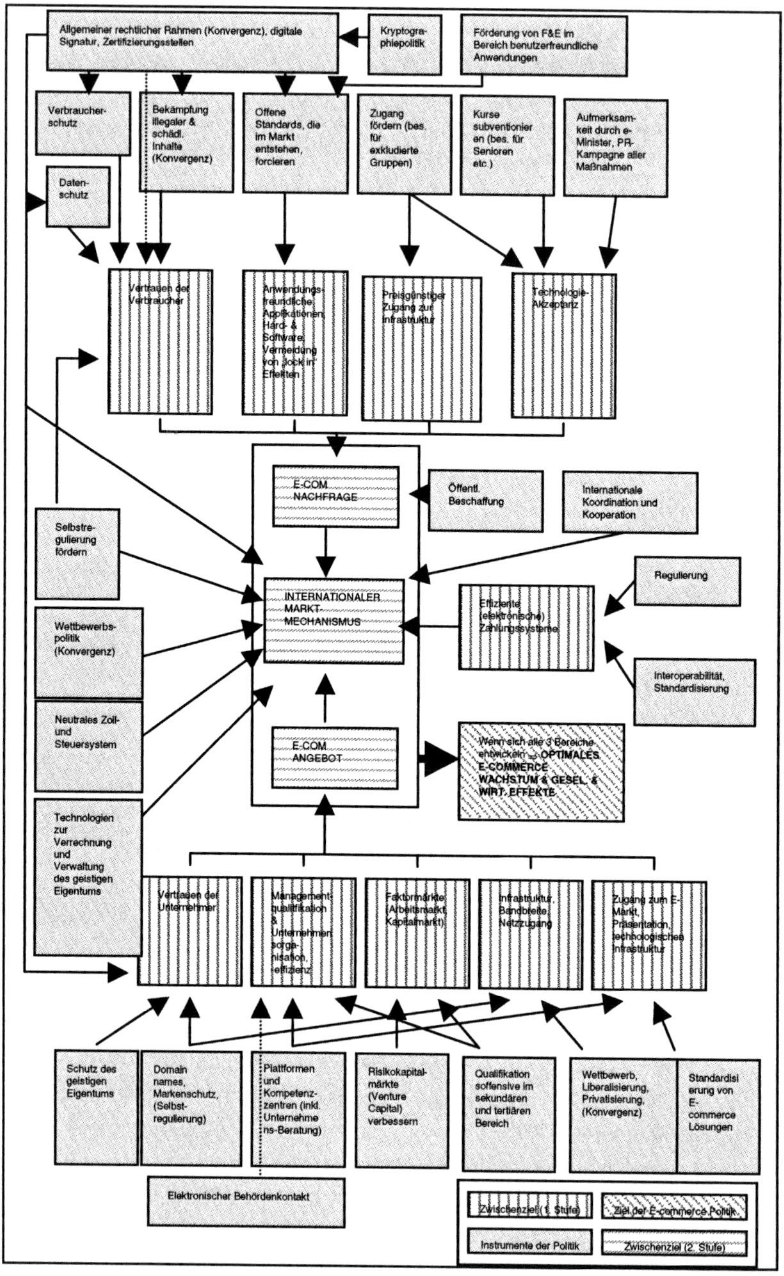

Abbildung 8: Schematische Darstellung der Politikfelder des eCommerce

3.1.3.2 Aktionsprogramme im Vergleich

Im folgenden Abschnitt werden einige eCommerce-Aktionsprogramme analysiert. Die ausgewählten Programme (siehe Tabelle 31) wurden einerseits von internationalen und supranationalen Organisationen (OECD, EU) erstellt, bei denen Österreich Mitglied ist und andererseits von Ländern, in denen der elektronische Handel und die diesbezügliche politische Willensbildung weiter fortgeschritten sind, sodass sich für Österreich eine Vorbildfunktion ergeben könnte. Die Arbeit der OECD beschränkt sich im Wesentlichen auf Grundlagenpapiere, auf empirische Arbeiten über den elektronischen Handel und auf die Funktion als Plattform für internationale Koordination und Kooperation. Vielfach werden von ihrer Seite keine politischen Forderungen formuliert, sondern Herausforderungen an die Politik und Diskussionsstandpunkte der einzelnen Akteure (z.B. Regierungen, Unternehmen(-sverbände), Verbraucherverbände) dargestellt.

Tabelle 31: Ausgewählte eCommerce-Aktionsprogramme

EU 1999 und 1997: Entscheidung 99/276/EG über die Annahme eines mehrjährigen Aktionsplans zur Förderung der sicheren Nutzung des Internet durch die Bekämpfung illegaler und schädlicher Inhalte in globalen Netzen. • Europäische Initiative für den elektronischen Geschäftsverkehr KOM (97) 157 endg.
Deutschland 1999: Bundesministerium für Wirtschaft (1999), Elektronischer Geschäftsverkehr – Initiative der Bundesregierung, Berlin.
Europäische Initiative für den elektronischen Geschäftsverkehr KOM
OECD 1998 und 1999: • (1998c), Consumer Protection in the Electronic Marketplace, Paris. • (1998h), Report on International and Regional Bodies: Activities and Initiatives in Electronic Commerce, Paris. • (1998a), Action Plan for Electronic Commerce, Paris. • OECD – Group of Experts on Information Security and Privacy (1998-1), Draft Background Report for the Ministerial Declaration on the Protection of Privacy on Global Networks, Paris. • (1999d), OECD Guidelines for Consumer Protection in the Context of Electronic Commerce, Paris. • OECD – Forum on Electronic Commerce (1999), Progress Report on the OECD Actionplan for Electronic Commerce, Paris.
UK 1998 und 1999: Cabinet Office (1999), ecommerce@its.best.uk, London. Department of Trade and Industry (1998), net benefit: the electronic commerce agenda for the uk, London.
Kanada 1998: Task Force on Electronic Commerce (1998), The Canadian Electronic Commerce Strategy, Ottawa.

Japan 1997: MITI (1997), Towards the Age of the Digital Economy, Tokyo.	
USA 1997: Clinton/Gore (1997), Framework for Global Electronic Commerce, Washington, D.C.	

Die Auswertung der Programme stützt sich auf folgende Kategorisierung der politischen Handlungsfelder:

- Prinzipien/Grundlagen
- Zölle und Steuern
- Elektronische Zahlungssysteme
- Allgemeiner rechtlicher Rahmen
- Schutz geistigen Eigentums
- Schutz der Privatsphäre
- Sicherheit
- Informations- und Kommunikations-Infrastruktur
- Inhaltsregulierung
- Technische Standards
- Verbraucherschutz
- Optimierung der Auswirkungen des elektronischen Handels auf Wirtschaft und Gesellschaft

3.1.3.2.1 Prinzipien und Grundlagen

Die Transformation der Staatlichkeit[208] wird von allen Institutionen (OECD, EU und den jeweiligen Regierungen, von denen die Aktionsprogramme stammen) wahrgenommen. Aufgrund der *hohen Innovationsgeschwindigkeit* und des *dezentralen Charakters* des Internet wird dem privaten Sektor in allen Programmen eine bedeutende Rolle im Rahmen der Aktionsprogramme zugeordnet. Allerdings sind die USA und Japan die einzigen Länder, in denen dem privaten Sektor auch die Führungsrolle bei der Schaffung der Rahmenbedingungen zugewiesen wird. Insbesondere wird dabei auf Lösungen gesetzt, die technologische und marktwirtschaftliche Komponenten vereinen (z.B. Selbstregulierung durch Verhaltenskodizes und Qualitätssiegel, Zertifikate). Die EU-Kommission, Deutschland, Großbritannien und Kanada sehen einen größeren politischen Handlungsspielraum bei der Etablierung der notwendigen Rahmenbedingungen, innerhalb derer Selbstregulierung funktionieren soll und gefördert wird.

208 Siehe Kapitel 5.1.

Die OECD, in der alle Industrieländer vertreten sind, bleibt in ihren Formulierungen neutral. Einigkeit zwischen allen angeführten Akteuren besteht allerdings darüber, dass die regulatorischen Eingriffe auf ein notwendiges Minimum beschränkt bleiben sollen und flexibel genug sein müssen, um technologische und wirtschaftliche Entwicklungen nicht zu hemmen („light touch"-Regulierung).

Der *internationale Charakter* des Netzes schränkt den Handlungsspielraum nationaler Entscheidungsträger ein. In allen Programmen wird die Bedeutung der internationalen Kooperation betont. Die dazu notwendigen Plattformen sind je nach Politikfeld unterschiedlich: Vor allem die OECD und die WTO sind bedeutende Gremien internationaler Koordination.

Zu den wichtigsten Zielen der einzelnen Institutionen gehören auch die *Vertrauensbildung* und *Information* (Aufklärung) der Verbraucher und Unternehmen bezüglich der Chancen und Risiken des elektronischen Handels. Während die EU, Deutschland, Großbritannien und Kanada ihre Aktivitäten sowohl auf Verbraucher als auch Unternehmen ausrichten und einen kohärenten und einfachen rechtlichen Rahmen (inkl. Mindeststandards für Daten- und Verbraucherschutz) vorsehen, betonen die USA und Japan stärker die Rechtssicherheit für die Unternehmen (z.B. durch Abbau von rechtlichen Hemmnissen der eCommerce-Entwicklung) und vertrauen auf die Selbstregulierung als Mechanismus der Vertrauensbildung für die Verbraucher.

Bis auf die USA[209] sehen alle Institutionen einen Schwerpunkt ihrer Aktionsprogramme bei der Maximierung der positiven gesellschaftlichen und wirtschaftlichen *Auswirkungen* der Diffusion des elektronischen Handels: Insbesondere soll der Zugang aller Personen zu Informationstechnologie und Information gefördert werden (z.B. durch Vernetzung von Schulen und Finanzierung öffentlicher Zugangsterminals, Förderung entsprechender Fähigkeiten und Kenntnisse). Für KMUs werden eigene Fördermaßnahmen und -programme entwikkelt. Den jeweiligen Regierungen kommt innerhalb der Aktionsprogramme aufgrund der quantitativen Bedeutung ihres eigenen Beschaffungsbudgets und ihrer generellen Vorbildwirkung eine besondere Rolle bei der Anwendung des elektronischen Handels zu, um die Diffusion zu beschleunigen, Vertrauen zu schaffen und Netzeffekte zu ermöglichen.

---

209 Einschlägige Maßnahmen finden sich nicht im US-Aktionsprogramm, sondern in Gore 1998.

Aus den Prinzipien und Grundlagen der Aktionsprogramme lässt sich ein verändertes staatliches Handeln herauslesen:

- *Übertragung der Führungsrolle in zahlreichen Politikfeldern an den privaten Sektor (z.B. Standardisierung, Daten- und Verbraucherschutz in J und USA)*
- *Kritische Einstellung zur staatlichen Regulierung (EU, D, KAN, UK)[210] bzw. Ablehnung staatlicher Regulierung (USA, J)*
- *Förderung von markt- und technologiegestützten Selbstregulierungs-Mechanismen beim Schutz allgemeiner Interessen (Verbraucher- und Datenschutz – Verhaltenskodizes und Qualitätszeichen) und bei der Inhaltsregulierung (Bewertungs- und Filtersysteme) – eingebettet in einen staatlichen Regulierungsrahmen (EU, D, KAN, UK) oder großteils an dessen Stelle (J, USA)*
- *Betonung der Notwendigkeit internationaler Koordination und Kooperation.*

3.1.3.2.2 Zentrale Maßnahmen

Im folgenden werden die zentralen Maßnahmen in den einzelnen Politikfeldern übersichtsartig dargestellt (siehe Tabelle 32). Die große Anzahl der unterschiedlichen Bereiche, in denen politischer Handlungsbedarf gesehen wird, unterstreicht die Bedeutung einer umfassenden eCommerce-Strategie.

Tabelle 32: Aktionsprogramme – Zentrale Maßnahmen

Politikfeld	**Zentrale Maßnahmen**
Prinzipien/Grundlagen	Führungsrolle des privaten Sektors – staatliche Regulierung nur sehr sparsam und flexibel (EU, D, KAN, UK) oder vor allem Selbstregulierung (USA, J). Intensive internationale Kooperation und Koordination in allen Bereichen. Vertrauensbildung und Aufklärung der Verbraucher und Unternehmer.
Steuern und Zölle	Aufbauend auf dem bestehenden Steuersystem, Differenzen zwischen den USA und EU, KAN, D, UK. Keine

210 In den Politikfeldern Verbraucher- und Datenschutz sowie elektronische Zahlungssysteme (EU, D) wird staatliche „light touch" Regulierung akzeptiert.

	neuen Steuern (z.B. Bit-Tax). Maßnahmen gegen Steuerhinterziehung und zahlreiche Details noch nicht geklärt.
Elektronische Zahlungssysteme	Staatliche Regulierung um Vertrauen zu fördern (EU, D). Noch keine staatliche Regulierung um Entwicklung nicht zu behindern (USA, UK). Maßnahmen gegen vollständige Anonymität zur Rechtsdurchsetzung geplant (D, UK).
Allgemeiner rechtlicher Rahmen	Adaption des rechtlichen Rahmens um Diskriminierung und Entwicklungshemmnisse für den eCommerce zu verhindern. Rechtlicher Schutz der allgemeinen Interessen (EU, D, KAN, UK), statt dominante Selbstregulierung (J, USA).
Schutz geistigen Eigentums	Schnelle Ratifizierung der WIPO-Verträge und internationale Durchsetzung.
Schutz der Privatsphäre	Staatliche Regulierung als Mindeststandards und Selbstregulierung fördern (EU, D, KAN, UK). Vor allem Selbstregulierung und nur in Ausnahmefällen staatliche Regulierung (J, USA). Aufklärung der Verbraucher.
Sicherheit	Neue Technologie (Kryptographie, Zertifizierung) fördern.
Informations- und Kommunikations-Infrastruktur	Große Bedeutung niedriger Preise bei Hard- und Software sowie Infrastrukturdiensten (Forcierung der Liberalisierung im Telekommunikationsmarkt, freier Handel mit IKT-Diensten und -Geräten, Interoperabilität der Netze). Zugang für alle Bevölkerungsschichten (KAN, OECD). Wettbewerbspolitik gegen Marktmachtmissbrauch (Regulatoren).
Inhaltsregulierung	Förderung von Bewertungs- und Filtersystemen. Beobachtung der Inhalte. Aufklärung der Bevölkerung. Zugang zu Schlüsseln im Rahmen der Verbrechensbekämpfung, Rechtsdurchsetzung.
Technische Standards	Standardisierung vor allem durch Marktteilnehmer. Offenheit der Standards um Wettbewerbsbeschränkungen zu verhindern.
Verbraucherschutz	Staatliche Regulierung als Mindeststandard und Selbstregulierung fördern (EU, D, KAN, UK). Vor allem Selbstregulierung und nur in Ausnahmefällen staatliche Regulierung (USA, J). Aufklärung der Verbraucher

Optimierung der Auswirkungen des elektronischen Handels auf Wirtschaft und Gesellschaft	Förderung eines günstigen unternehmerischen Umfeldes. Strukturellen Arbeitsmarktungleichgewichten entgegenwirken. Fördermaßnahmen für KMUs. Rolle der Regierung und der Verwaltung als Anwender (Vorbildfunktion, öffentliche Beschaffung und Zugang zur öffentlichen Verwaltung elektronisch).

3.1.3.2.3 Zusammenfassung

Die analysierten eCommerce-Aktionsprogramme belegen folgende Thesen zur Transformation der Staatlichkeit in der Mediamatik:[211]

- In einigen Politikfeldern (z.B. Verbraucher-, Datenschutz und Inhaltsregulierung) zeichnet sich eine Verschiebung der Akzentuierung von der Fremd- zur Selbstregulierung ab sowie
- von der zentralen, staatlichen Regulierung zur dezentralen, technikgestützten Selbstbeschränkung.
- Es kommt zu einer Trennung der politisch/strategischen Regulierung von der operativen Umsetzung, die ausgelagert wird.
- In einzelnen Bereichen (z.B. Schutz geistigen Eigentums) verschiebt sich der politische Gestaltungsspielraum von der nationalen zur transnationalen Regulierung.

In allen Aktionsprogrammen wird die Bedeutung der Selbstregulierung – basierend auf Marktmechanismen und neuen Technologien – in unterschiedlichem Ausmaß betont: Die EU, Deutschland, Kanada und Großbritannien betten Selbstregulierungs-Mechanismen in gesetzliche Mindeststandards ein, während dies von Japan und den USA weitgehend abgelehnt wird.

Alle Aktionsprogramme heben die Notwendigkeit internationaler Koordination und Kooperation in zahlreichen Bereichen hervor.

Bezüglich der Ziele und zahlreicher Maßnahmen existieren weitgehende Parallelen zwischen den Aktionsprogrammen. Die größten Unterschiede bestehen bezüglich des Ausmaßes der staatlichen Regulierung zwischen den USA und Japan einerseits und der EU-Kommission, Großbritannien, Deutschland und Kanada andererseits.[212] Die Förderung des eCommerce sollte auf einer

211 Siehe Kapitel 5.1.

212 Siehe Kapitel 3.1.2.1.

umfassenden eCommerce-Strategie aufbauen, um die bestehenden strategischen Komplementaritäten zwischen den einzelnen Politikfeldern entsprechend berücksichtigen zu können.

3.1.4 Die gesamtwirtschaftlichen Effekte des B-2-C eCommerce

Die gesamtwirtschaftlichen Effekte des B-2-C eCommerce umfassen Wachstums- und Beschäftigungseffekte.[213] Die Analyse geht von der Interpretation neuer Vertriebsformen als Prozessinnovationen aus und untersucht ihre Auswirkungen auf die Kosten, die Preise und das Produktivitätswachstum. Eine wesentliche Rolle spielt dabei die Marktstruktur, da eine Reduktion der Grenzkosten sich vor allem auf Märkten mit hoher Wettbewerbsintensität in einer Preisreduktion widerspiegelt. Empirisch nachweisen lassen sich niedrigere Preise im B-2-C eCommerce noch nicht eindeutig. Die Daten belegen die These der geringen Transparenz des Marktes im B-2-C eCommerce.[214] Die Disintermediationsthese, der zufolge der B-2-C eCommerce zu direktem Handel zwischen Produzenten und Konsumenten führt, wird in einem eigenen Abschnitt diskutiert. Die abschließend präsentierten empirischen Ergebnisse bezüglich der Wachstumseffekte des B-2-C eCommerce deuten auf ein geringes – wenn auch nicht vernachlässigbares – Ausmaß hin, obwohl die Annahmen bezüglich seiner Diffusion besonders optimistisch sind und dadurch entstehende zusätzliche Kosten nicht berücksichtigt werden.

Zur Analyse der Beschäftigungseffekte wird ein Schema entwickelt, das zwischen *direkten und indirekten Auswirkungen* unterscheidet. Bei den direkten Effekten wird zwischen der Prozessinnovation B-2-C eCommerce und den auf ihr aufbauenden Produktinnovationen differenziert sowie das mögliche Marktwachstum infolge potenzieller Preisreduktionen berücksichtigt. Indirekte Effekte umfassen vor allem Beschäftigungsauswirkungen von Infrastruktur-

---

213 Nicht analysiert werden Effekte auf andere wichtige Bereiche gesamtwirtschaftlicher Entwicklung, z.B. auf die Umwelt, das Zahlungsbilanzgleichgewicht, die Einkommensverteilung und die Geldwertstabilität (siehe Kapitel 3.1.2.6) oder Auswirkungen der allgemeinen Verbreitung von Informations- und Kommunikationstechnologien (IKT).

214 Siehe Kapitel 2.2.

investitionen und der Nachfrage nach Infrastrukturdiensten sowie mögliche Wachstumseffekte des B-2-C eCommerce. Zur empirischen Analyse der Beschäftigungseffekte liegt kein verlässliches Datenmaterial vor. Die analytischen Überlegungen und die anekdotische Evidenz deuten auf einen positiven Beschäftigungseffekt hin: Die Arbeitsplatzverluste im traditionellen Handel könnten durch die zusätzliche Arbeitsnachfrage im Bereich der Infrastrukturinvestitionen und -dienste sowie durch mögliche gesamtwirtschaftliche Wachstumseffekte mehr als kompensiert werden. Dabei kann es allerdings zu regionalen Verschiebungen und Ungleichgewichten kommen.

3.1.4.1 Wachstumseffekte

Falls der B-2-C eCommerce durch seinen Charakter als Prozessinnovation zu einer Reduktion der gesamtwirtschaftlichen Kosten führt und sich dies in einer Reduktion der Preise im Vergleich zum traditionellen Handel niederschlägt, kann von einer Steigerung der gesamtwirtschaftlichen Effizienz[215] gesprochen werden. Die Analyse der langfristigen Wachstumseffekte basiert daher auf der Identifikation der Kanäle, über die der B-2-C eCommerce zu Kostensenkungen führen kann. Diesen stehen aber auch Bereiche gegenüber, in denen es zu einer Kostensteigerung kommen kann. Besondere Bedeutung bei der Diskussion der Kosteneffekte des elektronischen Handels kommt der Disintermediationsthese (Umgehung der Zwischenhändler) zu: Der direkte Handel zwischen Produzenten und Konsumenten führe zu niedrigeren Kosten, da die entsprechenden Handelsspannen wegfielen.[216] Daher wird die These in einem eigenen Abschnitt ausführlich diskutiert. Die Auswirkung von Kostenreduktionen auf die Preise hängt von der Wettbewerbsintensität im B-2-C eCommerce ab, die im Anschluss daran untersucht wird. Abschließend werden empirische Ergebnisse bezüglich der Wachstumseffekte des B-2-C eCommerce kritisch dargestellt.

---

215 Unter Steigerung der gesamtwirtschaftlichen Effizienz wird die Reduktion der gesamtwirtschaftlichen Kosten bei gegebenem Output oder die Erhöhung des Outputs bei gegebenen gesamtwirtschaftlichen Kosten verstanden.

216 Vgl. Benjamin/Wigand 1995.

Folgende Auswirkungen des B-2-C eCommerce werden in diesem Abschnitt näher untersucht:

- Führt die Verbreitung des B-2-C eCommerce zu einer Reduktion der gesamtwirtschaftlichen Kosten?
- Führt die Verbreitung des B-2-C eCommerce zur Disintermediation?
- Ist die Wettbewerbsintensität im B-2-C eCommerce höher als im traditionellen Handel?
- Welche Wachstumseffekte sind von der Verbreitung des B-2-C eCommerce zu erwarten?

Führt die Verbreitung des B-2-C eCommerce zu einer Reduktion der gesamtwirtschaftlichen Kosten?

Die Basis für die Reduktion der gesamtwirtschaftlichen Kosten durch die Verbreitung des B-2-C elektronischen Handels wurde durch die stark fallenden Kommunikationskosten in den OECD-Ländern gelegt:[217] Der gewichtete Durchschnitt der Telekommunikationspreise ist in den OECD-Ländern stark zurückgegangen. Im Zeitraum 1990 bis 1998 fielen die Unternehmenstarife um etwa 13%, wobei die Grundgebühren um etwa 22% stiegen und die Gesprächsgebühren um etwa 20% fielen. Im selben Zeitraum fielen die Tarife für private Haushalte um etwa 18%, wobei die Grundgebühren um etwa 5% und die Gesprächstarife um etwa 25% zurückgingen. Ebenso gefallen sind die Kosten für die Verwaltung und Verarbeitung von Daten, da die Inputpreise in diesen Bereichen zurückgingen. Der Preisindex für Halbleiter fiel von 100.000 im Jahre 1975 auf etwa 100 im Jahre 1993, jener für Computerzubehör (z.B. Drucker, Disketten-Laufwerke) im selben Zeitraum von etwa 700 auf unter 100, jener für PCs und Mainframes von fast 600 im Jahre 1982 auf etwa 85 im Jahre 1994.[218] Welchen Einfluss niedrigere Inputpreise auf die Effizienz und auf die Preise haben, hängt von der Marktstruktur ab (s.u.).

Die OECD[219] identifiziert mehrere Kanäle, über die B-2-C eCommerce die gesamtwirtschaftlichen Kosten reduzieren kann (siehe Tabelle 33).

---

217 Vgl. OECD 1999a, Abb. 7.6., 171.
218 Vgl. OECD 1998i, Abb. 4.1.–4.3.
219 Vgl. OECD 1998i.

Tabelle 33: Kanäle, über die B-2-C eCommerce die gesamtwirtschaftlichen Kosten reduzieren kann

Kosten der Abwicklung eines Verkaufsgeschäfts
Kosten der Lagerhaltung
Kosten der Distribution digitaler Güter
Veränderungen der Wertschöpfungskette
Erhöhung der Wettbewerbsintensität

Die *Kosten der Abwicklung eines Verkaufsgeschäfts* zwischen Unternehmen und Verbrauchern können durch die Verbreitung des elektronischen Handels gesenkt werden. Reine Online-Anbieter ersparen sich die Kosten für Geschäftslokale. Weiters informieren sich Online-Kunden selbst ausführlich, sodass die notwendige Beratungsleistung durch Unternehmens-Mitarbeiter weniger zeit- und kostenintensiv ist. Es gelingt dadurch Transaktionskosten[220] (inkl. Informationskosten) auf den Verbraucher abzuwälzen. Dies gilt nicht nur für Online-Transaktionen, sondern auch für traditionelle Verkaufsgespräche in Geschäftslokalen oder Call-Centern, bei denen der Verbraucher sich vorher über das Internet informiert hat. Online-Anbieter haben im Verhältnis zu traditionellen Einzelhändlern deutlich weniger, aber besser ausgebildete Mitarbeiter pro Umsatzeinheit. Die höheren Kosten für besser ausgebildete Mitarbeiter werden durch die geringe Anzahl der Mitarbeiter mehr als kompensiert, sodass die OECD von einem großen Einsparungspotenzial bei den Personalkosten im Verkauf ausgeht.[221] Zusätzliche Einsparungen ergeben sich im Kundendienst, da auch in diesem Bereich die Transaktionskosten auf die Verbraucher abgewälzt werden können. Durch die Herausgabe von Online-Handbüchern und die Veröffentlichung von FAQs (Frequently Asked Questions) sowie die Einrichtung von E-mail und Telefonkontakten ist der Online-Kundendienst deutlich weniger kosten- und personalintensiv als in seinen traditionellen Formen.

Die *Lagerhaltungskosten* von Online-Unternehmen können vor allem durch B-2-B eCommerce deutlich gesenkt werden. Aber auch der B-2-C eCommerce kann durch die Reduktion der Lager von einigen Groß- und zahlreichen Kleinlagern (in den traditionellen Geschäften) auf einige wenige Großlager die Lagerhaltungskosten reduzieren, da die Lagerhaltung mit wachsenden Skalen-

220 Unter Transaktionskosten werden die mit der Übertragung von Eigentums- und Verfügungsrechten verbundenen Kosten verstanden (siehe Kapitel 1.1).

221 Siehe Kapitel 3.2.

erträgen verbunden ist. Zusätzlich können durch die individuelle, zeitlich verzögerte Zustellung Kosten auf die Verbraucher abgewälzt werden. Im Zuge des B-2-C eCommerce erwarten die Unternehmen, bessere Daten über die Konsumentenpräferenzen gewinnen zu können, wodurch die Lagerhaltung optimiert werden könnte.

Die *Distributionskosten* digitaler Produkte können wesentlich reduziert werden, da die Lieferung nun mehr online erfolgen kann, anstatt wie bisher auf physischen Datenträgern.

Mögliche Effizienzgewinne durch eine *Veränderung der Wertschöpfungskette (Disintermediation)* und eine *Erhöhung der Wettbewerbsintensität* bedürfen einer differenzierteren Analyse (s.u.).

Den Bereichen, in denen der B-2-C eCommerce zu Kostensenkungen führen kann, stehen jene gegenüber, in denen ein Anstieg der Kosten eintreten kann (siehe Tabelle 34). Insbesondere die Kosten für den *Aufbau eines Markenamens* sind sehr hoch. Notwendig ist dies, weil das Vertrauen der Verbraucher in den elektronischen Handel noch sehr gering und der rechtliche Rahmen noch nicht hinreichend implementiert sind, und der Markt für Verbraucher nicht transparent ist.[222]

Tabelle 34: Kanäle, über die B-2-C eCommerce die gesamtwirtschaftlichen Kosten erhöhen kann

Kosten für Aufbau eines Markennamens (inkl. Reputation und Vertrauen – Marketing, PR, Cyberintermediäre)
Kosten der individuellen Zustellung (Distributionskosten) physischer Güter

In den USA geben die Top-100-eCommerce-Anbieter für Marketing im Durchschnitt etwa 8,6 Mio. US$ (ca. öS 115 Mio.) jährlich (1999) aus. Die Spitzenreiter sind Amazon.com mit US$ 133 Mio. (ca. öS 1,8 Mrd.), ETrade Group mit US$ 71,3 Mio. (ca. öS 958 Mio.) und Barnes&Noble mit US$ 70,4 Mio. (ca. öS 946 Mio.).[223] Reine Online-Anbieter geben im Durchschnitt 76% ihrer Umsätze für Marketing aus.[224] Die Klein- und Mittelbetriebe im österreichischen Einzelhandel gaben im Vergleich dazu im Jahre 1996 weniger als 2% des Umsatzes für Werbung aus.[225]

222 Siehe Kapitel 2.2.

223 Vgl. Der Standard, 20.9.1999, zitiert eine Studie von Inter Market Group.

224 Vgl. Shop.org 1999.

225 Vgl. Wirtschaftskammer Österreich, Bundessektion Handel (2000).

Transport und Logistik physischer Güter sind Bereiche, in denen wachsende Skalenerträge vorliegen: Der Transport von 10.000 Einheiten eines Konsumgutes (z.B. Buch) kostet deutlich weniger als 10.000-mal so viel wie der Transport einer einzelnen Einheit. Die *Versandkosten*, die durch die individuelle Zustellung der bestellten Güter entstehen, sind beträchtlich.[226] Vor allem wenn die bestellte Menge gering ist, wird dadurch der Preis pro Einheit eines Gutes stark erhöht. Im traditionellen Einzelhandel trug diese Kosten teilweise der Verbraucher, indem er selbst ins Geschäft ging und die Güter selbst transportierte. Im B-2-C eCommerce trägt diese Kosten entweder der Verbraucher direkt, indem er für die Zustellung aufkommt, oder indirekt, indem diese Kosten in die Preise der Güter eingehen, oder der Produzent.[227] Da die für den Verbraucher anfallenden Kosten bislang nicht in die gesamtwirtschaftliche Kostenstruktur Eingang gefunden haben, werden die Kosten für die individuelle Zustellung die gesamtwirtschaftlichen Kosten anheben. Ob dies aber zu einem gesamtwirtschaftlichen Effizienzverlust beiträgt, hängt letztlich vom zusätzlichen Nutzen für die Verbraucher in Relation zu den zusätzlichen Kosten durch die individuelle Zustellung ab. Den möglichen Kosteneinsparungen in den Bereichen Verkauf, Lagerung und Distribution digitaler Güter stehen mögliche Kostenerhöhungen durch die Intransparenz des Marktes (Marketing, PR, Cyberintermediäre) und im Bereich der Distribution physischer Güter (durch individuelle Zustellung) gegenüber.

Führt die Verbreitung des B-2-C eCommerce zu Disintermediation?

Durch Disintermediation (Umgehung der Zwischenhändler) könnte sich ein weiteres Potenzial für Kosteneinsparungen im B-2-C eCommerce eröffnen. In der einschlägigen Literatur dominierte lange Zeit die Ansicht, dass der elektronische Handel zur Disintermediation führen würde (Disintermediationsthese),[228] wobei traditionelle Intermediäre verdrängt und neue Cyberintermediäre (z.B. Web-sites, die Preisvergleiche im Internet anbieten) entstehen würden. Die Argumentation hat folgende vereinfachte Struktur: (1) Der traditionelle Handel ist von hohen Transaktionskosten gekennzeichnet. (2) Traditionelle Intermediäre reduzieren diese Transaktionskosten. (3) Im B-2-C eCommerce sind

---

226 Vgl. Stiftung Warentest 1999.

227 Die Verteilung der Kosten hängt u.a. von der Preiselastizität der Nachfrage und der Preiselastizität des Angebots sowie der Marktstruktur ab.

228 Vgl. Benjamin/Wigand 1995.

die Transaktionskosten so gering, dass keine traditionellen Intermediäre, sondern bestenfalls Cyberintermediäre notwendig sind, um sie weiter zu reduzieren.

„Disintermediation is the displacement or elimination of market intermediaries, enabling direct trade with buyers and consumers without agents."[229] Disintermediation im B-2-C eCommerce kann im Wesentlichen zwei Formen annehmen:[230] (1) Die vom Intermediär angebotenen Dienstleistungen werden obsolet, z.B. Distributionsdienstleistungen von Einzelhändlern, wenn digitale Güter über elektronischen Weg geliefert werden können. (2) Der Intermediär wird in ein anderes Unternehmen, das sich selbst auf einer anderen Stufe der Wertschöpfungskette befindet, integriert (vertikale Integration), z.B. ein Software-Produzent kauft einen Software-Großhändler und übernimmt dadurch den Vertrieb selbst. Für Unternehmen, die nicht im Einzelhandel tätig sind, ist die Adaption des B-2-C eCommerce eine strategische Unternehmensentscheidung und keine technologische Investitionsentscheidung.

Schmitz kritisiert diese vereinfachte Ansicht der von traditionellen Intermediären erbrachten Dienstleistungen und argumentiert, dass Intermediation eine Vielzahl von unterschiedlichen Intermediations-Dienstleistungen umfassen kann. Drei davon werden näher untersucht:

(1) Falls die Volumina der Verkaufs- und Kaufsorder nicht mit Sicherheit prognostiziert werden können, sondern Zufallsvariablen sind, kann es dazu kommen, dass einzelne Käufer und Verkäufer warten müssen, bis ihre Order erfüllt werden können, oder relativ starke Preisschwankungen in Kauf nehmen müssen. Intermediäre können durch Lagerhaltung Order sofort erfüllen und damit eine „Versicherung" gegen unerwünschte Wartezeiten und starke Preisschwankungen bieten.

(2) Verbrauchermärkte sind von asymmetrischer Information geprägt.[232] Vertrauen und Reputation spielen daher für einzelne Unternehmen eine zentrale Rolle. Für Verbraucher ist es sehr kostspielig, Informationen über die Vielzahl der ihnen im B-2-C eCommerce weltweit zugänglichen Anbieter zu beschaffen. Da diese Information teilweise Charakteristika eines öffentlichen Gutes hat, kann diese Aufgabe effizient an einen Spezialisten – den Intermediär – übertragen werden. Mit dem Intermediär handelt der Verbraucher sehr

229 Wigand 1997, 4.

230 Vgl. Schmitz 2000.

232 Siehe Kapitel 3.1.2.2.

oft, da er bei ihm Produkte verschiedener Produzenten kaufen kann und das einmal gewonnene Vertrauen bei anderen Intermediären erst von Neuem aufgebaut werden müsste. Die dadurch mögliche niedrigere Wettbewerbsintensität kann dem Intermediär zusätzlichen Freiraum in der Preissetzung ermöglichen (s.u.).

(3) Ein zentraler Vorteil dezentralisierter Wirtschaftsstrukturen ist ihre größere Effizienz bei der Verarbeitung von Information.[233] Intermediäre wissen über die Präferenzen ihrer Kunden besser Bescheid als Produzenten. Zudem sind sie mit lokalen, politischen, gesellschaftlichen und sozialen Traditionen besser vertraut.[234]

In der Analyse zeigt sich, dass keine dieser drei Intermediations-Dienstleistungen durch die Verbreitung des B-2-C eCommerce weniger nachgefragt würde[235] oder dass vertikale Integration durch B-2-C eCommerce effizienter als im traditionellen Handel wäre.

Sarkar/Butler/Steinfield[236] beschreiben einige konkrete Beispiele für Dienstleistungen, die von Intermediären für Verbraucher und Produzenten erbracht werden (siehe Tabellen 35, 36).

Tabelle 35: Dienstleistungen, die von Intermediären für Verbraucher erbracht werden (Auswahl)

Suche und Evaluierung von Produkten: Der Verbraucher delegiert die Suche nach adäquaten Produkten und Produzenten an den Intermediär. Der Intermediär wählt aus und stellt ein Bündel von Produkten und Produktqualitäten zusammen, das für seine Zielgruppe optimal sein soll.
Bedarfs- und Produktberatung: Der Intermediär kann den Verbraucher dabei unterstützen, festzustellen, welche Produkte für seinen Bedarf geeignet sind. In der Folge kann auf dieser Basis die Auswahl aus dem Angebot der entsprechenden Produkte trotz bestehender Marktintransparenz mithilfe des Intermediärs getroffen werden.
Risikomanagement für Verbraucher: Verbraucher sind oft unsicher, ob das Produkt tatsächlich den Erwartungen entspricht. Intermediäre, die Umtauschmöglichkeiten anbieten, können ihre Kunden gegen dieses Risiko teilweise absichern.

233 Vgl. Hayek 1945.

234 Vgl. Steinfield/Mahler/Bauer 1999.

235 Vgl. Bailey/Bakos 1997 bezüglich empirischer Ergebnisse.

236 Vgl. Sarkar/Butler/Steinfield 1995, 6 ff.

Distribution der Produkte: Für Verbraucher spielt lokale Verfügbarkeit eine zentrale Rolle. Beim Transport physischer Güter treten sehr häufig wachsende Skalenerträge auf, sodass die Distribution effizienter erfolgt, wenn sie gebündelt werden kann. Das ist die Aufgabe des Intermediärs.

Tabelle 36: Dienstleistungen, die von Intermediären für Produzenten erbracht werden (Auswahl)

Verbreitung von Produktinformation: Informationen über neue Produkte müssen erst verbreitet werden, damit diese Güter nachgefragt werden können. Dazu bieten sich Zeitungsberichte, Werbekampagnen, das Internet (z.B. Websites, Newsgroups) und Intermediäre (z.B. Einzelhändler) an.
Verkaufsförderung: Produzenten können Intermediäre durch besondere Maßnahmen (z.B. Prämien, Promotion) dazu bewegen, den Verkauf einzelner Produkte besonders zu forcieren. Der Produzent profitiert auf diese Weise von den besonders guten Kundenbeziehungen des Intermediärs.
Aufbereitung von Informationen über Kundenpräferenzen: Durch den guten Kontakt zu seinen Kunden verfügt der Intermediär über besonders gute Informationen über die Präferenzen seiner Kunden. Diese kann er in Bezug auf seinen lokalen Markt oder in Bezug auf eine bestimmte Zielgruppe aggregieren und dem Produzenten mitteilen.
Risikomanagement für Produzenten: Der Intermediär trägt z.B. das Risiko für die Zahlungsunfähigkeit der Verbraucher, für Ladendiebstahl und Betrug. Wie das Risiko verteilt wird, hängt von den Vertragsdetails ab.

Diese Intermediations-Dienstleistungen könnten prinzipiell auch von den Produzenten selbst angeboten werden, aber sie gehören eben nicht zu deren Kernkompetenz. In einigen Fällen könnte sich dies durch die Diffusion des B-2-C elektronischen Handels ändern. In jedem Fall ist die Entscheidung, B-2-C eCommerce zu betreiben (und damit neben der Produktion auch den Vertrieb zu übernehmen), eine strategische Unternehmensentscheidung und keine technologische Investitionsentscheidung. Diese Prozessinnovation im Vertrieb beeinflusst die einer derartigen strategischen Entscheidung zugrundeliegenden Parameter. Dennoch handelt es sich um ein Geschäftsfeld, dass den traditionellen Formen des Vertriebs wesentlich näher ist als der Produktion, der Beratung oder anderen Bereichen der Wertschöpfungskette.

Als besonders häufig genanntes Beispiel für Disintermediation wird Amazon.com angeführt. Dieses Unternehmen vertreibt vor allem Bücher und

CDs. Da es sich dabei aber nicht um einen Verlag handelt, ist es also selbst ein Intermediär. In den letzten Jahren hat Amazon.com zahlreiche regionale Niederlassungen gegründet, um näher am Markt zu sein, über seine Kunden besser informiert zu sein und seine Produktpalette besser auf regionale Präferenzen abstimmen zu können. Zudem hat sich gezeigt, dass Verbraucher zu regionalen Online-Anbietern mehr Vertrauen haben als zu solchen mit Sitz im Ausland. Dies deutet auch für reine Online-Anbieter auf eine Entwicklung dezentraler Organisationsformen hin.

Kasten 9: Multichannel- versus reine Online-Anbieter

Die Einführung des B-2-C eCommerce ist eine Prozessinnovation, die prinzipiell allen Marktteilnehmern zugänglich ist.[237] Sowohl traditionelle Produzenten und Einzelhändler als auch neu gegründete Unternehmen können mithilfe dieser technologischen und organisatorischen Innovation neue Geschäftsfelder erschließen.
In der Anfangsphase der Verbreitung des B-2-C eCommerce haben vor allem „start ups" diese neuen Distributionskanäle eingesetzt. In den letzten Jahren haben aber auch zahlreiche etablierte, traditionelle Einzelhändler („brick and mortar") eigene Online-Tochtergesellschaften gegründet.
Die etablierten Einzelhändler profitieren dabei vor allem von ihrem Bekanntheitsgrad und dem damit einhergehenden Vertrauen ihrer Kunden, den bestehenden Kundenkontakten, dem Know-how im Einzelhandel und den Kontakten zu bestehenden Zulieferern. Fletcher Research (1999) schätzt, dass in Großbritannien 67% der Online-Anbieter diese Form des Vertriebs zusätzlich zu bestehenden Kanälen betreiben, während nur 33% reine Online-Anbieter sind. PriceWaterhouseCoopers (1999) erhob, dass nur 14% der bestehenden Unternehmen reine Online-Anbieter gegenwärtig als ihre Hauptkonkurrenten ansehen. Bezüglich ihrer Erwartungen für die Wettbewerbssituation im Jahre 2002 erhöht sich dieser Anteil zwar auf 26%, dennoch dominieren weiterhin die traditionellen Konkurrenten als wichtigste Herausforderung (53%: 27 Prozentpunkte entfallen davon auf deren traditionelle Vertriebskanäle und 26 Prozentpunkte auf deren B-2-C eCommerce-Aktivitäten). Weitere 16% erwarten, dass branchenfremde Unternehmen über B-2-C eCommerce zu Hauptkonkurrenten werden.[238]
Shop.org (1999) erhob, dass die Kundenakquisition einen reinen Online-Anbieter (US$ 42) doppelt soviel kostet wie einen Multichannel-Anbieter (US$ 22). Zwischen dem Online-Vertrieb eines Einzelhändlers und seinen traditionellen Niederlassungen können sich Synergien ergeben: Produkte, die von Verbrauchern retourniert werden,

237 Vgl. Schmitz 2000.
238 Siehe Kasten 2 in Kapitel 2.2.

könnten in Filialen umgetauscht werden. Dadurch würde das Vertrauen der Verbraucher gestärkt und die Umtauschkosten gesenkt werden. Weitere Beispiele werden von Steinfield/Mahler/Bauer (1999) angeführt:

- Cross-promotions (z.B. Einzelhändler können auf ihren Web-sites Gutscheine für einen Einkauf im traditionellen Geschäft anbieten und dadurch den Kundenverkehr erhöhen.)
- Gemeinsame Dienstleistungen (z.B. Kundenberatung und Kundenbetreuung könnten für Online- und Offline-Kunden gemeinsam kostengünstiger erfolgen.)
- Zusätzliche Dienstleistungen (z.B. Ein Musikgeschäft kann für seine Online- und Offline-Kunden Noten auf seiner Web-site anbieten.)

Mittelfristig wird es daher zu einer Dominanz der Multichannel-Anbieter im B-2-C eCommerce kommen – von „bricks and mortar" zu „clicks and mortar"[239] – statt zu einem Verschwinden der traditionellen Zwischenhändler.

Für Produzenten besteht bei einem Online-Angebot die Gefahr, dass sie nicht nur ihre Kernkompetenzen verlassen, sondern auch mit ihren traditionellen Groß- und Einzelhändlern in Konkurrenz treten. Da diese aber nach wie vor den größten Anteil des Vertriebs kontrollieren, könnte diese Strategie mit großen Verlusten im traditionellen Geschäftsfeld verbunden sein.[240]

In Bedrängnis geraten könnten Intermediäre, die als „human modems"[241] fungieren, d.h. Bestellung weitergeben, ohne Mehrwert zu generieren. Dienen Reisebüros einfach nur als Bestellbüros für Flugtickets oder Hotelzimmer, ohne Zusatzleistungen für Konsumenten und/oder Produzenten zu bieten (z.B. Beratung, Garantien, Mindestabnahmemengen), könnten diese Umsatzanteile bald direkt zwischen den Verbrauchern und den Bestellbüros der Fluglinien oder Hotels erfolgen. Ebenso unter Druck geraten billige Maklerdienste.

Die Disintermediationsthese wird durch analytische Untersuchungen nicht gestützt, stattdessen wird die Konvergenz von Multichannel-Anbietern und reinen Online-Anbietern erwartet.

---

239 Vgl. OECD 1998i, Kap. 5.

240 Da „start-ups" (Firmenneugründungen) nicht auf traditionelle Vertriebskanäle Rücksicht nehmen müssen, könnte sich daraus ein Wettbewerbsvorteil gegenüber traditionellen Produzenten ergeben.

241 Vgl. OECD 1998i.

Ist die Wettbewerbsintensität im B-2-C eCommerce höher als im traditionellen Handel?

Ob und in welchem Ausmaß potenzielle Kostenvorteile des B-2-C eCommerce in Form niedrigerer Preise an die Verbraucher weitergegeben werden, hängt von der Wettbewerbsintensität ab. Diese wird selbst durch unterschiedliche Parameter (z.B. Zahl der Wettbewerber, Bestehen von Preisabsprachen und/ oder Marktzutrittsbarrieren, Transparenz des Marktes sowie Transaktions- inkl. Informationskosten) bestimmt. Die ideale Marktform in der Mikroökonomie – der vollkommene Wettbewerb – basiert u.a. auf den Annahmen einer atomistischen[242] Anbieterstruktur, perfekter Information sowie einem friktionslosen Transaktionsmechanismus. Da auch die Verbraucherstruktur atomistisch ist, sind alle Marktteilnehmer Preisnehmer und die Preise entsprechen den Grenzkosten.[243] Zahlreiche Kommentatoren nehmen an, dass diese Marktform durch die geringen Transaktionskosten (inkl. Informationskosten) im B-2-C eCommerce zumindest mittelfristig annähernd erreicht wird.[244] Allerdings dürften dabei die Auswirkungen der geringen Transparenz des Marktes, der bestehenden Informationsasymmetrien sowie von Marktsegmentierungs-Strategien der Anbieter auf die Transaktionskosten nicht ausreichend berücksichtigt worden sein (s.u.).

Um die Wettbewerbsintensität im Internet mit jener im traditionellen Einzelhandel vergleichen zu können, haben Smith/Bailey/Brynjolfsson[245] in einer Literaturübersicht Ergebnisse bezüglich vier Indikatoren zusammengefasst (siehe Tabelle 37).

Werden alle vier Fragen affirmativ beantwortet, könnte auf eine größere Wettbewerbsintensität im B-2-C eCommerce als im traditionellen Handel geschlossen werden. Allerdings deutet eine Verneinung der Fragen nicht unbedingt auf eine geringere Wettbewerbsintensität im B-2-C eCommerce hin.

---

242 *Keiner der Anbieter verfügt über genügend Marktmacht, um den Marktpreis setzen zu können.*

243 *Vgl. Kreps 1990 – entsprechen die Preise den Grenzkosten, bedeutet das, dass die Allokation effizient im Sinne der Pareto-Effizienz ist.*

244 *Vgl. OECD 1998i, Kap. 4.*

245 *Vgl. Smith/Bailey/Brynjolfsson 1999.*

Tabelle 37: Untersuchte Indikatoren der Wettbewerbsintensität

Preisniveau: Sind die Preise einzelner Güter im Internet niedriger als im traditionellen Handel?
Preiselastizität: Reagieren Verbraucher auf Preisveränderungen im Internet stärker als im traditionellen Handel?
Preisänderungskosten: Passen Online-Anbieter ihre Preise häufiger und/oder in kleineren Schritten an?
Streuung der Preise: Sind die Unterschiede zwischen dem niedrigsten und dem höchsten Preis im Internet kleiner als im traditionellen Handel?

Liegt das Preisniveau im B-2-C eCommerce über jenem im traditionellen Handel könnte das entweder die Hypothese, der zufolge die Kosten in diesem Bereich niedriger sind als im traditionellen Handel, oder die Hypothese, der zufolge die Wettbewerbsintensität im Internet größer wäre, widerlegen.[246]

Zudem ist die Homogenität einzelner Güter im B-2-C eCommerce und im traditionellen Handel nicht immer gewährleistet.[247] Falls ein Online-Anbieter mit der Software auch die Beratung online anbietet und den Verkaufspreis entsprechend kalkuliert, ist sie nicht mehr mit einer im traditionellen Handel ohne weitere Beratung angebotenen Software desselben Typs ident. Große Preisdifferenzen zwischen unterschiedlichen Online-Anbietern lassen sich möglicherweise durch ähnliche Überlegungen (Leistungsspektrum, Markenbewusstsein, Vertrauen, bessere Online-Beratung durch ausführliche Buchrezensionen und Suchhilfen, Produkt- und Preisdifferenzierung etc.) erklären.

Die Ergebnisse werden zusätzlich verzerrt, weil einzelne Charakteristika (z.B. Preissensitivität) der Verbraucher, die B-2-C eCommerce bereits nutzen, nicht jenen der Gesamtbevölkerung entsprechen müssen.

Der Markt im Bereich des B-2-C eCommerce ist noch in einer Phase des Wachstums und der Entwicklung, ebenso sind technologische Hilfsmittel zur Orientierung und die Erfahrung der Verbraucher noch entwicklungsfähig, sodass

---

246 Selbst ein niedrigeres Preisniveau im Internet beweist nicht, dass der Internet-Markt effizienter ist: Falls die Kosten durch den Online-Vertrieb weiter fallen als die Preise, könnten die niedrigeren Preise im Internet noch immer über den Grenzkosten liegen und damit ineffizient sein. Wettbewerbsintensität, Effizienz und Kosteneinsparungen müssten gemeinsam empirisch untersucht werden. Da die meisten bekannten B-2-C-eCommerce-Anbieter Verluste machen (d.h. die Preise nicht kostendeckend sind), kann von der Preisstruktur nur eingeschränkt auf die Kostenstruktur geschlossen werden.

247 Vgl. Smith/Bailey/Brynjolfsson 1999, 9 ff.

empirische Ergebnisse als Bestandsaufnahme unter den gegebenen Rahmenbedingungen angesehen werden können. Als solche sind sie notwendig, um die gegenwärtige Situation adäquat darzustellen und mögliche Politik- und Unternehmensstrategien aufzuzeigen.

Empirische Ergebnisse zur Wettbewerbsintensität im B-2-C eCommerce
Smith/Bailey/Brynjolfsson[248] zitieren in einem Übersichtsartikel zwei Studien, in denen *Preise* zwischen Online-Anbietern von Büchern und CDs mit jenen traditioneller Einzelhändler verglichen wurden. Eine der Untersuchungen bezog sich auf den Zeitraum 1996/97 und kam zu dem Ergebnis, dass die Preise der Online-Anbieter höher waren. Während die zweite Untersuchung sich auf den Zeitraum 1998/99 bezog und zu dem Ergebnis kam, dass die Online-Preise (inkl. Versandkosten und – falls gegeben – örtlicher „sales tax") zwischen 9% und 16% niedriger waren. Dies könnte darauf hindeuten, dass der Online-Markt im Segment Bücher und CDs zwischen 1996/97 und 1998/99 effizienter wurde, oder dass die Untersuchungen nur eingeschränkt vergleichbar sind. In einer Erhebung von Goldman Sachs[249] aus dem Jahre 1997 wurden die Offline- und Online-Preise von 30 verschiedenen Produkten aus acht Kategorien[250] miteinander verglichen. Die Waren wurden in beiden Fällen vom selben Unternehmen (Walmart) bezogen. Ohne Berücksichtigung der Versandkosten waren die online bestellten Waren in Summe um 1% und unter Berücksichtigung der Versandkosten in Summe um 9% teurer als die offline eingekauften. Durchschnittlich waren letztere um 9% (ohne Versandkosten) bzw. 17% (mit Versandkosten) preisgünstiger.

Im Rahmen einer Studie der Arbeiterkammer Wien[251] wurde ein Preisvergleich für Musik-CDs durchgeführt. Als Referenzwert wurde ein von der Arbeiterkammer erhobener österreichweiter Durchschnittspreis verwendet, der in einer eigenen Erhebung im Jänner und Februar 1999 ermittelt wurde. Von den 59 angegebenen Gesamtpreisen (Verkaufspreis plus Versandkosten) lagen nur 11 unter dem Referenzwert. Diese Abweichungen lagen zwischen -0,4% und -9,1% mit einem Durchschnitt von -4,8%. Die restlichen 48 Gesamtpreise lagen zwischen +4,6% und +86,3% über dem Referenzwert (Durchschnitt: +23,2%).

Aus dem Sample wurden vier CDs ausgewählt und ihre Ladenpreise in drei großen Handelsketten erhoben: In 11 von 12 Fällen lagen die Preise zwischen

248 *Vgl. Smith/Bailey/Brynjolfsson 1999.*

249 *Vgl. Bailey 1998, Appendix 2, Tabelle 9.*

250 *Schönheits- und Gesundheitsprodukte, Sport-, Büroartikel, elektrische Geräte, Nahrungsmittel, Eisen-, Spiel- und Haushaltswaren.*

251 *Vgl. Arbeiterkammer Wien 1999.*

-1,1% und -26,7% unter dem Referenzwert (Durchschnitt: -9,2%). Nur in einem Fall lag der Gesamtpreis um +0,3% über dem Referenzwert.

Empirische Ergebnisse bezüglich der *Preiselastizität der Nachfrage* sind generell sehr schwierig eindeutig zu interpretieren, da andere mögliche Einflüsse als Preisänderungen auf die Nachfrage ausgeschlossen werden müssen. Die von Smith/Bailey/Brynjolfsson zitierten Ergebnisse umfassen nur kleine Teilbereiche des B-2-C eCommerce oder Laborexperimente, sind zum Teil widersprüchlich und daher wenig aufschlussreich.

Empirische Untersuchungen bezüglich der *Häufigkeit und des Ausmaßes von Preisänderungen* sind etwas leichter durchzuführen und zu interpretieren: Smith/Bailey/Brynjolfsson zitieren zwei Arbeiten, denen zufolge sowohl die Häufigkeit von Preisanpassungen bei Online-Anbietern deutlich größer als auch deren Ausmaß deutlich (bis 1/100) niedriger ist. Dies deutet darauf hin, dass die Preisanpassungskosten bei Online-Anbietern niedriger als im traditionellen Handel sind. Die Änderungen sind bei elektronischen Katalogen und Produktangeboten günstiger als bei physischen, da bei Ersteren die Druckkosten bzw. die neuerliche Preisauszeichnung in Geschäftslokalen wegfallen.

In Bezug auf einen Vergleich der *Streuung der Preise* zwischen online und traditionellen Angeboten kommen Smith/Bailey/Brynjolfsson in ihrem Survey zu dem Schluss, dass sie im Internet nicht geringer ist. Eine von ihnen zitierte Studie fand Preisunterschiede für Flugtickets von bis zu 20% zwischen einzelnen Online-Reisbüros. Sie stellten Preisunterschiede identischer Bücher und CDs von durchschnittlich 33% bzw. 25% fest. Weiters wurde darin das Ergebnis angeführt, dass die Online-Anbieter, welche die niedrigsten Preise bieten, nicht immer die meisten Kunden haben.

Die empirische Untersuchung der Arbeiterkammer Wien[254] kam zu dem Ergebnis, dass das Leistungsspektrum der einzelnen Online-Anbieter in den Segmenten Online-Buchhandel, Online-CD-Handel und Online-Computer(zubehör)-Handel sehr unterschiedlich ist. Folgende Kategorien wurden untersucht: Versandkosten, Rückgabemöglichkeiten, Anbieterkennzeichnung, Auffinden der Allgemeinen Geschäftsbedingungen (AGB) und mögliche Zahlungsarten (Kreditkarte, Bankeinzug, Nachnahme und Rechnung). Die Unterschiede im Leistungsspektrum deuten auf geringe Transparenz und/oder ausgeprägte Marktsegmentierung hin.

---

254 Vgl. Arbeiterkammer Wien 1999.

Empirische Untersuchungen konnten die Hypothese, der zufolge der Verbrauchermarkt im Internet wettbewerbsintensiver als der traditionelle Einzelhandel sei, nicht bestätigen.

Dafür sind unterschiedliche Gründe möglich:

- Im B-2-C eCommerce ist die *Marktkonzentration* sehr hoch, weil nur wenige Online-Anbieter den Bekanntheitsgrad[255] und die Reputation (inkl. vertrauenswürdiger Umgang mit personenbezogenen Daten) erworben haben, die notwendig ist, um das Vertrauen der Verbraucher zu gewinnen. Die *Transparenz des Marktes* ist äußerst gering. Shop.org[256] schätzt, dass die Top 10 der B-2-C eCommerce-Sites 43% und die Top 50 fast 75% des entsprechenden Marktvolumens in den USA ausmachen.[257] Dies korrespondiert sehr gut mit der Beobachtung, dass der Marketing-Aufwand im B-2-C eCommerce besonders groß ist. Durch diese versunkenen Kosten werden Markteintritts-Barrieren errichtet, welche die Wettbewerbsintensität reduzieren.[258] Smith/Bailey/Brynjolfsson berichten, dass Online-Anbieter mit großem Bekanntheitsgrad zwischen 7% und 12% höhere Preise verlangen. Der hohe Bekanntheitsgrad kann durch positive Feedback-Loops[259] auch zu einem sich selbst verstärkenden Mechanismus werden.
- Zusätzlich kann das Bestehen von *asymmetrischer Information* im B-2-C eCommerce dazu führen, dass höhere Preise als Anzeichen für höhere Qualität interpretiert werden, und Verbraucher zu Anbietern zurückkehren, mit denen sie gute Erfahrungen gemacht haben (auch wenn diese höhere Preise verlangen). Beides führt zu einer Abnahme der Wettbewerbsintensität, durch höhere Transaktionskosten (inkl. Informationskosten).

255 *Vgl. Smith/Bailey/Brynjolfsson 1999: Die Suchmaschine Yahoo gibt 6.219 Online-Buchgeschäfte und Altavista 5.173.884 relevante Web-sites an. Eine Xerox-Studie kommt zu dem Ergebnis, dass 5% aller Web-sites 75% aller Zugriffe verzeichnen.*

256 *Vgl. Shop.org 1999.*

257 *Allerdings wurden auch Tendenzen registriert, die auf eine Abnahme der Marktkonzentration hindeuten. Im traditionellen Einzelhandel in den USA beträgt der Marktanteil der zehn größten Unternehmen deutlich weniger als 20% (eigene Schätzungen auf Basis der Daten des US Census Bureau [http://www.census.gov/mrts/www/mrts.html] und der Rangliste der 50 größten Einzelhandelsunternehmen in den Vereinigten Staaten [http://ea.golier.com/ea-online/wsja/text/ch04/tables/bi098.htm]).*

258 *Siehe Kapitel 2.2.*

259 *Positive Feedback-Loops entstehen durch das Zusammenwirken von Netzeffekten und wachsenden Skalenerträgen (siehe Kapitel 2.2).*

- Durch die Möglichkeiten, mehr Daten über Verbraucher und ihre Präferenzen zu sammeln und diese schnell und kostengünstig zu verarbeiten, kann es zu neuen Formen der *Marktsegmentierung* durch *Preis-* und *Produktdifferenzierung* kommen.[260] Unterschiedliche Preise reflektieren in diesen Fällen unterschiedliche Konsumentenpräferenzen. In kleineren segmentierten Märkten kann die Wettbewerbsintensität aufgrund der geringen Zahl an Marktteilnehmern niedriger sein. Zusätzlich reduziert Marktsegmentierung die Transparenz des Marktes.

Kasten 10: Formen der Preis- und Produktdifferenzierung

Im Wesentlichen werden drei Formen der Preisdifferenzierung unterschieden:[261]

- Preisdifferenzierung ersten Grades (Personalized Prizing) liegt vor, wenn der Anbieter von jedem einzelnen Nachfrager den maximalen Preis (maximale marginale Zahlungsbereitschaft) verlangt. Dies setzt zwei wichtige Annahmen voraus: (1) Arbitrage (iwS Handel) zwischen unterschiedlichen Nachfragern ist nicht möglich. (2) Der Anbieter kennt die maximale marginale Zahlungsbereitschaft jedes einzelnen Nachfragers. Beispiel: Unterschiedliche Flugpreise für einzelne Passagiere, über die die Fluglinie besonders gut informiert ist (z.B. durch Mitgliedschaft im Frequent-Flyer-Programm).
- Da die Informationsanforderungen, die zur erfolgreichen Umsetzung der Preisdifferenzierung ersten Grades notwendig sind, sehr selten erfüllt werden, wird häufig auf Preisdifferenzierung zweiten Grades (Versioning) zurückgegriffen: Dabei werden die Nachfrager in einzelne Schichten unterteilt, die unterschiedliche maximale marginale Zahlungsbereitschaften haben. Dementsprechend werden die Preise für die einzelnen Schichten abgestuft. Allerdings muss auch hier Arbitrage zwischen den einzelnen Schichten ausgeschlossen werden. Beispiel: Börseninformationen für private Nutzer werden sehr viel günstiger angeboten als jene für professionelle Nutzer. Um zu verhindern, dass letztere sich als private Nutzer ausgeben, werden von demselben Produkt zwei Versionen erstellt, die sich durch eine zeitliche Verzögerung voneinander unterscheiden. Dadurch wird die billigere Version für professionelle Nutzer wertlos und sie wählen die teurere Version.
- Preisdifferenzierung dritten Grades (Group Prizing) ist möglich, wenn die Nachfrage von unterschiedlichen Gruppen mit unterschiedlicher Preiselastizität ausgeht. Für jede dieser Gruppen kann dann in Abhängigkeit von der Preiselastizität der Nachfrage ein eigener Preis festgesetzt werden. Die Nachfragefunktionen

260 *Vgl. OECD 1998i, Kap. 4.*

261 *Vgl. Kaufer 1980; Shapiro/Varian 1999 für die englischen Begriffe und Beispiele.*

müssen unabhängig voneinander und die Preiselastizitäten zumindest annähernd bekannt sein. Die Gruppenzugehörigkeit muss leicht kontrollierbar sein. Beispiel: Besonders niedrige Studentenpreise sind sinnvoll, wenn die Preiselastizität der Studenten hoch ist. Die Gruppenzugehörigkeit ist leicht kontrollierbar (z.B. Studentenausweis).

Allen Fällen liegt die Annahme zugrunde, dass der Anbieter nicht reiner Preisnehmer ist und Arbitrage zwischen den einzelnen (Gruppen von) Nachfragern nicht möglich ist (Marktsegmentierung). Dies wird in der Regel durch Produktdifferenzierung erreicht (z.B. zeitliche Verzögerungen bei Börseninformationen; unterschiedliche Bedienungsfreundlichkeit von Programmen oder Online-Benutzerschnittstellen im B-2-C eCommerce).

Die angeführten Preisdifferenzierungs-Strategien werden auch im traditionellen Handel angewandt. Im B-2-C eCommerce wird es aber wesentlich leichter, die großen Informationsanforderungen der einzelnen Strategien zu erfüllen. Durch das Sammeln von personenbezogenen Daten (z.B. Einkaufsprofile oder die Inanspruchnahme von Suchmaschinen, die den niedrigsten Preis ermitteln, aber zeitaufwendig sind) können die zur Preisdifferenzierung notwendigen Informationen wesentlich schneller und günstiger gewonnen werden als im traditionellen Handel. Ziel der Preisdifferenzierung ist eine Erhöhung des Gewinns des Anbieters auf Kosten (der Konsumentenrente[262]) der Verbraucher.

- Im B-2-C eCommerce bestehen häufig *lock-in-Effekte*, da unterschiedliche Anbieter unterschiedliche Interfaces (Benutzerschnittstellen) anbieten und Verbraucher sich daher bei jedem Anbieter neu orientieren müssten.[263] Auch dadurch kann die Wettbewerbsintensität sinken.
- Der B-2-C eCommerce und die notwendigen *technologischen Hilfsmittel* sind noch nicht ausgereift. So kann z.B. die weitere Verbreitung von Cyber-Intermediären[264] den Markt in Zukunft transparenter machen. Neue Software (z.B. intelligent agents) könnten mehr Güter- und Preisinformationen

262 *Die Konsumentenrente hängt von der Differenz zwischen dem Kaufpreis und dem Preis, den die Konsumenten zu zahlen bereit wären (ihrer marginalen Zahlungsbereitschaft) und der gekauften Menge ab.*

263 *Vgl. Shapiro/Varian 1999; Varian 1999. Amazon.com bietet Treueprogramme und personalisierte Dienstleistungen an, die dem Verbraucher bei einem Wechsel zu einem anderen Online-Anbieter nicht (oder erst nach einiger Zeit) geboten werden können.*

264 *Beispiele für Cyber-Intermediäre sind Web-site-Verzeichnisse (z.B. Yahoo) und Evaluatoren (z.B. point Communications), Suchmaschinen (z.B. Lycos), Plattformen (z.B. Bodensee Mall), virtuelle Händler und Einkaufsgenossenschaften (vgl. Sarkar/Butler/Steinfield 1995).*

in kürzerer Zeit präziser vergleichen, wodurch die Markttransparenz ebenfalls steigen würde.[265] Die empirischen Ergebnisse bezüglich der Wettbewerbsintensität sind daher als Bestandsaufnahme zu sehen.

Die Wettbewerbsintensität im B-2-C eCommerce wird durch die geringe Transparenz des Marktes, asymmetrische Information, neue Formen der Marktsegmentierung und lock-in- Effekte reduziert.

Welche Wachstumseffekte sind von einer Verbreitung des B-2-C eCommerce zu erwarten?

Eine Zusammenfassung der bisherigen Teilergebnisse ergibt: (1) In weiten Bereichen des Handels (Verkauf, Lagerung, Distribution digitaler Güter) kann es zu Kosteneinsparungen durch den B-2-C eCommerce kommen. Diesen stehen auch Bereiche (Kosten der Intransparenz des Markets – Marketing, PR; Distribution physischer Güter) gegenüber, in denen es zu einer Erhöhung der Kosten kommen kann. (2) Die Disintermediationsthese wird weder durch analytische noch durch empirische Untersuchungen bestätigt. (3) Die Wettbewerbsintensität im B-2-C eCommerce ist nicht nachweislich höher als im traditionellen Handel. Aufgrund der bisherigen Teilergebnisse sind also nur durch die potenziellen Kosteneinsparungen im Handel potenzielle langfristige Wachstumseffekte durch den B-2-C eCommerce gegeben. Um die Größenordnung potenzieller Wachstumseffekte darzustellen, wird eine Untersuchung der OECD angeführt.

Empirische Ergebnisse zu den Wachstumseffekten des B-2-C eCommerce

Um die gesamtwirtschaftlichen Wachstumseffekte durch den B-2-C eCommerce zu schätzen,[266] geht die OECD[267] von einer Reihe von Annahmen aus, die als sehr optimistisch eingeschätzt werden können:

---

265 *Software, die Preisvergleiche durchführt, kann aber auch dazu verwendet werden, Kartellpreisbildung zu fördern und zu stabilisieren: Eine Preisreduktion wird lediglich dazu führen, dass auch die Konkurrenz den Preis anpasst, bevor Verbraucher reagieren können. Varian (vgl. Varian 1999) führt dafür einige empirische Belege aus dem B-2-C eCommerce aber auch aus reiferen Märkten (z.B. NASDAQ) an.*

266 *Das Ländersample umfasst Deutschland, Frankreich, Großbritannien, Japan, USA. Empirische Untersuchungen der potenziellen Effizienzgewinne durch B-2-C eCommerce sind im Lichte der (noch) geringen Verbreitung des B-2-C eCommerce zu sehen, da potenzielle Kostenersparnisse durch wachsende Skalenerträge noch nicht zur Gänze ausgeschöpft sein könnten.*

267 *Vgl. OECD 1998i.*

(1) B-2-C eCommerce verringert den bestehenden Groß- und Einzelhandelsumsatz durch Disintermediation um 25%.[268] Selbst unter diesen extremen Annahmen macht das B-2-C eCommerce-Volumen nur etwa so viel aus wie das gegenwärtige Volumen des Direktvertriebs in den USA (US$ 1 900 Mrd.). Die Autoren führen dies auf die Zusammensetzung der Konsumausgaben zurück – ein Großteil wird für Güter ausgegeben, die bereits jetzt direkt von Produzenten bezogen werden (z.B. Elektrizität) oder die selbst eine Intermediations-Dienstleistung darstellen (z.B. Wertpapierhandel).[269]

(2) Die daraus resultierenden Einsparungen in den Bereichen Baukosten, Mieten, Strom, Gas und Ähnliches werden auf zusätzliche 12,5% des Groß- und Einzelhandelsumsatzes geschätzt.

(3) Durch den geringeren Umfang der beiden Sektoren fällt zudem der Faktoreinsatz (Kapital und Arbeit) um etwa 7,5%.

Auf Basis dieser Annahmen wird eine Senkung der gesamtwirtschaftlichen Distributionskosten im Ausmaß von etwa 5% errechnet. Daraus ergibt sich eine kumulative gesamtwirtschaftliche Kostenreduktion im Umfang von 0,5% bis 0,7%. Die OECD interpretiert dies als Approximation des durch den B-2-C eCommerce erzielbaren Produktivitätszuwachs. Bei einem durchschnittlichen jährlichen Produktivitätswachstum von 0,8% in den G7-Ländern in der Periode 1979/97 ist ein einmaliger Effizienzgewinn von 0,5% bis 0,7% von gesamtwirtschaftlicher Bedeutung. Allerdings sind die Annahmen dieser Berechnungen sehr optimistisch. Vor allem wird mit weitreichender Disintermediation gerechnet und von einer hohen Wettbewerbsintensität im B-2-C eCommerce ausgegangen. Die durch den B-2-C eCommerce zusätzlich anfallenden Kosten sind zudem nicht inkludiert: Insbesondere die höheren Transportkosten durch die individuelle Zustellung physischer Güter, die Erstellung und Wartung von Web-sites und die hohen Marketingausgaben sind nicht berücksichtigt. Ebenso

---

268 *Diese Zahlen ergeben sich aus Annahmen, die sich durch die Ergebnisse der Untersuchung der Disintermediationsthese nicht belegen lassen: (1) Alle Produkte, die bereits teilweise über B-2-C eCommerce vertrieben werden, werden vollständig über diesen Kanal vertrieben. (2) Alle Intermediäre in diesen Bereichen werden ausgeschaltet. Produzenten handeln direkt mit Verbrauchern. (3) Die Hälfte aller Produkte, für die Groß- und Einzelhandelsspannen zusammen über 50% des Wertes ergeben, werden auch unter Umgehung der Zwischenhändler über B-2-C eCommerce gehandelt.*

269 *Die Marktanteile dieser Intermediäre können sich allerdings durch den B-2-C eCommerce verschieben (z.B. Wertpapierhandel über des Internet).*

sind die Kosten, die durch Cyber-Intermediäre entstehen nicht in die Kalkulationen eingegangen. Dadurch können die Produktivitätszuwächse von den partiellen Kosteneinsparungen abweichen; d.h. geringer ausfallen.

Obwohl die Annahmen der OECD bezüglich der Kostenersparnis durch B-2-C eCommerce besonders optimistisch sind und die durch diese Vertriebsform anfallenden Kosten nicht hinreichend berücksichtigt werden, sind die gesamtwirtschaftlichen Produktivitätsgewinne gering, wenn auch nicht vernachlässigbar.

Zusammenfassung

Der B-2-C eCommerce stellt eine kapitalintensive Prozessinnovation dar, die prinzipiell allen gegenwärtigen und zukünftigen Marktteilnehmern offen zugänglich ist und in einigen Bereichen des Handels zu Kosteneinsparungen führen kann.

Sowohl bestehende Einzelhändler als auch reine Online-Anbieter tendieren zu einer Multichannel-Strategie: Der B-2-C eCommerce wird zu einem weiteren Vertriebskanal, der sich zu den bestehenden komplementär verhält – die Dominanz von Multichannel-Anbietern wird daher erwartet. Weitreichende Disintermediation ist auf Basis der analytischen Ergebnisse nicht zu erwarten. Für Produzenten ist ein Engagement im B-2-C eCommerce eine strategische Unternehmensentscheidung und nicht nur eine technologische Investitionsentscheidung.

Es ist empirisch nicht nachweisbar, dass die Wettbewerbsintensität im B-2-C-elektronischen Handel höher als im traditionellen Handel ist. Die Gründe dafür sind in der geringen Transparenz des Marktes, Informationsasymmetrien und in den Marktsegmentierungs-Strategien der Anbieter sowie lock-in-Effekten zu finden.

Schätzungen für die Wachstumseffekte durch den B-2-C eCommerce gehen über 0,5% des BIP nicht hinaus, obwohl die zugrundeliegenden Annahmen – im Lichte der Analyseergebnisse bezüglich der Wettbewerbsintensität und der Disintermediationsthese – besonders optimistisch sind und die durch den B-2-C eCommerce zusätzlich anfallenden Kosten in die Berechnungen nicht einbezogen wurden.

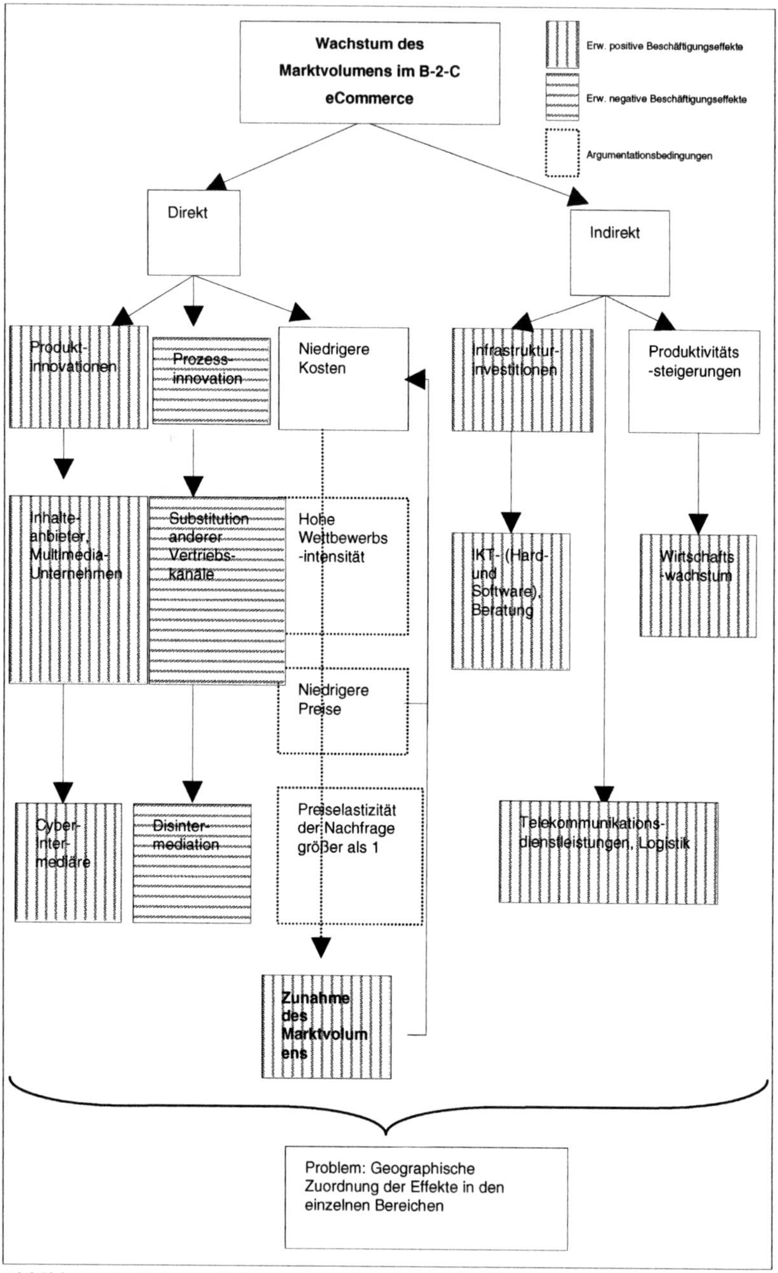

Abbildung 9: Schematisierung der Arbeitsmarkteffekte des B-2-C eCommerce

3.1.4.2 Beschäftigungseffekte

Die Ausführungen zu den Beschäftigungseffekten des B-2-C eCommerce orientieren sich an einer Schematisierung (siehe Abbildung 9).

Die Schematisierung der Beschäftigungseffekte basiert auf der Annahme, dass das Marktvolumen im B-2-C eCommerce wachsen wird, und auf der Unterscheidung zwischen direkten und indirekten Auswirkungen (Abbildung 9). Während Erstere die Veränderungen im Groß- und Einzelhandel, die durch die kapitalintensive Prozessinnovation B-2-C eCommerce ausgelöst werden, beschreiben, geht es bei Letzteren um die Auswirkungen auf die Arbeitsnachfrage in den Bereichen Infrastruktur-Investitionen und -Betrieb sowie gesamtwirtschaftliche Wachstumseffekte, die sich aus der Diffusion einer neuen Technologie ergeben können.

Generell stehen zwei alternative methodische Ansätze zur Analyse der Beschäftigungsentwicklung im elektronischen Handel zwischen Unternehmen und Verbrauchern zur Verfügung:

(1) Der „Top-Down"-Ansatz operiert mit aggregierten Daten und versucht, daraus Rückschlüsse auf die Beschäftigung zu ziehen.

(2) Der „Bottom-Up"-Ansatz hingegen untersucht Struktur- und Niveau-Veränderungen auf der Mikro- (Ebene der Unternehmen) und Mesoebene (Ebene der Branchen und Sektoren).

Die Arbeitsmarkteffekte der Verbreitung des B-2-C eCommerce können noch nicht genau angegeben werden, da die wenigen verfügbaren empirische Daten widersprüchlich sind. Es stehen keine Zeitreihen bezüglich der Beschäftigungsentwicklung im B-2-C eCommerce zur Verfügung. Stattdessen existieren einige punktuelle Studienergebnisse, die in der Regel nicht auf standardisierten Methoden beruhen und daher nicht vergleichbar sind. Die meisten dieser Studien beziehen sich auf die USA und können nicht direkt auf die Entwicklungen in Europa bzw. Österreich übertragen werden.

Zusätzlich zu den statistischen Schwierigkeiten kommen noch prinzipielle Probleme: Neue Technologien können zu einer Welle von Neugründungen von Unternehmen, zur Entwicklung neuer Sektoren und zu Veränderungen bestehender Wertschöpfungsketten sowie Unternehmensstrategien führen. Die Extrapolation historischer Daten wird durch derartige Strukturbrüche erschwert bzw. unmöglich gemacht.

Direkte Effekte des B-2-C eCommerce auf die Beschäftigung

Die Substitution bestehender Vertriebskanäle durch eine kapitalintensive Prozessinnovation verringert ceteris paribus die Arbeitsnachfrage.

Der B-2-C eCommerce ist eine arbeitssparende, kapitalintensive Prozessinnovation.[270] In den Branchen und Sektoren, in denen diese neue Form des Vertriebs genutzt wird, kommt es daher ceteris paribus zu einer Reduktion der Beschäftigungsnachfrage. Allerdings beträgt das Volumen des Online-Einzelhandels in den USA erst 0,63% des gesamten Einzelhandelsvolumens,[271] sodass die Substitutionseffekte noch nicht empirisch nachweisbar sind. Durch Disintermediation würden bei bestehenden Zwischenhändlern Arbeitsplätze abgebaut werden. Für die Disintermediationsthese existieren gegenwärtig allerdings keine Belege.

Produktinnovationen, die auf B-2-C eCommerce aufbauen, schaffen ceteris paribus neue Beschäftigung.

Zahlreiche neue Produkte werden durch die Diffusion des elektronischen Handels zwischen Unternehmen und Verbrauchern erst ermöglicht. Beispiele dafür sind: Real-time-Informationen über Kapitalmarktkurse, die zunehmend auch für Verbraucher angeboten werden; darauf aufbauend Intra-day-Aktienhandel; und vor allem jene Dienste, die von Cyber-Intermediären angeboten werden. Die betroffenen Sektoren und Branchen sind unter anderen: Multimedia-Unternehmen in der Medienindustrie; Informationswirtschaft; Anbieter von Verschlüsselungstechniken und Sicherheitsprodukten für den Handel mit digitalen Gütern sowie von Methoden zur Verwaltung und zur Verrechnung von Urheberrechten.

---

270 Der bekannteste Online-Einzelhändler Amazon.com (v.a. Bücher und CDs) erwirtschaftete im Jahr 1997 einen Umsatz/Beschäftigtem von etwa öS 3,4 Mio. (614 Beschäftigte) und im Jahr 1998 einen Umsatz/Beschäftigtem von etwa öS 4,1 Mio. (2.100 Beschäftigte), während der durchschnittliche Umsatz/Beschäftigtem im Jahr 1997 im österreichischen Bücher-, Zeitschriften- und Musikalenhandel öS 1,5 Mio. ausmachte (vgl. Unternehmensdaten, http://profiles.wisi.com; Österreichische Wirtschaftskammer, Bundessektion Handel, http://www.wk.or.at/bshandel).

271 Vgl. US Census Bureau; http://www.census.gov – 4. Quartal 1999.

Die Zunahme des Marktvolumens durch geringere Kosten und daraus resultierende niedrigere Preise erhöht ceteris paribus die Arbeitsnachfrage.

Eine Prozessinnovation kann zur Reduktion der Kosten und bei hoher Wettbewerbsintensität zu niedrigeren Preisen führen.[272] Falls die Preiselastizität der Nachfrage[273] einen Absolutwert von größer als 1 hat, führt eine Preisreduktion zu einer Ausweitung des Marktvolumens im betreffenden Marktsegment. Die Erhöhung der Nachfrage wirkt sich positiv auf die Beschäftigung aus. Das Ausmaß dieses Effektes hängt allerdings von der Elastizität der Arbeitsnachfrage[274] bezüglich des Umsatzes im Handel und des Outputs in der Güterproduktion ab. Dabei ist davon auszugehen, dass im B-2-C eCommerce wachsende Skalenerträge vorherrschen, sodass eine Ausweitung des Umsatzes nur zu verhältnismäßig geringen (d.h. unterproportionalen) Beschäftigungseffekten in diesem Bereich führt. In der Güterproduktion (z.B. CDs, Bücher, Inhalte) hängen die Auswirkungen auf die Arbeitsnachfrage von den Charakteristika der Produktionsfunktionen der einzelnen Produkte ab.

Indirekte Effekte des B-2-C eCommerce auf die Beschäftigung

Die Diffusion des B-2-C eCommerce führt zu einem Anstieg der Infrastruktur-Investitionen und dadurch ceteris paribus zu einer Erhöhung der Arbeitsnachfrage in diesem Bereich.

Die Infrastruktur für den B-2-C eCommerce ist noch nicht vollständig ausgebaut. Dies gilt für den Ausbau der nationalen und internationalen Übertragungskapazitäten ebenso wie für die Schaffung der notwendigen innerbetrieblichen Voraussetzungen. Dies erhöht die Arbeitsnachfrage bei den Herstellern von Gütern im Bereich der Informations- und Kommunikations-Technologien (IKT) sowie bei den Beratungsunternehmen, die jene Betriebe beraten, die B-2-C eCommerce Lösungen implementieren.

---

272 *Obgleich die empirische Evidenz die Hypothese niedrigerer Preise im B-2-C eCommerce im Vergleich zum traditionellen Handel nicht bestätigen konnte, soll diese Möglichkeit bei der Analyse der langfristigen Beschäftigungseffekte nicht vernachlässigt werden.*

273 *Die Preiselastizität der Nachfrage gibt die prozentuelle Veränderung der Nachfrage bei einer einprozentigen Preissenkung an.*

274 *Die Outputelastizität der Arbeitsnachfrage gibt die prozentuelle Veränderung der Arbeitsnachfrage bei einer einprozentigen Erhöhung des Outputs an.*

Der B-2-C eCommerce führt zu einer Erhöhung der Nachfrage nach Infrastruktur-Dienstleistungen (z.B. Telekommunikationsdienste, Logistik, ISP), wodurch die Nachfrage nach Arbeitskräften in diesen Sektoren zunehmen wird.
Insbesondere der Telekommunikationssektor ist von wachsenden Skalenerträgen geprägt, wodurch die Outputelastizität der Arbeitsnachfrage unter einem Absolutwert von 1 liegen dürfte. Im Bereich der Logistik-Dienstleistungen wird die Ausweitung der Nachfrage im Zuge des wachsenden Volumens individueller Zustellungen besonders groß sein.

Die Verbreitung des B-2-C eCommerce kann zu einer Erhöhung des Wirtschaftswachstums und dadurch zu einer Erhöhung der Arbeitsnachfrage führen.
Zusätzliches Wirtschaftswachstum wirkt sich positiv auf die gesamtwirtschaftliche Arbeitsnachfrage aus.[275]

Die nationale Zuordnung dieser Beschäftigungseffekte wird durch den potenziell internationalen Charakter des B-2-C eCommerce deutlich erschwert.
Während Arbeitsplatzverluste im traditionellen Einzelhandel sich regional und national zuordnen lassen, ist dies bei der Erhöhung der Arbeitsnachfrage durch die Diffusion des B-2-C eCommerce nicht immer eindeutig möglich. Die Auswirkungen auf den jeweiligen nationalen Arbeitsmarkt hängen von den Leistungsbilanzsalden in den Bereichen B-2-C eCommerce, Hard- und Software sowie Netzinfrastruktur ab:

- Gegenwärtig ist die Bedeutung der US-Anbieter im weltweiten B-2-C eCommerce sehr hoch. D.h. den Arbeitsplätzen, die bei traditionellen Einzelhändlern abgebaut werden könnten, stünde eine Erhöhung der Arbeitskräftenachfrage in den USA (z.B. bei Online-Anbietern, Cyber-Intermediären) gegenüber. Allerdings zeichnen sich zwei Entwicklungen ab, die diesem Trend entgegenwirken: (1) Zahlreiche neue lokale Online-Anbieter und Cyber-Intermediäre erobern relativ schnell Marktanteile in nationalen Märkten. Insbesondere nutzen traditionelle lokale Einzelhändler den neuen Vertriebsweg B-2-C eCommerce verstärkt. (2) Die internationalen Online-Anbieter und Cyber-Intermediäre gründen nationale Tochterge-

---

275 Das gesamtwirtschaftliche Produktivitätswachstum durch den B-2-C-eCommece wurde allerdings nur auf etwa 0,5% geschätzt (s.o.). Wird diese Schätzung als Approximation für die Wachstumseffekte herangezogen, so ist der zu erwartenden gesamtwirtschaftliche Beschäftigungseffekt durch erhöhtes Wirtschaftswachstum durch den B-2-C eCommerce eher bescheiden.

sellschaften. Diese entwickeln zwar eine geringere Arbeitsnachfrage als ihre Muttergesellschaften, weil Bereiche wie Produkt- und Softwareentwicklung selten dezentral betrieben werden, aber die Logistik und das Marketing erfolgen zumindest teilweise in den jeweils nationalen Märkten.[276]

- Auch in den Bereichen, in denen sich die Diffusion des B-2-C eCommerce nur indirekt auswirkt, spielen internationale Handelsströme eine große Rolle. Je größer das Leistungsbilanzdefizit in den Bereichen Hard- und Software und Netzinfrastruktur ist, desto geringer sind ceteris paribus die positiven Beschäftigungseffekte im Inland.

Empirische Daten zu den Beschäftigungswirkungen des B-2-C eCommerce

Eine empirische Analyse der Beschäftigungseffekte des B-2-C eCommerce ist gegenwärtig aufgrund des Mangels an aussagekräftigen Daten kaum möglich. Es besteht daher ein großer Bedarf an international koordinierten empirischen Erhebungen, um die Beschäftigungseffekte des B-2-C eCommerce empirisch untersuchen zu können sowie die internationale Vergleichbarkeit der Daten zu gewährleisten.

Aus den fragmentarisch vorhandenen Daten[277] bezüglich der Beschäftigungseffekte des eCommerce in den USA lassen sich folgende Schlüsse ziehen:

(1) Die Beschäftigung im B-2-C eCommerce wächst von sehr geringem Niveau stark.

(2) Es wird erwartet, dass zukünftige, mögliche Beschäftigungseinbußen im Einzelhandel durch Beschäftigungszuwächse durch die Nachfrage in den Bereichen der Infrastruktur-Dienstleistungen, Produktion von Hard- und Software inkl. Beratung, Produktinnovationen (z.B. Inhalte-Anbieter, Cyber-Intermediäre), Logistik und durch das zusätzliche Wirtschaftswachstum mehr als kompensiert werden.

In den angeführten empirischen Arbeiten werden unterschiedliche Abgrenzungen des Untersuchungsgegenstandes eCommerce vorgenommen: Wäh-

---

276 Bei den Cyber-Intermediären liegt der Anteil der Beschäftigten im Bereich Verkauf und Marketing zwischen 43% und 52% (vgl. OECD 1998i, Tab. 6.7).

277 Vgl. OECD 1998i und Center for Research in Electronic Commerce 1999. Beide Untersuchungen gehen von einem „Bottom-up"-Ansatz aus, daher wirken sich unterschiedliche Abgrenzungen des Untersuchungsgegenstandes und nicht standardisierte Erhebungsmethoden stark auf die Ergebnisse aus.

rend die von der OECD erhobenen Daten sich auf den B-2-C eCommerce beziehen, wird die Unterscheidung zwischen B-2-C und B-2-B eCommerce vom Center for Research in Electronic Commerce nicht berücksichtigt. In keiner der beiden Untersuchungen werden mögliche Substitutionsbeziehungen zwischen dem B-2-C eCommerce und dem traditionellen Einzelhandel explizit erhoben.

Geographische Zuordnung der Beschäftigungseffekte

Die meisten Daten wurden für die USA erhoben, da dies der am weitesten entwickelte Markt ist. Für Österreich fehlt jegliche verwertbare Datenbasis, daher können nur einige Plausibilitätsüberlegungen angestellt werden. Österreich gilt als Importland von Computerhardware und -software[278] sowie als Importland von B-2-C eCommerce. Daher besteht die Gefahr, dass Arbeitsplätze im regionalen Einzelhandel abgebaut werden, aber relativ zu den USA in geringerem Umfang bei regionalen B-2-C eCommerce-Anbietern sowie bei Computerhardware und -software Produzenten kompensiert werden können. Eine umfassende eCommerce-Politik ist daher notwendig, um die entsprechenden Rahmenbedingungen für ein Wachstum der österreichischen B-2-C eCommerce- und Infrastruktur-Anbieter (inkl. Betriebsberatungsunternehmen) zu ermöglichen. Die Verlagerung von Beschäftigung in den Bereich Computerhardware und -software kann zu einer Verschärfung des Mangels an qualifizierten Arbeitskräften in diesem Bereich führen.[279]

Zusammenfassung

Bei der Analyse der Beschäftigungseffekte des B-2-C eCommerce wurde zwischen direkten und indirekten Auswirkungen auf die Arbeitsnachfrage unterschieden: Die Verbreitung der kapitalintensiven Prozessinnovation B-2-C eCommerce kann zu einer Reduktion der Arbeitsnachfrage bei traditionellen Einzelhändlern führen. Mögliche Produktinnovationen auf Basis des elektronischen Handels, eine mögliche Zunahme des Marktvolumens durch Preiseffekte, sowie die indirekten Effekte (Infrastruktur-Investitionen und -betrieb, Hard- und Software-Produktion und Beratung sowie zusätzliches Wirtschaftswachstum) können sich positiv auf die Beschäftigung auswirken. Die geografische Zuordnung der einzelnen Effekte wird aber aufgrund des internationalen Charakters des B-2-C eCommerce erschwert.

---

278 Vgl. Schmitz 1997 und die dort angeführte Literatur.

279 Siehe Kapitel 3.2.

Verlässliche empirische Ergebnisse liegen gegenwärtig noch nicht vor. Die angeführten Erhebungen beziehen sich auf die USA und sind nicht direkt auf Europa und Österreich übertragbar. Die verfügbaren Daten deuten auf einen positiven Nettoeffekt des B-2-C eCommerce auf die Beschäftigung in den USA hin. Um seine Auswirkungen auf den europäischen Arbeitsmarkt empirisch abschätzen zu können, bedarf es international koordinierter Erhebungen, um die Vergleichbarkeit der Daten gewährleisten zu können.

3.2 Qualifikationsanforderungen im Mediamatiksektor

Martin Wörter

Sowohl auf nationaler als auch supranationaler Ebene vergrößert sich die Lükke zwischen Arbeitsangebot und Arbeitsnachfrage im Mediamatiksektor. Die wirtschaftliche Nachfrage nach Qualifikationen wird vom „freien" Arbeitsmarkt weder in qualitativer noch in quantitativer Hinsicht effizient befriedigt. In der IKT-(Informations- und Kommunikationstechnologie)-Branche gab es im Jahr 1998 in der EU 500.000[280] offene Stellen. Die Tendenz ist steigend. Auch in Österreich sind sich Experten einig, dass ein großer Mangel an Arbeitskräften besteht.[281] Dies hemmt die potenzielle Entwicklung der Informationswirtschaft und kann zu Wettbewerbsnachteilen gegenüber anderen Wirtschaftsregionen (z.B. NAFTA[282]) führen. Vom Arbeitskräftemangel besonders stark betroffen sind kleine und mittlere Betriebe.[283] Wirtschaftspolitische Maßnahmen auf nationaler und auf supranationaler Ebene sind notwendig, um dem bestehenden Marktversagen zu begegnen.

In der folgenden Untersuchung wird für Österreich gezeigt, in welchen Bereichen es sinnvoll ist, wirtschaftspolitische Maßnahmen zu setzen und welche Politik speziell im österreichischen Aus- und Weiterbildungsbereich verfolgt werden soll. Dazu ist es notwendig, den Mediamatiksektor in Österreich arbeitsmarktstatistisch zu beschreiben. Daran anschließend wird der „status quo" der österreichischen Aus- und Weiterbildungslandschaft beleuchtet und es wird untersucht, ob bestehende Aus- und Weiterbildungsprogramme die qualitative als auch quantitative Nachfrage nach Arbeitskräften befriedigen können. Die Ergebnisse dieser Untersuchung werden in Form wirtschaftspolitischer Handlungsvorschläge zusammengefasst.

---

280 *Vgl. http://www.europa.eu.int/comm/dg05/soc-dial/info_soc/news/infosoc_en.htm Im Jahre 2002 soll sich auf EU-Ebene der betreffende Arbeitskräftemangel auf 1,2 Millionen erhöhen. Anderen Meldungen zufolge soll sich der Arbeitskräftemangel in der EU bis 2002 auf 1,6 Millionen erhöhen (vgl. Financial Times, 7.2.2000; Europäische Kommission 2000b).*

281 *Vgl. Arthur D. Little 1999. Der Arbeitskräftebedarf für Österreich wird in der Tagespresse mit 15.000 geschätzt. Dieser Zahl liegt nach eigenen Recherchen keine wissenschaftliche Studie zugrunde.*

282 *North American Free Trade Agreement (NAFTA).*

283 *Vgl. Kapitel 3.1.2.5.*

3.2.1 Problemstellung

Die Vorstellung der Informationswirtschaft leitet sich aus der zunehmenden volkswirtschaftlichen Bedeutung informationsschaffender, -verarbeitender, -aufbereitender und -verbreitender Tätigkeit ab. Von 1951 bis 1991 stieg die Anzahl der Berufstätigen in diesem Bereich von 17,9% auf 35,7% der insgesamt in Österreich Beschäftigten.[284] Nicht alle sind von jüngsten technologischen Veränderungen gleichermaßen betroffen. Deshalb wurden im Rahmen dieser Untersuchung erstmalig die Beschäftigten der Mediamatik herausgefiltert, um einerseits die ökonomische Bedeutung dieses Sektors zu unterstreichen, und andererseits die Mediamatikbeschäftigten als Ziel wirtschaftspolitischer Handlungen konkreter beschreiben zu können. Der Mediamatiksektor wird auf Basis der ÖNACE definiert, mittels Übertragungsschlüssel auf die ISIC (International Standard Industry Classification) übertragen und somit international vergleichbar. Für die Mediamatikpolitik wurde ein wirtschaftspolitischer Zielbereich statistisch definiert,[285] wodurch für diesen Sektor eine Evaluierungsbasis für wirtschaftspolitische Eingriffe zur Verfügung steht. 1997 umfasste der Mediamatiksektor 147.147 Beschäftigte.

Tabelle 38: Die Beschäftigten im österreichischen Mediamatiksektor im Vergleich zu anderen ÖNACE-Abschnitten

Abschnitte	**Beschäftigte** 31.12.1997	31.12.1995	**Veränd.** in %
Bergbau und Gewinnung von Steinen und Erden	6.562	6.316	3,9
Sachgütererzeugung	628.488	650.932	-3,4
Energie und Wasserversorgung	37.677	38.194	-1,4
Bauwesen	248.264	235.996	5,2
Handel; Reparatur v. Kraftfahrzeugen u. Gebrauchsgütern	525.487	523.498	0,4
Beherbergungs- und Gaststättenwesen	191.510	184.691	3,7

284 Vgl. Sint 1998, 48. Der Großteil der Beschäftigten dieses Bereichs sind Lehrpersonal sowie Büro- und Verwaltungspersonal.

285 Zur statistischen Definition auf Basis ÖNACE (4 Steller) bzw. zur Frage wie sich diese Beschäftigtenzahl zusammensetzt vgl. Abschnitt 3.2.2.2.

Verkehrs- und Nachrichten-übermittlung	243.962	225.825	8,0
Kredit- und Versicherungswesen	114.903	116.707	-1,5
Realitätenwesen und Unter-nehmensdienstleistungen	206.304	185.259	11,4
Mediamatik	*147.147*	*136.547*	*7,8*

Quelle: Österreichisches Statistisches Zentralamt 1998a, 1999b und eigene Zusammenstellung „Mediamatik"

Der Mediamatiksektor reiht sich bereits 1997 in die Liste der wichtigsten Wirtschaftszweige Österreichs im Hinblick auf Beschäftigung ein. Dies ist beachtlich, zumal 1997 der Verbreitungsgrad neuer Informations- und Kommunikationstechnologien noch wesentlich geringer war als im Jahre 2000 und die Liberalisierung des Telekommunikationsbereiches in Österreich erst nach 1997 eingesetzt hat.[286] Auf Basis der in Tabelle 38 (ohne Mediamatik) angegebenen Abschnitten veränderte sich die Beschäftigung insgesamt von 2.167.418 (1995) auf 2.203.158 (1997), das ist eine Steigerung von 1,6%. Die zur Mediamatik zusammengefassten ÖNACE-4-Steller-Sektoren weisen für den Untersuchungszeitraum ein überdurchschnittliches Beschäftigungswachstum auf.[287]
Der Mangel an informations- und kommunikationstechnologisch qualifizierten Beschäftigten in Österreich kann neben anderen Faktoren[288] die Entwicklung der Mediamatik in Österreich behindern. Ein „freier" Qualifikations- und Arbeitsmarkt würde längerfristig zwar zu einem Ausgleich von Arbeitsangebot und Arbeitsnachfrage führen, doch zu welchem Preis? Der Staat könnte diese Transaktionskosten der Anpassung an neue Qualifikationsanforderungen im Rahmen seines Aus- und Weiterbildungssystems verringern. Dies bedeutet allerdings nicht, dass die gegenwärtig bestehende „Qualifikationslücke" alleinig der öffentlichen Hand angelastet werden kann. So müsste es in Zukunft ein

286 *Die mit der Liberalisierung verbundenen positiven Beschäftigungseffekte siehe Punkt 3.2.2.2.*

287 *Es ist zu beachten, dass die Beschäftigten auf Basis der hier verwendeten Bereichserhebungen 1995 und 1997 (vgl. ÖSTAT 1998a; 1999b) nicht mit den Erwerbstätigen auf Basis der Arbeitskräfteerhebung 1997 (vgl. ÖSTAT 1999a) verglichen werden können. Der Grund liegt in den unterschiedlichen Erhebungsmethoden.*

288 *Andere hemmende Faktoren wären: fehlender Unternehmergeist, zuwenig F&E (Forschung und Entwicklung), unzureichende Dateninfrastruktur.*

arbeitsteiliges, koordiniertes Vorgehen nationaler Bildungseinrichtungen (Fachhochschulen, Universitäten), dem AMS, der Bildungseinrichtungen der Sozialpartner und privaten Unternehmen (z.B. Private-Public-Partnership) unter Einbindung supranationaler Zielsetzungen (EU-Förderungsprogramme) geben, um die Transaktionskosten der Qualifikationsanpassung zu verringern.

In Anbetracht der volkswirtschaftlichen Bedeutung der Mediamatik, konzentriert sich diese Arbeit einerseits auf die statistische Beschreibung des Mediamatiksektors auf Basis von Beschäftigten gemäß ÖNACE-Gliederung der Wirtschaftsektoren und andererseits auf Qualifikationsanforderungen. Aufgrund des prognostizierten starken Wachstum dieses Sektors wird weiters die Nachfrage nach Arbeitskräften mit Mediamatik-/Informations- und Kommunikationstechnologie-Qualifikationen untersucht. Die Problemstellung dieser Untersuchung ergibt sich aus der qualitativen und quantitativen Diskrepanz zwischen privatwirtschaftlich erwarteten Qualifikationen[289] und den durch das österreichische Aus- und Weiterbildungssystem mitverursachten tatsächlichen Qualifikationen der Arbeitnehmer.[290] Dieser Unterschied ist die Basis wirtschaftspolitischen Handlungsbedarfs, der sowohl von öffentlicher als auch von privater Seite beachtet werden sollte.

3.2.1.1 Definition und Abgrenzung des Untersuchungsbereiches

Diskussionen über IKT (Informations- und Kommunikationstechnologie) bzw. ICT (Information and Communication Technology) werden sowohl auf staatlicher Ebene als auch im Rahmen internationaler Organisationen geführt, wobei es oft um die grundlegende Definition von IKT geht. Österreich nimmt in offiziellen Berichten bezüglich IKT-Definition eine abwartende Haltung ein: IKT wird im Umsetzungsbericht 1999 zum NAP (Nationaler Aktionsplan für Beschäftigung) nicht explizit definiert. Allgemein verweist man dort auf I&K-(Informations- und Kommunikations)-Dienste bzw. wird von einer Telematikinitiative des Wirtschaftsministeriums gesprochen.[291] Sowohl auf nationaler

289 *Siehe Kapitel 3.2.4.*

290 *Siehe Kapitel 3.2.3.*

291 *Vgl. Bundesministerium für Arbeit, Gesundheit und Soziales, Bundesministerium für wirtschaftliche Angelegenheiten 1999a, 30f.*

als auch auf internationaler Ebene arbeiten Diskussionsgruppen an einer statistischen Definition von IKT. Im Folgenden werden erste Diskussionsergebnisse der OECD, der EU und Deutschland zusammengefasst. Diese werden dem in dieser Untersuchung verwendeten Mediamatik-Ansatz gegenübergestellt.

Definitionsmöglichkeiten

Die *OECD* liefert erste Ergebnisse einer noch laufenden Diskussion des ICCP-Statistik Ausschusses in Zusammenarbeit mit Eurostat bzw. der Eurostat-Arbeitsgruppe über Statistiken zur Informationsgesellschaft. Demnach ist der IKT-Sektor „limited to those industries which facilitate, by electronic means, the processing, transmission and display of information, and it excludes the industries which create information, the so-called ‚content' industries."[292] Konkretisiert wird diese Definition durch die Zuweisung von Unternehmenskategorien auf Basis des ISIC (International Standard Industry Classification) (Rev. 3), die zusammen die sogenannten IKT-Unternehmen bilden (vgl. Tabelle 39). Entsprechend dieser Definition werden beispielsweise Unternehmen, die sich mit der Vervielfältigung von bespielten Ton-, Bild- und Datenträgern beschäftigen (2230 ISIC) nicht zu den IKT-Unternehmen gezählt, sondern den Inhaltsunternehmen zugerechnet. Verglichen mit der hier vorliegenden Untersuchung der Beschäftigungssituation im österreichischen Mediamatiksektor beinhaltet die OECD-Definition nicht alle betroffenen Branchen. Zu beachten ist, dass mediamatikpolitische Maßnahmen nicht nur die „Kernindustrien" bzw. den „Inhalts"-Bereich treffen, sondern ihre Wirkung auch in anderen Branchen (z.B. Druckerei)[293] zeigen.

Tabelle 39: OECD-Definition der IKT-Unternehmen (ICT-Industries)

Manufacturing:

3000 Manufacture of office, accounting and computing machinery
3130 Manufacture of insulated wire and cable
3210 Manufacture of electronic valves and tubes and other electronic components
3220 Manufacture of television and radio transmitters and apparatus for line telephony and line telegraphy

292 Vgl. OECD 1998d.

293 Im Jahre 1997 waren in Österreich 17.756 Menschen in Druckereien beschäftigt (vgl. Österreichisches Statistisches Zentralamt 1999b).

3230 Manufacture of television and radio receivers, sound or video recording or reproducing apparatus, and associated goods
3312 Manufacture of instruments and appliances for measuring, checking, testing, navigating and other purposes, except industrial process control equipment
3313 Manufacture of industrial process control equipment

Services – goods related:
5150 Wholesale of machinery, equipment and supplies
7123 Renting of office machinery and equipment (including computers)

Services – Intangible:
6420 Telecommunications
7200 Computer and related activities

Quelle: OECD, http://www.ocde.org/dsti/sti/it/stats/defin.htm

Auf EU-Ebene schloss man sich der OECD-Abgrenzung grundsätzlich an, wobei zu den IKT-Unternehmen die Bereiche Hardware & Software, EDV-bezogene Dienstleistungen, Telekommunikationsausrüstungen & -dienstleistungen, elektronische Mikrobauelemente und Büromaschinen hinzugerechnet werden. Als Inhalte produzierende Unternehmen wurden das Verlagsgewerbe, der audiovisuelle Bereich und die Werbebranche klassifiziert. Die IKT-Unternehmen zusammen mit den „Inhalts"-Unternehmen sind damit die Unternehmen der Informationsgesellschaft.[294]

Im Aktionsprogramm der *Deutschen Bundesregierung* über Innovation und Arbeitsplätze wurde die OECD- bzw. die EU-Definition weitestgehend angewendet. Das erwähnte Aktionsprogramm zählt Beschäftigte aus Hardware, Software & Services, Informationstechnik-Branche, Telekommunikation, elektronische Bauelemente, Unterhaltungselektronik, den Fachhandel und Distribution sowie die Medien zu den Beschäftigten der Informationswirtschaft.[295]

Während die Einteilung der Informationswirtschaft in IKT-Unternehmen und Inhaltsunternehmen von allen Definitionen mitgetragen wird, ergeben sich auf niedrigerer Aggregationsstufe offensichtliche Unterschiede. Dies macht es deutlich, dass die Diskussion um Definition und Abgrenzung weder auf staatlicher noch auf internationaler Ebene abgeschlossen ist.

Die IKT-Definitionen der Deutschen Bundesregierung, der EU und der OECD entstammen einem ähnlichen gedanklichen Hintergrund: Sogenannte „Inhalts-

294 Vgl. KOM (98) 590 endg., 3.

295 Vgl. Deutsche Bundesregierung 1999, 6f.

unternehmen" werden von „Kernunternehmen" unterschieden. Die konkrete Festlegung von Branchen, die zu den Inhaltsunternehmen bzw. Kernunternehmen gezählt werden, weichen bei den angegebenen Definitionen voneinander ab. Die Heuristik ist allerdings dieselbe: Die Kernunternehmen des IKT-Sektors werden um die Inhaltsunternehmen erweitert und zusammen als die „Unternehmen der Informationsgesellschaft" bezeichnet.

Für unsere Untersuchung wird hingegen der *Mediamatik-Ansatz*[296] gewählt. Dieser unterscheidet sich in der Heuristik, kommt aber für den Untersuchungszeitraum 1995 – 1997 zu einem ähnlichen quantitativen Ergebnis wie die OECD, wobei er allerdings auf unterschiedliche Untersuchungsbereiche zeigt. Für Österreich inkludiert der Mediamatik-Ansatz im Gegensatz zur OECD-Definition beispielsweise das Verlagswesen (8088 Beschäftigte 1997) bzw. Druckereien (17756 Beschäftige 1997), zumal auch dort vermehrt mediamatischer Qualifikationsbedarf besteht, und exkludiert Bereiche, für die mediamatischer Qualifikationsbedarf weniger maßgebend ist, beispielsweise den Großhandel mit Baumaschinen (2392 Beschäftigte 1997) bzw. den Großhandel mit landwirtschaftlichen Maschinen und Geräten (3303 Beschäftige 1997).

Wir verwenden zur Betrachtung des Arbeitsmarktes bzw. der Qualifikationsanforderungen die Heuristik der Mediamatik. Im Folgenden wird der Mediamatiksektor auf Basis der ÖNACE klassifiziert.

---

296 Die Einteilung in Kern- und Inhaltsunternehmen spielt dabei keine Rolle. Vielmehr berücksichtigt die Mediamatik die Verschmelzung von Informatik, Telekommunikation und Medien und verweist dadurch auf die technologiebedingten Schnittstellen. Dabei zeigen sich Qualifikationsanforderungen, die in allen drei Bereichen nachgefragt werden. Weiters unterstreicht der Mediamatik-Ansatz die zunehmende Bedeutung interdisziplinärer Fähigkeiten. Die Bewältigung komplizierterer bereichsübergreifender Aufgaben kann oftmals nur arbeitsteilig zwischen Spezialisten bzw. Generalisten erfolgen, wobei die Kommunikation zwischen ehemals getrennten Industriezweigen nun innerbetrieblich organisiert werden muss. Unternehmenskulturelle Probleme treten dabei deutlicher hervor.

3.2.2 Beschäftigte im Mediamatiksektor in Österreich

Der Erhebung der Beschäftigten im Mediamatiksektor in Österreich werden die OECD-IKT-Branchen (definiert wie oben) zugrundegelegt und um den Medienbereich und andere für die Mediamatik relevante Klassen erweitert. Die OECD-ISIC-(Rev. 3)-Darstellung muss zunächst mittels eines offiziellen Schlüssels auf das österreichische Klassifizierungsschema (ÖNACE) umgelegt werden. Im Anschluss daran können unter Zuhilfenahme statistischer Erhebungen erstmals die Beschäftigten im Mediamatiksektor isoliert werden. Als Referenzpunkt gilt die OECD-Definition von IKT-Unternehmen. Beide Konzepte werden im Folgenden auf Österreich angewendet. Die OECD-Definition von IKT-Unternehmen schließt Inhaltsunternehmen aus. Im Mediamatiksektor finden sich jene Unternehmen, die einerseits Anlass für Mediamatik-wirtschaftspolitische Maßnahmen geben und andererseits am stärksten davon betroffen sind. Hier finden wir Beschäftigte, die mit der Entwicklung der Informationstechnologie (Hard- und Software etc.) befasst sind bzw. deren Arbeitsweise aufgrund der Informationstechnologie stark verändert wurde (z.B. Verlage).

Das genannte Konzept ist flexibel angelegt, sodass technologische Veränderungen oder das Entdecken neuer Anwendungen bereits bestehender Technologien den Mediamatikbereich ausweiten können. Die Statistiken basieren auf Erhebungen der ÖSTAT (Betriebserfassung).[297]

3.2.2.1 Beschäftigte im österreichischen IKT-Bereich gemäß OECD-Definition

In Tabelle 40 wird die OECD IKT Definition (ISIC (Rev. 3)) auf ÖNACE umgelegt und mit den diesbezüglichen österreichischen Beschäftigtenzahlen für 1995 und 1997 belegt.

---

297 Vgl. Österreichisches Statistisches Zentralamt 1995, 1998a, 1998b, 1999b, 1999c.

Tabelle 40: Beschäftigte im österreichischen IKT-Bereich gemäß OECD-Definition (aufgeschlüsselt in die ÖNACE-Klassen)

ÖNACE/Klasse		Beschäftigte 1995	Beschäftigte 1997
30.01-00 Handel von Büromaschinen		**195**	**244**
30.02-00 Handel von Datenverarbeitungsgeräten		**166**	**264**
31.30-00 Handel von isolierten Elektrokabeln, -leitungen		**4551**	**3828**
32.10-00 Handel von elektronischen Bauelementen		**6747**	**7663**
32.20-00 Handel von nachrichtentechn. Geräten und Einrichtungen		**20282**	**18185**
32.30-00 Handel von Rundfunk- und Fernsehgeräten		**5820**	**4719**
33.20-00 Handel von Mess-, Kontroll- u.ä. Instrumenten		**3880**	**3726**
33.30-00 Handel von industr. Prozesssteuerungsanlagen		**814**	**772**
51.61-00 GH mit Werkzeugmaschinen		**747**	**914**
51.62-00 GH mit Baumaschinen		**2159**	**2392**
51.63-00 GH mit Textil-, Näh- und Strickmaschinen		**192**	**192**
51.64-00 GH mit Büromaschinen und -einrichtungen		**12167**	**13135**
51.64-01 GH mit Datenverarbeitungsgeräten	7170		
51.64-02 GH mit Standardsoftware	1184		
51.64-03 GH mit Büromaschinen und -einrichtungen	2920		
51.64-04 GH mit Büromöbeln	893		
51.65-00 GH mit sonst. Maschinen, Ausrüstungen und Zubehör		**21593**	**20958**
51.66-00 GH mit landwirtschaftlichen Maschinen und Geräten		**3222**	**3303**
64.20-00 Fernmeldedienste		**56391**	**64542**
64.20-01 Fernmeldedienste	55964		
64.20-02 Kabelhörfunk und -fernsehgesellschaften	427		
71.33-00 Vermietung v. Büromaschinen und Datenverarbeitungsgeräten		**78**	**103**

71.33-01 Vermietung von Büromaschinen	28	
71.33-02 Vermietung von Datenverarbeitungsgeräten	50	
72.00-00 Datenverarbeitung und Datenbanken	**15047**	**19846**
72.10-00 Hardwareberatung	G*	G
72.20-00 Softwarehäuser	5328	8482
72.20-01 Herstellung von Standardsoftware (2419)		
72.20-02 Herstellung von Individualsoftware (2909)		
72.30-00 Datenverarbeitungsdienste	8609	10152
72.40-00 Datenbanken	61	G
72.50-00 Reparatur v. Büromaschinen, Datenverarbeitungsgeräten	812	1019
72.50-01 Instandhaltung u. Reparatur v. Büromaschinen (114)		
72.50-02 Instandhaltung u. Reparatur v. Datenverarbeitungsgeräten (698)		
72.60-00 Sonst. mit Datenver. verbundene Tätigkeiten	237	G
Summe der Beschäftigen:	**154051**	**164786**

*Anmerkung: G steht für Geheim
Quelle: Österreichisches Statistisches Zentralamt, 1998a; 1999b.
Die Summe der Beschäftigten in österreichischen IKT-Branchen stieg von 1995 auf 1997 von 154.051 auf 164.786, das bedeutet eine Steigerung um 7% auf Basis 1995.

3.2.2.2 Beschäftigte im österreichischen Mediamatiksektor

Der Definition von Mediamatik auf Basis ÖNACE-4-Steller wurde die IKT-Definition der OECD zugrundegelegt und um Mediamatik-relevante Bereiche (z.B. nicht-elektronische Medien) erweitert bzw. um nicht Mediamatik-relevante Teile verkürzt (z.B. Großhandel mit Baumaschinen).

Tabelle 41: Beschäftigte im österreichischen Mediamatiksektor

ÖNACE/Klasse		Beschäftigte 1995		Beschäftigte 1997
22.10-00 Verlagswesen		**7345**		**8088**
22.11-00 Buchverlag und Musikverlag	2119		1389	
22.12-00 Zeitungsverlag	3329		4060	
22.13-00 Zeitschriftenverlag	1484		2205	
22.14-00 Verlag von bespielten Tonträgern	244		121	
22.15-00 Sonstiges Verlagswesen	169		313	
22.20-00 Druckerei		**19154**		**17756**
22.21-00 Zeitungsdruckerei	293		338	
22.22-00 Druckerei (ohne Zeitungsdruckerei)	15966		14801	
22.23-00 Buchbinderei und andere Druckweiterverarbeitung	1353		1227	
22.24-00 Satzherstellung und Reproduktion	1490		1276	
22.25-00 Sonstige Druckereien	52		115	
22.30-00 Vervielfältigung v. bespielten Ton-/Bild-/Datenträgern		**795**		**1158**
30.01-00 Handel von Büromaschinen		**195**		**244**
30.02-00 Handel von Datenverarbeitungsgeräten		**166**		**264**
32.20-00 Handel von nachrichtentechn. Geräten/Einrichtungen		**20282**		**18185**
32.30-00 Handel von Rundfunk- und Fernsehgeräten		**5820**		**4719**
51.64-00 GH mit Büromaschinen und -einrichtungen**		**11274**		**12242***
51.64-01 GH mit Datenverarbeitungsgeräten	7170			
51.64-02 GH mit Standardsoftware	1184			
51.64-03 GH mit Büromaschinen und -einrichtungen	2920			
64.20-00 Fernmeldedienste		**56391**		**64542**
64.20-01 Fernmeldedienste	55964			
64.20-02 Kabelhörfunk und -fernsehgesellschaften	427			
71.33-00 Vermietung v. Büromaschinen und Datenverarbeitungsgeräten		**78**		**103**
71.33-01 Vermietung von Büromaschinen	28			
71.33-02 Vermietung von Datenverarbeitungsgeräten	50			

72.00-00 Datenverarbeitung und Datenbanken	**15047**	**19846**
72.10.00 Hardwareberatung	G***	G
72.20-00 Softwarehäuser	5328	8482
72.20-01 Herstellung von Standardsoftware (2419)		
72.20-02 Herstellung von Individualsoftware (2909)		
72.30-00 Datenverarbeitungsdienste	8609	10152
72.40-00 Datenbanken	61	G
72.50-00 Reparatur v. Büromaschinen, Datenverarbeitungsgeräten	812	1019
72.50-01 Instandhaltung u. Reparatur v. Büromaschinen (114)		
72.50-02 Instandhaltung/Reparatur v. Datenverarbeitungsgeräten (698)		
72.60-00 Sonst. mit Datenverarbeitung verbundene Tätigkeiten	237	G
Summe der Beschäftigen	**136547**	**147147**

Anmerkungen:
* Die Zahl der Beschäftigten im Großhandel mit Büromöbeln (ÖNACE 51.64-04) betrug 893 (1995). Dieser Bereich wurde 1997 nicht mehr gesondert ausgewiesen, sondern unter „Großhandel mit Büromaschinen und -einrichtungen" erfasst. Der Großhandel mit Büromöbeln gehört jedoch nicht zum Mediamatik-Bereich und muss ausgeschieden werden. Es wird deshalb unterstellt, dass sich die Beschäftigten im Großhandel mit Büromöbeln von 1995 bis 1997 nicht verändert haben. Die Beschäftigtenzahl im Sektor „Großhandel mit Büromaschinen und -einrichtungen" ist hier um 893 verringert worden.
** ohne Großhandel mit Büromöbeln
*** G steht für Geheim
Quelle: Österreichisches Statistisches Zentralamt 1998a; 1999b.

Im österreichischen Mediamatiksektor stieg die Anzahl der Beschäftigten von 136.547 (1995) auf 147.147 (1997). Das bedeutet ein Zunahme um 7,8% auf Basis 1995. Die Beschäftigung im Mediamatiksektor stieg, wie bereits erwähnt, überdurchschnittlich und setzte dadurch positive Impulse für die Gesamtbeschäftigung in Österreich.

Aufgrund der oben angegebenen Definitionsunterschiede zwischen OECD, EU und Österreich ist es methodisch schwierig, die österreichischen Beschäftigungsdaten mit denen der EU zu vergleichen. Es gibt auf EU-Ebene keine

Mediamatik-Beschäftigten-Erhebung. Außerdem beruhen sowohl die Beschäftigungsdaten der EU für die Informationsgesellschaft[298] als auch für die IKT-Industrie auf Schätzungen anhand von Eurostat-Daten. Aufgrund dieses Datenmaterials werden vorerst die österreichischen IKT-Beschäftigungsdaten mit denen der EU verglichen. In der IKT-Industrie stieg die Beschäftigung, laut Schätzung der Europäischen Kommission, im Zeitraum 1995 bis 1997 um 2,8% von 1,247 Mio. auf 1,282 Mio.[299] Vergleichen wir das IKT-Beschäftigtenwachstum auf europäischer Ebene mit den österreichischen IKT-Wachstumsdaten der Beschäftigung, so liegt Österreich deutlich oberhalb des EU-Durchschnittes (EU 2,8 % vs. Österr. 7%). Erweitern wir die Schätzung der Europäischen Kommission bezüglich der IKT-Beschäftigungsdaten um Telekommunikationsdienste, audiovisuelle Dienstleistungen und computerbezogene Dienstleistungen und nähern uns dadurch der Mediamatik-Definition an, so zeigt sich, dass die europäischen Beschäftigungsdaten den österreichischen ähnlich sind. Die Beschäftigung in der EU stieg diesbezüglich von 1995 (4,089 Mio.) auf 1997 (4,395 Mio.) um 7,5%, während im österreichischen Mediamatiksektor für denselben Zeitraum ein Beschäftigungswachstum von 7,8% festzustellen ist. Man kann diese Angleichung dahingehend interpretieren, dass Österreich zwischen 1995 und 1997 in den Mediamatikbereichen Telekommunikationsdienste, audiovisuelle Dienstleistungen und computerbezogene Dienstleistungen ein geringeres Beschäftigungswachstum aufwies als die EU.

Die Beschäftigungsentwicklung im Fernmeldebereich verdient besondere Beachtung: Europaweit werden staatlich geführte Telekommunikationsunternehmen privatisiert. In den traditionellen Telekommunikationsunternehmen wurden zwar Arbeitnehmer freigesetzt, doch kam es in Österreich insgesamt zu einem Nettobeschäftigtenzuwachs. Während die Beschäftigung im Festnetzsektor nahezu stagnierte, konnten neue Firmen mit neuen Technologien zusätzliche Arbeitsplätze schaffen. In der Telekommunikationsindustrie führte dies zu einem *Netto-Beschäftigungszuwachs (1997 – 1999) von ca. 6000 Stellen.* Wobei vor allem der Mobilfunksektor (1844 auf 3929), die ISPs (Internet Service Provider), die Mehrwertdienste, die Kabelnetzbetreiber (von 1900 auf 3000) sowie die Telekom-Ausrüstungsindustrie (von 13237 auf 15000) Arbeitsplätze schafften bzw. schaffen werden.[300] Diese empirischen Daten zeigen,

---

298 EU-Definition der Informationsgesellschaft: IKT-Unternehmen plus Unternehmen, die Inhalte erstellen plus Unternehmen, die Informations- und Kommunikationsprodukte und -dienstleistungen nutzen (vgl. KOM (98) 590 endg., 3).

299 Vgl. KOM (98) 590 endg.

300 Vgl. Arthur D. Little 1999, 20-25.

dass eine Strategie geschützter Märkte bislang verfehlt gewesen wäre, verfehlt aus der Sicht der Konsumenten, aber auch aus Sicht der Politik, da es keinen negativen Nettobeschäftigungseffekt gibt.

3.2.3 Humankapital für die Mediamatik: Aus- und Weiterbildungsangebot in Österreich

Der zunehmende Bedarf an Arbeitskräften mit IKT-Qualifikationen in Europa bzw. den Mitgliedsländern der EU stellt eine wirtschaftspolitische Herausforderung sowohl auf *nationaler* als auch auf *supranationaler Ebene* dar. Die EU kann ihre arbeitsmarktpolitischen Bestrebungen effizient nur in Kooperation mit den Mitgliedsländern umsetzen und diese wiederum sollten ein Interesse an europaweit koordiniertem Vorgehen haben. Europaweit koordiniertes Vorgehen, wie es im Falle des ECDL (European Computer Driving Licence) praktiziert wird, erhöht die Mobilität der Arbeitskräfte innerhalb von Europa und kann unter anderem helfen, regional strukturelle Beschäftigungsprobleme zu bewältigen. *Nationale Aus- und Weiterbildungsstätten* (Pflichtschulen, Höhere Schulen, Fachhochschulen, Universitäten), die *Bildungseinrichtungen der Sozialpartner* (BFI, Wifi, WKÖ), das *AMS*, die *Volkshochschulen*, *Private-Public-Partnerships* (Go-on Initiative) und *unternehmensinterne Ausbildungsmaßnahmen* können ebenfalls dazu beitragen, den IKT-Qualifikationsmangel in Österreich zu beheben.

Gemeinsam ist den nationalen und supranationalen Bestrebungen das Bewusstsein, dass Qualifikationsmangel das wirtschaftliche Wachstum der Mediamatik hemmen könnte. Speziell Österreich sieht sich mit hohen Lohnkosten konfrontiert, die nur dann gerechtfertigt sind, wenn die Produktivität der Mitarbeiter dementsprechend hoch ist. Neue Technologien leisten einen wesentlichen Beitrag zur Produktivitätssteigerung der Arbeitskräfte und rechtfertigen damit ein hohes Lohnniveau. Wirtschaftspolitische Maßnahmen sollen auf die Qualifikationsverbesserung der Beschäftigten in Österreich abzielen und dadurch deren Produktivität steigern. Dabei müssen mehrere Politikbereiche gleichzeitig koordiniert werden. In Tabelle 42 sind einige Entwicklungsfaktoren angegeben, an denen sich politische Maßnahmen orientieren sollten. Die nächsten Schritte dieser Untersuchung konzentrieren sich auf den Aus- und Weiterbildungssektor in Österreich; obwohl die übrigen Faktoren der Tabelle 42 ebenfalls eine große Rolle für die Entwicklung der Mediamatik spielen, können sie in diesem Rahmen nicht weiterverfolgt werden.

Tabelle 42: Entwicklungsfaktoren der Mediamatik-Branche

(a) Ausbildung (Fachhochschulen, Universitäten, HTL, HAK etc.)
(b) Weiterbildung, Umschulung (WIFI, BFI, AMS etc.)
(c) Infrastruktur (Datennetze, Privatisierungen, Regulierungen etc.)
(d) F&E (Forschung und Entwicklung)
(e) Staat als Vorbild (vernetzte Behörden, Beschaffungswesen, Kundenkontakt via Internet)
(f) Effiziente Finanz- und Kapitalmärkte, Risikomärkte etc. (Nasdaq vs. Esdaq)
(g) Sicherheit, Zuverlässlichkeit
(h) Kosten der Übertragung (auch Hardware- bzw. Softwarekosten)
(i) Mobilität der Arbeitskräfte

Das Bildungsniveau bzw. das Humankapital sind wesentliche Bestimmungsgründe für technologische Entwicklungen und deren Verbreitung. In Tabelle 43 sehen wir Österreich im Bildungsvergleich mit anderen Ländern.

Tabelle 43: Ausbildungsniveau der Bevölkerung im OECD-Vergleich

	Verteilung der Bevölkerung zwischen 25-64 Jahren nach ihrer höchsten, abgeschlossenen Ausbildung, 1996 in %			**Hochschulabsolventen in den Ingenieurs- und Naturwissenschaften**
	Sekundarbereich II*	**Außerhochschulischer Tertiärbereich**	**Hochschul bereich**	**Anteil an den Beschäftigten insgesamt in %**
Kanada	29	31	17	0,12
Mexiko	..	..	..	0,06
USA	52	8	26	0,12
Australien	32	10	15	0,21
Japan	..	..	..	0,04
Korea	42	..	19	..
Neuseeland	35	14	11	0,18
Österreich	*63*	*2*	*6*	*0,05*
Belgien	30	13	11	0,05
Tschechische Rep.	74	..	10	0,02
Dänemark	44	7	15	0,04
Finnland	46	9	12	0,08

Frankreich	41	9	10	0,16
Deutschland	60	9	13	0,09
Griechenland	25	7	12	0,06
Ungarn	50	..	13	..
Irland	28	12	11	0,25
Italien	30	..	8	..
Luxemburg	18	..	11	..
Niederlande	40	..	23	..
Norwegen	55	11	16	0,04
Polen	61	3	10	0,03
Portugal	9	3	7	0,03
Spanien	13	5	13	0,13
Schweden	47	14	13	0,07
Schweiz	58	12	10	0,05
Türkei	11	..	6	0,03
Großbritannien	55	9	13	0,19
Europäische Union	..	..	..	0,12
OECD	40	10	13	0,09

*Die der Einteilung zugrundeliegenden Definitionen für Sekundarbereich II, Außerhochschulischer Tertiärbereich und Hochschulbereich vgl. OECD 1998j.
Quelle: OECD 1999e, 120.

Während Österreich einen überdurchschnittlichen Anteil im Sekundarbereich II hat, mangelt es an Abgängern im außerhochschulischen Tertiärbereich und an Hochschulabgängern. Dort liegt Österreich eindeutig unter dem OECD-Durchschnitt. Ebenso beachtlich ist der niedrige Anteil an Universitätsabsolventen, besonders im technisch-wissenschaftlichen Bereich. Dort findet sich Österreich im untersten Drittel der OECD bzw. deutlich unterhalb des EU-Durchschnitts. In Anbetracht der ständigen Lernanforderungen (lebenslanges Lernen) der Informationsgesellschaft hemmt dieser Umstand die Verbreitung und Entwicklung von Informationstechnologien. Grundsätzlich liegt es an den Schulen, die *Technology-Literacy* zu fördern. Lehrerausbildung und eine gute technische Infrastruktur sind Grundvoraussetzungen dafür. In Österreich werden dahingehend Anstrengungen gemacht,[301] dennoch sind die Schulen im europäischen Vergleich 1998 technologisch gering ausgestattet: 14% der Schulen

301 Vgl. Bundesministerium für Arbeit, Gesundheit und Soziales, Bundesministerium für wirtschaftliche Angelegenheiten 1999b, 42.

sind mit PCs und 10% mit Internet ausgestattet. Nur die Schulen Griechenlands, Luxemburgs und Portugals sind noch schlechter versorgt. Am besten ausgestattet ist Finnland: 40% der Schulen haben dort PCs und 35% Zugang zum Internet.[302] Eine gemeinsame Erklärung auf der Konferenz zum Thema Beschäftigung und Bildung in der Informationsgesellschaft, im September 1998, versuchte den Bildungsbedarf der Informationsgesellschaft zu verdeutlichen: „Technische Kenntnisse werden bald genauso wichtig sein, wie die Fähigkeit zu lesen. Dennoch wird ihnen in unseren Bildungssystemen noch nicht dieselbe Bedeutung beigemessen. [...] Das Tempo der technologischen Veränderungen übersteigt bei weitem die Investitionen in unsere Zukunft."[303] Die EU präsentierte einen 18-Punkte-Plan, demzufolge Ende 2004 alle Schulen über Internetanschlüsse verfügen und das gesamte Lehrpersonal Computer-Literacy aufweisen soll. Weiters wird es öffentliche Internetanschlüsse in der gesamten EU geben.[304] Seit 1998 hat sich die informationstechnologische Infrastruktur an österreichischen Schulen verbessert. Mit Stand März 2000 sind von den 6167 Schulen Österreichs 3243 mit Internet ausgestattet, das sind 52,6 %. 865 (14 %) Schulen haben eine eigene Homepage.[305]

In Österreich ist man 1998 davon ausgegangen, dass unter Beachtung der Ausbildungskapazitäten und Bedarfsprognosen des Sektors Neue Medien/Multimedia/Telekommunikation ein zusätzlicher Ausbildungsbedarf in den Bereichen Programmierung (700 Ausgebildete vs. mehr als 1000 Bedarf), Inhalte (90 vs. 500 – 1000) und Management (60 vs. maximal 500) besteht. Der Ausbildungsbedarf in Multimedia-Design war aus damaliger Sicht gedeckt.[306] Die Liste des Qualifizierungsangebotes (mit Ende November 1997) umfasst zwölf Kurse bzw. Fachhochschulangebote, acht Universitäts- bzw. Fachhochschulausbildungen und vier postgraduale Ausbildungen. Insgesamt werden dort 2.000 Arbeitskräfte bis zum Jahr 2001 ausgebildet. Nahezu 60% der Abgänger werden Multimediaspezialisten im Bereich Design sein und etwa 1/3 weisen eine programmorientierte Ausbildung auf. Absolventen mit Management- oder Inhaltskompetenzen werden selten sein. Etwas mehr als 50% der neu Ausge-

---

302 Vgl. KOM (98) 590 endg., 22.

303 Vgl. KOM (98) 590 endg., 21.

304 Vgl. Financial Times, 7.2.2000.

305 Vgl. BMUK (Bundesministerium für Unterricht und kulturelle Angelegenheiten) 2000.

306 Vgl. Graphischer Bildungsverband 1998, 122–147.

bildeten haben eine akademische Ausbildung durchlaufen.[307] Die Inhalte der Ausbildungsprogramme beziehen sich vor allem auf die sogenannten funktionalen Qualifikationen oder „core skills" (siehe Kasten 11) des jeweiligen Fachbereiches. Nur in wenigen Kursen oder Studien werden explizit Schlüsselqualifikationen bzw. „soft skills" unterrichtet. Selten wird ausdrücklich Wert auf Teamfähigkeit oder selbstständiges Lernen gelegt. Letztere werden jedoch wichtiger, wenn sich das Arbeitsumfeld der Beschäftigten relativ rasch verändert. Wir sehen dies besonders im Zusammenhang mit der zunehmenden Computerisierung von Arbeitsplätzen.

Kasten 11: Schlüsselqualifikationen (soft skills) und funktionale Qualifikationen (core skills)

Schlüsselqualifikationen: „Fertigkeiten, Konzentrationsfähigkeit, technische Intelligenz können z.B. an begrenzten Aufgaben so entwickelt werden, dass sie auf vielerlei andere Aufgaben anwendbar sind. Die Unterscheidung zu funktionaler und extrafunktionaler Qualifikation weist darauf hin, dass berufliche Kompetenz in einem sozialen Handlungsfeld anzuwenden ist, in dem z.B. Kooperationsfähigkeit, Verantwortungsbewusstsein und Dispositionsvermögen ebenso wichtig sind wie fachliches Können. Damit ist auf Komponenten der Bildung hingewiesen, die auch außerhalb der Berufsrolle benötigt werden."
Quelle: Edding 1988, 10.

Es scheint nicht notwendig zu sein, den Arbeitskräftemangel in qualitativer als auch in quantitativer Hinsicht vorwiegend an der Spitze unseres Ausbildungssystems, den Universitäten, zu beheben. In den USA geht man davon aus, dass für 80% der IT-Berufe ein mittleres Ausbildungsniveau (Bachelor ist nicht notwendig) genügt.[308] In Österreich sind Experten ebenfalls der Meinung, dass ein Universitätsabschluss nur in wenigen Multimediabereichen notwendig ist. In den meisten Fällen genügt ein Kolleg bzw. eine Fachschule.[309] Die Europäische Kommission hingegen betont in einer Mitteilung auch den Mangel an Fachleuten mit Universitätsabschluss und verlangt neue Initiativen, um zusätzliche Kapazitäten in diesem Bereich zu schaffen.[310]

307 *Kurz- oder Wochenendkurse wurden nicht untersucht. Diese stellen laut Expertenbefragung keine geeignete Qualifizierungsmaßnahme dar (vgl. Graphischen Bildungsverband 1998, 122-147).*

308 *Vgl. D'Amico 1999.*

309 *Vgl. Graphischer Bildungsverband 1998, 122f.*

310 *Vgl. KOM (2000) 48 endg., 18.*

Der Schulausbildung bzw. Hochschulausbildung kommt mittelfristig im Rahmen einer sich stark entwickelnden Branche große Bedeutung zu. Zusätzlich besteht jedoch Handlungsbedarf im Bereich der *Umschulung und Weiterbildung.*[311] Eine Untersuchung der Europäischen Kommission[312] zeigt, dass die erwerbstätige Bevölkerung zunehmend älter wird. In den nächsten zwölf Jahren sinken die Arbeitsmarkt-Neuzugänge um 3 Mio. und die Arbeitskräfte über 50 Jahre nehmen um 9,6 Mio. zu (siehe Abbildung 10). Für den Arbeitsmarkt bedeutet dies, dass der Qualifikationsmangel auch durch Umschulungen bzw. Weiterbildung bereits erwachsener Menschen gedeckt werden müsste.

Alterung der Bevölkerung (EU) im erwerbsfähigen Alter – Veränderungen 1998 bis 2010 (in Mio.)

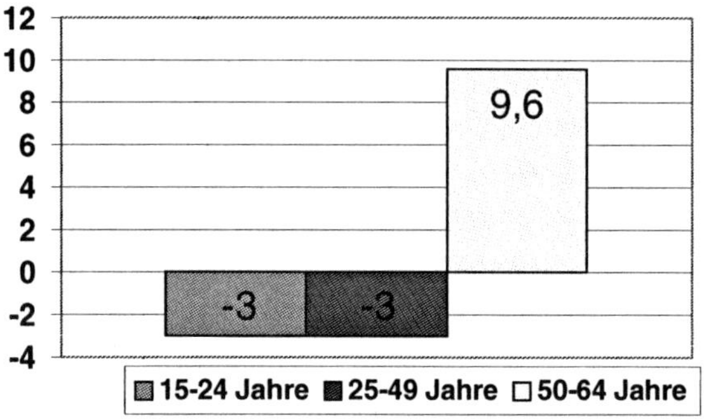

Quelle: KOM (98) 590, 21

Abbildung 10

Sowohl auf nationaler als auch auf supranationaler Ebene finden sich außerschulische bzw. außerhochschulische IKT-Aus- und Weiterbildungsmöglichkeiten. Der ECDL (European Computer Driving Licence) ist ein Beispiel für IKT-Ausbildungsanstrengungen auf supranationaler Ebene.[313] Er wird in Österreich von

311 Vgl. Wirtschaftskammer Österreich 1998.

312 Vgl. KOM (98) 590 endg., 20.

313 Andere Beispiele wären: Zum Schwerpunkt lebenslanges Lernen und damit verbunden die Nutzung neuer Technologie im Bereich allgemeiner und berufliche Bildung SOKRATES, LEONARDO DA VINCI und JUGEND. Ein weiterer Schwerpunkt bildet eLearning im Rahmen der Initiative eEuropa: eLearning verfolgt vor allem vier Ziele: Ausstat-

der Österreichischen Computer Gesellschaft (OCG) organisiert bzw. ausgestellt. Der Computer-Führerschein richtet sich an Arbeitnehmer aller Berufsgruppen, an Personen, die ins Berufsleben wieder einsteigen wollen, an Arbeitssuchende, die sich weiterbilden wollen, an Schüler und Studenten, die in das Berufsleben einsteigen. Er kann an österreichischen Bildungseinrichtungen erworben werden, die von der OCG dazu autorisiert wurden. Zweck dieser Ausbildung ist es, das Wissen und die Fertigkeiten der Computeranwender zu steigern, Standards in der Aus- und Weiterbildung zu setzen; außerdem dient der Führerschein europaweit als Fähigkeitsnachweis über grundlegende Computerkenntnisse. Der Computerführerschein besteht aus sieben Modulen, die an verschiedenen autorisierten Ausbildungsstätten europaweit erworben werden können.[314]

Auf nationaler Ebene sind in Österreich die Volkshochschulen bzw. laut NAP die Bildungseinrichtungen der Sozialpartner (BFI, WIFI, WKÖ) und das AMS (Arbeitsmarktservice) bzw. BMAGS (Bundesministerium für Arbeit, Gesundheit und Soziales) für eine nicht-universitäre (nicht-fachhochschulische) Aus- und Weiterbildung verantwortlich. Dem AMS wurden 1999 zusätzliche Budgetmittel in der Höhe von 135 Mio. öS gewährt, um Arbeitslosen IT-Fähigkeiten zu vermitteln. Aus- und Weiterbildungsangebote im Rahmen von Private-Public-Partnerships und IKT-Schulungen privater Firmen für ihre Mitarbeiter sind weitere Möglichkeiten IKT-Kenntnisse zu erlangen bzw. die Computer-Literacy der Bevölkerung zu erhöhen.

Im Folgenden stellen wir die Go-on-Initiative des österreichischen Bundeskanzleramtes als Beispiel für ein Private-Public-Partnership vor und verweisen weiters auf die zunehmende Bedeutung innerbetrieblicher IKT-Schulungen.

Die im Jahre 1999 gestartete Go-on-Initiative des Bundeskanzleramtes setzt sich die Verbreitung des Internet und die Erhöhung der informationstechnologischen Grundkenntnisse der Bevölkerung zum Ziel. Die Initiative wurde als Private-Public-Partnership konzipiert und sollte vor allem KMUs (kleine und mittlere Unternehmen)[315] den Einstieg in die neuen Kommunikationsmedien erleichtern. Damit sollte das Bewusstsein der Bevölkerung für permanente

---

tung der Schulen mit Multimedia-PCs und deren Vernetzung (Internet), IT-Ausbildung der Lehrer und Entwicklung europäischer Bildungsdienstleistungen und -softwares (vgl. IP/00/234).

314 Vgl. OCG, 2000.

315 Siehe Kapitel 3.1.2.5.

Weiterbildung insbesondere in den neuen Kommunikationstechnologien, Computer und Internet gesteigert werden, wodurch die persönlichen Vorteile der Verwendung neuer Kommunikationsmedien erkannt werden sollten (Chancen am Arbeitsmarkt, Telebanking etc). Weiters förderte die Go-on-Initiative die Verbreitung des europäischen Computerführerscheins und unternimmt Anstrengungen, die persönlichen Zugangskosten (Hardware, Software, Ausbildungskosten) zur Informationsgesellschaft zu verringern. Die Go-on-Initiative hat 1999 neben Internet-Schulungen und Beratungsleistungen für KMUs auch Trainer-Ausbildungsmöglichkeiten angeboten.[316]

In Abbildung 11 sehen wir den steigenden Anteil an Unternehmen in Deutschland, Frankreich, Großbritannien und den USA, die ihren Mitarbeitern IKT-Schulungen anbieten. In Großbritannien sind es 1999 bereits 73% aller Unternehmen, in Deutschland hingegen erst 56%.

Anteil der Unternehmen, die IKT-Schulungen anbieten, 1997–1999 (in %)

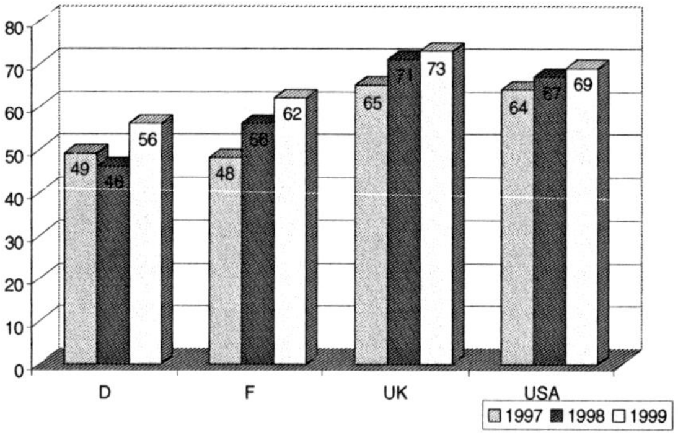

Quelle: EU-Kommission 2000b, 17

Abbildung 11

Anmerkung: In der Quelle sind die Zahlen für Deutschland 1997 und 1998 nicht angegeben. Sie wurden aufgrund der vorhandenen Graphik geschätzt.

316 *Vgl. Go-on Initiative des Bundeskanzleramtes. http://www.austria.gv.at/go_on/idee/index_idee.html.*

Private Unternehmen haben wenig Anreiz, ihren Mitarbeitern Aus- und Weiterbildungsleistungen anzubieten, zumal damit externe Effekte verbunden sind, die nur begrenzt internalisierbar sind. Die öffentliche Hand erhöht den Ausbildungsanreiz für Unternehmen über steuerliche Begünstigungen und vertragliche Möglichkeiten der Internalisierung von Ausbildungsexternalitäten. Im Rahmen der Mediamatik treten weitere Anreizfaktoren hinzu: Kürzere Produktlebenszyklen (z.B. Software) und damit verbundener möglicher Kompetenzverlust sowie der Mangel an IKT-qualifizierten Arbeitern bzw. die Notwendigkeit fachspezifisches Wissen um IKT-Kenntnisse zu erweitern, erhöhen den Anreiz, unternehmensintern IKT-Schulungen anzubieten. Neben den Anstrengungen von öffentlicher Seite (nationalstaatlich, supranational) gewinnt dieser Bereich an Bedeutung auch im Hinblick auf die Förderung der Computer-Literacy in der Bevölkerung.[317] Privaten Unternehmen steht in Österreich die Möglichkeit zur Verfügung, den IKT-Qualifikationsmangel durch ausländische Facharbeiter zu verringern. Die Schwierigkeiten dabei liegen weniger im Bereich von gesetzlichen Zuzugsbeschränkungen von ausländischen Facharbeitern (sogenannten Schlüsselarbeitskräften), sondern vielmehr im Bereich der privaten Unternehmen. Für sie ist es schwierig, ausländische Schlüsselarbeitskräfte im Ausland zu rekrutieren.

Im Zusammenhang mit dem quantitativen Mangel an qualifizierten Arbeitskräften[318] bzw. Ausbildungsstätten stellt sich die Frage nach der Qualität österreichischer Aus- und Weiterbildungsmöglichkeiten im Informations- und Kommunikationsbereich. Diesbezüglich zeigen sich Experten in einer Untersuchung des Telekommunikationssektors, als Teil des Mediamatiksektors, besonders kritisch gegenüber Ausbildungsmaßnahmen des AMS und heben hingegen die Fachhochschulen als diesbezüglich geeignete Ausbildungsstätten hervor.[319]

---

317 *In Bezug auf die Geschwindigkeit mit der sich nachgefragte Fähigkeiten (z.B. spezielle Softwareprogramme) in diesem Bereich ändern, wird es für den Staat immer schwieriger, zukünftige Arbeitsmarktanforderungen in Aus- und Weiterbildungsprogrammen zu berücksichtigen. Sogar während des Ausbildungszeitraumes können sich die nachgefragten Fähigkeiten verändern. Dies trifft vor allem auf funktionale Qualifikationen zu. Das könnte für eine zunehmende Privatisierung des IKT-Weiterbildungsbereichs bzw. für die größere bildungspolitische Bedeutung von Private-Public-Partnerships verantwortlich sein.*

318 *Auf europäischer Ebene erwartet man bis zum Jahre 2002 einen Arbeitskräftemangel von 1,2 Mio. (vgl. Fußnote 280).*

319 *Vgl. Arthur D. Little 1999, 65.*

Der große Bedarf an IKT-qualifizierten Arbeitskräften führte inzwischen zu IKT-Aus- und Weiterbildungsanstrengungen und Initiativen auf nationaler, supranationaler und unternehmerischer Ebene. Es zeigt sich, dass ein einziger Ausbildungskanal die IKT-Arbeitskräftenachfrage nicht alleine decken kann bzw. auch überfordert wäre, zukünftigen Qualifikationsbedarf vorwegzunehmen. Deshalb sind Aus- und Weiterbildungsinitiativen vor dem Hintergrund verschiedener Organisationsstrukturen und damit verbundener Interessen und Perspektiven einer homogen strukturierten Aus- und Weiterbildungslandschaft vorzuziehen. Vielfältigere Perspektiven (Unternehmen, Staat, supranational, private Organisationen) können zukünftigen Qualifikationsbedarf eher ertasten als homogene (z.B. nur staatliche Weiterbildungseinrichtungen).

3.2.4 Qualifikationsanforderungen der Mediamatik-Unternehmen an Arbeitnehmer

In Abbildung 12 wird der von Unternehmerseite angegebenen Ausbildungsbedarf für den Zeitraum 1998 – 2001 (EU) dargestellt. Ein sehr großer Ausbildungsbedarf zeigt sich im Bereich Informatik und Technologie.

Ausbildungsbedarf (EU), 1998–2001 (in %)

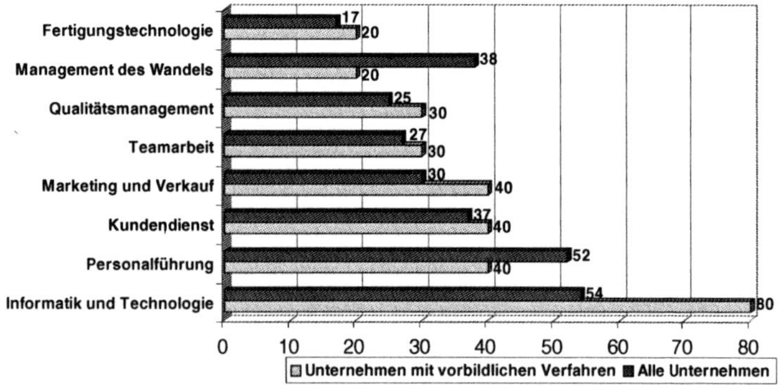

Quelle: KOM (98) 590, 20, Fundacion Tomillo

Abbildung 12

Konkrete Qualifikationsanforderungen und ein damit verbundener Bedarf an Arbeitskräften kann aus der Analyse von Qualifikationsbeschreibungen abgeleitet werden. In Bezug auf Österreich kann in Umrissen folgender Qualifikationsbedarf festgehalten werden:[320] Neben der Forderung nach speziellen Kenntnissen verschiedener Betriebssysteme, Software und Programmiersprachen sind österreichischen Anforderungsprofilen gemeinsam, dass sie großen Wert auf offenes Kommunikationsverhalten, Kundenorientierung, gutes Auftreten, eigenverantwortliches Handeln, Selbstorganisationsfähigkeit, gute Englischkenntnisse, gute Anwenderkenntnisse in Word, Excel, Grundlagen von Computernetzwerken, Internet-Anwenderkenntnisse, Grundlagen Projektmanagement, rasche Auffassungsgabe, Bereitschaft zum Lernen und logisch-strukturiertes Denkvermögen, sowie hohe Belastbarkeit und Teamfähigkeit legen. In der CDI-Stellenmarktanalyse[321] (auf Basis von Stellenmarktanzeigen) bestätigt sich die große Bedeutung von Schlüsselqualifikationen im Mediamatiksektor. Schlüsselqualifikationen präsentieren sich demnach neben technologiespezifischen Kenntnissen als besonders wichtig in den Anforderungsprofilen folgender Bereiche: CAD, Datenverarbeitung (DV), Internet/Multimedia, kaufmännischen Fachkräften, kaufmännischen Führungskräften und SAP. Die diesbezügliche Analyse von Stellenmarktsegmenten kommt zu nachfolgendem Ergebnis (vgl. Tabelle 44), wobei der Eigenaktivität und Selbstverantwortung in allen Segmenten große Bedeutung zukommt. Eigenaktivität und Selbstverantwortung wird beispielsweise im IT („Kern-DV")-Bereich mit 20%, im Internet-Multimedia und SAP-Bereich mit jeweils 18% und im CAD-Bereich mit 27% gewichtet.

320 Vgl. ÖSB Unternehmensberatung 1999.

321 CDI Deutsche Private Akademie für Wirtschaft 2000.

Tabelle 44: Schlüsselqualifikationen

	Schlüsselqualifikationen (in %)							
Stellenmarktsegmente	a	b	c	d	e	f	g	h
IT („Kern-DV“)	20	14	11	18	11	10	8	8
Internet Multimedia	18	9	12	18	17	9	9	8
SAP	18	18	10	18	10	9	7	10
Bwl. Fachfunktionen	20	13	12	14	9	11	11	10
Bwl. Führungsfunktionen	17	10	15	13	7	8	21	9
CAD	27	9	8	21	14	7	10	4

Legende:

a Eigenaktivität/Selbstverantwortung
b Persönliche Leistungsfähigkeit
c Unternehmerisches Denken/Handeln
d Teamfähigkeit
e Flexibilität/Kreativität
f Kommunikations-/Kooperationsfähigkeit
g persönliches Erscheinungsbild
h Problemlöse-/Entscheidungsfähigkeit

Quelle: CDI Deutsche Private Akademie für Wirtschaft 2000

Die veränderte Arbeitswelt im Rahmen der Globalisierung und der informationsbedingten Vernetzung vieler Branchen zeigt die zunehmende Bedeutung bereichsübergreifender Qualifikationen. Dadurch wird sowohl dem Interesse der Unternehmen nach fachlicher Spezialisierung, als auch der zunehmenden Notwendigkeit der Koordination verschiedener Wissensbereiche Rechnung getragen. Die bereichsspezifischen/technischen Qualifikationen der Telekommunikation, der Informatik und des Medienbereichs müssen mit allgemeineren Anforderungen ergänzt werden.[322] Mit der Mediamatik ist somit neben einem Wandel der technologischen Qualifikationsanforderungen auch die zunehmende Bedeutung bestimmter Schlüsselqualifikationen, wie beispielsweise selbstständiges Lernen (Selbstverantwortung) und Teamfähigkeit verbunden.

322 Vgl. Graphischer Bildungsverband 1998, ÖSB Unternehmensberatung 1999, Arthur D. Little 1999.

3.2.5 Zusammenfassung und wirtschaftspolitische Schlussfolgerungen

Im österreichischen Mediamatiksektor kam es zwischen 1995 und 1997 zu einem Beschäftigungswachstum vom 7,8%, wobei das Potenzial für zukünftiges Beschäftigungswachstum keinesfalls ausgeschöpft ist. Neben anderen Entwicklungskriterien fehlen der Industrie qualifizierte Arbeitskräfte. Im Zuge der Globalisierung unternehmerischen Handelns entsteht im Bereich neuer Technologien ein Standortwettbewerb in dem das Humankapital eine entscheidende Rolle spielt. Im Hinblick auf zukünftiges Beschäftigungswachstum sind Österreich und Europa gezwungen, das Potenzial an Humankapital mitzuentwickeln.

In diese Arbeit wurde der Mediamatiksektor auf Basis ÖNACE (4-Steller) definiert, um die Beschäftigten in diesem Wirtschaftsbereich erstmalig angeben zu können. Damit ist eine Basis geschaffen worden, die den Mediamatiksektor einerseits international vergleichbar macht, und andererseits eine konkrete wirtschaftspolitische Zielbeschreibung ermöglicht. Der Mediamatiksektor ist auf Basis der ÖNACE (Allgemeine Systematik der Wirtschaftszweige der Europäischen Gemeinschaften) definiert und deshalb mittels Übertragungsschlüssel auf die ISIC (International Standard Industry Classification) übertragbar, wodurch die internationale Vergleichbarkeit hergestellt wurde. Ebenso kann Mediamatikpolitik auf Basis dieser statistischen Beschreibung in ihrer Bedeutung für die Beschäftigungsentwicklung evaluiert werden. Im Jahre 1997 waren bereits 147.147 Personen im Mediamatiksektor beschäftigt. Damit zählte der Mediamatiksektor bereits 1997 zu den größten Wirtschaftssektoren (im Sinne der Beschäftigung) in Österreich nach ÖNACE-Abschnitten. Dabei ist zu beachten, dass 1997 der Verbreitungsgrad neuer Informations- und Kommunikationstechnologien noch geringer war als im Jahre 2000 bzw. die Liberalisierung des Telekommunikationsbereiches in Österreich und der damit verbundenen positiven Nettobeschäftigungseffekte erst nach 1997 einsetzte.

Es besteht in Österreich und auch in der EU ein Mangel an informationstechnologisch qualifizierten Arbeitskräften. Österreichs Aus- und Weiterbildungseinrichtungen sind derzeit weniger geeignet, diesen Qualifikationsmangel kurzfristig zu beheben. Österreich produziert quantitativ zu wenig Absolventen in Mediamatik-(IKT)-relevanten Bereichen. Bildungspolitische Veränderungen vor dem Hintergrund informationstechnologischer Entwicklungen sind notwendig. Dabei sollte berücksichtigt werden, daß Computer-Literacy die Flexibilität der Arbeitskräfte erhöht bzw. deren Vermittlung erleichtert. Österreichs Schulen sollten daher technologisch besser ausgestattet werden und das betreffende

Lehrpersonal benötigt eine informationstechnologische Schulung. Weiters sollte beachtet werden, dass Schlüsselqualifikationen (soft skills), wie selbstständiges Lernen und Teamfähigkeit, in der interdisziplinären Mediamatik besonders wichtig sind. Sowohl öffentliche Ausbildungsstätten, die Bildungseinrichtungen der Sozialpartner als auch private Organisationen sollten darauf vermehrt Wert legen. Ebenso können funktionale Qualifikationen (core skills) von privaten Einrichtungen und Firmen oftmals zielorientierter vermittelt werden. Wobei der Staat dafür Anreize schaffen muss. Dies führt zu einem Rückzug des Staates aus dem Weiterbildungsbereich bestimmter schnelllebiger Branchen, in denen sich nachgefragte Kompetenzen relativ rasch verändern und private Firmen schneller darauf reagieren können als staatliche Bildungseinrichtungen. Der Informationsfluss von Unternehmen zu Arbeitssuchenden sollte ebenfalls intensiviert werden. Die verstärkte Nutzung und Verbreitung des Zugangs zum Internet bietet dafür gute Möglichkeiten. Es müsste auch berücksichtigt werden, dass zukünftige Qualifikationsanforderungen und deren beschäftigungspolitische Bedeutung schwer vorhersagbar sind. Eine Vielfalt an staatlichen, und privaten Organisationen für Aus- und Weiterbildung ertasten zukünftige Potenziale eher als homogene Strukturen. Für österreichische Unternehmen besteht auch die Möglichkeit, ausländische Facharbeiter (sogenannte Schlüsselarbeitskräfte) zur Deckung des IKT-Qualifikationsbedarfes zu rekrutieren.

3.3 Die Kontrolle der Marktmacht in der Mediamatik

Natascha Just

Durch Konvergenz, Liberalisierung und Globalisierung hat sich die Industriestruktur wesentlich verändert, worauf die Politik zu reagieren hat. Ein wesentlicher Diskussionspunkt des kommunikationspolitischen Transformationsprozesses ist diesbezüglich die Abwendung von sektorspezifischen Regulierungen. In der Mediamatik wird einerseits der Übergang von der vertikalen zur horizontalen (integrierten) Regulierung innerhalb des Kommunikationssektors diskutiert, andererseits auch die Aufgabe der sektorspezifischen Wettbewerbsregulierung für Medien und Telekommunikation. Letzteres steht in Zusammenhang mit der Liberalisierung des Telekommunikationssektors und der Ökonomisierung des Mediensektors, wodurch sich eine Angleichung an andere Wirtschaftssektoren ergibt. Das Problem der Aufgabe sektorspezifischer Wettbewerbsregulierung und die Herausforderungen, welche die Mediamatik mit Erscheinungen wie digitalem Fernsehen, Internet und Konglomeraten an die Marktmachtkontrolle stellt, werden nachfolgend analysiert. [323]

3.3.1 Problemstellung

Im Zuge der Konvergenz von Medien, Telekommunikation und Informationstechnologie wird die Abkehr von sektorspezifischer Regulierung diskutiert. Dies auf zwei Ebenen: Einerseits strebt man nach einer (1) horizontalen (integrierten) Regulierung für Telekommunikation und Medien im Mediamatiksektor, andererseits nach einem (2) universellen Wettbewerbsrecht, das auf alle Wirtschaftssektoren gleichermaßen angewendet wird. Letzteres würde bedeuten, dass z.B. sektorspezifische Wettbewerbsregeln für Telekommunikation und Medien aufgegeben werden. Auf EU-Ebene werden diese Trends sowohl im *Grünbuch zur Konvergenz der Branchen Telekommunikation, Medien und Informationstechnologie*[324] und dem darauffolgenden Konsultationsprozess[325] als auch im Kommunikationsbericht 1999[326] thematisiert.

323 Teile dieses Kapitels basieren auf Just/Latzer 1999; 2000.

324 KOM (97) 623.

325 SEC (98) 1284; COM (99) 108.

326 KOM (99) 539.

Wie bereits in Kapitel 2.1 argumentiert wurde, erfordert der Konvergenztrend eine Reform des gegenwärtigen Regulierungsrahmens in Richtung eines *integrierten Modells für den Mediamatiksektor*, das dazu beiträgt, die traditionelle Medien- und Telekommunikationsdichotomie zu durchbrechen und das gleichzeitig *dynamisch* ist, um mit den sich rasch verändernden technologischen und ökonomischen Gegebenheiten der neuen Märkte mitzuhalten.[327] Inwieweit und ob im Zusammenhang mit der Konvergenz sektorspezifische Wettbewerbsregulierung für den Mediamatiksektor weiterhin notwendig ist, oder ob ein universell anwendbares, d.h. auf alle Wirtschaftssektoren gleichermaßen anwendbares Wettbewerbsrecht derzeit zielführend ist, und welche Probleme, z.B. Interessenkonflikte, dabei auftreten, ist Gegenstand dieser Ausführungen. Der Politik stellt sich nämlich die Frage, ob die verfolgten Regulierungsziele im Mediamatiksektor mit der alleinigen Anwendung des allgemeinen Wettbewerbsrechts erreicht werden können. Mit der Konvergenz treffen der Medien- und Telekommunikationssektor, die jeweils durch weitläufige sektorspezifische Regulierung charakterisiert sind, auf den Internet-/Computersektor, der traditionell nur dem allgemeinen Wettbewerbsrecht unterliegt. Die Problematik verschärft sich insofern, als auch sektorspezifische Regulierungssysteme aufeinandertreffen: Das ökonomisch motivierte der Telekommunikation und das nicht-ökonomisch, politisch/kulturell motivierte der Medienregulierung. Als Fallbeispiele werden nachfolgend *Internet* und *Digitales Fernsehen*, letzteres vor allem in seiner Form als Pay-TV, herangezogen.

In unserer Analyse konzentrieren wir uns auf einen Kernbereich der Wettbewerbspolitik, die *Marktmachtkontrolle* auf nationaler, supranationaler und internationaler Ebene. Sie ist ein Instrument zur Vermeidung und Behebung von Wettbewerbsbeschränkungen. Die Marktmachtkontrolle funktioniert vorbeugend als *Fusions- und Marktzutrittskontrolle* (inkl. Strukturkontrolle) und im Nachhinein als *Missbrauchsaufsicht*. Ziele der Marktmachtkontrolle im Medien- und Telekommunikationsbereich werden durch allgemeines, sektorübergreifendes Wettbewerbsrecht, z.B. kartellrechtliche Bestimmungen, aber auch durch sektorspezifische, d.h. medien-, bzw. telekommunikationsspezifische Regelungen durchgesetzt. Im Bereich der Informationstechnologien hingegen gibt es keine sektorspezifische Regulierung. Hier kommt ausschließlich das Wettbewerbsrecht zum Tragen.

Die Analyse beginnt mit einer kurzen Beschreibung der nationalen und supranationalen Bestimmungen des Wettbewerbsrechts, die auf den Medien-

---

327 Im Detail dazu Latzer 1997, 1997a.

und Telekommunikationssektor anwendbar sind (3.3.2). Anschließend (3.3.3) werden Herausforderungen für die Wettbewerbspolitik und der daraus resultierende politische Handlungsbedarf thematisiert. Die Anforderungen sind vielfältig und umfassen neben der Koordination der transnationalen Zusammenarbeit von Wettbewerbsbehörden und der Forcierung einer institutionellen Integration von Telekommunikations- und Medienregulierung (auch für Wettbewerbsfragen) auch Fragen nach der Bewertung von Konglomeraten, der Festlegung relevanter Märkte und der Evaluierung von Monopolstrukturen. Abschnitt 3.3.4 beschäftigt sich mit der Rolle des Staates in der Mediamatik, wobei gezeigt wird, dass der Regulierungsbedarf sich verändert, aber nicht nachlässt. Die Konvergenz wirft eine weite Palette von Problemen auf, die mitunter verstärkten Regulierungsbedarf erfordern. Zusammenfassend (3.3.5) wird argumentiert, dass die alleinige Anwendung eines universell anwendbaren Wettbewerbsrechts gegenwärtig nicht zielführend ist. Dabei wird einerseits auf asymmetrische sektorspezifische Wettbewerbsregeln für marktbeherrschende Telekommunikationsunternehmen verwiesen, wie z.B. Zusammenschaltung, getrennte Rechnungsführung und Verbot der Quersubventionierung, andererseits auf Eigentumsbeschränkungen im Medienbereich, die für die Sicherung der Medien- und Meinungsvielfalt notwendig sind. Abschließend werden Reformvorschläge zur Diskussion gestellt.

3.3.2 Bestimmungen des Wettbewerbsrechts für Medien und Telekommunikation

Die primären Bestimmungen des europäischen Wettbewerbsrecht sind Art. 81-86 des EG-Vertrags, wobei Art. 81 und 82, mittels derer Kartelle und Missbrauch von marktbeherrschenden Stellungen kontrolliert werden, die wichtigsten sind. Die europäischen Wettbewerbsregeln werden gleichermaßen auf private und öffentliche Unternehmen angewendet, so bezieht sich Art. 86 auf öffentliche und monopolartige Unternehmen und Art. 87 auf staatliche Beihilfen. Eine bedeutsame Wende im Bereich des europäischen Wettbewerbsrecht brachte die Einführung der Fusionskontrollverordnung[328], die eine Zuständigkeit mehrerer Wettbewerbsbehörden beendete.[329] Mit Inkrafttreten der Fusions-

328 VO (EWG) 4064/89.

329 Ausnahmen gibt es nach Art. 9 und Art 21 (3) der Fusionskontrollverordnung. Demnach kann auch ein Nationalstaat teilweise oder ganz für die Bewertung eines Zusammenschlusses zuständig sein.

kontrollverordnung im September 1990 wurde das sogenannte *one-stop-shop-Prinzip* eingeführt, d.h. die Kommission hat nun die weitgehende alleinige Kontrolle und Entscheidungsbefugnis bei Zusammenschlüssen von gemeinschaftsweiter Bedeutung. Davor waren transnationale Zusammenschlüsse oft unterschiedlichen nationalen Wettbewerbsregeln ausgesetzt, wobei manchmal mehr als ein Gesetz anwendbar und die Regulierungszuständigkeit über mehrere Behörden verteilt war. Im *Grünbuch über die Revision der Fusionskontrollverordnung*[330], zum Beispiel, werden elf verschiedene nationale Fusionskontrollsysteme innerhalb der EU sowie zwei zusätzliche Systeme der freiwilligen Anmeldung im Europäischen Wirtschaftsraum (Island und Norwegen) identifiziert. Die genannten Artikel und die Fusionskontrollverordnung sind vollständig auf den Medien- und Telekommunikationssektor anwendbar. In diesen existieren keine besonderen wettbewerbsrechtlichen Vorkehrungen für die genannten Bereiche. Die europäische Fusionskontrollverordnung lässt aber Raum für Subsidiarität im Hinblick auf Medien, da sie mittels des Konzeptes der *Medienvielfalt* die Durchsetzung außerwettbewerblicher Interessen der Mitgliedstaaten gestattet. Der Bereich der Telekommunikation findet sektorspezifische wettbewerbsrechtliche Beachtung in nationalen Telekommunikationsgesetzen, die das Ergebnis der Umsetzung europäischer Richtlinien sind, die im Zuge der Telekommunikationsliberalisierung erlassen wurden. Nationales Wettbewerbsrecht beinhaltet teilweise Vorkehrungen für den Medienbereich, u.a. das Österreichische Kartellgesetz, der britische Fair Trading Act oder das deutsche Gesetz gegen Wettbewerbsbeschränkungen. Die Bereiche Computer und Internet sind zunehmend Gegenstand europäischer Richtlinien, vorwiegend aber im Rahmen der Binnenmarktgesetzgebung. Im Gegensatz zu den starken sektorspezifischen Maßnahmen im Telekommunikationsbereich gibt es auf EU-Ebene für den Medienbereich kaum sektorspezifische Besonderheiten. Die wenigen Richtlinien beschäftigen sich mit Fragen des freien Dienstleistungsverkehrs, mit der Koordination öffentlicher Interessen der Mitgliedsstaaten oder mit technischen Aspekten. Als wettbewerbsrechtliche Initiativen sind die Richtlinienvorschläge zur Harmonisierung von *media-ownership* aus den Jahren 1996 und 1997 zu betrachten, die aber nicht erfolgreich waren.[331] Zusammenfassend wird die europäische Marktmachtkontrolle für die von der Konvergenz betroffenen Bereiche in Abbildung 13 verdeutlicht. Die Marktmachtkontrolle ist ein Instrument gegen Wettbewerbsbeschränkungen. Sie funktioniert ex ante als

---

330 KOM (96) 19.

331 Vgl. Doyle 1998.

Fusions- und Marktzutrittskontrolle (inkl. Strukturkontrolle) und ex post als *Missbrauchsaufsicht* über marktbeherrschende Unternehmen.

	Marktmachtkontrolle			
	Sonderregelung für Telekommunikation	Sonderregelung für elektr. Medien	Sonderregelung für Computer/Internet	
national	NEIN	JA[1]	NEIN	Fusionskontrolle (Allg. Wettbewerbsgesetz) 1
supranational	NEIN	JA[2]	NEIN	
national	NEIN	JA[3]	NEIN	Missbrauchsaufsicht (Allg. Wettbewerbsgesetz) 2
supranational	NEIN	NEIN	NEIN	
national	JA[4]	JA[5]	NEIN	Marktzutrittskontrolle (sektorspezif. Gesetze) 3
supranational	JA[6]	NEIN	NEIN	
national	JA[7]	NEIN[9]	NEIN	Missbrauchsaufsicht (sektorspezif. Gesetze) 4
supranational	JA[8]	NEIN[9]	NEIN	

Abbildung 13: Nationale und supranationale Marktmachtkontrolle, Stand 2000

1 z.B. Multiplikatoren für Umsatzberechnung bei Zusammenschlüssen: im Österreichischen Kartellgesetz, im Deutschen Gesetz gegen Wettbewerbsbeschränkungen; Nicht-elektronische Medien: Sonderregelungen bei Zeitungszusammenschlüssen im britischen Fair Trading Act.

2 Hierbei handelt es sich um das außerwettbewerbliche Konzept der Medienvielfalt (EU-Fusionskontrollverordnung).

3 Missbräuche, die die Medienvielfalt beeinträchtigen können (z.B. Österreichisches Kartellgesetz).

4 Kontrolle durch Frequenzzuweisung, Lizenzvergabe (z.B. Österreichisches TKG, Deutsches TKG), Besitzkontrolle (vgl. OECD 1999a): z.B. Begrenzung von ausländischen Direktinvestitionen bis 20% (Unternehmen außerhalb des EWR) im französischen Mobilkommunikationssektor.

5 Anbieterbeschränkungen (in A: ORF terrestrisches Fernsehmonopol); Beschränkungen bei cross-ownership (NL: öffentlich-rechtlichen Rundfunkveranstaltern ist cross-media-Besitz nicht gestattet; private Rundfunkveranstalter in NL haben Beteiligungsgrenze von 25% am Tageszeitungsmarkt; in GB: Inhaber einer nationalen Radiolizenz darf keine nationale oder regionale Fernsehlizenz besitzen, Inhaber einer regionalen Fernsehlizenz darf keine lokale Radiolizenz in der gleichen geographischen Gegend besitzen) oder Einschränkungen bei Besitz durch Ausländer (z.B. in E: 25% Grenze für ausländisches Kapital (außerhalb EWR) im terrestrischen TV, staatliche Zustimmung bei ausländischem Kapital von mehr als 25% für

Kabel TV; in GB: nur Briten oder EWR-Mitglieder können Lizenzen für nationales und regionales kommerzielles TV, nationale und lokale analoge Radiodienste halten); überdies umfassende Besitzeinschränkungen für terrestrische private Anbieter, Kabel- und DBS-(Direct Satellite Broadcasting)-Dienste (vgl. OECD 1999a). In letztere fallen auch Einschränkungen des Zuschaueranteils.

6 z.B. Richtlinie 97/13/EG des Europäischen Parlaments und des Rates vom 10. April 1997 über einen gemeinsamen Rahmen für Allgemein- und Einzelgenehmigungen für Telekommunikationsdienste.

7 Besondere Missbrauchsaufsicht für Unternehmen mit marktbeherrschender Stellung bei Gewährung von Netzzugang in nationalen Telekommunikationsgesetzen (z.B. Deutsches TKG § 33ff).

8 z.B. Richtlinie 97/51/EG des Europäischen Parlaments und des Rates vom 6. Oktober 1997 zur Änderung der Richtlinien 90/387/EWG und 92/44/EWG des Rates zwecks Anpassung an ein wettbewerbsorientiertes Telekommunikationsumfeld. Richtlinie 98/10/EG des Europäischen Parlaments und des Rates vom 26. Februar 1998 über die Anwendung des offenen Netzzugangs (ONP) beim Sprachtelefondienst und den Universaldienst im Telekommunikationsbereich in einem wettbewerbsorientierten Umfeld.

9 Die Richtlinie 95/47/EG über die Anwendung von Normen für die Übertragung von Fernsehsignalen beinhaltet in Art. 4 (c) die Verpflichtung für alle CAS-Anbieter Zugang zu technischen Diensten zu chancengleichen, angemessenen und nicht diskriminierenden Bedingungen zu gewähren. Hinter dieser Bestimmung über offenen Zugang, die sich nur auf den Zugang zu CAS, nicht aber zur Infrastruktur selbst bezieht und keine echten ONP-ähnlichen Verpflichtungen auferlegt, steht das Anliegen, die Entwicklung missbräuchlicher beherrschender Positionen durch CAS Anbieter zu verhindern. Diese CAS-Zugangsbestimmung ist weitgehend in den Mitgliedsstaaten umgesetzt worden. Eine Ausnahme ist z.B. Österreich. Wegen mangelnder Umsetzung der gesamten Richtlinie wurde gegen Österreich ein Verstoßverfahren eingeleitet.[332]

Erläuterungen zur Abbildung: *Die Abbildung unterscheidet einerseits zwischen* nationalstaatlicher *(dunkelgraue Dreiecke) und* supranationaler *(hellgraue Dreiecke) Marktmachtkontrolle, andererseits zwischen Sonderregelungen in* allgemeinen Wettbewerbsgesetzen *(1+2) (z.B. EU-Fusionskontrollverordnung, Österreichisches Kartellgesetz) und Bestimmungen in* sektorspezifischen Gesetzen *(3+4) (z.B. Deutscher Rundfunkstaatsvertrag, Österreichisches Telekommunikationsgesetz). Bei den Sonderregelungen werden nur wettbewerbsbezogene Regelungen, d.h. solche, die auf wirtschaftliche Gegebenheiten/Missbräuche abzielen, beachtet. Ausnahme ist das außerwettbewerbliche Konzept der* Medienvielfalt, *das in den* allgemeinen *Wettbewerbsgesetzen wie z.B. in der EU-Fusionskontrollverordnung oder im Österreichischen Kartellgesetz vorkommt. Nicht beachtet wird das Konzept der Medienvielfalt, wie es in den sektor-*

332 Vgl. KOM (99) 540.

spezifischen Gesetzen, eigentlich im Zusammenhang mit publizistischer Macht, vorkommt (z.B. im Deutschen Rundfunkstaatsvertrag). Für die Missbrauchsaufsicht werden nur Bestimmungen für marktbeherrschende Unternehmen beachtet, die bei missbräuchlichem Verhalten ex post auferlegt werden. Ein* Ja *bedeutet, dass zumindest* in einem *EU-Mitgliedstaat Sonderregelungen existieren. Während sich aufgrund der Verpflichtung zur Umsetzung von EU-Richtlinien im Bereich Telekommunikation in fast allen Mitgliedsstaaten ähnliche Regelungen finden, sind die Sonderregelungen im Medienbereich weniger häufig, national unterschiedlich und national festgelegt. Die Abbildung bezieht sich nur auf geltendes Recht und zieht diskutierte Fragestellung, wie z.B. wettbewerbsrechtliche Fragestellungen, die aus Übertragungsrechten von Sportevents entstehen können, nicht mit ein. Ein* Ja *auf supranationaler Ebene bedingt zumeist ein* Ja *auf nationaler Ebene, da es sich hier gewöhnlich um die Umsetzung von Richtlinien handelt (Telekommunikation). Ausnahme ist hier die Fusionskontrolle für den Medienbereich. Das* Ja *auf supranationaler Ebene verweist auf das außerwettbewerbliche Konzept der Medienvielfalt. Das EG-Kartellrecht verpflichtet die Mitgliedsstaaten nicht zu einer Angleichung des innerstaatlichen Kartellrechts. Ähnliche Vorkehrungen in nationalen Gesetzen sind daher nicht Ergebnis eines Umsetzungsprozesses. Da es im Medienbereich keine verabschiedeten Richtlinien mit wettbewerbsrechtlichen Vorkehrungen gibt, gibt es für die nationalen* Ja *keine korrespondierenden* Ja *auf supranationaler Ebene. Ausnahme ist eine Bestimmung für CAS- (Conditional Access System) -Betreiber in der Richtlinie 95/47/EG. Diese Auflage, Zugang zu technischen Diensten (nicht zur Infrastruktur an sich) zu* chancengleichen, angemessenen und nicht diskriminierenden *Bedingungen zu gewähren, ist eine Bestimmung die die Entstehung missbräuchlicher Positionen ex ante verhindern soll und wird daher hier nicht beachtet. Diese Bestimmung wird ferner nicht beachtet, da die Kategorisierung von (digitalem) Pay-TV und die Regulierungszuständigkeit (Telekommunikations- oder Rundfunkregulator) unklar sind. Die Aufsicht über das CAS wurde in Großbritannien z.B. dem Telekommunikationsregulator OFTEL übertragen. Der Bereich Computer/Internet unterliegt traditionell keiner sektorspezifischen Regulierung.*

* *Das Konzept der Medienvielfalt in allgemeinen Wettbewerbsgesetzen zielt gleichermaßen auf die Kontrolle publizistischer Macht ab. Da aber, aufgrund der Integration in ein Wettbewerbsgesetz, ein wettbewerblicher Ansatz gewählt wird, wird es hier beachtet.*

In Abbildung 14 wird die Marktmachtkontrolle am Beispiel Österreich dargelegt.

Marktmachtkontrolle in A

Sonderregelung für Telekommunikation	Sonderregelung für elektr. Medien	Sonderregelung für Computer/Internet	
NEIN	JA[1]	NEIN	Fusionskontrolle (Allg. Wettbewerbsgesetz) 1
NEIN	JA[2]	NEIN	Missbrauchsaufsicht (Allg. Wettbewerbsgesetz) 2
JA[3]	JA[4]	NEIN	Marktzutrittskontrolle (sektorspezif. Gesetze) 3
JA[5]	NEIN	NEIN	Missbrauchsaufsicht (sektorspezif. Gesetze) 4

Abbildung 14: Marktmachtkontrolle in Österreich, Stand 2000

1 Multiplikatoren für Umsatzberechnung bei Medienzusammenschlüssen (Österreichisches Kartellgesetz §42c): Umsatzerlöse von Medienunternehmen (Organisationseinheit, die inhaltliche Gestaltung, Herstellung und Verbreitung eines Mediums besorgt) und Mediendiensten (redaktionelle Hilfsunternehmen, die Medienunternehmen mit z.B. Beiträgen oder Bildmaterial versorgen) mit 200; Umsatzerlöse von Medienhilfsunternehmen mit 20 (dies sind z.B. Verlage sofern sie nicht Medienunternehmen sind, Unternehmen, die Werbeaufträge beschaffen oder vermitteln, Repro- und Satzanstalten).

2 Missbräuche, die die Medienvielfalt beeinträchtigen, § 35 (2)b (werden im Kartellgesetz nicht näher konkretisiert).

3 Kontrolle durch Lizenzerteilung

4 im Fernseh- und Hörfunkmarkt: Anbieterbeschränkungen (ORF, terrestrisches Fernsehmonopol; beschränkte Lizenzen für regionalen Privathörfunk (pro Bundesland ein Veranstalter, in Wien zwei), keine bundesweiten Sendelizenzen für privaten Hörfunk); Einschränkungen bei crossownership (Zeitungsinhaber hat Beteiligungsgrenzen an Hörfunk und an Kabel- oder Satelliten-Rundfunk Programmveranstaltern) oder Einschränkungen bei Besitz durch Ausländer (außerhalb des Europäischen Wirtschaftsraums) (vgl. Regionalradiogesetz § 8 (2); Kabel- und Satelliten-Rundfunkgesetz § 5 (3)); Zulassung für Veranstaltung von Satelliten-Rundfunk, regionalem und lokalem Privathörfunk sowie für Weiterverbreitung von Kabel-Rundfunk über Satellit.

5 Regulierungsziel festgelegt durch § 32 (3). Anwendung z.B. bei missbräuchlicher Ausnutzung einer marktbeherrschenden Stellung im Zusammenhang mit offenem Netzzugang (vgl. §34ffTKG).

Die Analyse der Marktmachtkontrolle zeigt, dass für den Telekommunikationsbereich keine Sonderregelungen in allgemeinen Wettbewerbsgesetzen existieren, aber dass dieser Bereich stark durch von der EU bestimmte sektorspezifische Regulierung geprägt ist. Andererseits finden sich für Medien sowohl in allgemeinen Wettbewerbsgesetzen als auch in sektorspezifischen Gesetzen Sonderregelungen. Im Gegensatz dazu ist der Bereich der Informationstechnologien durch keine Sonderbestimmungen geprägt.

Zusammenfassend können folgende Unterschiede aus der Analyse gezogen werden:

Unterschiede zwischen supranationaler Koordination im Telekommunikations- und Medienbereich

Während der Telekommunikationsbereich durch eine harmonisierende, supranationale Politik gekennzeichnet ist, gibt es keine derartige supranationale Koordination für den Medienbereich. Neben der Festlegung der Regulierung wird auch die Umsetzung der Telekommunikationsrichtlinien und -bestimmungen durch die EU kontrolliert.[333] Dahingegen sind Marktmachtbestimmungen im Medienbereich national determiniert. Neben dem außerwettbewerblichen Konzept der Medienvielfalt in der EU Fusionskontrollverordnung und einer Bestimmung im Hinblick auf Zugang zu technischen Diensten, die ex ante die Entstehung missbräuchlicher dominanter Stellungen verhindern soll, existieren keine wettbewerblichen Bestimmungen auf supranationaler Ebene. Für den Bereich Internet/Computer existieren keine Sonderregelungen.

Zahlreiche Bestimmungen über Medienbesitz

Der Bereich der Medien (elektronische und nicht-elektronische Medien) ist durch umfassende Bestimmungen geprägt, die den Medienbesitz einschränken. Das *Schlüsselproblem* der unterschiedlichen Marktmachtkontrolle für die drei von der Konvergenz betroffenen Bereiche ist die *Marktzutrittskontrolle*, weil die Konvergenz die Umgehung bestimmter Regelungen ermöglicht.[334] Besitzbeschränkungen müssen überdacht werden, weil durch die Konvergenz vielfältige Übertragungsmöglichkeiten für Inhalte entstehen und Inhalteanbieter

333 *Vgl. z.B. Fünfter Bericht über die Umsetzung des Reformpakets für den Telekommunikationsektor vom November 1999 (Mitteilung der Kommission).*

334 *Siehe Kapitel 3.3.4.*

ihre Produkte in anderen, benachbarten Märkten wieder verwenden können. Damit lassen sich auch die Tendenzen zu konglomeraten Zusammenschlüssen[335] erklären, da durch mehrfache Verwendungsmöglichkeiten wesentliche Synergieeffekte enstehen. Aufgrund des Dilemmas hinsichtlich der Zuteilung der neuen Dienste zu Medien oder Telekommunikation[336] müssen z.B. cross-ownership-Regulierungen, wie sie u.a. im Österreichischen Regionalradiogesetz festgeschrieben sind, überdacht werden, da die neuen Dienste (z.B. Internet) eine Umgehung dieser Regelung möglich machen. Mittels dieser Einschränkungen sollen Konzentrationstendenzen und in weiterer Folge reduzierte Meinungsvielfalt aufgrund von eingeschränkter Anbieterzahl verhindert werden. Auch die existierende Lizenzpolitik für (terrestrisches) analoges Fernsehens (Marktzutritt und Inhalte) wird durch die Konvergenz und die Entwicklung digitalen Fernsehens in Frage gestellt. Traditionell wurde terrestrisches Fernsehen aufgrund von drei Faktoren reguliert: (1) Interferenz (Koordination der Spektrumnutzung, um Interferenzen zwischen Nutzern zu verhindern), (2) Frequenzknappheit (Frequenzen stellen eine knappe Ressource dar und müssen deshalb effizient verwaltet werden) und (3) soziale Auswirkungen (Auswirkungen der Medieninhalte auf die Öffentlichkeit, Entwicklung nationaler Identität und kultureller Vielfalt).[337] Fragmentierte Regulierungsinstitutionen und unterschiedliche Regulierungsmodelle werden aufgrund der Konvergenz, die die Unterschiede zwischen den Übertragungsmöglichkeiten verschwinden lässt, zum Problem. Neben einer institutionellen Zusammenführung sind auch technikneutrale und nicht-diskriminierende Regulierungen notwendig.

Ein weiteres Problemfeld resultiert aus der unterschiedlichen *Frequenzpolitik* für Medien und Telekommunikation. Frequenzen für die Telekommunikation müssen teuer erworben werden, im Rundfunkbereich sind sie aber gratis. Da die Rundfunkinfrastruktur prinzipiell auch für kommerzielle Datendienste genützt werden kann, kann es zu unfairen Wettbewerbsbedingungen kommen.

---

335 Siehe Kapitel 3.3.3.

336 Siehe Kapitel 3.3.4.

337 Vgl. OECD 1999c, 25.

3.3.3 Herausforderungen für Wettbewerbspolitik und -recht aufgrund der Konvergenz

Im Zusammenhang mit der Konvergenz zeichnen sich für den Bereich des Wettbewerbs unter anderem folgende Herausforderungen ab:

- Die Koordination der Zusammenarbeit der Wettbewerbsbehörden auf nationaler, supranationaler und internationaler Ebene
- Die institutionelle Integration für Telekommunikations- und Medienregulierung (auch bei Wettbewerbsfragen)
- Die wettbewerbspolitische Beurteilung von Selbstregulierungskörpern
- Die Beibehaltung von sektorspezifischen Bestimmungen, die wettbewerbsfördernd oder im öffentlichen Interesse sind, die aber nicht durch allgemeines Wettbewerbsrecht erfasst werden
- Die Aufgabe von diskriminierender, nicht-technikneutraler Regulierung, die wettbewerbsverzerrend ist
- Probleme für die Marktmachtbewertung: Konglomerate, Coopetition (cooperation & competition), relevanter Markt, Monopolstrukturen
- Die Zugangssicherung für Wettbewerber

Die Koordination der Zusammenarbeit der Wettbewerbsbehörden auf nationaler, supranationaler und internationaler Ebene

Der Bereich des Wettbewerbsrechts war in erster Linie, d.h. wenn überhaupt eines existierte, nationales Recht. Daneben hat sich aber in den letzten Jahrzehnten zunehmend auch internationales und supranationales Wettbewerbsrecht etabliert.[338] Nicht nur in Europa bringt die Arbeitsteilung zwischen nationalen und supranationalen Institutionen einige Unsicherheit mit sich, ebenso problematisch gestaltet sich vielfach die Kooperation auf internationaler Ebene. Die Globalisierung bewirkt, dass Wettbewerbsfälle zunehmend internationale Komponenten aufweisen. Die Globalisierung des Wettbewerbs wird durch die Reduktion von Distanzüberwindungskosten und Handelsschranken vorangetrieben.[339] Daher ist auch die Frage der supranationalen und internationalen Arbeitsteilung zwischen den einzelnen Regulierungsbehörden sowie eine etwaige Vereinheitlichung von Wettbewerbsregeln zu klären. Die Globalisierung erfordert zunehmend eine internationale Koordination, wobei neben bilateralen Vereinbarungen vermehrt multilaterale Zusammenarbeit gefordert sein wird. Wie ein umfassender multilateraler Rahmen aussehen kann, ist unklar und

338 Vgl. auch Wimmer/Arnold 1998, 209f.

339 Vgl. auch Heinrich 1999a, 75.

Gegenstand von Diskussionen, z.B. innerhalb einer WTO-Arbeitsgruppe, die das Zusammenwirken von Handels- und Wettbewerbspolitik analysiert.[340]

Die institutionelle Integration für Telekommunikations- und Medienregulierung (auch bei Wettbewerbsfragen)

Die Konvergenz legt eine institutionelle Integration u.a. auf organisatorischer Ebene, z.B. bei der Regulierungsorganisation nahe.[341] Auch bei Wettbewerbsfragen könnten so wesentliche *Synergieeffekte* bei ähnlich gelagerten Regulierungsaufgaben genutzt und Reibungskosten sowie Kompetenzunklarheiten und -streitigkeiten wesentlich vermindert werden. Bei neuen Diensten, wie beim Internet und digitalen Fernsehen, ist die Zuteilung zu den Kategorien Medien/Rundfunk oder Telekommunikation und damit auch die politische Zuständigkeit nach den bestehenden Kriterien nicht eindeutig möglich und folglich vielfach ungeklärt. Die Kategorisierung von (digitalem) Pay-TV, zum Beispiel, ist nicht klar. Handelt es sich hierbei um einen Rundfunk- oder einen Telekommunikationsdienst? Die EU-Fernsehrichtlinie schließt, zum Beispiel, verschlüsselte Dienste in den Rundfunkbegriff ein, aber nur wenn sie nicht individuell empfangbar sind. Sobald eine Sendung individuell empfangen wird, wird sie nicht mehr dem Rundfunk zugerechnet. Ein Merkmal des österreichischen[342], deutschen[343], oder eben auch europäischen[344] Rundfunkbegriffs ist, dass Rundfunk an die *Allgemeinheit* gerichtet ist. Überdies wird nach allgemeinem Verständnis eine *gleichzeitige Rezeption* angenommen, das Programm wird verteilt und nicht vermittelt.

---

340 Vgl. z.B. van Miert 1999.

341 Siehe Kapitel 2.1.

342 Bundesverfassungsgesetz vom 10. Juli 1974, BGBl. Nr. 396, über die Sicherung der Unabhängigkeit des Rundfunks, Art. I (1). „Rundfunk ist die für die Allgemeinheit bestimmte Verbreitung von Darbietungen aller Art in Wort, Ton und Bild unter Benützung elektrischer Schwingungen ohne Verbindungsleitung bzw. längs oder mittels eines Leiters sowie der Betrieb von technischen Einrichtungen, die diesem Zweck dienen."

343 Rundfunkstaatsvertrag idF 1997, § 2. Im Gegensatz zum österreichischen schließt der deutsche Rundfunkbegriff Sendungen ein, die verschlüsselt und gegen Entgelt empfangbar sind, sowie Fernsehtext. Dieser Begriff umfasst somit eindeutig auch Pay-TV-Dienste.

344 Die Richtlinie 97/36/EG (Fernsehrichtlinie) zur Änderung der Richtlinie 89/552/EWG bestimmt den Begriff Fernsehsendung (nicht Rundfunk) und schließt auch verschlüsselte Sendungen in diesen Begriff ein, soweit sie für die Allgemeinheit *bestimmt sind.*

Auch auf der Ebene der politischen Zuständigkeiten ist nicht geklärt, ob der Telekommunikations- oder Rundfunkregulator für digitales Pay-TV zuständig ist. Die Veranstaltung von digitalem Pay-TV erfordert ein Zugangsberechtigungssystem, ein sogenanntes *Conditional Access System* (CAS), mit dem sichergestellt wird, dass nur autorisierte Kunden das Programm empfangen. In Großbritannien, zum Beispiel, wurde die Aufsicht über dieses CAS dem Telekommunikationsregulator OFTEL (Office of Telecommunications) und nicht dem Rundfunkregulator ITC (Independent Television Commission) zugeteilt, obgleich CAS Teil der Infrastruktur des digitalen Fernsehens und somit ein Fernsehdienst ist.[345]

Die wettbewerbspolitische Beurteilung von Selbstregulierungskörpern

Die vielfach im Zusammenhang mit dem Internet proklamierte und oft gegenüber anderen Möglichkeiten der Regulierung favorisierte *Selbstregulierung* kann wettbewerbspolitische Probleme verursachen. [346] Ein Beispiel ist die Domainnamen-Verwaltung[347], ein System, das nicht auf Verträgen, sondern auf „mutu-

---

345 Vgl. Just/Latzer 1999; 2000; auch Cowie/Marsden 1999, 62.

346 In den USA wurde, zum Beispiel, im Jahre 1982 im vom Department of Justice *(DOJ) gegen die* National Association of Broadcasters *(NAB) angestrengten Rechtsstreit festgestellt, dass deren Werbezeitenbestimmungen (Radio und Television Codes) gegen das Kartellgesetz (Section 1 des* Sherman Act*) verstoßen, da durch die Limitierung der Zeit für Werbeeinschaltungen die Verfügbarkeit von Werbezeit manipuliert würde und die Möglichkeit, den Preis hochzuschrauben, daher als Verstoß angesehen werden muss (vgl. Campbell 1999). Gleichfalls hatte das DOJ (Department of Justice) 1997 eine Untersuchung gegen* Network Solutions Inc. *(NSI), eine Organisation zur Verwaltung von Domainnamen, eingeleitet (vgl. Vesely 1997). Im Jänner 2000 wurde vom U.S. Supreme Court jedoch festgestellt, dass diese Organisation nicht gegen das Kartellgesetz verstößt (vgl. Vicini 2000).*

347 Um im Internet mit Computern kommunizieren zu können, benötigt jeder Computer eine genaue Adresse. Computer kommunizieren gewöhnlich über das TCP/IP (Transmission Control Protocol/Internet Protocol) Protokoll. Von Bedeutung ist hier das IP. Ein Beispiel für eine IP Nummer ist 207.68.130.149. Eine IP Nummer ist vereinfacht gesagt, wie eine Telefonnummer, die man kennen muss, um mit einem anderen Computer zu kommunizieren. Mit dem Domain Name System (eingeführt in den 80er-Jahren) wurden, um die Kommunikation zu erleichtern, anstelle der Zahlencodes Buchstaben eingeführt. Um eine Homepage zu öffnen, kann man z.B. „http://207.46.130.149/" oder auch „http://www.microsoft.com/" eingeben. Die Buchstaben sind wesentlich leichter zu merken als die Zahlenkombination.

al understanding"[348] beruhte. Als Ergebnis jahrelanger Bemühungen, die Domainnamen-Verwaltung zu privatisieren, ist nun die ICANN (Internet Corporation for Assigned Names and Numbers) für diese Administration (z.B. Auswahl von Domainnamen Registratoren, neue TLDs etc.) zuständig.[349] Diese Verwaltung war jahrelang von einer Reihe undurchsichtiger Organisationsstrukturen geprägt, die vielfach eine ad-hoc-Natur hatten, z.B. das IPOC (Interim Policy Oversight Committee). Generell ist festzuhalten, dass Entscheidungen oder Empfehlungen solcher Organisationen von nationalen Gerichten oder der EU-Kommission angefochten werden können. Nordemann et al. (1998) zweifeln nicht, dass das europäische oder nationale Kartellrecht (Art. 81, 82 EGV oder das deutsche GWB) auf nationale *domain-name*-Anbieter, wie z.B. das deutsche *DeNic* anwendbar ist. Ebenso dürfte eine Anwendbarkeit im Falle des ICANN gegeben sein, einerseits da es, ebenso wie das *DeNic* unter den Begriff des Unternehmens gemäß Art. 81 EGV fällt, aber auch aufgrund der internationalen Anwendbarkeit des EU-Wettbewerbsrechts[350]. Auch Art. 82 (Missbrauch einer marktbeherrschenden Stellung) findet seine Anwendung, einerseits wenn nur ein monopolistischer Anbieter existiert und dieser daher z.B. zu Verträgen verpflichten kann, oder im Falle des ICANN, wenn dieses sich bei Kapazitätsengpässen weigern würde, neue TLD (*Top Level Domains*)[351] zu etablieren. Neben der Schwierigkeit genau festzulegen, wann und unter welchen Bedingungen welches Gesetz zur Anwendung kommt (z.B. EU-Recht in den USA), ist auch noch die Organisationsstruktur problematisch, z.B. ist die ICANN eine private Non-profit-Organisation mit einem freiwilligen Direktorium, dessen Antastbarkeit bei rechtlichen Schwierigkeiten fraglich ist.

Zu favorisieren ist aufgrund dieser Problematik generell eine Art *regulierter Selbstregulierung*, wo nicht alle Komponenten der Regulierung an die Industrie abgegeben werden, sondern der Staat entweder für die Etablierung der

---

348 *Vgl. Nordemann et al. 1998, 101. „The Domain Name System is potentially very unstable. Its operation depends on the consensus of a few private individuals, [...]."*

349 *Für einen detaillierten Überblick über die Entwicklung der Domain-Name-Verwaltung siehe Mueller 1999.*

350 *Die EU-Kommission geht hier vom Auswirkungsprinzip aus.*

351 *Im Bereich der Domainnamen gibt es auf der höchsten Ebene sogenannte TLDs (Top Level Domains). Darunter fallen unter anderem* .com, .gov, .edu, .mil, .org *oder* .net, *weiters gibt es länderspezifische Domänen, wie* .at *(Österreich),* .de *(Deutschland),* .ch *(Schweiz), die auf Bestimmungen der* International Standards Organization *(ISO) beruhen.*

Regeln oder die Initiierung derselben und/oder für die Überwachung eingesetzt wird.[352]

Die Beibehaltung von sektorspezifischen Bestimmungen, die wettbewerbsfördernd oder im öffentlichen Interesse sind

Verschiedene Bereiche in denen Wettbewerbsbeschränkungen auftreten können, werden vor allem im Bereich der Telekommunikation sektorspezifischen Bestimmungen unterzogen. Zu den gängigen asymmetrischen Regelungen für marktbeherrschende Telekommunikationsunternehmen zählen:

- Getrennte Rechnungsführung
- Verbot der Quersubventionierung
- Gewährung von Netzzugang
- Zusammenschaltungspflicht
- Verhandlungspflicht
- Preiskontrolle

Im Medienbereich existieren:

- das außerwettbewerbliche Konzept der Medienvielfalt oder Meinungsvielfalt
- Beschränkungen beim Eigentum[353]

Diese Kontrollmechanismen sind vielfach außerhalb des Einflusses der Art. 81 und 82 EGV oder der korrespondierenden nationalen Vorschriften, weshalb sektorspezifische Regulierung nötig ist.[354] Gerade im Telekommunikationsmarkt sind einzelne Vorschriften, die dazu dienen, Markteintritt für potenzielle Wettbewerber zu ermöglichen, momentan unabkömmlich. Dazu zählen die Bereitstellung von Leistungen für Wettbewerber unter Einhaltung des Grundsatzes der Nichtdiskriminierung, oder das Verbot der Quersubventionierung, gekoppelt mit einer strukturellen Trennung der Geschäftsfelder und getrennter Rechnungsführung. Letztere sind von besonderer Bedeutung, da aufgrund früherer Monopolstellungen die Bereitsstellung von Kabel- und Telekommunikationsnetzen in Europa vorwiegend durch ein und denselben Betreiber erfolgt. Marktbeherrschende Unternehmen haben daher eine bessere Ausgangsposition als

---

352 *Siehe zu Fragen der (Selbst)Regulierung Kapitel 3.1.2.1.*

353 *Auch für den Bereich der Telekommunikation existieren in einigen EU-Mitgliedstaaten Eigentumsbeschränkungen z.B. Begrenzung von ausländischen Direktinvestitionen bis 20% (Unternehmen außerhalb des EWR) im* französischen Mobilkommunikationssektor. *In Österreich gibt es keine derartigen Beschränkungen.*

354 *Zur Frage, ob die alleinige Anwendung des Wettbewerbsrechts für den TK-Sektor ausreicht, siehe Pitt 1999.*

Marktneulinge im sich entwickelnden Mediamatik-Markt. Eine effektive Trennung der Aktivitäten in unterschiedliche juristische Personen wird zur Eindämmung wettbewerbsschädigender Wirkungen generell bevorzugt.[355] Auch die Zusammenschaltungspflicht ist essentiell, wie Entscheidungen der Telekom Control in Österreich zeigen. Die Bedeutung sektorspezifischer Wettbewerbsregulierung im Telekommunikationssektor wird auch durch ein internationales Telekommunikationsübereinkommen, das im Rahmen des GATS (General Agreement on Trade in Services) entwickelt wurde, deutlich. Darin wird u.a. festgehalten, dass alle Mitglieder Diensteanbietern anderer Mitglieder Zugang und Gebrauch öffentlicher Telekommunikationsnetze und -dienste zu angemessenen und nicht-diskriminierenden Bedingungen ermöglichen müssen.

Die Aufgabe von diskriminierender, nicht-technikneutraler Regulierung, die wettbewerbsverzerrend ist

In einem konvergierenden Umfeld ist die Existenz von *nicht-technikneutraler, diskriminierender Regulierung* problematisch. In Europa wird mittels der Richtlinie 95/51/EG (Kabelrichtlinie) ermöglicht, dass Kabelfernsehnetzbetreiber sämtliche liberalisierte Telekommunikationsdienste über ihr Netz anbieten, während es keine korrespondierende Bestimmung gibt, die Fernmeldeorganisationen erlaubt, Übertragungskapazitäten für Kabelfernsehen anzubieten.[356] Ob eine Fernmeldeorganisation mit einem Kabelfernsehanbieter konkurrieren darf, hängt von nationalen Bestimmungen ab. Diese Bestimmung kann für Telekommunikationsnetzbetreiber von Nachteil sein, wenn diese nicht gleichzeitig über ein Kabel-TV-Netz verfügen. Der gleichzeitige Betrieb/Besitz von Kabel- und Telekommunikationsnetzen durch einen Betreiber ist nämlich gestattet.

Problembereiche für die Marktmachtbewertung: Konglomerate, Coopetition, relevanter Markt, Monopolstrukturen

Konglomerate

Bei Zusammenschlüssen unterscheidet man nach der Art der betroffenen Märkte. Bei horizontalen Zusammenschlüssen sind die beteiligten Unternehmen auf dem gleichen relevanten Markt tätig, während bei vertikalen Zusammenschlüssen die Unternehmen auf vor- und oder nachgelagerten Produktionsstu-

---

355 Vgl. auch 98/C71/4.

356 Vgl. auch 98/C71/4.

fen tätig sind und in einer Abnehmer-Lieferant-Beziehung stehen. Im Gegensatz dazu sind bei konglomeraten Zusammenschlüssen Unternehmen beteiligt, die auf unterschiedlichen relevanten Märkten tätig sind und nicht in einer Abnehmer-Lieferant-Beziehung stehen.[357] Konglomerate Zusammenschlüsse sind aufgrund der Konvergenz und aufgrund von Veränderungen in der Gesetzgebung im Steigen begriffen.[358]

Tabelle 45 zeigt einerseits eine Auswahl von Zusammenschlüssen, die aufgrund ihrer Umsatzgröße von der EU-Kommission genehmigt werden mussten, andererseits eine Reihe anderer Aktivitäten, die die unternehmensbezogene Konvergenz und die Tendenz zu konglomeraten Zusammenschlüssen verdeutlichen.

Tabelle 45: Ausgewählte konglomerate Zusammenschlüsse* im Mediamatiksektor

Fälle (Auswahl)	Parteien	Aktivitäten
Deutsche Telekom/ Springer/ Holtzbrinck/ Infoseek/ Webseek 28.09. 1998 VO (EWG) Nr. 4064/89**	DeTeOnline Service: Anbieter von Internet-Zugang A. Springer: Verlag Georg Holtzbrinck: Verlag, TV, Hörfunk Infoseek Corp.: Suchmaschine (Internet)	Such- und Navigationssysteme für deutschsprachige Internetnutzer
Telia/Telenor/ Schibsted 27.05.1998 VO (EWG) Nr. 4064/89**	Telia: Telekommunikation Telenor: Telekommunikation Schibsted: TV, Film, Multimedia, Internet Inhalte	Internet Gateway & Werbedienste, Web-Sites-Produktion
Bertelsmann, Viag, Game Channel, 5.5. 1999 VO (EWG) Nr. 4064/89**	Bertelsmann:Verlag, TV, Musik Viag Interkom: Telekommunikation	Online-Spiele via Internet, Web-Sites mit Information über Online-Spiele

357 *Vgl. Heinrich 1999a.*

358 *Für eine Darstellung der Entwicklung von vertikalen und diagonalen Marktzugangsaktivitäten anhand der Beispiele Bertelsmann und Microsoft siehe Konert 1998.*

@Home Benelux, 15.09.1999 VO (EWG) Nr. 4064/89**	At Home: enhanced Internet Zugang Eden: Kabel & Telekommunikation Netzwerk & Dienste Palet Kablecom: Kabel & Telekommunikation Aktivitäten	Internet-Zugang & damit verbundene Dienste, Internet-Inhalte und Dienste die hohe Bandbreite benötigen
Highway 194 Internet Vertriebs GmbH, 1998	Telekom Austria: 51% Österreichischer Rundfunk: 49%	betreut Internet-Privatkundengeschäft von A-Online (Dachmarke für die Online-Dienste der Telekom Austria AG)
Telefonica, Terra, 1999	Telefonica: Telekommunikation Terra: Internet	Telefonica hält 70% an Terra
AOL, Blockbuster, 1999	AOL: Internet Service Provider Blockbuster: Video Verleih	Distributions- und Promotionsallianz
Tiscali, Nets, A Telecom 1999	Tiscali: Internet Service Provider Nets:Telekommunikation A Telecom: Telekommunikation	Tiscali kauft Nets und A Telecom
AOL, Time Warner 2000	AOL: Internet Service Provider Time Warner: Medien Konglomerat	Internet- und traditionelle Mediendienste/ -inhalte über gesamte Palette konvergierender Plattformen
Nextlink Communications, Concentric Network, 2000	Nextlink Communications: Telekommunikation Concentric Network: Internet Access Provider	High-Speed Internet-Zugang und Datendienste

* Der Begriff Zusammenschluss wird hier für jede Art (Ausnahme Zusammenschlüsse, die unter die VO (EWG) 4064/89 fallen) von Zusammenschluss,

Acquisition, joint venture, Allianzen und andere Arten von Kontrollerwerb verwendet.
** EU Fusionskontrollverordnung

Die Gründe für derartige Konzentrationstendenzen sind vielfältig. Sie hängen vielfach mit den allgemeinen Unternehmermotiven, die auch sonst Zusammenschlüsse forcieren, zusammen. Dazu zählen u.a. Synergieeffekte, Risikoreduktion durch Diversifikation, interne Subventionierungen, Economies of Scale oder die Reduktion von Transaktionskosten. Medienspezifische Vorteile sind überdies die hohe Fixkostendegression bei Medienprodukten und der Verbund des Werbe- und Rezipientenmarktes[359].[360] Obwohl konglomerate Zusammenschlüsse zumeist nicht direkte Wettbewerber, Anbieter oder Nachfrager betreffen, sind sie nicht unproblematisch: (1) Weil jede Konzentrationstendenz eine Möglichkeit/Strategie darstellt, dem Wettbewerbsdruck auszuweichen und von diesem Standpunkt als bedenklich gilt; (2) Weil die klassische Oligopoltheorie und traditionelle Industrieökonomie-Theorien nicht ausreichen, um das Ausmaß und den Einfluss von Konglomeraten zu erfassen, da diese nicht nur in einem Sektor, sondern in mehreren und nicht nur national, sondern auch international aktiv sind.

Die *industry concentration ratio*, zum Beispiel, ein Standard, mit dem die Umsatzanteile der größten Unternehmen erfasst werden (z.B. der vier (CR4) oder acht (CR8) größten), wird auf einzelne Sektoren getrennt angewendet und ist daher nicht geeignet, die Marktmacht von Konglomeraten zu erfassen, da diese gleichzeitig in verschiedenen Industriebereichen aktiv sind und daher ihre de facto Konzentrationsraten nicht augenscheinlich sind. Manche Methoden zur Erfassung von Marktmacht wie die *industry concentration ratio* oder die *aggregate concentration ratio*[361] messen nur den nationalen Marktanteil und sind indifferent gegenüber Veränderungen in ausländischen Märkten.[362] Einzig

359 Eine wesentliche Besonderheit des Mediensektors ist, dass in der Regel für zwei Märkte produziert wird. Einerseits Information, Unterhaltung und Bildung für das Publikum, andererseits eine Verbreitungswahrscheinlichkeit von Werbebotschaften für die werbetreibende Wirtschaft. Der Marktwert der Werbung hängt von der Nachfrage des Publikums ab (vgl. Heinrich 1994, 119).

360 Vgl. Bender 1997, 68ff., Heinrich 1994, 117ff.

361 „Aggregate concentration ratios measure the percentage of sales, assets, and value added that are controlled by the largest 50, 100, 200, or 500 firms in the economy." (Grant 1997, 455).

362 Vgl. Grant 1997, 454f.

die Konzentrationszahlen als Grundlage für die Bewertung von Marktmacht heranzuziehen, kann aber auch zu kurz greifen. Diese können nämlich sowohl ökonomisch gerechtfertigt im Interesse der Konsumenten oder Produzenten oder auch Ausdruck ökonomisch ungerechtfertigter Marktmacht sein. Ökonomisch gerechtfertigte Unternehmenskonzentration zeigt sich durch niedrigere Produktionskosten, die in einem Wettbewerbsmarkt durch niedrigere Preise an den Konsumenten weitergegeben werden. Die Ermittlung der mindestoptimalen Betriebsgröße (minimum-efficient-scale) kann Anhaltspunkte für die Bewertung ökonomisch bedingter Unternehmensgrößen geben. [363]

Auch das Internet, mit seinen Möglichkeiten der virtuellen Kooperation, d.h. im Internet stattfindende, verändert die Marktstruktur wesentlich, da es Unternehmen ermöglicht, Wettbewerbsparameter kurzfristig und staatenübergreifend effizienter und unauffälliger zu koordinieren.[364] Die Frage nach der Beurteilung virtueller Unternehmen, virtueller Kartelle oder Zusammenschlüsse kann in Zukunft entscheidende Probleme für die Wettbewerbsbehörden aufwerfen, die nicht bei der Frage, welche Gesetze zur Anwendung kommen, halt machen werden.

Coopetition

Bei Fällen von *Coopetition* kooperieren Unternehmen in einem Bereich, während sie auf anderen Gebieten weiterhin Konkurrenten bleiben. Dies gilt vor allem für Bereiche, in denen hohe Netzeffekte auftreten, so zum Beispiel beim Internet. Wenn Wettbewerber Netzwerke, einheitliche Plattformen oder Standards entwickeln wollen, so kooperieren sie in steigendem Ausmaß miteinander, um versunkene Kosten (z.B. hohe Forschungs & Entwicklungsausgaben – F&E oder hohe Marketingkosten) oder Risiken von Fehlinvestitionen zu teilen. Aus wettbewerbspolitischer Sicht sind Forschungs- und Entwicklungskooperationen mitunter bedenklich, da sie den F&E-Wettbewerb beschränken können. Wenn sich Unternehmen, vor allem solche, die finanziell in der Lage wären, ein solches Unterfangen selbst zu realisieren, oder auch alle potenziellen Konkurrenten kurz- oder längerfristig zusammenschließen, um bestimmte Forschungsvorhaben zu realisieren, so geht eine wesentliche Funktion des Wettbewerbs, nämlich der Druck zum Innovieren, verloren.[365] Hingegen ist für die Entwicklung von Standards eine F&E-Kooperation zumeist positiv, um die Etablierung

---

363 Vgl. George/Joll/Lynk 1992.

364 Vgl. Beck 1999, 462.

365 Vgl. Hansen 1999.

offener Standards zu ermöglichen, die gerade im Bereich des Internet und digitalen Fernsehens von wettbewerbspolitischer Seite sehr erwünscht sind, da die Verwendung von Standards zu positiven Netzexternalitäten führt.

Ein Beispiel für *Coopetition* in der Mediamatik ist das TIPHON-Projekt (Telecommunications and Internet Protocol Harmonization over Networks), welches vom European Telecommunications Standards Institute (ETSI) etabliert wurde. Wichtige *player* aus dem Telekommunikations- und IT-Sektor wie Deutsche Telekom, Telekom Austria, Siemens, Ericsson, Nokia, Telia, Microsoft und Alcatel kooperieren, um einheitliche Lösungen für IP-Telefonie zu entwickeln. Sobald die Forschung abgeschlossen ist, konkurrieren die Unternehmen auch in diesen Bereichen wieder miteinander um Marktanteile. Ist die Dauer der Kooperation kurz und konkurrieren die Teilnehmer der Forschungszusammenarbeit nach deren Abschluß wirklich miteinander, so kann dies durchaus positive Effekte auf den Wettbewerb haben. Langfristige Forschungsvorhaben sind jedoch kritischer zu betrachten, da vielfach nicht garantiert werden kann, dass außer dem fraglichen Projekt nicht auch andere gemeinsame Interessen verfolgt werden. Ebenso problematisch sind Nebenabsprachen, insbesondere Vereinbarungen, die sich auf die Verwertung der Ergebnisse konzentrieren.

Definition des relevanten Marktes

Wettbewerbspolitik und Wettbewerb beziehen sich immer auf konkrete Märkte. Marktbeherrschung und Konzentration werden folglich für einen bestimmten Markt, den sogenannten *relevanten Markt*, bestimmt. Durch die Marktdefinition ist es möglich festzustellen, welche Unternehmen miteinander im Wettbewerb stehen und welche Wettbewerbskräfte wirken. Aufgrund der Marktabgrenzung erfolgt auch die Berechnung von Marktanteilen, die Indikator für die Marktmacht eines Unternehmens sein können.[366] Die Marktabgrenzung ist ein kontroversielles Thema, wobei bislang keine abschließenden Lösungen zur Definition derselben vorliegen.[367] Die Marktabgrenzung und folglich die Festlegung von Marktmacht sind von Bedeutung um die Notwendigkeit wettbewerblicher Maßnahmen zu bestimmen. Der für die Wettbewerbsbewertung maßgebliche Markt wird durch eine Kombination des sachlichen und räumlichen Marktes bestimmt.

---

366 Vgl. Bekanntmachung der Kommission über die Definition des relevanten Marktes im Sinne des Wettbewerbsrecht der Gemeinschaft.

367 Vgl. auch Traugott 1998.

Definition des sachlich relevanten Marktes
„Der sachlich relevante Produktmarkt umfasst alle jene Erzeugnisse und/oder Dienstleistungen, die vom Verbraucher hinsichtlich ihrer Eigenschaften, Preise und ihres vorgesehenen Verwendungszwecks als austauschbar oder substituierbar angesehen werden." [368]

Definition des räumlich relevanten Marktes
„Der geographisch relevante Markt umfasst das Gebiet, in dem die beteiligten Unternehmen Produkte oder Dienstleistungen anbieten, in dem die Wettbewerbsbedingungen hinreichend homogen sind und das sich von benachbarten Gebieten, insbesondere aufgrund merklich unterschiedlicher Wettbewerbsbedingungen, die in diesen Gebieten herrschen, abgrenzt." [369]

In der Mediamatik ergeben sich u.a. in folgenden Bereichen Probleme bei der Defintion des relevanten Marktes:
(1) Telekommunikation
(2) Digitales Pay-TV
(3) Internet

(1) Die Definition des relevanten Marktes im Telekommunikationssektor ist eine völlig neue Aufgabe.
Mit der Liberalisierung des Telekommunikationssektors und dem Anstieg neuer konvergenter Dienste verändern sich die Marktstrukturen. Betroffen davon ist auch die Definition des relevanten Marktes. Da Telekommunikationsunternehmen traditionell als staatliche Monopolbetriebe reguliert waren, gab es selten wettbewerbsrechtliche Beurteilungen, die der Definition des relevanten Marktes bedurften.[370] Dies wird sich durch die weitere Liberalisierung und Konvergenz verändern und die Wettbewerbsbehörden vor neue Probleme stellen.

(2) Die Definition des relevanten Marktes für digitales Fernsehen, in seiner Form als Pay-TV, ist umstritten.
Die zentrale Frage, die sich im Zusammenhang mit digitalem Fernsehen als Pay-TV stellt, ist, ob es als Teil des relevanten Marktes Fernsehen gesehen werden

368 Vgl. Bekanntmachung der Kommission über die Definition des relevanten Marktes im Sinne des Wettbewerbsrecht der Gemeinschaft.
369 Vgl. Bekanntmachung der Kommission über die Definition des relevanten Marktes im Sinne des Wettbewerbsrecht der Gemeinschaft.
370 Vgl. auch Plum/Schwarz-Schilling 2000.

kann, oder ob es einen separaten relevanten Markt konstituiert. Die EU-Kommission ist in diesem Zusammenhang, bei ihren Entscheidungen zu Bertelsmann/Kirch/Premiere 1998 und Deutsche Telekom/Beta Research 1998, in Übereinstimmung mit ihrer MSG- (Media Service) -Entscheidung aus dem Jahre 1994 bei Pay-TV von einem *eigenen* relevanten Produktmarkt ausgegangen und hat diesen vom kommerziellen, werbefinanzierten Fernsehen oder dem aus Gebühren/Werbung finanzierten öffentlich-rechtlichen Fernsehen abgegrenzt. Begründet wurde dies mit der Art der Austauschbeziehungen. Während die Kommission bei werbefinanziertem Fernsehen *nur* ein Austauschverhältnis zwischen Programmanbieter und Werbewirtschaft feststellt, existiert für sie beim Pay-TV *nur* ein Austauschverhältnis zwischen dem Programmanbieter und dem Zuschauer als Abonnenten.[371] Grundsätzlich wird der bloße Zuschauermarkt bei werbefinanziertem Fernsehen, im Gegensatz zum Fernsehwerbemarkt, dem Markt für Sportübertragungsrechte oder dem Markt für Verwertungsrechte von Film und Fernsehsendungen etwa, in der Praxis von Wettbewerbsbehörden (z.B. vom Deutschen Bundeskartellamt oder der EU-Kommission) nicht als Markt im kartellrechtlichen Sinne angesehen, da angenommen wird, dass keine marktmäßigen Austauschbeziehungen bestehen.[372] Dementgegen hat die EU-Kommission bei einer Entscheidung im Lebensmittelhandel (Rewe/Meinl) das Geschäft in seiner Gesamtheit und nicht die einzelnen Produkte als relevanten Markt festgelegt. Prinzipiell scheint es aber für die Feststellung von marktbeherrschenden Stellungen im Fernsehbereich, aber auch im Zusammenhang mit den neuen Herausforderungen, die sich durch die Konvergenz(problematik) ergeben, von Vorteil, digitales Pay-TV, auf alle Fälle wenn es als *Programmbouquet*[373] vertrieben wird, als Produktheterogenisierung zu verstehen und eine Zuordnung zum allgemeinen relevanten Markt Fernsehen vorzunehmen.[374]

---

371 Vgl. 94/922/EG.

372 Vgl. inter alia *Wagemann 1993, 13.*

373 Bei einzelentgeltlichen Sendungen ist die Frage der Regulierung und Zuordnung etwas komplexer und problematischer. Ein Ansatzpunkt wäre etwa zwischen meinungsbildenden Programmen und solchen, die einzig der Unterhaltung dienen, zu unterscheiden. Jenen mit Meinungsbildungwirkung müsste dann mittels Regulierung gesondert Rechnung getragen werden.

374 Ähnlich auch Kiefer: „Pay TV ist [...] eine durch Kabel- und Decodertechnik ermöglichte Produktheterogenisierung nach Aktualität (und Attraktivität), wie wir sie vergleichbar im Kino mit den teureren Premierenkinos und den billigeren Nachspielhäusern vorfinden oder beim Theater mit der Differenzierung der Preise nach A-, B-Premiere und weiteren Aufführungen." (Kiefer 1995, 64)

Folgende Gründe sprechen für eine gemeinsame Zurechnung:

- Eine klare Abgrenzung der Austauschbeziehungen ist nicht möglich.
- Hohe Marktzutrittkosten und -schranken sprechen gegen neue Anbieterstrukturen.
- Die Bestimmung der Nachfrageseite erfasst nicht die tatsächlichen wirtschaftlichen Gegebenheiten.

Eine klare Abgrenzung der Austauschbeziehungen ist nicht möglich

Ein wesentliches Element des Marktbegriffes ist die Austauschbeziehung, wobei derzeit vielfach umstritten ist, dass eine solche bei privatem, werbefinanziertem und öffentlich-rechtlichem Rundfunk auch zwischen Fernsehveranstalter und Zuschauer existiert (siehe oben). Selbst bei unentgeltlich ausgestrahlten Fernsehsendungen handelt es sich aber um Wirtschaftsgüter, die von Zuschauern zur Deckung eines Bedarfs nachgefragt werden. Wenngleich die Zuschauer diese Programme (fast) unentgeltlich konsumieren, stellt ihre Rezeption einen ökonomischen Wert, im weitesten Sinne ein ökonomisches Gut für den Veranstalter dar, da die Zuschauerreichweite für die Höhe der Werbeeinnahmen entscheidend ist, bzw. für den Verkauf des Gutes Werbesendezeit benötigt wird. Es geht daher vielfach darum, Zuschauer zu „produzieren", die in der Folge an die Werbewirtschaft verkauft werden.[375] Für den Marktbegriff selbst ist es aber nicht wesentlich, dass der Zuseher das Fernsehprogramm nicht monetär, sondern eigentlich mit seiner Zeit/Aufmerksamkeit bezahlt, da Märkte auch durch „Austauschbeziehungen ohne allgemeines Tauschmittel, also Gut gegen Gut (Naturaltausch), begründet sein [können]"[376]. Sofern die Angebotsstrukturen wettbewerblich sind, und es marktbedingt zu einem Wettbewerb um die Gunst der Zuseher kommt,[377] werden im Prinzip auch die Marktfunktionen, nämlich „im wesentlichen die Funktion wirksamen preisrelevanten Wettbewerbs und damit auch die Kontroll- und Lenkungsaufgaben bei der Selbststeuerung des Marktes"[378] erfüllt. Die Trennung der Märkte aufgrund von Finanzierungsarten, die ja mit der Trägerspezifik und nicht mit dem Produkt selbst zu tun haben, lässt sich sachlich kaum begründen, wie Kiefer argumentiert.[379] Für die sachliche Abgrenzung des Marktes schlägt sie eine

---

375 *Vgl.* inter alia *Smythe 1977.*

376 *Schmidt 1997, 474.*

377 *Dies geschieht z.B. mittels hoher Programminvestitionen, u.a. für den Erwerb bestimmter Sportübertragungs- und Spielfilmverwertungsrechte.*

378 *Schmidt 1997, 477.*

379 *Vgl. Kiefer 1995, 64.*

Abgrenzung nach der *subjektiven Austauschbarkeit*, also nach der Austauschbarkeit durch den Nachfrager vor, wobei sie in diesem Zusammenhang festhält, dass für die Fernsehgestaltung die Organisations- und Finanzierungsform des Mediums anscheinend keine Rolle spielen.

Hohe Marktzutrittkosten und -schranken sprechen gegen neue Anbieterstrukturen
Generell muss angenommen werden, dass es aufgrund von hohen Markteintrittsschranken (z.B. hohe Fixkosten für den Erwerb von Rechten, lizenzierter Marktzugang) und Risiken auch in der Mediamatikära keine neuen Anbieterstrukturen geben wird, und es eher zu gesteigerter Medienkonzentration kommen wird. Die analogen Gegebenheiten dürften sich wiederholen, da die bereits am Markt etablierten (analogen) Anbieter in den digitalen Pay-TV-Markt drängen. Da Programm- und Verwertungsrechte zumeist über Jahre hinweg gesichert werden,[380] ist für Neueinsteiger gegenwärtig der Zugriff zu attraktiven Programmenressourcen wie Spielfilme, Unterhaltungsserien oder Sportevents nur beschränkt möglich.[381] In Übereinstimmung mit der *cluster-market*-Doktrin[382] kann man überdies auch eine Zurechnung zum gleichen relevanten Markt annehmen, denn obwohl Pay-TV und Free-TV nicht direkte Substitute füreinan-

---

380 So besitzen etwa in Deuschland Kirch und Bertelsmann (über CLT-UFA) umfassende und attraktive Programmressourcen, sodass angenommen werden muss, dass keine weitere digitale Pay-TV Programmplattform etabliert werden kann. Nachdem die EU-Kommission zwei Zusammenschlussvorhaben nicht genehmigt hatte, gab das Deutsche Bundeskartellamt die Neuordnung der Beteiligungsverhältnisse am Pay-TV-Sender Premiere frei, wodurch die KirchGruppe nun mit 95% an Premiere beteiligt ist, der Mitgesellschafter Canal+ ganz aussteigt und CLT-UFA nur noch mit 5% beteiligt ist. Begründet wurde die Freigabe damit, dass diese Neuordnung zu dekonzentrativen Effekten und zu einer Senkung der Marktzutrittsbarrieren führen werde.
Die Option für Pay-TV hat sich hingegen auch Bertelsmann gewahrt, und zwar über ein Pilotprojekt mit Net Cologne, einer Kölner Gesellschaft, die verschiedene Multimedia- und ein sogenanntes Fast-Internet-Angebot über Breitbandkabel mit Rückkanal testen wird (vgl. Röper 1999, 348).

381 Kirch selbst hatte beispielsweise die Strategie verfolgt, andere vom Pay-TV-Markt fernzuhalten, indem er potenzielle Konkurrenten mit höheren Angeboten von Hollywood-Quellen fernhielt (vgl. Röper 1999, 355).

382 Hierbei werden Produkte, bei denen Konsumenten dazu tendieren, sie als Gruppe von einem Produzenten nachzufragen, dem gleichen relevanten Markt zugerechnet, auch wenn sie eigentlich nicht als Substitute betrachtet werden können und nicht in Konkurrenz zueinander stehen (vgl. Nesvold 1997).

der sind, so werden sie doch, bedingt durch die gegenwärtigen Marktstrukturen und hohen Marktzutrittsbarrieren für Neueinsteiger, von einem oder mehreren Unternehmen als Gruppe nachgefragt. Insgesamt scheint es für die Konzentrationskontrolle im Multimediazeitalter, nicht zuletzt aufgrund unternehmerischer Diversifizierungsstrategien, von Vorteil, die Gesamtumsätze von Medienunternehmen heranzuziehen. Wettbewerbstheoretisch ist hier die Ressourcentheorie dienlich, die davon ausgeht, dass Marktmacht und Ressourcenverfügbarkeit in engem Zusammenhang stehen und eine traditionelle Einzelmarktbetrachtung zur Beurteilung von Marktmacht zu kurz greift. Für eine realitätsgerechte Marktanteilsermittlung sollen demnach die rundfunkspezifischen Gesamtumsätze von Medienunternehmen erfasst werden.[383]

Die Bestimmung der Nachfrageseite erfasst nicht die tatsächlichen wirtschaftlichen Gegebenheiten

Die Abgrenzung des relevanten Marktes, der allgemein durch jene Produkte definiert ist, die aus der Sicht des Verbrauchers kurzfristig substituierbar sind,[384] ist theoretisch und praktisch äußerst schwierig. Da die Ermittlung von Substitutionsmöglichkeiten, die gewöhnlich durch Substitutionselastizitäten (z.B. Kreuzpreiselastizität[385]) gemessen werden, allgemein nicht ergründet werden können, stützt man sich auf Befragungen und Plausibilitätserwägungen. Vielfach lehnt man sich am Konzept der *funktionellen Austauschbarkeit* an, das anhand einer vergleichenden Analyse der Produkteigenschaften und Verwendungszwecke erstellt wird. Man nimmt also bei bestimmten Produkten an, z.B. bei den zwei österreichischen Nachrichtenmagazinen *profil* und *Format*, dass sie auf dem gleichen relevanten Markt konkurrieren, aber das bleibt im weitesten Sinne eine Plausibilitätserwägung.[386] Kritik an der Art, wie die Sicht der Nachfrager bestimmt wird, ist insofern anzubringen, als durch solche Plausibilitätserwägungen oder Anlehnungen an Erfahrungen der Rechtsanwender seine

383 *Vgl. Kiefer 1995, 65f.*

384 *Gründe, aus denen ein Konsument zu einem anderen Produkt wechselt, sind zum Beispiel Preiserhöhungen oder Qualitätsverschlechterung.*

385 *Beim Konzept der Kreuzpreiselastizität versucht man, anhand von Preisbewegungen die Ausweichmöglichkeiten der Marktgegenseite zu definieren. Vielfach wird eine solche Analyse mit der Überprüfung von Marktzutrittsschranken verbunden, wobei man annimmt, dass Substitutionsvorgänge als gültiger Indikator für Austauschbarkeit von Gütern gesehen werden können, wenn die Marktzutrittsschranken niedrig sind (vgl. Traugott 1998, 930).*

386 *Vgl. z.B. Heinrich 1994, 35.*

Sichtweise anstelle der tatsächliche Sichtweise der Nachfrager zur Beurteilung heranzieht.[387] Wird also darauf verzichtet, die Sicht der Marktgegenseite richtig zu erfassen, dann können Feststellungen von den tatsächlichen wirtschaftlichen Gegebenheiten abweichen. Gerade das theoretische Konzept der Kreuzpreiselastizität erweist sich im Zusammenhang mit Pay-TV als nicht anwendbar. Aufgrund der Tatsache, dass ein Pay-TV-Konsument auch die Gebühren des öffentlich-rechtlichen Fernsehens oder bei Empfang über Kabel auch die Kabelgebühren begleichen muss, können keine validen Ausweichmöglichkeiten anhand von Preisbewegungen festgelegt werden.[388]

Diese Ausführungen machen deutlich, dass es für beide Einteilungen Argumente gibt. Selbst die EU-Kommission stellte in ihren Entscheidungen fest, dass man in Zukunft, wenn sich an der Austauschbeziehung etwas ändert, von einem gemeinsamen relevanten Markt ausgehen könnte. Je nach Einteilung ergeben sich aber unterschiedliche Auswirkungen auf die Wettbewerbsbedingungen.

(3) Die Definition des relevanten Marktes für das Internet ist problematisch.
Aufgrund des grenzüberschreitenden Charakters von Internetdiensten ist es schwierig, den Ort der Leistungserstellung und -erbringung festzulegen. Bei Missbrauchsaufsicht und Fusionskontrolle orientiert man sich vorwiegend am Marktanteil eines Unternehmens, wobei auch der relevante Markt definiert werden muss. Die Abgrenzung des relevanten Marktes für Unternehmen, die in potenziell weltweiter Konkurrenz zueinander stehen, wird sich in der Praxis als äußerst schwierig erweisen.[389] Die Bestimmung der Größe des räumlich relevanten Marktes ist schwierig, da in den einzelnen Gesetzen zumeist auch kein ausreichender Anhaltspunkt zur Definition desselben gegeben ist. Die EU-Kommission grenzt den räumlichen Markt nach dem Kriterium homogener/einheitlicher Wettbewerbsbedingungen ab.[390] Damit besteht auch die Möglichkeit, bei

---

387 Vgl. Traugott 1998, 937.

388 Ein weiteres Problem bei der Messung von Preiselastizitäten ist, dass andere Einflüsse als Preisveränderungen auf die Nachfrage ausgeschlossen werden müssen z.B. Programmverschlechterungen. Auch ist die Existenz absoluter Preisdifferenzen kein ausreichender Hinweis darauf, dass Produkte unterschiedlichen Märkten angehören. Gerade bei differenzierten Produkte kann es Preisunterschiede geben, die auf anderen Faktoren wie z.B. Qualität beruhen.

389 Vgl. auch Beck 1999.

390 Vgl. VO (EWG) 4064/89, Art. 9 (7).

Bedarf von einem weltweiten Markt auszugehen. Im Jahre 1998 ist die Kommission in rund 20 Fällen von einem weltweiten Markt ausgegangen.[391] Diese Entscheidungen verdeutlichen die Wichtigkeit von internationaler Zusammenarbeit zwischen den Wettbewerbsbehörden. Dabei ist aber auch zu bedenken, dass je größer der Markt abgegrenzt wird, desto geringer ist die Wahrscheinlichkeit, Marktmacht tatsächlich zu erfassen und zu sanktionieren.

Veränderte Monopolstrukturen
Die Anzahl von Produktinnovationen steigt in durch Globalisierung, Liberalisierung und Konvergenz betroffenen Bereichen wesentlich an. Parallel dazu wird auch der Lebenszyklus von Produkten kürzer. Als Konsequenz verändern sich die Marktstrukturen: Aufgrund der Liberalisierung gehen gesetzlich geschützte Monopole verloren und innovationsbedingte Monopolsituationen werden aufgrund höherer Innovationsdynamik instabiler und kürzer. Marktstrukturen können in Folge immer schwieriger erfasst und gerade im Hinblick auf Marktmacht kaum evaluiert werden. Beim Microsoft-Browser-Verfahren (USA vs Microsoft Corp.), der als Konsequenz der Monopolstellung Microsofts im Betriebssystem Bereich auch das *bundling* des Betriebssystems mit dem Internetbrowser *Explorer* zum Gegenstand hat, argumentiert Microsoft, dass es sich bei seiner Vormachtstellung im Softwarebereich ausschließlich um ein leistungswettbewerbliches Monopol handle.[392] Vielfach wird auch ausgeführt, dass in *High-tech*-Industrien Marktmacht nicht mehr durch Marktanteil, sondern durch *Innovation* bestimmt wird und dieser Industrietypus daher auch nicht in das traditionelle Schema der Wettbewerbsregulierung und ihrer Art der Marktmachtbewertung und Definition des relevanten Marktes passt.[393] In Übereinstimmung mit dieser Annahme und aufgrund der Dynamik der Märkte wird es daher immer schwieriger, derzeit geltende *cross-media/cross-Sektor*-Besitzeinschränkungen aufrechtzuerhalten. Diese legen fest, dass bestimmte Unternehmen nur bestimmte Prozentanteile an anderen Unternehmen halten dürfen. Wesentlich für die Wettbewerbsregulierung in dynamischen Märkten ist die Sicherstellung der Offenheit des Wettbewerbsprozesses, d.h. die Gewährleistung eines funktionsfähigen Wettbewerbs. Sobald die Möglichkeit besteht, dass auch große Unternehmen innovationsbedingt überholt werden können,

---

391 Vgl. Europäische Kommission 1999b, SEK (1999) 743 endg., 49.

392 Zu Fragen der Wettbewerbsregulierung in einem dynamischen Markt am Fallbeispiel Microsoft siehe z.B. Meier-Wahl/Wrobel 1999.

393 Vgl. inter alia *Page 1994.*

spielt die Größe eines Unternehmens nur eine untergeordnete Rolle. Wichtig ist daher, Marktzutrittsschranken zu beseitigen und zu garantieren, dass innovationsbedingte Monopole, nicht zu einem dauerhaften Monopol ausgebaut werden und große Unternehmen dem Druck des Wettbewerbs ausgesetzt bleiben.[394]

Die Zugangssicherung für Wettbewerber

Ein wichtiges Ziel der Marktmachtkontrolle ist zu garantieren, dass auch (potenzielle) Wettbewerber einen diskriminierungsfreien Zugang zu allen Plattformen haben. Überdies ist es entscheidend, *lock-in*-Effekte[395] für Konsumenten oder hohe *switching costs* zwischen Systemen zu minimieren. Durch die Verbreitung des Internet und des digitalen Fernsehens steigt insbesondere die Gefahr von bottleneck/gatekeeping-Einrichtungen[396] in Kommunikationssystemen, wie Conditional Access Systemen (CAS), Navigationshilfen wie EPGs (Electronic Program Guides/Elektronische Programmführer) oder Programmschnittstellen wie APIs (Application Programming Interface), an. Inwieweit ein CAS-Betreiber Marktmacht ausüben kann, hängt von verschiedenen Faktoren, wie von den Kosten der Implementierung mehrerer Zugangskontrollsysteme, von der Größe des relevanten Marktes, vom Zugang anderer Wettbewerber zu Programmressourcen oder auch von den *switching costs* der Konsumenten, ab.[397] Electronic Programme Guides sind, ähnlich wie die Suchmaschinen beim Internet, eine Navigationshilfe, die eine Orientierungshilfe bei der Programmwahl für Konsumenten darstellen und auch die Möglichkeit bieten, Programme nach bestimmten Genres oder Inhalten zu suchen. Das Design dieser EPGs, d.h. die Art und Weise, wie Programme präsentiert oder kategorisiert werden, wie die Logos und Markennamen plaziert werden, kann eine diskriminierende Praktik darstellen. So könnte z.B. ein CAS-Betreiber, der zugleich Programmveranstalter und Navigationssystem-Betreiber ist, dies zu seinem Vorteil ausnützen. Die

---

394 Vgl. Meier-Wahl/Wrobel 1999.

395 Lock-in-Effekte entstehen dann, wenn ein Konsument in vielfältige zu einer Technologie komplementäre Güter investiert hat (z.B. Apple, dazugehörende Hard- und Software). Möchte der Konsument nun zu einer neuen, nicht kompatiblen Technologie (z.B. zu einem Intel-PC) wechseln, so muss er vielfach alle Komponenten neu kaufen (Hard- und Software), so dass hohe Wechselkosten (switching costs) entstehen.

396 Für eine Analyse der wettbewerbsrechtlichen Aspekte dieser gatekeeping-Einrichtungen siehe auch König 1997 oder Williams 1997.

397 Vgl. OECD 1999a.

Set-top-Box, eine elektronische Box, in der die Hard- und Software sowie Interfaces integriert sind, die für den Konsumenten zur Auswahl, zum Empfang, zur Dekodierung und zur Betrachtung des Programmes notwendig sind, und die auch das Zugangsberechtigungssystem und das System für die Abonnentenverwaltung (SMS) enthält, ist Gegenstand wettbewerbsrechtlicher Überlegungen. Problematisch ist insbesondere, dass in Europa vorwiegend geschlossene, d.h. proprietäre Verschlüsselungssysteme existieren.[398] Dieses Charakteristikum kann eine Bedingung für weitreichende Kontrolle durch ein Unternehmen sein und kann gleichermaßen die Möglichkeit der Diskriminierung von Konsumenten und Mitwettbewerbern eröffnen. Überdies kann es sein, dass potenzielle Netzeffekte nicht ausgenützt werden. Die EU-Richtlinie 95/47/EG sieht in vager Formulierung vor, dass die Mitgliedsstaaten Sorge tragen müssen, dass die Betreiber von Conditional Access Systemen Rundfunkveranstaltern ihre technischen Dienste zu *chancengleichen, angemessenen und nichtdiskriminierenden Bedingungen* anbieten müssen. Die Richtlinie verbietet aber weder proprietäre Systeme, noch fordert sie CAS mit einheitlichen Interfaces oder Standards. Auch behandelt sie keine Fragen im Hinblick auf die Abonnentenverwaltung oder die Electronic Programme Guides.[399]

3.3.4 Rolle des Staates und Legitimation staatlicher Eingriffe

Mit der Digitalisierung fällt zwar ein traditionell starkes Argument für Regulierung weg, die Frequenzknappheit, aber nicht der Regulierungsbedarf. Generell ist festzuhalten, dass in der derzeitigen Übergangsphase zum effektiven Wettbewerb nicht ein abnehmender, sondern vielmehr ein verstärkter Regelungsbedarf für den Medien- und Telekommunikationsbereich nötig ist. Die Aufrechterhaltung sektorspezifischer Regulierung im Medien- und Telekommunikationssektor ist zumindest für diese Übergangsphase unumgänglich. Weiters wäre die Forcierung einer integrierten Mediamatikregulierung (Zuständigkeit und gesetzliche Normen), die auch für wettbewerbspolitische Fragen zuständig ist, von Vorteil. Wesentlich erscheint, dass man sich aufgrund der Konvergenz weg von einer auf technischen Kriterien hin zu einer auf funktionalen Kriterien beruhenden Regulierung bewegt.

398 Zum Beispiel Videocrypt (BSkyB), Syster (Canal+) oder Irdeto (Telepiù).
399 Vgl. auch OECD 1999a.

Aufgrund einer zum Teil willkürlichen Kategorisierung der neuen Dienste auf Basis traditioneller, technischer Kriterien und wegen der zunehmenden Möglichkeiten der grenzüberschreitenden Verbreitung wird es immer schwieriger, Beschränkungen des Eigentums rechtlich durchzusetzen und zu überwachen. Als Folge der Digitalisierung können unterschiedliche Dienste innerhalb verschiedener Netze integriert und kombiniert, vielfach sogar interaktiv genutzt werden. Ein Beispiel dafür ist das *Webcasting*[400].[401] Handelt es sich bei neuen Diensten nun um Rundfunk-, Telekommunikations- oder vollständig neuartige Dienste und nach welchen Gesichtspunkten soll die Regulierung erfolgen? Gerade Webcasting-Dienste sind in OECD Ländern unterschiedlich oder gar nicht definiert. Während Dänemark und die Niederlande Webcasting als Telekommunikation klassifizieren, unterscheidet Frankreich zwischen Inhalten, die der öffentlichen (Rundfunk) oder privaten (Telekommunikation) Kommunikation dienen und gruppiert dementsprechend. Deutschland zieht als Beurteilungskriterium wie Frankreich den Inhalt heran, unterscheidet dann aber zwischen lizenzpflichtigen Rundfunk- und nicht lizenzpflichtigen Mediendiensten.[402] Ein ähnliches Problem stellt sich im Zusammenhang mit der Definition der Internet-Telefonie, die von der EU-Kommission noch nicht als Sprachtelefonie angesehen wird.[403] Unternehmen werden wegen dieser willkürlichen Diensteeinteilung versuchen, bestimmte Regulierungen zu umgehen, um sich die größtmögliche unternehmerische Freiheit zu sichern. Das Internet erlaubt beispielsweise Web-TV oder Web-Radio. Ein Zeitungsbesitzer, der nur einen bestimmten Prozentanteil an einem Fernseh- oder Radiounternehmen halten darf, könnte versuchen, so seinen Einfluss in diesen Bereichen über das Internet zu vergrößern. Da das Internet hauptsächlich Gebrauch von der Telekommunikationsinfrastruktur macht und daher dementsprechend als Telekommunikation reguliert werden müsste und zum Teil auch wird, fällt die Inhaltsregulierung bei Web-TV weg. Dies könnte ein Rundfunkunternehmen, wenn es Inhalte im Netz anbietet, auch zur Umgehung der Inhaltsquotenregulierung nützen. Andererseits kann die willkürliche Kategorisierung ein Faktor sein, der Investitionen hemmt, da die Unsicherheit für Unternehmen groß ist.

---

400 Webcasting wird als „service transmitting audio or video content over the Internet" (OECD 1999a, 113) definiert.

401 Siehe Kapitel 2.1.

402 Vgl. OECD 1999a, 135.

403 Vgl. 98/C6/4.

Die ökonomische Rechtfertigung staatlicher Markteingriffe in den Mediensektor beruht traditionell auf öffentlichen und meritorischen Gütern sowie Externalitäten.[404]

Markteingriffe im Mediensektor werden oft mit der Eigenschaft von Medien(inhalten) als öffentliches Gut gerechtfertigt. Aufgrund der zunehmenden Möglichkeiten der Verschlüsselung verändert sich nun der Charakter öffentlicher Güter zunehmend, der Regulierungsbedarf selbst bleibt aber bestehen. Öffentliche Güter in ihrer reinsten Ausprägung (Paradebeispiel: terrestrisches Fernsehen) werden vermehrt durch sogenannte Club-Güter[405] abgelöst, d.h. ein Ausschluß vom Konsum wird möglich, Nicht-Rivalität bleibt bestehen. Dadurch wird die Notwendigkeit staatlicher Eingriffe zur Korrektur des Marktversagens wegen des Tatbestandes *öffentliches Gut* generell reduziert. Regulierungsbedarf ergibt sich aber durch die zunehmenden Möglichkeiten der Piraterie, wobei (proprietäre) Zugangssysteme des (digitalen) Pay-TV geknackt werden und daher die Durchsetzbarkeit der Ausschließbarkeit vom Konsum erschwert wird. Es wird eine Frage der Technik und Kosten sein, nicht autorisierte Kunden vom Gebrauch auszuschließen. Die Etablierung geeigneter regulatorischer Rahmenbedingungen ist hier zu forcieren. Mittels der Richtlinie 98/84/EG über den rechtlichen Schutz von zugangskontrollierten Diensten und von Zugangskontrolldiensten versucht die EU Diensteanbietern zumindest einen rechtlichen Schutz gegen illegale Vorkehrungen zu bieten, die einen kostenlosen Zugang zu verschlüsselten Diensten ermöglichen.[406] Hierbei wird versucht einen einheitlichen europäischen Schutzstandard zu etablieren, welcher der Harmonisierung einzelstaatlicher Regelungen dient und auf Rundfunk und Radioangebote sowie auf Dienste der Informationsgesellschaft (vorwiegend Online-Dienste) anwendbar ist. Durch solche einheitlichen Schutzstandards, deren Einhaltung genau kontrolliert wird, kann das Risiko von Entgeltverlusten für die Betreiber reduziert und das Vertrauen in Systeme von seiten der Konsumenten gesteigert werden.

Eine wesentliche Frage in der Mediamatik ist, ob auch das Internet Trägermedium für öffentlich-rechtliche Inhalte sein kann. Gerade das Internet eröffnet nämlich Optionen bezüglich der *Neudefinition des öffentlichen Auftrages*, indem die Bereitstellung *meritorischer Inhalte* nicht allein an einen öffentlichen Rundfunkauftrag und folglich an die Organisationsform eines öffentlich-

404 Siehe Kapitel 1.1.

405 Linde 1996, 232.

406 Für eine Diskussion der Richtlinie 98/84/EG siehe Helberger 1999.

rechtlichen Rundfunks gekoppelt ist, sondern indem die technischen Neuerungen und die veränderten Präferenzen der Konsumenten in Betracht gezogen werden. So könnte die Bereitstellung von definierten öffentlichen Inhalten auch durch andere Medien u.a. *Internet* erfolgen, wie dies *inter alia* auch Latzer (1997) oder Steemers (1998) vorschlagen. Die Diskussion über die Art der Finanzierung dieser Leistung wäre dann von entscheidender Bedeutung. Gekoppelt daran ist weiters die Frage, ob Internetzugang im Sinne eines Universaldienstes[407] allen zugänglich gemacht werden soll, ob der *Zugang* zur Internetinfrastruktur also als eine Art meritorisches Gut darstellt.

Die Bedeutung von Externalitäten nimmt in der Mediamatik zu. Merkmale der Digitalen Ökonomie sind das Zusammenwirken von wachsenden Skalenerträgen und Netzeffekten (positive Feedback-Loops).[408] Dies trifft auf das Internet und das digitale Fernsehen zu. Da man sich durch einheitliche oder offene Standards hohe positive Netzexternalitäten erwartet, da dadurch Kompatibilität und Interoperabilität garantiert werden, fürchtet man vor allem für den Bereich des digitalen Fernsehens, dass ohne einheitlichen oder offenen Standard für die Set-top-Box und durch die weitere Etablierung proprietärer Systeme die Gefahr steigt, dass sich kleine fragmentierte Märkte oder Monopolstellungen bilden, die wenig oder keine Wahl für den Konsumenten lassen. Damit verbunden ist auch die Gefahr, dass sich aufgrund von *first-mover*-Vorteilen Standards etablieren, die z.B. technisch gesehen nicht die besten sind. Aufgrund von hohen *switching costs* können so *lock-in*-Effekte entstehen, so dass es in Folge auch für technisch höherwertige Produkte keine Möglichkeit gibt sich am Markt zu etablieren, da Konsumenten oft nicht bereit sind, weitere Investitionen zu tätigen oder durch Verträge bereits längerfristig an ein bestimmtes Produkt gebunden sind. Bei den *browsern* (Navigationssoftware für das Internet) sind Netzexternalitäten derzeit gering, da eine Kompatibilität weitgehend gegeben ist.

Weitere Externalitäten sind die *informational externalities*, die auf die Effekte von Medieninhalten verweisen. Auch wenn das Argument der Frequenzknappheit an Bedeutung verloren hat, so muss bedacht werden, dass das Ziel der Marktmachtkontrolle im Medienbereich zwei, vielfach schwer miteinander in Einklang zu bringende Bereiche umfasst: einerseits die *Sicherung des ökono-*

407 In Österreich sieht §24 (3) TKG vor, dass der Bundesminister für Wissenschaft und Verkehr weitere Dienste zum Universaldienst erklären kann, wenn diese weit verbreitet oder für die Teilnahme am gesellschaftlichen und wirtschaftlichen Leben von Bedeutung sind.

408 Siehe Kapitel 2.2.

mischen Wettbewerbs, andererseits aber auch die *Gewährleistung der Medienvielfalt*. Im Mediensektor ist also nicht allein der *Wettbewerb*, sondern auch die *Medienvielfalt* als zentrale Norm des Mediensystems betroffen. Selbst bei Frequenzüberfluss bleiben daher Probleme wie Meinungsmacht bestehen, weshalb regulatorische Eingriffe zur Struktursicherung (z.B. Anbietervielzahl zur Sicherung der Medienvielfalt), Sicherung von öffentlich-rechtlichen Inhalten, die der Erhaltung nationaler Identitäten dienen, oder aus Datenschutzgründen, aber auch zum Verbot bestimmter pornografischer Inhalte (Kinderpornografie), nötig sein werden.

Neben dem Spezifikum der *Frequenzknappheit* ist der Rundfunkbereich auch durch *hohe Marktzutrittsschranken* charakterisiert, die nicht nur struktureller (z.B. economies of scale), sondern auch strategischer (z.B. Limitpreisstragien) oder staatlicher (z.B. Frequenz- und Lizenzvergabe) Art sein können. Wesentliches Ziel der Marktmachtkontrolle im Übergangsstadium von Analog zu Digital muss die *Zugangssicherung für Wettbewerber* sein. Die in Kapitel 3.3.3 erwähnten gatekeeping-Möglichkeiten, die es potenziellen Neueinsteigern erschweren könnten, Zugang zu digitalen Plattformen zu einem angemessenen Preis zu bekommen, stehen im Zentrum des Interesses.

Zusammenfassend kann festgehalten werden, dass sich die Eigenschaften von Gütern und die Argumente für Markteingriffe verändern. Folglich verändert sich auch der Regulierungsbedarf, er verschwindet aber nicht.

3.3.5 Resümee

Ausgangspunkt der Analyse war die Frage, ob sektorspezifische Wettbewerbsregulierung für den Mediamatiksektor notwendig ist oder das allgemeine Wettbewerbsrecht zur Erreichung der Regulierungsziele ausreicht und andererseits die Frage nach der institutionellen Ausformung der Regulierung für diese Bereiche. Als Ergebnis lässt sich festhalten, dass sektorspezifische Regulierung weiterhin notwendig ist. Einerseits sind wettbewerbsfördernde, asymmetrische Bestimmungen für marktdominante Telekommunikationsunternehmen für die Übergangsphase vom Monopol zum effektiven Wettbewerb notwendig, andererseits sind aufgrund der Medien- und Meinungsvielfalt sektorale Bestimmungen, z.B. Eigentumsbeschränkungen erforderlich.[409] Die alleinige Anwen-

409 Aufgrund der Konvergenz müssen diese Eigentumsbeschränkungen aber überdacht werden, da die Konvergenz eine Umgehung dieser ermöglicht (siehe Kapitel 3.3.2).

dung des allgemeinen Wettbewerbsrechts auf alle Bereiche ist zur Zeit nicht zielführend. Gerade um den Markteintritt für Wettbewerber zu sichern, sind Zusammenschaltung, Verbot der Quersubventionierung oder auch die Gewährung von Netzzugang einzig durch sektorspezifische Regulierung von marktbeherrschenden Unternehmen zu erreichen. Auch das außerwettbewerbliche Konzept der Medienvielfalt ist als politisches Ziel relevant. Insgesamt ist aufgrund der Konvergenz der Übergang zu einer integrierten (horizontalen) Medien- und Telekommununikationsregulierung in Form einer Mediamatik-Kommission sinnvoll, wobei auch wettbewerbspolitische Agenden in dieser angesiedelt sein sollen.

Folgender Reformbedarf kann aus dieser Analyse insgesamt abgeleitet werden:

Harmonisierung und Integration von Medien und Telekommunikationsregulierung (auch für Wettbewerbsfragen) und Institutionen (Organisation und gesetzliche Normen mit funktionaler Einteilung) – Etablierung einer Mediamatik-Kommission
Die wachsende Willkür bei der Kategorisierung der Dienste im Mediamatiksektor reduziert die Rechts- und Planungssicherheit von Unternehmen. Eine Harmonisierung und Integration von bislang getrennter Medien- und Telekommunikationsregulierung auf der Ebene der Zuständigkeiten und Normen (mit funktionaler Einteilung) kann sich hier als sinnvoll erweisen. Harmonisierungen müssen innerhalb und zwischen den Sektoren erfolgen, wobei eine Integration (Institutionen und Normen) zu einer Reduktion von rechtlicher Unsicherheit, zu erhöhter Planungssicherheit und zu einer Reduktion von Transaktionskosten (z.B. Informations- und Administrationskosten) führen kann. Auch für wettbewerbsrechtliche Fragen würde sich eine integrierte Regulierungsinstitution für Medien und Telekommunikation aufgrund von Synergieeffekten bei ähnlich gelagerten Regulierungsaufgaben als vorteilhaft erweisen. Die institutionelle Verwirklichung einer solchen *Mediamatik-Kommission* ist in Österreich laut Regierungsübereinkommen 2000 geplant. In dieser sollen alle Kompetenzen für Medien und Telekommunikation, die im Bundeskanzleramt, Verkehrsministerium, Wirtschaftsministerium und Justizministerium etc. verteilt sind, zusammengefasst werden. Inhaltlich wird diese Institution in die Bereiche Technik, Inhalt und Wettbewerb gegliedert. Die Kompetenzen erstrecken sich von Lizenz- und Kontrollbefugnissen, über die Beratung der Bundesregierung bis hin zu Impulsen für technologische Weiterentwicklung etc. Die Finanzierung dieser Anstalt erfolgt über Einnahmen aus ihrer Tätigkeit. Auch wenn die Gefahr besteht, wie vielfach zu Recht befürchtet wird, dass eine solche Inte-

gration eine nachlässige Handhabe der Interessen der Medienseite (u.a. Erfüllung von kultur- und gesellschaftspolitischen Aufgaben) impliziere, muss dies nicht notwendigerweise so sein. Die genaue Struktur dieser Mediamatik-Kommission und die Kompetenzen bedürfen noch genauer Klärung. Wichtig ist vor allem, eine effiziente und transparente Behördenstruktur zu schaffen, die frei von politischer Einflussnahme ist.

Insgesamt gewinnt auch das allgemeine, sektorübergreifende Wettbewerbsrecht und die Wettbewerbspolitik an Bedeutung, wodurch die Herausforderungen an die Wettbewerbsbehörden steigen.[410] In Österreich gibt es auch für den Bereich Wettbewerb, einen Reformbedarf aufgrund der fragmentierten Regulierungsaufsicht. Hier existiert eine *Trennung* zwischen der Wettbewerbsbehörde (Wettbewerbservice), die im Bundesministerium für wirtschaftliche Angelegenheiten angesiedelt ist und dem Kartellgericht.[411] Die Wettbewerbsbehörde besitzt keine Entscheidungsfunktion, sondern ist als Unterstützung und Beratung für die EU-Kommission tätig und zwar nur in Fällen nach Art. 81 ff EGV, nicht aber im Bereich der Fusionskontrolle. Problematisch ist jedoch, dass das Know-how der beiden Ebenen in Österreich nicht zusammenfließt. Dies erscheint insbesondere aufgrund der schlechten personellen Ausstattung des Kartellgerichts bedenklich. Die Schaffung einer unabhängigen Kartellbehörde, ähnlich dem deutschen Bundeskartellamt, wurde immer wieder diskutiert, insbesondere aufgrund der politischen Einflussnahme in kartellrechtliche Angelegenheiten durch die Sozialpartner. So war es bislang bei der Zusammenschlusskontrolle nur möglich, dass das Kartellgericht prüft und gegebenenfalls untersagt, wenn die Amtsparteien (Bund, vertreten durch die Finanzprokuratur, Bundeswirtschaftskammer, Bundesarbeitskammer und Präsidentenkonferenz der Landwirtschaftskammern Österreichs) einen entsprechenden Antrag stellten. Durch die Kartellgesetznovelle 1999[412] (in Kraft seit 1.1.2000) wird dem Kartellgericht eine umfassende Befugnis zum amtswegigen Vorgehen eingeräumt (§44a). Durch diese Bestimmung wird eine Schwachstelle des Kartellgesetzes, nämlich, dass es nur auf Antrag einer Amtspartei tätig werden konnte, beseitigt. Das Kartellgericht besitzt nun im Wesentlichen ähnliche Befugnisse wie ein Kartellamt. Unterschiede gibt es aber trotzdem. Während z.B. das deutsche Bundeskartellamt (BKartA) auch Hausdurchsuchungen anordnen und Unterla-

---

410 Für wertvolle Hinweise danke ich Eckhard Hermann.

411 Weiters ist die Telekom Control in Österreich für wettbewerbliche Fragen für den Telekommunikationsbereich zuständig.

412 BGBl. 600/1988 idF BGBl. I 126/1999.

gen beschlagnahmen darf, darf das österreichische Kartellgericht das nicht. Probleme gibt es auch bei der personellen Ausstattung. Im BKartA in Deutschland, zum Beispiel, arbeiten etwa 260 Mitarbeiter, davon sind etwa 110 Juristen und Ökonomen. Im Österreichischen Kartellgericht arbeiten hingegen nur 2 Richter (1,75). Weiters gibt es noch den paritätischen Ausschuss, der von den Sozialpartnern als Gutachter für das Kartellgericht entsandt werden. Trotz den Vorteilen, die die Amtswegigkeit des Kartellgerichts mit sich bringt, werden in Österreich die Reformoptionen *unabhängiger Kartellanwalt*[413] als zusätzliche Amtspartei oder *Kartellamt* weiter diskutiert.

Dynamisches und flexibles Regulierungsmodell

Um mit den raschen Veränderungen im Kommunikationsbereich mitzuhalten, muss ein dynamisches und flexibles Modell angewandt werden, das z.B. periodische Reviews beinhaltet und sich auf breite Parameter stützt. Dynamisch bezieht sich hier auf die Möglichkeit rascher Adaptierungen. So ist es durch periodische Reviews möglich, schneller auf technische und wirtschaftliche Veränderungen oder auch Veränderung von Konsumentenpräferenzen zu reagieren und die Regulierung dementsprechend rasch anzupassen und Vergehen umgehend zu sanktionieren. Flexibel andererseits verweist auf Technikneutralität und Nichtdiskriminierung. So wird die auf technischen Kriterien beruhende Regulierung und Trennung von Telekommunikation und Medien zugunsten einer funktionalen aufgegeben. Um dynamisch und flexibel zu sein, sind breite Parameter notwendig, die dem jeweiligen Stand der Technik entsprechen sollen.

Betonung auf Marktergebnis zusätzlich zur Marktstruktur

Zur Beschreibung von Märkten verwendet man vielfach ein Modell, das auf den drei Ebenen Marktstruktur, Marktverhalten, und Marktergebnis operiert. Der Bereich des Marktergebnis wird vielfach vernachlässigt,[414] da er sich nicht wie Marktstruktur und -verhalten auf deskriptive Wirklichkeiten reduzieren lässt und somit weniger greifbar und evident ist als die Ergebnisse der Marktstruktur oder -verhaltensanalysen. Die raschen Veränderungen im Technologiebereich aber, die Komplexität und Verschiedenheit von Gütern und Dienstleistungen,

---

413 So fordert z.B. die AK in Österreich einen Anwalt für Wettbewerbsfragen, der von Amts wegen tätig werden kann und wie eine Staatsanwaltschaft ausgestattet ist (Erhebungen einleiten, Hausdurchsuchungen anordnen, Beweiserhebung etc.).

414 Vgl. Wirth/Bloch 1995, 19ff.

kurze Produktzyklen, die steigende Anzahl von konglomeraten Zusammenschlüssen und die vermehrten Fälle von *Coopetition* erschweren die Festlegung von Marktstrukturen. Eine Alternative zu Marktstrukturansätzen ist daher die vermehrte Anlehnung an Marktergebnisanalysen. Für letztere müssen Kriterien der Bewertung des Marktergebnis gefunden werden. Insbesondere geht es um die Definition des gewünschten Marktergebnisses. Hier stehen Fragen nach der Wahlmöglichkeit für Konsumenten, niedrigere Kosten oder auch Fragen nach der Medienvielfalt im Zentrum des Interesses. Die Marktergebnisanalyse stellt die Frage nach den politischen Implikationen der Struktur und des Verhaltens von Unternehmen. Hier sind Fragen nach der produktiven und allokativen Effizienz, der Verteilungsgerechtigkeit sowie nach dem raschen Einsatz neuer Innovationen und Technologien im Markt zu finden. Diese Kriterien sind in der Wohlfahrtsökonomik verankert und haben normativen Charakter. Diese werden vielfach als leichter handhabbar bewertet als andere Aspekte, wie zum Beispiel die Ermöglichung von Meinungsfreiheit und politischer Diskussion oder von kultureller Qualität.[415] Zu erwähnen ist hier, dass das Marktergebnis im Medienbereich zwei Dimensionen hat: einerseits eine ökonomische, andererseits eine soziopolitische. Letzere bezieht sich u.a. auf die Sicherstellung der Medien- und Meinungsvielfalt, die inhaltliche Objektivität oder den Zugang zu Distributionswegen. Diese müssen daher bei einer Definition des Marktergebnis im Medienbereich gleichermaßen beachtet werden. So ist, zum Beispiel in Österreich, bei der ORF-Entscheidung im Jahr 2000 für die Kirch-d-box-Technologie und die von Kirch mitentwickelte Beta-Zugangstechnologie für digitales Satellitenfernsehen wesentlich nach dem Marktergebnis zu fragen. Folgende Punkte sind hier zu beachten:

Rascher Einsatz neuer Innovationen und Technologien

Ein Ziel ist gewöhnlich der *rasche Einsatz neuer Innovationen und Technologien am Markt*. Die Etablierung der d-box mit proprietärem Verschlüsselungssystem in Österreich, einerseits über *Premiere World* (Satellit, Kabel) und *ATV* (Satellit), andererseits in Zukunft auch für ORF Programme via Satellit, wird es weitgehend unmöglich machen, dass sich andere Zugangskontrollsysteme, auch technisch bessere, etablieren. Sobald sich ein Großteil der Konsumenten für eine Technik entscheidet und in diese investiert, ist es schwierig, in Zukunft technische Innovationen durchzusetzen. Aufgrund hoher *switching costs* entstehen so *lock-in-Effekte*. Kunden können, sobald die d-box Technologie weit-

---

415 Vgl. auch Gomery 1993, 195f.

läufig eingesetzt wird, nicht mehr ausweichen. Monopolstrukturen können entstehen und die Kunden können nicht auf technische Substitute ausweichen. In weiterer Folge müssen sie auch für die Programme Monopolpreise bezahlen.

Wahlmöglichkeit für den Konsumenten
Ein weiteres Ziel ist eine große und auch kostengünstige Wahlmöglichkeit für Konsumenten. Die Programme werden gewöhnlich mit einer bestimmten Verschlüsselung ausgestrahlt, die nur von einer Box verstanden wird. In Österreich wären dies Betacrypt und die d-box. Wenn ein Konsument Programme eines anderen Programmveranstalters empfangen will, der ein anderes Verschlüsselungssystem verwendet, muss er sich eine neue Set-top-Box kaufen. Es gibt aber technische Möglichkeiten, dies zu verhindern. Allgemein existieren zwei Optionen, mittels derer Konsumenten alle Programme mit nur einer Set-top-Box empfangen können: (1) Simulcrypt und (2) Common Interface (Multicrypt). Beim Simulcrypt wird das Programm so ausgestrahlt, dass es gleichzeitig von verschiedenen nicht-kompatiblen CA-Systemen empfangen werden kann. Beim Multicrypt oder Common Interface hingegen werden die verschiedenen Zugangsberechtigungssysteme mittels verschiedener Module (z.B. Smart Cards) in eine Set-top-Box integriert.[416]

Zugang für Wettbewerber
Auch beim Zugang für Wettbewerber könnte es Schwierigkeiten geben. Die d-box arbeitet mit der Beta Zugangstechnologie, einem proprietären Zugangskontrollsystem. Potenzielle Pay-TV Anbieter müssen eine *Lizenz* für die Nutzung der Beta Zugangstechnologie von BetaResearch (Inhaberin ausschließlicher und unbefristeter Lizenzen für die Verschlüsselungstechnologie zur Verschlüsselung von Programmen auf Basis des d-box-Decoders für D, A, deutschsprachige CH) erwerben. Als 100-prozentiges Tochterunternehmen von Kirch ist BetaResearch nicht unabhängig in ihren Geschäftsentscheidungen.

Die Konsequenzen der Entscheidung des ORF für die d-box von Kirch sind weitläufig und dürfen nicht unterschätzt werden. Eine Festlegung auf eine proprietäre Lösung ist generell nicht zu empfehlen, da sie die Möglichkeit der Diskriminierung von Konsumenten und Mitwettbewerbern eröffnet. Überdies werden mögliche Netzeffekte nicht realisiert.

---

416 Vgl. inter alia *Clark 1998, 60; OECD 1999b, 18f.*

4. Business-to-Consumer eCommerce in Österreich: Eine empirische Untersuchung

Michael Latzer, Stefan W. Schmitz

Das Fehlen verlässlicher empirischer Informationen über den B-2-C eCommerce erschwert die politische Strategiefindung. Die international vorliegenden Daten zum Volumen des eCommerce werden von unterschiedlichen Institutionen erhoben bzw. geschätzt und divergieren meist in ihren Definitionen und in ihren Abgrenzungen vom traditionellen Handel. Dementsprechend widersprüchlich sind auch die Ergebnisse, wie in Abbildung 4 (Kapitel 1) ersichtlich ist. Um die Bedeutung und Entwicklung von B-2-C eCommerce in Österreich besser einschätzen zu können, zur Überprüfung von Hypothesen über die Nutzung des B-2-C eCommerce und als Hilfestellung für die politische Strategiefindung, haben wir im Rahmen unserer Studie eine *empirische Erhebung* in Auftrag gegeben.

Die Befragung wurde als Teil des *Austrian Internet Monitor (AIM) - Spezial 1999/2000* von der Projektgemeinschaft *Fessel-GfK/Integral* im *Zeitraum 12/99 bis 2/2000* in Österreich durchgeführt. Die Grundgesamtheit für die Befragung bilden die *regelmäßigen Internet-Nutzer* ab 14 Jahren, das sind rund 1,580.000 Personen bzw. 24% der österreichischen Gesamtbevölkerung ab 14 Jahren (6,62 Mio.).[1] Für den AIM-Spezial wurden davon 1000 regelmäßige Internet-Nutzer repräsentativ ausgewählt und über Fragebögen im Internet interviewt.

Die nachfolgende Analyse basiert auf der *IWE-Exklusivbefragung* in Kombination mit ausgewählten Ergebnissen des AIM-Spezial. Wir haben den IWE-Fragebogen auf Grundlage der in Kapitel 3.1 dargestellten problemorientierten B-2-C eCommerce-Definition und unter Berücksichtigung der *drei Transaktionsphasen*:

---

1 *Die Zahl der regelmäßigen Internet-Nutzer (mehrmals im Monat) wurde im Rahmen des* AIM-Kontinuierlich *1999 erhoben.*

Informationsphase, Vereinbarungsphase (Vertragsverhandlung und -abschluss) und Abwicklungsphase (Bezahlung, Lieferung) erstellt.[2] Die drei Phasen sind mit unterschiedlichen politischen Herausforderungen gekoppelt. Differenzierte empirische Ergebnisse über die Bedeutung der einzelnen Phasen im österreichischen eCommerce sollen die Ableitung von gezieltem politischen Handlungsbedarf ermöglichen.[3] Die Förderung der Informationsphase verlangt beispielsweise nach anderen Strategien als die Verbesserung der Rahmenbedingungen für die elektronische Bezahlung in der Abwicklungsphase. Weiters sind Fragen in der Erhebung integriert, die Erkenntnisse über die *Struktur* des B-2-C eCommerce ermöglichen (v.a. Anteil der B-2-C eCommerce-Einkäufe bei Zwischenhändlern bzw. Produzenten), die wichtigsten *Motive* für B-2-C eCommerce ergründen und die Bedeutung unterschiedlicher *Entwicklungshemmnisse* für B-2-C eCommerce eruieren. Darüber hinaus wurde der Anteil der B-2-C eCommerce-Einkäufe bei ausländischen bzw. inländischen Anbietern erhoben. Auf dieser Erhebung basierend, werden das *Volumen der Nachfrage* im B-2-C eCommerce in Österreich für 1999 sowie das durch den internationalen Charakter des B-2-C eCommerce zur Disposition stehende *Umsatzsteuervolumen* geschätzt. Um die Dynamik des B-2-C eCommerce in Österreich zu veranschaulichen, haben wir auf Basis der erhobenen Daten die Anzahl der B-2-C eCommerce Nutzer für das Jahr 2000 geschätzt. Die Präsentation der Ergebnisse beginnt mit allgemeinen Daten zur Internet- und B-2-C eCommerce-Nutzung sowie den *Zahlungsgewohnheiten* beim Einkauf in der Cyberwelt.

Wer nutzt B-2-C eCommerce in Österreich?

Als Grundlage für die Erfassung und Darstellung des B-2-C eCommerce in Österreich wurden im AIM-Spezial neben den Zahlen bzgl. des Internet-Zugangs und der Internet-Nutzung auch das geschlechtsspezifische Verhalten bzgl. der Internet-Aktivitäten und die Nutzerfrequenz im B-2-C eCommerce erhoben.

2 *Siehe Kapitel 3.1.1.2.*

3 *Siehe Kapitel 5.*

Internet-Nutzer und Zugang zum Internet in Österreich, 1997–1999 (in %)
Basis: Bevölkerung ab 14 (6,62 Mio.)

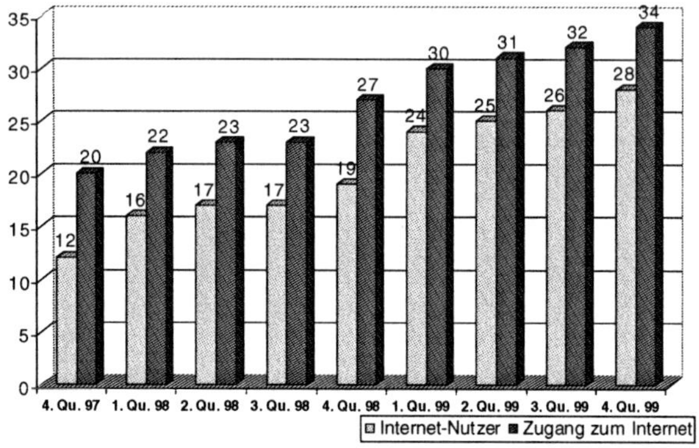

Daten: Fessel-GfK/INTEGRAL 99/00

Abbildung 15

- Die *Voraussetzung* für B-2-C eCommerce, der *Zugang* und die *Nutzung* des Internet, sind laut AIM-Spezial von Ende 1997 mit 20% bzw. 12% der Bevölkerung ab 14 Jahren, auf 34% bzw. 28% Ende 1999 angestiegen. Der Abstand zwischen jenen, die *Zugang* haben[4] und jenen, die das Internet auch nutzen, hat sich verringert (Abbildung 15).
- Ein *internationaler Vergleich* der Nutzung ist aufgrund der unterschiedlichen nationalen Erhebungsmethoden und Abgrenzungen, die jedoch nur selten explizit ausgewiesen werden, problematisch. Unter diesen methodischen Vorbehalten ist die 28-prozentige Internet-Verbreitung bei Österreichern ab 14 Jahren im europäischen Vergleich überdurchschnittlich hoch (siehe Abbildung 3 in Kapitel 1). Einzig die skandinavischen Länder weisen in Europa höhere Werte aus.
- Ende 1999 gab es in Österreich 1,84 Mio. (zumindest gelegentliche) *Internet-Nutzer (28%)* und 1,58 Mio. (24%) *regelmäßige* Internet-Nutzer. Davon haben etwa 0,54 Mio. (34%) *B-2-C eCommerce* verwendet, das sind *29,5%* der (zumindest gelegentlichen) Internet-Nutzer und 8,2 % der über 14-jährigen Österreicher (Abbildung 16). Als Richtwerte für einen internatio-

4 *Diese Zahl inkludiert auch jene, die im Büro, zu Hause, in der Schule und an der Universität Zugang zum Internet haben, ihn aber noch nie genutzt haben.*

Internet-Zugang und -Nutzung der Bevölkerung ab 14 in Österreich, Ende 99 (in %)
Basis: Bevölkerung ab 14 (6,62 Mio.)

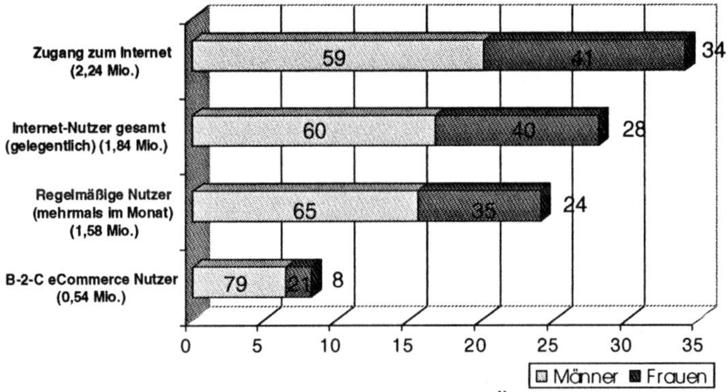

Daten: Fessel-GfK/INTEGRAL 99/00; Grafik: IWE-ÖAW

Abbildung 16

nalen Vergleich ziehen wir folgende Daten einer europäischen Erhebung[5] von Mai 1999 heran: Der Anteil der B-2-C eCommerce-Nutzer an den Internet-Nutzern (Nutzung innerhalb der letzten drei Monate vor der Befragung) in Großbritannien (25%), Deutschland (22%) und Frankreich (9%). Auch hier schneidet Österreich sehr gut ab.

- *Weibliche* B-2-C eCommerce-Nutzer sind mit 21%, gemessen an ihrem Anteil an der Gesamtbevölkerung über 14 (53%), aber auch gemessen an ihrem Anteil an den gesamten Internet-Nutzern (40%) und den regelmäßigen Internet-Nutzern (35%) *unterproportional* vertreten. Der Frauenanteil sinkt mit zunehmender Internet-Aktivität (Abbildung 16).
- *Zwei Drittel* der österreichischen Nutzer haben B-2-C eCommerce nur *1-5-mal* im Jahr 1999 verwendet, ein *Fünftel über 10-mal*. Die Frequenz der eCommerce-Nutzung ist mit einem Durchschnitt von *6,2* Einkäufen pro Person pro Jahr gering.
- Das *Entwicklungspotenzial* für B-2-C eCommerce ist in Österreich *groß*. Selbst von den regelmäßigen Internet-Nutzern haben zwei Drittel noch nie Online-Shopping genutzt.

5 *Vgl. KPMG 1999.*

Was kaufen österreichische B-2-C eCommerce-Nutzer?

Die Attraktivität verschiedener Güterkategorien im B-2-C eCommerce ist sehr unterschiedlich, sodass auch die Auswirkungen auf einzelne Branchen divergieren können.

Über Internet gekaufte Produkte, Österreich 1999 (in %)
Basis: regelm. Internet-Nutzer (1,58 Mio.)

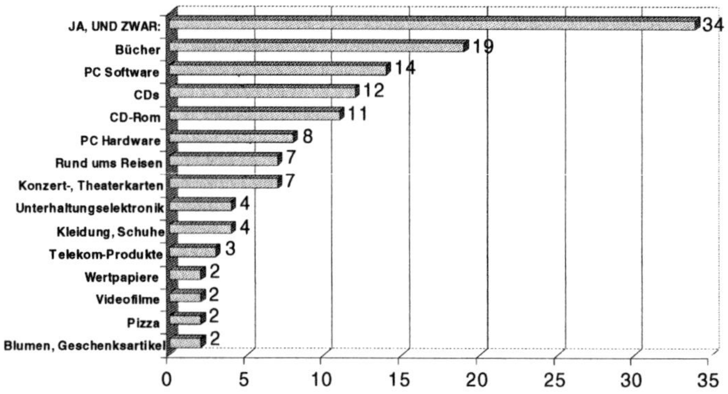

Daten: Fessel-GfK/INTEGRAL 99/00

Abbildung 17

- Am *häufigsten* wurden im Untersuchungszeitraum Bücher (von 19% der regelmäßigen Internet-Nutzer), PC Software (14%), CDs (12%), CD-ROMs (11%) und PC-Hardware (8%) gekauft. Das sind vor allem standardisierte Güter, deren Lieferung günstig und wenig riskant bzw. deren Darstellung im Internet relativ leicht möglich ist. Gegenwärtig sind vor allem Bereiche des Einzelhandels (z.B. Buch- und Musikhandel) und der Freizeitindustrie (z.B. Reisebüros) von der Verbreitung des B-2-C eCommerce betroffen (Abbildung 17).

Welche Zahlungsgewohnheiten haben B-2-C eCommerce-Nutzer und was kaufen sie?

Unterschiedliche Zahlungsformen im B-2-C eCommerce können mit unterschiedlichen Zugangsbarrieren (z.B. Fehlen einer Kreditkarte) und Adaptionshemmnissen (z.B. Komplexität der Zahlungen) verbunden sein. Für Verbraucher ist von Bedeutung, ob B-2-C eCommerce-Anbieter die Bezahlung vor und/ oder nach Erhalt der Lieferungen ermöglichen, da die mit dem Widerruf oder Umtausch verbundenen Mühen und Risiken bei der Bezahlung vor dem Erhalt der Lieferung relativ hoch sein können. Weiters stellt sich die Frage, inwieweit Formen des elektronischen Geldes angenommen werden, und ob regulatorische Maßnahmen in diesem Bereich zur Vertrauensbildung notwendig sind.

Zahlungsart bei B-2-C eCommerce in Österreich, 1999 (in %)

Basis: regelm. Internet-Nutzer (1,58 Mio.)

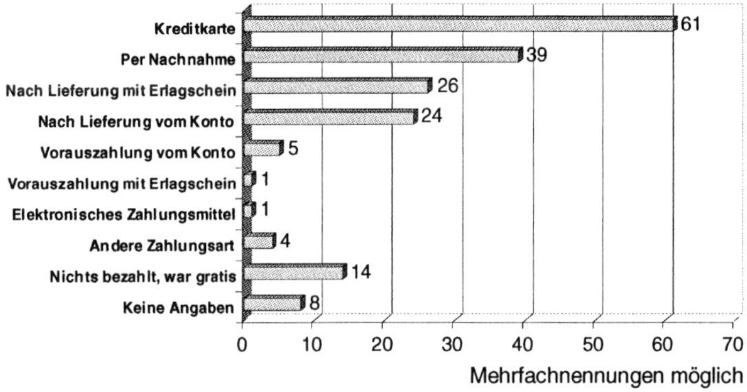

Daten: Fessel-GfK/INTEGRAL 99/00

Abbildung 18

- Für B-2-C eCommerce werden in Österreich *zahlreiche Zahlungsformen* verwendet. Die mit Abstand von den meisten B-2-C eCommerce-Nutzern *(61%)* bereits verwendete, ist die *Kreditkartenzahlung*. Regelmäßige Internet-Nutzer sind im Vergleich zur allgemeinen Kreditkartendichte in Österreich (23% der Bevölkerung 15+) *überproportional gut* mit Kreditkarten ausgestattet (58%). Dennoch belegen die Daten nicht den befürchteten „Plastic Gap", d.h. dass Personen ohne Kreditkarte keinen Zugang zu B-2-C eCommerce-Angeboten hätten.
- Zahlungen über *traditionelle Bankverbindungen* (nach Lieferung mit Erlagschein 26% bzw. vom Konto 24%, Vorauszahlung vom Konto 5% bzw. mit Erlagschein 1%) und *per Nachnahme* (39%) – also Zahlungen, die nicht direkt über das Internet erfolgen – werden häufig von B-2-C eCommerce-Nutzern verwendet.[6]

6 *Die alternativen Zahlungsformen können – da sie häufig mit hohen Transaktionskosten (inkl. Besuchen in Bankfilialen) verbunden sind – ein Entwicklungshemmnis der B-2-C eCommerce-Verbreitung in Österreich darstellen.*

- Beinahe die Hälfte (45%) der regelmäßigen Internet-Nutzer geben an, dass sie das *Adaptionshemmnis „Zahlungen zu kompliziert"* für sehr wichtig bzw. wichtig halten (Abbildung 25). Die Verwendung von Kreditkarten ist in dieser Gruppe unterdurchschnittlich, jene der Zahlungsform „per Nachnahme" überdurchschnittlich häufig.
- Bezahlungen im Internet werden generell, d.h. unabhängig von der Zahlungsform als *unsicher* angesehen – zwei Drittel der regelmäßigen Internet-Nutzer geben dies als sehr wichtigen bzw. wichtigen Grund gegen B-2-C eCommerce an (Abbildung 25).
- Von Bedeutung ist, dass auch Zahlungsformen häufig angeboten und genutzt werden, die eine *Zahlung nach dem Erhalt der Lieferung* ermöglichen (per Nachnahme 39%, nach Lieferung mit Erlagschein 26% bzw. vom Konto 24%). Angesichts der Schwierigkeiten, die Verbraucher häufig haben, wenn sie Waren retournieren, auch die Bezahlung rückerstattet zu bekommen,[7] sind derartige Zahlungsformen für sie von Vorteil.[8]
- *Elektronisches Geld*, das in der Erhebung auch SET-Zahlungen (Secure Electronic Transaction), die eigentlich Kreditkartenzahlungen sind, inkludiert, wurde nur von 1% der B-2-C eCommerce-Nutzer bereits verwendet. Regulatorischer Handlungsbedarf besteht daher vor allem, um das *Vertrauen* der B-2-C eCommerce-Nutzer in das elektronische Geld zu fördern. Die Risiken für die Stabilität des gesamtwirtschaftlichen Zahlungssystems, die mit der eGeld-Verbreitung verbunden sind, sind aufgrund der geringen Bedeutung des elektronischen Geldes vorderhand kein gewichtiges Argument für Regulierungsmaßnahmen in diesem Bereich.[9]

Welche Summe wurde 1999 bei B-2-C eCommerce-Einkäufen in Österreich ausgegeben? (Schätzung)

Das Volumen des B-2-C eCommerce kann anhand der erhobenen Daten bzgl. der B-2-C eCommerce-Nutzer und ihrer durchschnittlichen jährlichen Ausgaben pro Person geschätzt werden. Die Zahl ist als Richtwert zu interpretieren, da sie ihrerseits auf den Schätzungen der befragten B-2-C eCommerce-Nutzer bezüglich ihrer Ausgaben über das Internet im Jahr 1999 beruht. Für die Ein-

---

7 *Siehe Kapitel 3.1.3.2.*

8 *In der Interpretation wird davon ausgegangen, dass bei Kreditkartenzahlungen der ausstehende Saldo des Verbrauchers beim Kreditkartenunternehmen vor dem Erhalt der Lieferung belastet wird.*

9 *Siehe Kapitel 3.1.2.6.*

schätzung der gesamtwirtschaftlichen Bedeutung und des Handlungsbedarfs ist es auch hilfreich, das B-2-C eCommerce-Volumen in Relation zu anderen Kenngrößen (z.B. Einzelhandelsumsatz) zu setzen.

- Bei *durchschnittlichen Ausgaben pro B-2-C eCommerce-Nutzer von öS 7.457,–* pro Jahr (laut AIM-Spezial) ist das geschätzte *Gesamtvolumen öS 4,053 Mrd.* im Jahr 1999.[10]
- Der Anteil der *physischen* Güter am Umsatz ist um vieles höher als jener der *digitalen* Güter (d.h. jener Güter, die über das Internet zugestellt werden). Das Verhältnis des geschätzten Volumens (Wert der Einkäufe) zwischen traditionell gelieferten physischen und online-gelieferten digitalen Gütern betrug gemäß der IWE-Exklusivbefragung etwa *7:1*. Die durchschnittlichen Ausgaben der jährlichen Bestellungen physischer Güter (pro Person) sind etwa doppelt so hoch wie jene der digitalen Güter.
- Das geschätzte Volumen des B-2-C eCommerce kann zu Vergleichszwecken dem *Einzelhandelsvolumen* gegenübergestellt werden. Der B-2-C eCommerce beträgt somit *etwa 0,76%* des Einzelhandelsvolumens[11] im Jahr 1999 (Tabelle 46). Allerdings ist zu beachten, dass zahlreiche über das Internet bezogene Waren und Dienstleistungen (z.B. Theater- und Konzertkarten, Mietautos) nicht oder nur teilweise vom Einzelhandel vertrieben werden. Die Daten können daher *nicht als reine Substitution* des Vertriebskanals Einzelhandel durch den Vertriebskanal B-2-C eCommerce interpretiert werden.
- Als weitere Vergleichszahl zur Einschätzung der Bedeutung des Marktvolumens von B-2-C eCommerce kann der *österreichische Versandhandelsumsatz* herangezogen werden. Dieser betrug im Jahre 1998 öS 15,2 Mrd. (3,45% des Einzelhandelsvolumens) und ist in Österreich seit 1987 real rückläufig.[12]

---

10 *Ausgangspunkt der Schätzung ist, dass von 1.580.000 regelmäßigen Internet-Nutzern im Jahre 1999 34,4% (543.520 Personen) über das Internet bestellt haben.*

11 *In Tabelle 46 ist das geschätzte Volumen des B-2-C eCommerce zu unterschiedlichen Abgrenzungen des Einzelhandelsvolumens dargestellt: (1) Der Anteil am gesamten Einzelhandelsvolumen wird häufig zu internationalen Vergleichen herangezogen. (2) Die Abgrenzung des Einzelhandelsvolumens ohne Treibstoffe, Arzneiwaren und Kraftfahrzeuge wurde zusätzlich gewählt, weil Treibstoffe und Kraftfahrzeuge (noch) nicht über B-2-C eCommerce in Österreich vertrieben werden, und der Fernabsatz von Arzneiwaren in Österreich verboten ist.*

12 *Wirtschaftskammer Österreich, Bundessektion Handel und ÖSTAT.*

Tabelle 46: Verhältnis des B-2-C eCommerce-Volumens 1999 zum Einzelhandel (Schätzung)

	Einzelhandelsvolumen 1999 (Schätzung*)	Einzelhandelsvolumen 1999 ohne Treibstoffe, KFZ, Arzneimittel (Schätzung*)
Verhältnis des B-2-C eCommerce-Volumens 1999 zum Einzelhandel	0,76%	0,97%

* Schätzung auf Basis der Daten der Wirtschaftskammer Österreich, Bundessektion Handel.

Welche Bedeutung hat die Informationsphase via Internet für den traditionellen Einkauf in Österreich?

Ein Einkauf lässt sich aus analytischer Sicht in die Transaktionsphasen: Information (Recherche), Vereinbarung (Vertragsverhandlung und -abschluss) und Abwicklung (Bezahlung und Lieferung) unterteilen.[13] Falls beispielsweise nur die Informationsphase via Internet und Vereinbarung sowie Lieferung traditionell erfolgen, so wird der Kauf nicht zum eCommerce gezählt. Aus wirtschaftlicher und politisch-strategischer Sicht ist die relative Bedeutung der Informationsphase via Internet jedoch eine wichtige Größe. Auch wenn beispielsweise nur die Informationsphase über das Internet erfolgt, kann dadurch die Produktivität im traditionellen Einzelhandel durch Synergieeffekte erhöht werden.[14] Je nach der relativen Bedeutung der einzelnen Transaktionsphasen werden unterschiedliche wirtschaftspolitische Maßnahmen abgeleitet.

- Synergien zwischen der Web-Präsenz von Unternehmen und dem traditionellen Handel lassen sich u.a. anhand der Bedeutung des Internet für die *Informationsphase* bei traditionellen Einkäufen ablesen: Die Zahl der regelmäßigen Internet-Nutzer, die bereits über das *Internet* Informationen bezogen haben und anschließend im *traditionellen* Einzelhandel einge-

13 *Das Phasenmodell des elektronischen Handels ist ein analytisches Konzept: Die Bedeutung der einzelnen Phasen kann nicht direkt durch Befragung ermittelt werden, da die Verbraucher mit dem Konzept nicht vertraut sind. Aus dem vorhandenen Datenmaterial lassen sich aber Schätzungen für die Bedeutung der einzelnen Phasen approximativ berechnen.*

14 *Siehe Kapitel 3.1.4.*

kauft haben, beträgt etwa 1.248.000 und entspricht einem Anteil von *79%* der regelmäßigen Internet-Nutzer. Mit durchschnittlich *15,5* Transaktionen pro regelmäßigem Internet-Nutzer im Jahr 1999 liegt dies deutlich über der Anzahl der durchschnittlich im B-2-C eCommerce abgewickelten Einkäufe (6,2). Die Bedeutung der Informationsphase via Internet geht weit über B-2-C eCommerce hinaus und ist auch für den traditionellen Handel von Bedeutung.

Im Internet nur informiert, aber traditionell gekauft, Österreich 1999 (in %)
Basis: regelm. Internet-Nutzer (1,58 Mio.)

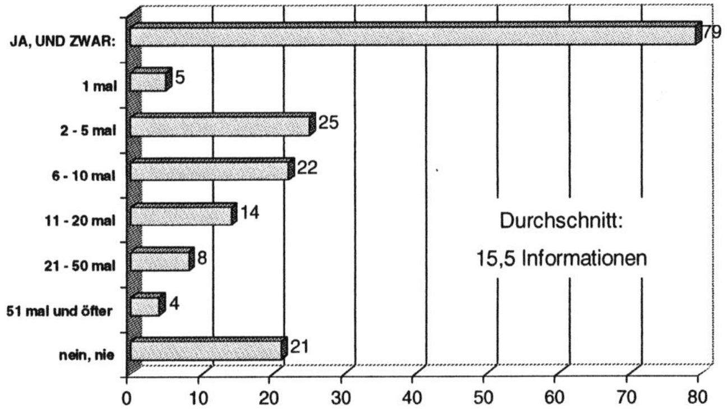

Quelle: IWE-ÖAW

Abbildung 19

Welche Bedeutung haben physische und digitale Güter im B-2-C eCommerce?

Im B-2-C eCommerce unterscheiden wir zwischen physischen (d.h. traditionelle Lieferung) und digitalen Gütern (d.h. Lieferung über das Internet). Die mit dem B-2-C eCommerce verbundenen gesellschafts- und wirtschaftspolitischen Herausforderungen hängen von der relativen Bedeutung dieser beiden Gütergruppen sowie den einzelnen Transaktionsphasen (Informations-, Vereinbarungs- und Abwicklungsphase) ab.[15]

15 *Siehe Kapitel 3.1.1.2.*

Tabelle 47: Anteil der physischen und digitalen Güter an den B-2-C-Gesamtbestellungen, 1999

	Geschätzte Anzahl der Transaktionen	Verteilung	Durchschnittl. Anzahl der Transaktionen pro Person pro Jahr
Physische Güter (traditionelle Lieferung)	2.663.248	77%	4,9
Digitale Güter (Lieferung über das Internet)	815.280	23%	1,5
Zum Vergleich: Information via Internet + traditioneller Kauf	24.490.000	n. a.	15,5

Quelle: IWE-ÖAW

- Die durchschnittliche Anzahl des Kaufs von physischen (4,9) und digitalen Gütern (1,5) pro Jahr und Nutzer ist im Vergleich zur durchschnittlichen Anzahl der über Internet eingeholten Produktinformationen (15,5) mit anschließendem traditionellen Kauf gering (Tabelle 47).
- Physische Güter sind im B-2-C eCommerce nicht nur gemessen am Wert der Einkäufe, sondern auch gemessen an der Anzahl der Bestellungen weitaus bedeutender. Der Handel mit *physischen* Gütern im B-2-C eCommerce macht etwa 77% und der Handel mit *digitalen* Gütern etwa 23% der Gesamtbestellungen aus.
- Den größten Anteil an den Gesamtbestellungen über den B-2-C eCommerce haben mit 42% die Bestellungen *physischer Güter*, die sowohl offline geliefert (z.B. per Post) als auch offline bezahlt werden (z.B. mit Erlagschein, Kontoüberweisung).
- Die Bestellungen *physischer Güter*, die online bezahlt werden, stellen mit 35% der Gesamtbestellungen den zweitgrößten Anteil dar.
- Die Anteile der Bestellungen *digitaler Güter*, die entweder online (14%) oder offline (9%) bezahlt wurden, sind deutlich geringer.

Physische und digitale Güter: Anteile am B-2-C eCommerce, Österreich 1999 (in % d. Transaktionen)

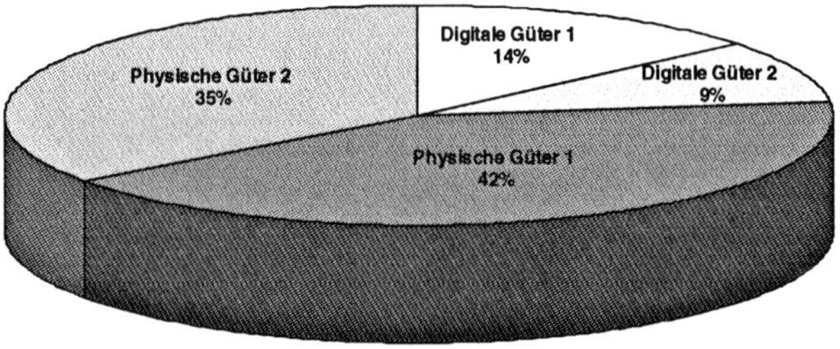

Quelle: IWE-ÖAW

Physische Güter 1:
Informations- und Vereinbarungsphase über das Internet – Abwicklungsphase (Zahlung und Lieferung) offline
Physische Güter 2:
Informations-, Vereinbarungsphase und Abwicklungsphase teilweise über das Internet (Lieferung offline, Zahlung online)
Digitale Güter 1:
Informations-, Vereinbarungs- und Abwicklungsphase über das Internet (sowohl Lieferung als auch Zahlung online)
Digitale Güter 2:
Informations-, Vereinbarungs- vollständig und Abwicklungsphase teilweise über das Internet (Lieferung online, aber Zahlung offline)

Abbildung 20

Wie verteilen sich die B-2-C eCommerce-Einkäufe auf in- und ausländische Anbieter?

Ob und wieviel im In- oder Ausland via Internet eingekauft wird, wirft steuerliche Fragen auf und ist auch für die Einschätzung der Relevanz von grenzüberschreitenden Daten- und Verbraucherschutzproblemen relevant.

- Vom *Gesamtwert* der Bestellungen im B-2-C eCommerce entfielen etwa 60% auf ausländische B-2-C eCommerce-Anbieter. Dies legt die Vermutung nahe, dass Österreich ein *Importland* im Bereich des B-2-C eCommerce ist.[16]

16 *Mit Sicherheit lässt sich das allerdings nicht sagen, da die B-2-C eCommerce-Exporte nicht erhoben wurden.*

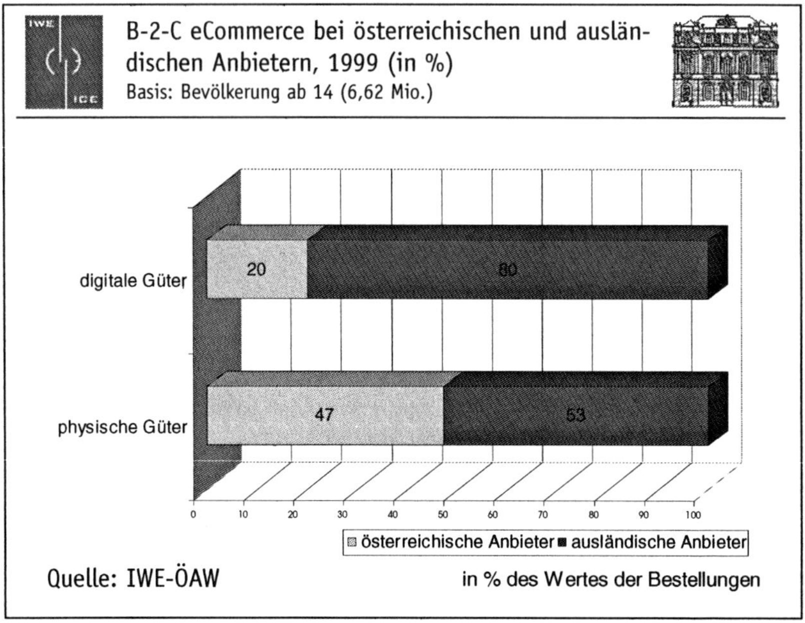

Abbildung 21

- Der Anteil, der bei ausländischen B-2-C eCommerce-Anbietern bestellten *digitalen Gütern* (Lieferung via Internet) ist höher (80% des jährlichen Volumens) als der entsprechende Anteil bei *physischen Gütern* (etwa 50% des jährlichen Volumens).
- Laut AIM-Spezial haben 69% der B-2-C eCommerce-Nutzer im Jahr 1999 zumindest einmal in Österreich bestellt, d.h. etwa ein Drittel hat daher ausschließlich im Ausland bestellt.[17] Aus dem deutschsprachigen Ausland (Deutschland, Schweiz) haben bereits 60%, aus den USA und Kanada bereits 35%, aus anderen europäischen Ländern 10% der österreichischen B-2-C eCommerce-Nutzer über das Internet bestellt bzw. gekauft.

17 Unter Vernachlässigung der 8% der B-2-C eCommerce-Nutzer, die keine Angaben machten, bzgl. der Länder, aus denen über Internet bestellt bzw. gekauft wurde.

Wie hoch ist der mögliche Umsatzsteuerentfall durch die aus dem Ausland bezogenen Güter im B-2-C eCommerce? (Schätzung)
Die Verbrauchsbesteuerung international gehandelter digitaler Güter ist Gegenstand der wirtschaftspolitischen Diskussion. Bei international gehandelten physischen Gütern ergibt sich durch den internationalen B-2-C eCommerce ein Kontrollproblem.[18] Daher schätzen wir das Ausmaß des möglichen Umsatzsteuerentgangs für Österreich durch den internationalen Charakter des B-2-C eCommerce für das Jahr 1999 für digitale und physische Güter auf Basis der erhobenen Daten über die relative Bedeutung der beiden Güterkategorien und des jeweiligen Wertanteils der in- bzw. ausländischen Bestellungen.

- Bei einem Umsatzsteuervolumen von öS 213 Mrd. (lt. Bundesvoranschlag 1999) wird der potenzielle Umsatzsteuerentgang durch die Bestellung digitaler Güter im Ausland auf etwa 0,03% des Umsatzsteueraufkommens geschätzt.

Diese Schätzung basiert auf den Annahmen, dass (1) alle bei österreichischen Anbietern bestellten bzw. gekauften digitalen Güter entsprechend versteuert werden, und (2) internationale Lieferungen nicht versteuert werden. Da nicht alle aus dem Ausland (inkl. anderen EU-Mitgliedsländern) gelieferten physischen Güter wegen des Kontrollproblems bei der Lieferung nach Österreich erfasst und (falls einfuhrumsatzsteuerpflichtig) besteuert werden können, schätzen wir auch den damit verbundenen potenziellen Umsatzsteuerentgang.

- Bei einem Umsatzsteuervolumen von öS 213 Mrd. (lt. Bundesvoranschlag 1999) wird der *potenzielle Umsatzsteuerentgang* durch die Bestellung physischer Güter aus dem Ausland auf etwa 0,16% des Umsatzsteueraufkommens geschätzt.
- Die mit der Umsatzbesteuerung des B-2-C eCommerce verbundenen zu erwartenden Kosten (z.B. Administration, Kontrolle) dürften höher als der potenzielle Umsatzsteuerentgang sein.[19] Die Erosion der Steuerbasis durch den B-2-C eCommerce stellt für den österreichischen Fiskus daher keine zentrale Herausforderung dar.

---

18 *Siehe Kapitel 3.1.2.4.*

19 *Für entsprechende Ergebnisse für die USA vgl. Goolsbee/Zittrain 1999.*

Wie verteilen sich die B-2-C Einkäufe auf Zwischenhändler und Produzenten?

Die Verteilung des B-2-C eCommerce-Volumens auf Zwischenhändler bzw. Hersteller spielt im Rahmen der Diskussion über die Disintermediationsthese eine bedeutende Rolle.[20] Sie besagt, dass die Verbreitung des B-2-C eCommerce zur verstärkten Umgehung der Zwischenhändler durch direkten Handel zwischen Konsumenten und Herstellern führt.

B-2-C eCommerce bei Herstellern und Händlern, Österreich 1999 (in %)

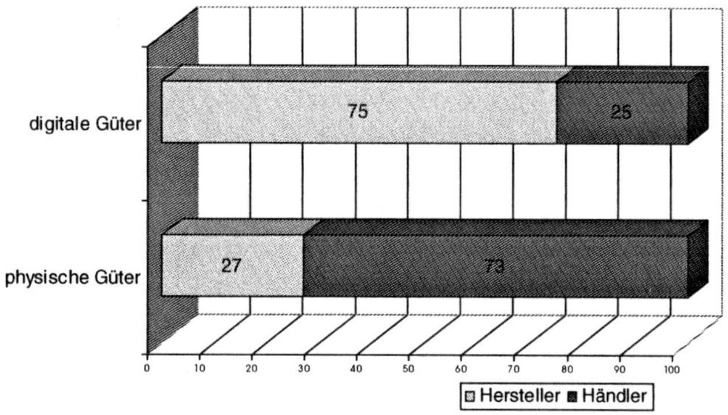

Quelle: IWE-ÖAW

in % des Wertes der Bestellungen

Abbildung 22

- Knapp *zwei Drittel* des *Wertes* aller Bestellungen erfolgen über *Zwischenhändler*, der Rest wird direkt von den *Herstellern* gekauft.
- Knapp *drei Viertel* (73%) des Gesamtwertes der *physischen Güter* werden über Zwischenhändler bezogen, aber nur ein Viertel (25%) der *digitalen Güter*. Der Anteil der physischen Güter am B-2-C eCommerce-Volumen sowie an der Anzahl der Einkäufe ist allerdings deutlich höher (Abbildung 22).
- Der zweitwichtigste Grund für den Einkauf im Internet ist „um Produkte zu kaufen, zu denen man sonst keinen Zugang hat" (Abbildung 23). In diesen Fällen ist die Umgehung des Zwischenhandels keine Folge der Verbreitung

20 *Siehe Kapitel 3.1.4.*

des B-2-C eCommerce, sondern der Nichtverfügbarkeit der entsprechenden Produkte.

- Die Daten lassen keine eindeutige Beurteilung der Disintermediationsthese zu, da zu diesem Zwecke die Verteilung der privaten Konsumausgaben auf Zwischenhändler und Hersteller im traditionellen Handel als Vergleichsgröße erhoben und untersucht werden müsste.

Welche Gründe sind für B-2-C eCommerce-Einkäufe bedeutend?
Empirische Daten bzgl. der Gründe der Verbraucher für die B-2-C eCommerce-Nutzung sind für die Strategiefindung einer nachfrageseitigen Förderung des B-2-C eCommerce von Bedeutung.

Wichtigkeit von Gründen für Internet-Kauf, Österreich 1999 (in %)
Basis: regelm. Internet-Nutzer (1,58 Mio.)

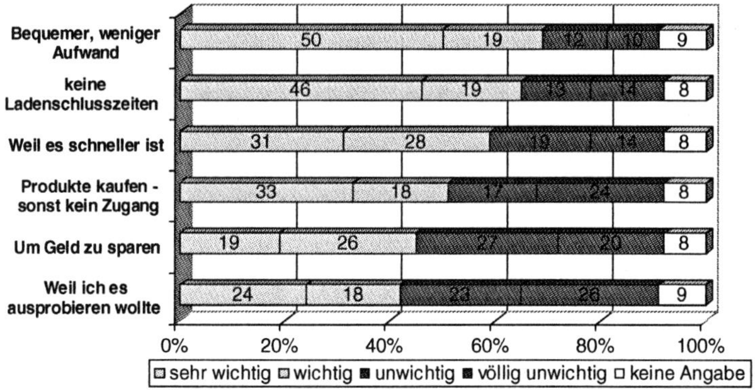

Quelle: IWE – ÖAW

Abbildung 23

- *Bequemlichkeit* und Einkaufsmöglichkeiten zu *jeder Tages- und Nachtzeit* sind die *wichtigsten Motive* für die Nutzung des B-2-C eCommerce in Österreich.
- Von großer Bedeutung ist aber auch der Zugang zu Produkten, die *nicht über andere Vertriebswege* (z.B. traditionelle Einzelhändler) erworben werden können (z.B. spezielle Software, die von traditionellen Händlern nicht angeboten wird; interaktive Spiele, die nur über das Internet gespielt werden können).

Welche Entscheidungskriterien haben bei der Produktauswahl im B-2-C eCommerce große Bedeutung?

Verbraucher haben durch B-2-C eCommerce Zugang zu einem weltweiten Güterangebot. Die empirischen Daten bzgl. der Entscheidungskriterien bei der Produktwahl im B-2-C eCommerce zeigen auf, wie Verbraucher versuchen, sich darüber einen Überblick zu verschaffen.

Wichtigkeit von Kaufkriterien beim Internet-Kauf, Österreich 1999 (in %)

Basis: regelm. Internet-Nutzer (1,58 Mio.)

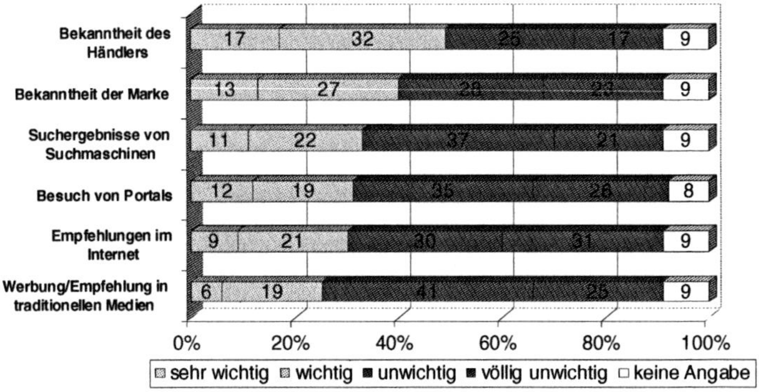

Quelle: IWE – ÖAW

Abbildung 24

- Vor allem die *Bekanntheit* des *Händlers* und der *Marke* (also iwS des Produzenten) dienen als Entscheidungskriterien. Dies widerspricht der These, derzufolge die Markttransparenz im B-2-C eCommerce deutlich höher als im traditionellen Handel wäre.[21]
- Die Bedeutung eines *hohen Bekanntheitsgrades* des *Händlers* ist für B-2-C eCommerce-Anbieter sehr groß. Dies spricht für Multichannel-Strategien („click and mortar"). [22]
- Internetbasierende *Informationen* (Portals, Suchmaschinen, Empfehlungen im Internet) haben nur für *jüngere B-2-C eCommerce-Nutzer* (Schüler und Studenten) eine größere Bedeutung als die Bekanntheit des Händlers

21 *Siehe Kapitel 3.1.4.*

22 *Siehe Kapitel 3.1.4.*

oder der Marke. Diese Nutzergruppen verwenden sichtlich mehr Zeit zur Informationsgewinnung über das Internet. Zeitintensive Informationssuche ist vor allem für jene Nutzergruppen attraktiv, deren Opportunitätskosten (z.B. Verdienstentgang) gering sind.

Welche Gründe sprechen gegen die Nutzung von B-2-C eCommerce?
Für die Analyse der gesellschafts- und wirtschaftspolitischen Herausforderungen durch den B-2-C eCommerce und die mögliche Entwicklung einer umfassenden eCommerce-Strategie sind empirische Daten bzgl. der Gründe, die gegen die Nutzung des B-2-C eCommerce sprechen notwendig.

Gründe gegen Kauf im Internet, Österreich 1999 (in %)
Basis: regelm. Internet-Nutzer (1,58 Mio.)

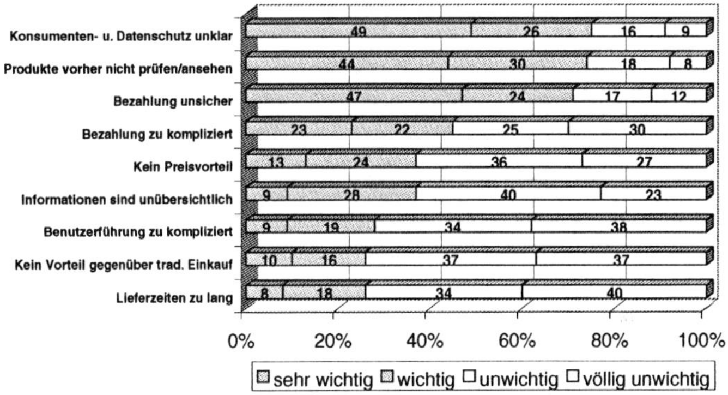

Quelle: IWE-ÖAW

Abbildung 25

- Die wichtigsten Gründen, die gegen den Einkauf über B-2-C eCommerce sprechen, sind Unklarheiten in Zusammenhang mit dem *Konsumenten- und Datenschutz*. Die Bedeutung dieser Politikfelder ist außerordentlich groß.
- Der zweitwichtigste Grund gegen den Kauf im Internet - die eingeschränkten Möglichkeiten der Produktprüfung[23] im B-2-C eCommerce – ist nicht durch wirtschaftspolitische Maßnahmen behebbar.

23 Siehe Kapitel 3.1.2.2.

- Der drittwichtigste Grund gegen den Kauf im Internet - die mit den unterschiedlichen Zahlungsformen im Internet verbundenen Unsicherheiten – spricht einerseits für die nachfrageseitigen Argumente für die frühzeitige Regulierung von eGeldinstituten, wodurch das Vertrauen der Verbraucher gestärkt werden soll,[24] andererseits könnten auch technologische Neuerungen (z.B. SET - Secure Electronic Transaction, wobei die Kreditkartennummer verschlüsselt versendet wird und damit weder offen im Internet zugänglich noch dem B-2-C eCommerce-Anbieter bekannt ist) einen Beitrag zur Stärkung des Vertrauens der Verbraucher leisten.
- Etwa 40% der Befragten geben die *Unübersichtlichkeit* der Informationen als sehr wichtiges oder wichtiges Hemmnis an. Für sie sind nicht auf dem Internet basierende Entscheidungskriterien (z.B. Bekanntheit von Händler/Marke und Werbung in traditionellen Medien) von überdurchschnittlicher, und auf dem Internet basierende (z.B. Portals, Suchmaschinen) von unterdurchschnittlicher Bedeutung. Dies ist ein weiteres Indiz für die Intransparenz des Marktes im B-2-C eCommerce.
- *Komplizierte Benutzerführung, kein Vorteil* gegenüber dem traditionellen Handel, *lange Lieferzeiten* und *mangelnder Preisvorteil* werden von etwa zwei Drittel der Befragten als (völlig) unwichtige Entwicklungshemmnisse eingestuft.

Wieviele B-2-C eCommerce-Nutzer wird es im Jahr 2000 in Österreich geben? (Schätzung)

Um die Dynamik der Verbreitung des B-2-C eCommerce in Österreich erfassen zu können, schätzen wir das Wachstum der Anzahl der B-2-C eCommerce-Nutzer für das Jahr 2000 auf Basis der im AIM-Spezial erhobenen Daten. Von 1998 auf 1999 stieg die Anzahl der B-2-C eCommerce-Nutzer um 95% an.

- Die Erhebung ergab, dass 49% der regelmäßigen Internet-Nutzer in Zukunft "sicher" und weitere 29% "eher schon" über das Internet einkaufen werden.

Um die Bedeutung dieser Daten besser veranschaulichen zu können, haben wir auch das potenzielle Wachstum der Anzahl der regelmäßigen Internet-Nutzer berücksichtigt. Sie ist in den letzten Jahren um etwa 50% p. a. gestiegen. Dieser Trend wird auch für 2000 angenommen. Dabei haben wir versucht, die

---

24 *Siehe Kapitel 3.1.2.6.*

unterschiedliche Nutzung des B-2-C eCommerce, die mit der unterschiedlichen Dauer der Internet-Nutzung verbunden ist, zu berücksichtigen. Auf Basis der Erhebung wurden zwei Szenarien erstellt.

Zukünftige Nutzer von B-2-C eCommerce in Österreich 1999 (in %)
Basis: regelm. Internet-Nutzer (1,58 Mio.)

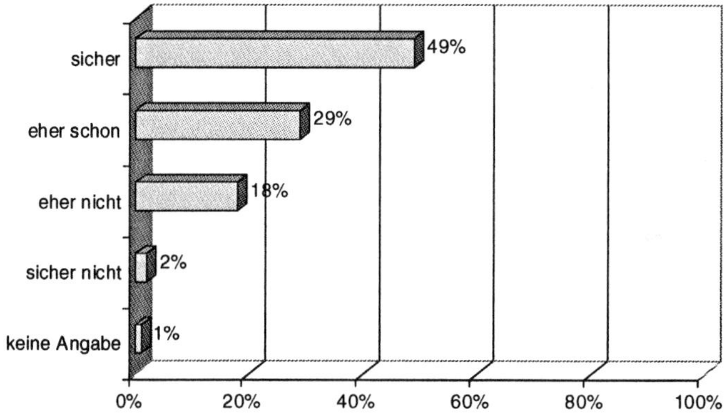

Daten: Fessel-GfK/INTEGRAL 99/00

Abbildung 26

- Die Zahl der *B-2-C eCommerce-Nutzer* in Österreich steigt unseren Schätzungen zufolge im Jahr 2000 von 543.000 (8,2% der Bevölkerung über 14 Jahre im Jahr 1999) im *konservativen* Szenario auf *1,02 Mio. (15,4%)* bzw. im *optimistischen* Szenario auf *1,32 Mio. (19,9%)* der Bevölkerung über 14 Jahre an. Relativ zu den regelmäßigen Internet-Nutzern bedeutet dies einen Anstieg von etwa 34% auf etwa 43% in Szenario 1 bzw. etwa 55,7% in Szenario 2.

Tabelle 48: Schätzung der Anzahl der B-2-C eCommerce-Nutzer im Jahr 2000

B-2-C eCommerce-*Nutzer* Ende 1999: 543.520	Schätzung B-2-C eCommerce-Nutzer (Ende 2000)	Geschätztes Wachstum 99/00
	Szenario 1 1.018.073	87,3%
	Szenario 2 1.319.340	142,7%

- Die geschätzten Wachstumsraten der Anzahl der B-2-C eCommerce-Nutzer in Östereich sind in Szenario 1 etwa *90%* und in Szenario 2 etwa *140%*, wodurch die große Dynamik des B-2-C eCommerce angedeutet wird.

Kasten 12: Unterschiedliche Szenarien zur Schätzung der B-2-C eCommerce-Nutzer im Jahr 2000

Szenario 1 („konservativ"):

(1) Alle regelmäßigen Internet-Nutzer, die angegeben haben, in Zukunft „sicher" über B-2-C eCommerce einzukaufen, werden dies im Jahre 2000 tun.

(2) Keiner der regelmäßigen Internet-Nutzer, die angegeben haben, in Zukunft „eher schon" über B-2-C eCommerce einzukaufen, wird dies im Jahre 2000 tun.

(3) Die Zahl der regelmäßigen Internet-Nutzer wächst im Jahr 2000 um 50%. Der Anteil der B-2-C eCommerce-Nutzer beträgt in dieser Gruppe nur 63% des Anteils unter den regelmäßigen Nutzern, die seit mehr als einem Jahr regelmäßige Nutzer sind (AIM-Spezial).

Szenario 2 („optimistisch"):

(1) und (3) wie in Szenario 1

(2) Die Hälfte der regelmäßigen Internet-Nutzer, die angegeben haben, in Zukunft „eher schon" über B-2-C eCommerce einzukaufen, wird dies im Jahre 2000 tun.

5. Transformation der Staatlichkeit – Schlussfolgerungen für die Politik

Michael Latzer

Ausgangspunkt dieser Untersuchung ist das sich neu formierende gesellschaftliche Kommunikationssystem, das *Mediamatik* genannt wird, und ein verändertes Wirtschaften, das als *Digitale Ökonomie* bezeichnet wird. Sie sind zentrale Kennzeichen der politisch angestrebten Informationsgesellschaft und verlangen nach einer neuen Rolle des Staates, nach einer in Form und Inhalt veränderten Staatstätigkeit, die im vorliegenden Bericht analysiert wird.

Im Wettstreit mit den USA und Japan versucht die Europäische Union seit den 80er-Jahren sich durch zahlreiche Initiativen in Richtung einer „Europäischen Informationsgesellschaft" in den globalen Hoffnungsmärkten der Digitalen Ökonomie zu positionieren, besonders beim internet-basierenden *Business-to-Consumer eCommerce.*[1] Unsere Analyse konzentriert sich auf die supranationale EU- und die nationale österreichische Politik und zeigt, wie die angestrebte Schaffung förderlicher Rahmenbedingungen für Mediamatik und Digitale Ökonomie mit Veränderungen der Politik des Sektors, mit einem weitreichenden *institutionellen Wandel* verbunden ist.

In Summe beobachten wir eine *Transformation der Staatlichkeit* im Mediamatikbereich, wie anhand empirisch belegter Thesen im nachfolgenden Kapitel 5.1 noch ausführlich argumentiert wird. Diese transformierte Staatlichkeit, das neue staatliche Handeln in der Digitalen Ökonomie, gibt Aufschluss über das veränderte Verhältnis von Staat und Markt und über die neue Arbeitsteilung von nationaler, supra- und internationaler Politik. Sie spiegelt sich in einem reformierten Regulierungssystem wider.

Auf der Suche nach der neuen Rolle des Staates im Mediamatiksektor, für die Hinterfragung der ökonomischen Rechtfertigung staatlicher Markteingriffe

---

1 *Siehe Kapitel 1.*

in der Digitalen Ökonomie (v.a. für B-2-C eCommerce) und die Ableitung von Reformanforderungen für das Regulierungssystem haben wir uns Ansätzen der *Neuen Politischen Ökonomie* und der *Industrieökonomie* bedient. Ausgangspunkt ist sowohl die staatliche Regulierung im Spannungsfeld der Verfolgung individueller und kollektiver Ziele als auch das Wechselspiel von Markt- und Staatsversagen im Mediamatikbereich.

Folgende *politische Aufgabenfelder* werden u.a. als Anwendungsbeispiele für eine Mediamatikpolitik untersucht: Ansatzpunkte zur Förderung des Business-to-Consumer eCommerce, die Schaffung des entsprechenden Qualifikationsniveaus der Arbeitnehmer für die Digitale Ökonomie und die Herausforderungen der Mediamatik an die Marktmachtkontrolle.

Bevor wir uns den Detailergebnissen und Schlussfolgerungen aus den Teilstudien zuwenden,[2] werden die grundlegenden Veränderungen der Staatlichkeit im Mediamatikbereich erläutert, denn sie stecken den neuen Rahmen für die Mediamatikpolitik in der Informationsgesellschaft ab.

5.1 Die Transformation der Staatlichkeit im Mediamatik-Sektor

Was bedeuten die in Kapitel 2 dargelegten Charakteristika von Mediamatik und Digitaler Ökonomie für die Praxis der modernen Staatlichkeit in der Informationsgesellschaft? Welche Entwicklungslinien und Trends zeichnen sich für die Mediamatikpolitik ab? Zur Beantwortung dieser Fragen wird hier ein funktionalistischer staatstheoretischer Ansatz angewendet. Im Vordergrund steht demnach die Analyse des staatlichen Handelns.[3] Wir argumentieren, dass es sich bei den Veränderungen des staatlichen Handelns nicht nur um punktuelle Adaptionen handelt, sondern in Summe eine umfassende Transformation der Staatlichkeit im Mediamatik-Sektor zu beobachten ist.[4]

---

2 *Siehe Kapitel 5.2.*

3 *Für funktionalistische Ansätze siehe etwa Heller 1983 und Majone 1996.*

4 *Die nachfolgende Analyse baut auf Latzer 1999b auf.*

5.1.1 Thesen zur Transformation der Staatlichkeit

Staatliche Akteure sind dadurch gekennzeichnet, dass sie ihre Tätigkeiten an *öffentlichen Interessen* und auf ein Staatsgebiet ausrichten und dass sie an rechtliche Grundlagen (Legalitätsprinzip) gebunden sind. Die spezifische Ausprägung dieser Staatstätigkeit im Kommunikationssektor, die institutionelle Ordnung (Polity), die inner- und zwischenstaatliche Verteilung von Aufgaben, Zuständigkeiten und Befugnissen, die inhaltliche Ausrichtung der Politik (Policies), die verwendeten Politik-Instrumente, die Zusammensetzung und das Beziehungsmuster der einflussreichen Akteure (Policy-Netzwerk) und die organisatorischen Spezifika von Regulierungsinstitutionen können als eine funktional definierte *Staatlichkeit* im Kommunikationssektor zusammenfasst werden.

Diese Staatlichkeit im Kommunikationssektor war über Jahrzehnte hinweg äußerst stabil. Das weltweit ähnliche Muster dieser Staatlichkeit[5] bildet den Ausgangspunkt der Analyse. Speziell seit den 80er-Jahren werden jedoch in den Industrieländern weitreichende Reformen durchgeführt: Liberalisierung, Konvergenz und Globalisierung verändern zwar nicht die öffentlichen Ziele der Staatstätigkeit im Kommunikationssektor wie sie in Kapitel 1.1 skizziert wurden, aber deren Ausprägung und forcieren damit eine Transformation der Staatlichkeit in der Informationsgesellschaft. Zentrale Elemente dieser Transformation, die sich in unterschiedlicher Deutlichkeit und Intensität abzeichnet, sind nachfolgend thesenhaft zusammengefasst.

(a) Von der Protektion zur Wettbewerbsförderung

Die Liberalisierung des Telekommunikationssektors, die nicht nur technisch/ökonomisch, sondern auch politisch/ideologisch vorangetrieben wurde, führte weniger zu einer De- als vielmehr zu einer Re-Regulierung. Liberalisierung darf also nicht als das Ende der Regulierungsnotwendigkeit verstanden werden. Ganz im Gegenteil nimmt die Regulierungsintensität in der (jahrzehnte)langen Übergangszeit vom Monopol zum effektiven Wettbewerb zu. Es verschiebt sich jedoch die *Ausrichtung der Regulierung* von der Protektion nationaler Unternehmen[6] hin zur Förderung von Wettbewerbern im Sektor. Demgemäß müssen

---

5 Siehe dazu Latzer 1997, Kapitel 2.

6 Mittels der Beschaffungs- und Zulassungspolitik für Endgeräte wurden die Zulieferfirmen meist auf drei bis fünf nationale Unternehmen beschränkt. Dies wurde als Maßnahme der Beschäftigungspolitik begründet.

die marktdominanten Firmen, v.a. die ehemaligen Monopolisten, reguliert werden, damit sie nicht mittels ihrer Marktmacht die Entfaltung des Wettbewerbs behindern.[7] Auch mit Erreichen des effektiven Wettbewerbs endet der politisch-ökonomisch abgeleitete Regulierungsbedarf nicht. Er verlagert sich vielmehr auf soziale Regulierungen, wie etwa die Gewährleistung des Konsumenten- und Datenschutzes.

(b) Trennung von politisch-strategischen und operativen Aufgaben, die ausgelagert werden

Die mit der Zulassung von Wettbewerb ausgelöste institutionelle Reform erfordert auch die *Reorganisation* der Regulierungsorganisationen, die meist Teil der politischen Verwaltung waren. Mit der Auslagerung der Regulierungsinstanzen aus der politischen Verwaltung sollen Interessenkollisionen minimiert werden, da die marktdominanten Unternehmen sich oft im Besitz des Staates befanden und mitunter auch integraler Teil der öffentlichen Verwaltungen waren. Seit Ende der 90er-Jahre ist der Telekom-Regulator in keinem EU-Mitgliedsland mehr Teil eines Ministeriums. Die Auslagerung der Regulierung aus der Verwaltung bringt eine Trennung der strategischen Politikvorgaben von den operativen Regulierungsaufgaben. Sie soll auch – gemeinsam mit anderen organisatorischen Maßnahmen (Transparenz, Publikationspflicht, etc.) – die Anfälligkeit für „Regulatory Capture" durch die regulierte Industrie und durch die Regierung verringern. Auch der *Privatisierungstrend* führt zur Trennung von strategischen und operativen Aufgaben. Der Staat reduziert die operativen Tätigkeiten (durch die Auslagerung aus der Verwaltung und den Verkauf von Unternehmen) und konzentriert sich auf die Vorgabe politisch-strategischer Leitlinien und Ziele.

(c) Von der vertikalen zur horizontalen Regulierung

Der Übergang von der vertikalen Regulierung in Richtung einer horizontalen/integrierten Regulierung für die Mediamatik ist eines der zentralen aktuellen Politikthemen. Er setzt eine Veränderung der dominanten Sichtweise der Politik des Kommunikationssektors voraus und verlangt nach einem institutionellen Wandel, der bei der Organisationsstruktur der bislang meist getrennten Regulierungsinstanzen für Telekommunikation und Medien, bei den entspre-

---

7 *Ein Versuch der Verhinderung des Marktmachtmissbrauchs ist die Zusammenschaltungsregulierung im Telefonbereich.*

chenden gesetzlichen Regulierungen und bei der innerstaatlichen Verteilung von Zuständigkeiten für Medien- und Telekommunikationspolitik auf ministerieller und parlamentarischer Ebene ansetzt.

Der Wandel in Richtung einer integrativen Politik und einer horizontalen Regulierung wird v.a. durch machtpolitische Interessenkonflikte gebremst, da diese institutionellen Reformen, insbesondere die Verlagerung von politischen Zuständigkeiten und Aufgabenbereichen mit Machtverlusten und -gewinnen, beziehungsweise mit dem Verlust von Privilegien einzelner Akteure verbunden sind. Darüber hinaus ist zu berücksichtigen, dass die Ausgangsbedingungen für Reformen in den einzelnen Ländern stark variieren. So sind sie etwa in Deutschland aufgrund der Kompetenzverteilung zwischen Bund (Telekommunikation) und Ländern (Medien) schlechter als in Österreich, wo beide Bereiche in der Bundeskompetenz liegen. Auf die zunehmenden europäischen Aktivitäten und Reformschritte in Richtung einer horizontalen, integrierten Mediamatik-Regulierung auf EU- und nationalstaatlicher Ebene wurde bereits in Kapitel 2.1 hingewiesen.

(d) Von der nationalen zur transnationalen Regulierung

Die Staatlichkeit im Kommunikationssektor verändert sich nicht nur innerstaatlich, sondern auch durch zunehmende grenzüberschreitende Verlagerungen politischer Zuständigkeiten. Nationalstaatliche Kommunikationspolitik und -regulierungen verlieren somit tendenziell an Gewicht. Hierbei ist sowohl die spezielle Situation in Europa als auch die weltweite Dimension dieses Phänomens zu beachten. Die Motive für eine verstärkt supranationale Regulierung in Europa sind v.a. bei wirtschaftlichen Kalkülen – der Transaktionskostensenkung durch Harmonisierung und der verbesserten Wettbewerbsfähigkeit eines einheitlich regulierten internen Marktes, aber auch bei der Zunahme transnationaler Dienste (z.B. eCommerce) zu finden, die mit nationalen Regulierungen nicht mehr fassbar sind.[8]

Die Europäische Union, besonders die Europäische Kommission und der Ministerrat, haben sich bereits im Zuge der europäischen Harmonisierung der Telekommunikations-Liberalisierung zu zentralen Akteuren entwickelt und sind – in abgeschwächter Form – auch im Mediensektor gestaltend aktiv.[9]

---

8 *Siehe dazu die Ausführungen zu Verbraucher- und Datenschutz (3.1.2.2, 3.1.2.3).*

9 *Etwa mittels der EU-Fernsehrichtlinie (89/552/EWG, 97/36/EG), der TV-Richtlinie zur Verwendung von Übertragungsstandards (95/47/EG) und dem Grünbuch: Pluralismus und Medienkonzentration im Binnenmarkt (KOM (92) 480).*

Die Idee einer europäischen Regulierungsinstitution ist bereits seit etlichen Jahren (Liberalisierung des Telekommunikationssektors) in Diskussion, geriet jedoch aufgrund der konfliktgeladenen machtpolitischen Implikationen wieder in den Hintergrund.[10] Eine Wiederbelebung der Debatte erfolgte im Zuge der Konvergenzdiskussion. So argumentierte bspw. der damalige EU-Kommissar Bangemann im Jahr 1997, dass sich eines Tages eine integrierte „Single European Regulatory Authority for Communications" und ein „European Communications Act" als notwendig erweisen könnten.[11] Auch wenn im Kommunikationsbericht 1999 ein Europäischer Regulator „zur Zeit" nicht empfohlen wird, dürfte dies noch nicht das Ende dieser machtpolitisch heiklen Diskussion sein.

Nicht nur auf europäischer Ebene nimmt die Bedeutung internationaler Organisationen in der Kommunikationsregulierung zu. Neben traditionellen Institutionen wie der ITU (International Telecommunications Union) sind etwa die WTO (World Trade Organization) für die Liberalisierung des Telekommunikationssektors und die WIPO (World Intellectual Property Organization) für den Schutz geistigen Eigentums maßgebend. In der Digitalen Ökonomie, besonders im weiten Themenfeld eCommerce, nimmt die Bedeutung transnationaler Regulierungsaktivitäten und damit der Bedeutungsverlust nationalstaatlicher Politikstrategien weiter zu. Anfang 1998 wurde in einer Mitteilung der Kommission[12] die Idee einer „Internationalen Charta" für globale Kommunikation zur Diskussion gestellt. Mit dieser nicht rechtsverbindlichen multilateralen Übereinkunft sollen machtpolitische Probleme einer zentralistischen Regulierung vermieden werden. Die Charta soll der Lösung internationaler, über die EU hinausgehender Koordinationsprobleme der Mediamatik-Politik dienen. Darin sollen interoperable technische und rechtliche Lösungen (Konsumentenschutz, Copyright, Arbeitsrecht etc.) vereinbart werden, welche die „online"-Ökonomie und speziell den elektronischen Handel fördern. Transnationaler Verbraucherschutz[13] ist beispielsweise ein umstrittenes Thema im Rahmen der eCommerce-Politik, da die Interessenkonflikte, ob nun das Herkunftsland- oder das Bestimmungslandprinzip zur Anwendung gelangt, groß sind.

---

10 *Als de-facto Regulator auf EU-Ebene agiert die Generaldirektion Wettbewerb der Europäischen Kommission.*

11 *Vgl. Bangemann 1997.*

12 *Vgl. KOM (98) 50.*

13 *Siehe Kapitel 3.1.2.2.*

(e) Von der sektorspezifischen zur sektorübergreifenden Regulierung

Aufgrund spezifischer Eigenschaften des Kommunikationsmarktes – v.a. aufgrund der monopolistischen Struktur und der starken staatlichen Rolle – wurden ursprünglich auch sektorspezifische Regulierungen und Regulierungsbehörden eingerichtet. Mit der Liberalisierung von Telekommunikation und Rundfunk und mit der Ökonomisierung des Mediensektors vollzieht sich nun eine „Normalisierung" des Sektors, eine Angleichung an andere Wirtschaftsbereiche. Damit wurde auch die Frage aktuell, ob für den Kommunikationssektor nach wie vor eine sektorspezifische Regulierung notwendig ist oder ob nicht die sektorübergreifenden Regulierungen, v.a. das Wettbewerbsrecht, ausreichend wären.[14] Als abgeschwächte Reformvariante wird auch diskutiert, ob nicht zumindest die Regulierung der Infrastrukturbereiche institutionell vereinheitlicht werden sollte.[15]

(f) Von der detaillierten Regulierung zu breiten Parametern

Charakteristika der Mediamatik wie der rasche technische Wandel, wodurch sich die Reaktionszeit der Regulierung gegenüber der Marktentwicklung erhöht, und die gesteigerte Komplexität aufgrund der Konvergenz von Telematik und Medien, insbesondere der Einordnung von Internet-Diensten, führen zu einer Veränderung in der *Regulierungspraxis* – sowohl auf der legislativen als auch auf der exekutiven Ebene.[16] Die traditionell angewandte detaillierte Regulierung ließ die Anzahl und Länge von Gesetzen, EU-Richtlinien, Bescheiden etc. stark anwachsen, worunter die Nachvollziehbarkeit dieser Regulierungen und die Rechtssicherheit leidet. Auf der legislativen Ebene nehmen die detaillierten Regulierungen mit dem Versuch zu, die gestiegene Komplexität der Materie zu erfassen. Dass trotz dieser Bemühungen eine hinreichende Erfassung zunehmend nicht gelingt, belegen die immer umfassenderen Bescheide für den Vollzug der Gesetze.[17] Der Trend zu breiten Parametern (Generalklausel, unbestimmte Begriffe etc., etwa „entsprechend dem Stand der Technik")

---

14 *Siehe Kapitel 3.3.*

15 *In Großbritannien gibt es beispielsweise eine Initiative, die Kooperation zwischen den Regulierungsregimes für Gas, Wasser, Elektrizität, Bahn und Telekommunikation zu formalisieren. Ein dementsprechendes Arbeitspapier, das auf die Stärkung der Kooperation abzielt, wurde im Jahr 1999 von den diversen Regulatoren unterfertigt.*

16 *Für wertvolle Hinweise danke ich Peter Slominski.*

17 *So benötigte etwa die österreichische Telekom-Control-Kommission im Jahr 1999 rund 160 Seiten für einen Zusammenschaltungsbescheid.*

vereinfacht und reduziert die konkreten Regulierungen und lässt den Regulatoren mehr Spielraum in der Umsetzung. In diesem Zusammenhang kommt es auch zu einer Entwicklung der Regulierung von einem reinen *juridischen* Prozess zu einem stärker *kollaborativen* Prozess des Regulators mit der regulierten Industrie. Ein Beispiel dafür ist die in Großbritannien erfolgreich angewandte „Zuckerbrot und Peitsche"-Strategie bei der Qualitätsregulierung im Telefonbereich. Der Regulator verzichtet so lange auf detaillierte, gesetzlich fixierte Qualitätsregulierungen (und droht nur damit), als die allgemeinen Qualitätsrichtlinien (breite Parameter) von den Diensteanbietern eingehalten werden.[18] Bezüglich der Erreichung der Regulierungsziele ist bei einer Stärkung des kollaborativen Prozesses auch die Gefahr des Regulatory Capture mitzubedenken.

Für die Staatlichkeit bedeutet dieser Transformationsprozess ein verändertes Verständnis des *Legalitätsprinzips* hin zu einer stärkeren *Finalorientierung*.[19] Um dem Legalitätsprinzip zu entsprechen, müssen Bestimmtheitserfordernisse erfüllt werden. Bei der Anwendung breiter Parameter reduziert sich die Bestimmtheit der gesetzlichen Regelungen und es stellt sich die Frage, welche Auswirkungen dies in Summe auf die Rechtssicherheit hat. Die Rechtssicherheit hat bei der detaillierten Regulierung gemessen an ihrer erwartungsstabilisierenden Wirkung auch unter der verlängerten Reaktionszeit der Politik auf neue Marktentwicklungen und unter der Komplexität der Regulierungen gelitten.

In den Reformvorschlägen des EU-Kommunikationsberichtes 1999[20] findet sich der Trend zur Vereinfachung und zu generellen Parametern wieder. Die Rechtsvorschriften sollen auf eine Rahmenrichtlinie mit allgemeinen und spezifischen politischen Zielen und vier spezifische Richtlinien begrenzt, damit von derzeit 20 auf 5 reduziert werden. Anbieter von Kommunikationsdiensten sollen nicht mehr Einzelgenehmigungen benötigen, sondern Allgemeingenehmigungen erhalten. Weiters sollen *flexible* Mechanismen (etwa bei Netzzugang und Zusammenschaltung) in die Regulierung eingebaut werden, um schneller auf Marktveränderungen reagieren zu können. Ein weiteres Indiz für die Tendenz zu breiten Parametern ist auch aus Punkt (e) ableitbar.

---

18 Siehe dazu Latzer/Leo 1997.

19 Darunter versteht man, dass Ziele und Zwecke anstelle einer detaillierten Regulierung legislativ vorgegeben werden. Diese Tendenz zur Finalorientierung vollzog sich v.a. im Umweltbereich.

20 KOM (99) 539.

(g) Von der Fremd- zur Selbstregulierung

Unterteilt man die traditionelle Kommunikationsregulierung in die drei Regulierungsmodelle für Telekommunikation, Rundfunk und Printmedien,[21] so war die Selbstregulierung bisher fast ausschließlich im Printbereich von Bedeutung. In den beiden anderen Modellen spielte sie hingegen kaum eine Rolle. Mit der Verbreitung des Internet und damit auftretenden Regulierungsproblemen, die auch im Zusammenhang mit der Problematik nationaler Regulierungen zu sehen sind, wurde das Thema Selbstregulierung nun auch für die Mediamatik aktuell. Speziell in den USA wurde eine Politiklinie vorgegeben, die auf eine „regulierungsfreie" Internetentwicklung abzielt. Zunehmend wird erprobt, ob notwendige internationale Abstimmungsmaßnahmen (Standards etc.) und auch Inhaltsregulierungen mittels Verhaltenskodizes durch Industrieorganisationen vorgenommen werden können. Mit der Stärkung der Selbstregulierung soll nicht zuletzt folgendem Leitsatz Genüge getan werden: So wenig staatliche Regulierung als möglich, so viel als nötig. Es ist jedoch zu betonen, dass auch bei der Stärkung der Selbstregulierung der Staat zumindest die jeweiligen Rahmenbedingungen zu setzen hat. Es kommt zu einer Stärkung der Selbstregulierung (v.a. dort, wo staatliche Regulierungen versagen), nicht aber zu einem vollständigen Ersatz (supra-)nationaler Regulierungen. Grenzen der Selbstregulierung ergeben sich dort, wo Mängel in der Organisationsfähigkeit das kollektive Handeln[22] beeinträchtigen, etwa beim Konsumenten- und Datenschutz von Privathaushalten. Ansätze zu einer Stärkung der Selbstregulierung sind v.a. in den USA und Japan zu beobachten, in abgeschwächter Form auch bei der europäischen eCommerce-Politik, wie in Kapitel 3.1.2 ausgeführt wird. Auch die Entscheidung betreffend der Annahme eines Aktionsplans zur Bekämpfung illegaler und schädlicher Inhalte in globalen Netzen[23] beinhaltet die Förderung der Selbstregulierung durch die Überwachung der Inhalte und die Entwicklung von Filtern und Bewertungssystemen für das Internet. Konkret soll die Entwicklung von Codes of Conduct und die Einrichtung von „quality site labels" bezüglich Konsumenten- und Datenschutz gefördert werden. In dieser Entscheidung wird jedoch auch darauf hingewiesen, dass die alleinige Selbstregulierung für das Internet unzureichend wäre.

Zur Beurteilung der Auswirkung des Trends zur Selbstregulierung auf die Staatlichkeit müssen folgende Fragen beantwortet werden: Geht mit der Verla-

21 Vgl. Latzer 1997, 175.

22 Vgl. Olson 1968.

23 99/276/EG.

gerung der Regulierung zur regulierten Industrie die Verfolgung öffentlicher Ziele zu Gunsten von privaten Zielen verloren? Wie hoch ist der Grad der Involvierung staatlicher Institutionen in den jeweiligen institutionellen Arrangements der Selbstregulierung? Werden die Selbstregulierungsinstitutionen gesetzlich legitimiert? Müssen deren Regulierungen von einer öffentlichen Stelle genehmigt werden?[24]

(h) Von der zentralen, staatlichen Regulierung zur dezentralen, technikgestützten Selbstbeschränkung

Probleme der Inhaltsregulierung, die sowohl aus unterschiedlichen gesellschaftlichen Normen und individuellen Wertvorstellungen als auch aus dem grenzüberschreitenden Charakter der Dienstangebote resultieren, führen zur Entwicklung von Alternativen zu Regulierungen, die zentral mittels Gesetzen vorgeschrieben werden. Ein Beispiel dafür ist der V(iolence)-Chip, der in den USA bereits im „Telecommunications Act of 1996" für den Fernsehbereich verpflichtend vorgeschrieben ist. Auch in der EU wird der V-Chip diskutiert, wobei aber laut einer Studie[25] technische Unterschiede zum US-System dessen Einführung in Europa unmöglich machen. Mit technischen Vorrichtungen wie dem V-Chip in Kombination mit einem Rating-System wird eine etwaige staatliche Inhaltsregulierung in eine technisch gestützte Selbstbeschränkung der Haushalte übergeführt. Auf Basis des Rating-Systems kann der erlaubte Grad an Gewaltdarstellungen in den empfangenen Programmen selbst festgelegt werden. Ähnliche technikgestützte Selbstbeschränkungsmechanismen sind nun auch für das Internet in Diskussion.

5.1.2 Zusammenfassung

Für die Informationsgesellschaft zeichnet sich nicht nur ein verändertes gesellschaftliches Kommunikationssystem und ein verändertes Wirtschaften ab, sondern auch eine Veränderung der Staatstätigkeit, mithin eine veränderte Form von Staatlichkeit im Kommunikationssektor. Die seit den 80er-Jahren durchgeführten und laufenden Politikreformen im Kommunikationssektor lassen in Summe auf einen Transformationsprozess schließen, der sich anhand

24 Für eine Diskussion von Selbstregulierungsinstitutionen siehe Ogus 1994, 107ff.

25 Parental Control Of Television Broadcasting http://europa.eu.int/comm/dg10/avpolicy/key_doc/parental_control/index.html

von Entwicklungstrends empirisch festmachen lässt, die in Tabelle 49 zusammengefasst sind und vorwiegend das staatliche Regulierungssystem betreffen.

Tabelle 49: Trends in Richtung einer transformierten Staatlichkeit im Mediamatikbereich der Informationsgesellschaft

(a)	Von der Protektion zur Wettbewerbsförderung
(b)	Trennung von politisch-strategischen und operativen Aufgaben, die ausgelagert werden
(c)	Von der vertikalen zur horizontalen Regulierung
(d)	Von der nationalen zur transnationalen Regulierung
(e)	Von der sektorspezifischen zur sektorübergreifenden Regulierung
(f)	Von der detaillierten Regulierung zu breiten Parametern
(g)	Von der Fremd- zur Selbstregulierung
(h)	Von der zentralen, staatlichen Regulierung zur dezentralen, technikgestützten Selbstbeschränkung

Die Auswirkungen der aufgelisteten Entwicklungstendenzen sind im Detail vielschichtig. Es lassen sich jedoch zwei *Entwicklungslinien* herauslesen:

- Erstens verändert sich die *dominante Sichtweise*, also die Abgrenzung und Definition des Politikbereiches insofern, als die traditionelle Telekommunikations-Medien-Dichotomie schrittweise überwunden wird (c). Das zieht machtpolitisch sensible, innerstaatliche Verschiebungen von Zuständigkeiten und Veränderungen von Regulierungsmodellen in Richtung einer integrativen Kommunikationspolitik, einer Mediamatikpolitik, nach sich. Auch auf supranationaler Ebene sind dementsprechende Reformen in Diskussion.
- Zweitens deuten die Entwicklungstendenzen in Richtung eines *„schlankeren" Staates* im Kommunikationssektor. Dies passiert zum einen „freiwillig" - durch den Rückzug aus operativen Aufgaben (b), durch vermehrte Selbstregulierung (g), sektorübergreifende Regulierung (e) und Selbstbeschränkung (h) – zum anderen aufgrund der Verlagerung der Regulierungskompetenzen auf die europäische und internationale Ebene (d), woraus eine Beeinträchtigung der Steuerungsmöglichkeiten nationalstaatlicher Akteure resultiert. Aber auch auf der supranationalen Ebene vollzieht sich ein Rückzug etwa mittels verstärkter Selbstregulierung. Dieser Rückzug geschieht nicht ganz freiwillig, sondern vielmehr da Konvergenz, Globalisierung und rascher technischer Wandel – deutlich etwa beim Internet –

die zentralistische Regulierung an ihre Grenzen stoßen lassen. Schlank bedeutet nicht die Aufgabe von Zielen, sondern einen effizienteren Mitteleinsatz zur Erreichung derselben. Gleichzeitig kommen neue Aufgaben hinzu wie beispielsweise die Mitgestaltung von transnationalen Regulierungssystemen im öffentlichen Interesse.

5.2 Analyseergebnisse und Schlussfolgerungen

Mit den oben beschriebenen Kennzeichen der transformierten Staatlichkeit haben wir zentrale Eckpfeiler für die Mediamatikpolitik der Informationsgesellschaft abgesteckt. In Kombination mit der Zusammenfassung von Ergebnissen aus den Teilanalysen der Studie, leiten wir nun Schlussfolgerungen für eine Politik ab, mit der die Entwicklung der Digitalen Ökonomie gefördert werden kann. Die folgende Zusammenstellung zeigt einen *Ausschnitt* möglicher Strategien auf nationaler, supranationaler und internationaler Ebene, da sie sich auf jene ausgewählten Aufgabenbereiche bezieht, die im Rahmen dieser Studie analysiert werden. Die generelle Ausrichtung (supra-)staatlicher Aktivitäten, die sich aus den Thesen zur Transformation der Staatlichkeit ergeben, sind dabei jeweils mitzuberücksichtigen, auch wenn wir sie nachfolgend nur vereinzelt explizit ausweisen.

Die *Digitale Ökonomie* steht am Ende eines *Transformationsprozesses*, der durch die Mediamatik vorangetrieben wird und zunehmend Teile der Gesamtwirtschaft erfasst. Sie ist v.a. durch die steigende Vernetzung aller Bereiche der gesamtwirtschaftlichen Aktivitäten und durch positive Rückkoppelungsschleifen zwischen steigenden Skalenerträgen und Netzeffekten gekennzeichnet. Sie führt sowohl zu Veränderungen bei den Marktstrukturen, Unternehmensstrategien und Geschäftsmodellen als auch beim Konsumverhalten:[26] Marktstrukturen werden z.B. instabiler und die Bedeutung digitaler Güter (jener, die über das Internet transportierbar sind) steigt an. Die Digitale Ökonomie ist als *Sammelbegriff* für jene Bereiche zu verstehen, die diese Charakteristika bereits aufweisen. Dazu zählen etwa der Business-to-Consumer (B-2-C) eCommerce und digitales Fernsehen. Welche wettbewerbspolitischen Implikationen sich durch veränderte Marktstrukturen in der Digitalen Ökonomie ergeben, hängt von der Markttransparenz, der Bestreitbarkeit des jeweiligen Marktes sowie der

---

26 Siehe Kapitel 2.2.

Innovationsdynamik ab. Diese empirischen Fragen können nur anhand von Fallstudien beantwortet werden.

Die gesamtwirtschaftliche Bedeutung der Digitalen Ökonomie ist anhand ihrer Auswirkungen auf Wachstum, Beschäftigung, Attraktivität des Standorts und Wettbewerbsfähigkeit zu beurteilen. Gemäß unserer Analyse des B-2-C eCommerce erwarten wir sowohl *positive Wachstums-* als auch *Beschäftigungseffekte*.[27] Allerdings sind die positiven Wachstumseffekte relativ gering, wenn auch nicht vernachlässigbar. Das statistische Datenmaterial bezüglich der Netto-Beschäftigungseffekte ist lücken- und mangelhaft. Aufgrund der *Intransparenz* des Marktes ist die Bedeutung von Markennamen und PR-Aktivitäten sehr groß. Die Disintermediationsthese, also die Umgehung der Zwischenhändler durch B-2-C eCommerce, wird in der Analyse kritisiert. Die empirischen Daten unserer Erhebung lassen keine eindeutigen Schlüsse zu. Im B-2-C eCommerce dürfte sich die „click and mortar"-Strategie als erfolgreich erweisen, d.h., dass die Unternehmen sowohl als traditionelle als auch als eCommerce-Einzelhändler (Multichannel-Anbieter) agieren.

Forcierung des institutionellen Wandels zur integrierten Mediamatikpolitik und -regulierung

Wie wir bereits in früheren Analysen argumentieren,[28] verlangt der Konvergenzprozess im Kommunikationssektor – in Kombination mit Liberalisierung und Globalisierung – nach einem Wechsel von der getrennten Medien- und Telekommunikationspolitik zu einer integrierten *Mediamatikpolitik und -regulierung*. Die Mediamatikpolitik und -regulierung ist horizontal ausgerichtet sowie technikneutral, flexibel und erweiterbar angelegt. Auf supranationaler und auf nationalstaatlicher Ebene werden Politikreformen in diese Richtung geplant und vollzogen, die durch ökonomische Argumente angetrieben und durch machtpolitische Kalküle gehemmt werden.[29] Der institutionelle Wandel in Richtung Mediamatikpolitik und -regulierung beinhaltet sowohl die Etablierung einer für Telekommunikation und Medien integrierten (horizontalen) Organisation der Regulierungsbehörden (*Mediamatik-Kommission*) und eine dementsprechende Zuteilung der politischen Zuständigkeiten in Verwaltung und Parlament als auch integrierende, technikneutrale, gesetzliche Normen für den Mediamatiksektor. Bei dieser institutionellen Reform geht es im Wesentlichen um die Anpassung der institutionellen Struktur der Politik an die ressortübergreifende Struktur der

---

27 *Siehe Kapitel 3.1.4.*

28 *Siehe Latzer 1997, 1998a.*

29 *Siehe Kapitel 2.1.*

Mediamatik. Eine rasche Anpassung der nationalstaatlichen Strukturen ist notwendig, um die Chancen auf wirtschaftliches Wachstum und gesellschaftlichen Wohlstand zu nutzen, die sich durch die Transformation zur Digitalen Ökonomie ergeben.

Institutionelle Reform in der Wettbewerbspolitik, besonders bei der Marktmachtkontrolle

Die veränderte Industriestruktur im Mediamatiksektor verlangt auch nach institutionellen Reformen der Wettbewerbspolitik, insbesondere der Marktmachtkontrolle.[30] Eine effiziente Politik ist notwendig, um den Wettbewerb zu fördern und die Meinungsmacht zu beschränken. Hier stellt sich einerseits die Frage, ob eine *sektorspezifische* Wettbewerbspolitik für den Mediamatiksektor nach wie vor notwendig ist, andererseits jene nach deren institutioneller Ausformung. In unserer Analyse kommen wir diesbezüglich zu folgendem Ergebnis: Die derzeitige Übergangsphase vom Monopol zum effektiven Wettbewerb im *Telekommunikationssektor* verlangt nach einer *sektorspezifischen, asymmetrischen Regulierung* der marktdominanten Unternehmen: Dies mit dem Ziel, den Wettbewerb zu fördern. Auch auf der *Medienseite* ergibt sich aufgrund des politischen Ziels der Medien- und Meinungsvielfalt ein *sektoraler* Regulierungsbedarf, v.a. in Form von Eigentumsbeschränkungen. Aufgrund der Konvergenz ist jedoch bei der sektoralen Regulierung der Übergang zu einer *horizontalen (integrierten) Regulierungsstruktur* für die Mediamatik empfehlenswert, um Synergieeffekte zwischen der Telekommunikations- und Medienregulierung zu nutzen, um die Transaktionskosten der Regulierung zu senken. Zunehmende „Überschneidungsprobleme" gäbe es ansonsten v.a. im Internet-Bereich und beim digitalen Fernsehen. Die empfohlene *Mediamatik-Kommission* soll – wiederum aus Gründen der Synergie - auch wettbewerbspolitische Agenden übernehmen. Mit einer auf funktionalen anstatt auf technischen Kriterien basierenden Regulierung kann auch das Problem des Aufeinanderprallens von zwei konträren Ansätzen, der ökonomisch motivierten Regulierung des Telekommunikationssektors und der politisch/kulturell motivierten Medienregulierung, überwunden werden. Dies lässt sich vorzugsweise in einer integrierten Mediamatik-Kommission bewerkstelligen, wie sie etwa in Österreich im Regierungsübereinkommen 2000 in groben Zügen vorgesehen ist.

Die Bewertung der Marktmacht wird in der Digitalen Ökonomie u.a. durch konglomerate Zusammenschlüsse, durch Coopetition und die Probleme der Be-

---

30 Siehe Kapitel 3.3.

stimmung des relevanten Marktes erschwert, wie anhand von digitalem Fernsehen und Internet in unserer Studie ausgeführt wird. Neben der sektorspezifischen Wettbewerbsregulierung ist auch die allgemeine, sektorübergreifende Wettbewerbspolitik von zunehmender Bedeutung. Die Anforderungen an die allgemeinen Wettbewerbsbehörden steigen an. In Österreich bietet sich z.B. zur besseren Bewältigung dieser Aufgaben eine institutionelle Analyse und dementsprechende Reform der sektorübergreifenden Marktmachtkontrolle an. Zum einen ist die zweigleisige Struktur (Kartellgericht und Wirtschaftsministerium) auf die mögliche Senkung der Transaktionskosten und die Nutzung von Synergieeffekten hin zu prüfen, zum anderen ist eine *Stärkung* der Kartellgerichtsbarkeit (dzt. Oberlandesgericht Wien) zu überlegen, etwa mittels der zusätzlichen Installation eines unabhängigen *Kartellanwalts.* Eine andere Option ist die Schaffung einer unabhängigen *Kartellbehörde.* Aus politisch-ökonomischer Sicht sind hierbei v.a. die unterschiedlichen interessenpolitischen Konsequenzen der beiden Varianten im Hinblick auf den traditionell starken Sozialpartnereinfluss zu berücksichtigen.

Formulierung und Umsetzung einer umfassenden B-2-C eCommerce-Strategie zur Nutzung von strategischen Komplementaritäten
Als Fallbeispiel für die Digitale Ökonomie wählen wir eCommerce. Politisch-ökonomische Strategien zu dessen Förderung haben viele Ansatzpunkte. Für unsere Analyse greifen wir die Schaffung eines allgemeinen rechtlichen Rahmens, den Verbraucher- und Datenschutz, die Zoll- und Steuerpolitik, elektronische Signaturen, die Rolle von KMUs, das elektronische Geld und die veränderten Qualifikationsanforderungen heraus. Für die Strategiebildung ist es wichtig zu betonen, dass die Wirksamkeit von *singulären* Maßnahmen zur Förderung von eCommerce aufgrund von *strategischen Komplementaritäten* zwischen den sich ergänzenden Einzelmaßnahmen beschränkt ist. Sie entfalten erst in Kombination mit anderen Maßnahmen ihre volle Wirkung. So ist die Förderung von KMUs bei gleichzeitiger Vernachlässigung des Arbeitskräftemangels in einzelnen Kompetenzbereichen ebenso ineffizient, wie die Unterstützung von eCommerce-Plattformen bei gleichzeitiger Vernachlässigung der Förderung des kostengünstigen Zugangs von Verbrauchern zum Netz. Um die strategischen Komplementaritäten zu nutzen, bedarf es einer *umfassenden, integrierenden eCommerce-Strategie,* die auch einen Zeitplan für die Umsetzung beinhaltet. Eine derartige Strategie fehlt beispielsweise in Österreich.[31]

31 Für einen Überblick zu strategischen Komplementaritäten siehe Abbildung 8 (Kapitel 3.1.4).

Abgrenzung und Vergleichbarkeit mittels einer präzisen B-2-C eCommerce-Definition

Vage Definitionen und Abgrenzungen des eCommerce prägen die Vielzahl der Marktstudien und mindern deren Aussagekraft und Vergleichbarkeit. Als Grundlage einer eCommerce-Strategie ist jedoch die klare *Definition und Abgrenzung* des Untersuchungsgegenstandes essenziell. Grundlegend muss zwischen Business-to-Business- und Business-to-Consumer eCommerce unterschieden werden. In unserer Studie konzentrieren wir uns aufgrund der größeren gesellschaftspolitischen Bedeutung auf *Business-to-Consumer (B-2-C) eCommerce.*

Aus analytischer Sicht besteht der Einkauf aus *drei Phasen*: der Informationsphase (Suche und Information), der Vereinbarungsphase (Vertragsverhandlung und -abschluss) und der Abwicklungsphase (Bezahlung und Lieferung). Wir verwenden in unserer Untersuchung eine Abgrenzung, nach der B-2-C eCommerce nur jene geschäftlichen Transaktionen umfasst, bei denen entweder die Verhandlungs- und/oder Abwicklungsphase zumindest teilweise (z.B. Bestellung/Zahlung) über das Internet abgewickelt werden, und bei denen nur einer der beteiligten Transaktionspartner Kaufmann i.S. des Handelsrechts ist.[32] Die differenzierte Analyse des B-2-C eCommerce ist hilfreich, da die mit den einzelnen Transaktionsphasen verbundenen wirtschafts- und gesellschaftlichen Herausforderungen teilweise unterschiedlich sind. Die Förderung der elektronischen Bezahlung in der Abwicklungsphase verlangt beispielsweise nach anderen Strategien als die Verbesserung der Informationsphase im Netz.

Evaluierung der Transformation der nationalen Industrie in Richtung Digitale Ökonomie

Von der Transformation in Richtung Digitaler Ökonomie und im Speziellen von der Anwendung des eCommerce werden positive Effekte für die *internationale Wettbewerbsfähigkeit* erwartet. Die optimale Nutzung dieses Potenzials, etwa mit Hilfe einer umfassenden eCommerce-Strategie, setzt detaillierte Kenntnisse der diesbezüglichen Stärken und Schwächen der nationalen Industrie voraus. Mittels einer *Evaluierung* der Industrie hinsichtlich eCommerce könnte geklärt werden, welche Industriezweige und welche Regionen bei diesem Umbruch nachhinken, um dort in der Folge mit gezielten Aktivitäten ansetzen zu können. Denn schon das Fallbeispiel der KMUs zeigt, dass aufgrund deren Heterogenität eine differenzierte Förderungsstrategie notwendig ist.[33]

---

32 Siehe Kapitel 3.1.1.2.

33 Siehe Kapitel 3.1.2.5.

Regionale und nationale Unterstützung von KMUs beim eCommerce
Die wirtschaftliche Bedeutung von kleinen und mittleren Unternehmen ist sowohl in der Europäischen Union insgesamt als auch in Österreich sehr groß. So sind beispielsweise rund 65% der europäischen und zwei Drittel der österreichischen Arbeitnehmer in KMUs beschäftigt. Mit der Transformation zur Digitalen Ökonomie ist die Hoffnung verbunden, dass sich auch den KMUs der globale, grenzenlose Markt eröffnet. Falls die Chancen, die sich durch die Digitale Ökonomie und eCommerce bieten, genutzt werden sollen, muss beachtet werden, dass auch bedeutende *Barrieren* für KMUs existieren. Die Heterogenität der KMUs bezüglich ihrer IKT-Ausstattung und ihrer Position in der Wertschöpfungskette verlangt nach *differenzierten Strategien.*[34] Zu den zentralen Adaptionsbarrieren für B-2-C eCommerce zählen die geringe Kenntnis über eCommerce, das mangelnde Humankapital und Finanzierungsprobleme aufgrund des hohen Investitionsvolumens. Daraus lässt sich politischer Handlungsbedarf ableiten, der u.a. bei der Information und Schaffung von *Aufmerksamkeit* (etwa durch die öffentliche Vorbildfunktion oder eCommerce-Websites), der Förderung des *Humankapitals,* der Verbesserung des Zugangs von KMUs zu *externem Expertenwissen* sowie bei der Steigerung der Effektivität des *Risikokapitalmarktes* ansetzt. Im Unterschied zu anderen Ansatzpunkten innerhalb einer politisch-strategischen eCommerce-Strategie kann die Förderung der KMUs maßgeblich auf der *regionalen und nationalen Ebene* gestaltet werden, während in den meisten anderen Bereichen supra- und internationale Akteure stark an Bedeutung gewonnen haben.

Klärung der steuerlichen Behandlung von eCommerce auf internationaler Ebene
Die Transnationalität und die zunehmende Bedeutung digital zustellbarer Güter sind zentrale Charakteristika des B-2-C eCommerce. Sie könnten zu einer *Erosion des Steuersystems* (bei Verbrauchs- und Ertragssteuern) führen.[35] Das Problem liegt zum einen beim Handel mit digitalen Gütern, da beispielsweise deren Lieferung aus dem EU-Ausland ohne Einfuhrumsatzsteuer in die EU erfolgt und deren Transport via Internet kaum kontrollierbar ist (wichtig für den Anfall von Mehrwertsteuern, also Verbrauchssteuern). Zum anderen ist auch die Klärung, in welchem Land die Ertragssteuer anfällt, problematisch, da diese z.B. alleine davon abhängen kann, ob ein Internet-Server vor Ort bereits als nationale Betriebsstätte gewertet wird oder nicht.

---

34 Siehe Kapitel 3.1.2.5.
35 Siehe Kapitel 3.1.2.4.

Die Analyse zeigt, dass die institutionelle Reformdebatte über ein adäquates Steuersystem durch einen *Interessenkonflikt* zwischen eCommerce-Export- (z.B. die USA) und Importländern (EU, A) bestimmt wird. Das derzeitige System ist zum Vorteil der Exportländer, da in Importländern mangels Kontrolle von digitalen Gütern an der Grenze die Basis für die Mehrwertsteuer erodiert. Ein weiterer Wettbewerbsvorteil US-amerikanischer Unternehmen ist, dass in den USA Umsätze, die mit digitalen Gütern erzielt werden, gemäß eines Moratoriums bis 2001 umsatzsteuerbefreit sind.[36] Die EU drängt daher auf eine internationale Reform und hat dementsprechende Vorschläge unterbreitet. Die für die Reform notwendigen technischen Veränderungen im Steuersystem stellen im Vergleich zur notwendigen politischen Willensbildung die geringere Barriere dar. Der Stand der Gemeinsamkeiten zwischen den Interessenparteien ist aus den Positionspapieren der OECD ersichtlich. Demzufolge sollen für digitale Güter keine Zölle anfallen, da sie als Dienstleistungen definiert werden, die Verbrauchsbesteuerung (Mehrwertsteuer) im Bestimmungsland (Ort des Verbrauchs) und die Ertragsbesteuerung abhängig vom Ort der Betriebsstätte erfolgen.

Festsetzung des regulatorischen Rahmens für elektronisches Geld auf internationaler Ebene

Die Bezahlung bei B-2-C eCommerce erfolgt zumeist mit *Kreditkarten* und anderen traditionellen, bargeldlosen Zahlungsformen. Varianten des elektronischen Geldes setzen sich nur langsam durch.[37] Von politischer Seite ist zu prüfen, welche regulatorischen Rahmenbedingungen für die Verbreitung von elektronischem Geld notwendig sind.[38] Grundlegend kann zwischen zwei Kategorien von elektronischem Geld unterschieden werden, das auf *Karten* basierende eGeld (in Österreich etwa das Quick-Money-System) und auf *Software* basierende Systeme wie beispielsweise DigiCash. Der Vorteil von elektronischem Geld liegt v.a. bei der Bezahlung von Kleinstbeträgen (Micro-Payments), da für derartige Beträge die Transaktionskosten für Kreditkartenzahlungen zu hoch sind. Es könnten sich aber für eCommerce-Angebote für derart geringe Beträge auch andere Geschäftsmodelle durchsetzen, z.B. eine Werbungsfinanzierung, wodurch die Bedeutung von Micro-Payments geschmälert wird.

36 *Dadurch haben B-2-C eCommerce Anbieter in den USA gegenüber traditionellen Einzelhändlern einen Wettbewerbsvorteil, der über schnelleres Wachstum und die damit verbunden positiven Feedback-Loops auch zu einem Wettbewerbsvorteil gegenüber europäischen B-2-C eCommerce Anbietern führt.*

37 *Siehe Kapitel 4.*

38 *Siehe Kapitel 3.1.2.6.*

Zu beachten ist auch, dass Konsumenten Zahlungen über Netze als unsicher empfinden. Die Attraktivität von Kreditkartenzahlungen könnte jedoch steigen, falls die damit verbundene Unsicherheit für den Konsumenten reduziert wird (z.B. durch technologische Lösungen wie SET). Ein politisches Ziel bezüglich der Bezahlungen im eCommerce wäre, dass möglichst große Teile der Bevölkerung *Zugang* zu darin verwendeten Zahlungssystemen haben (im Jahr 1999 verfügten 23% der österreichischen Bevölkerung über 15 Jahre über eine Kreditkarte). Mit elektronischem Geld könnte ein breiterer Zugang gewährleistet werden, indem auch Personen ohne Bankkonto eCommerce nutzen können (z.B. mittels Pre-paid Cards).

Bei den regulatorischen Maßnahmen zur Entwicklung von elektronischem Geld gilt es einerseits, eine *technologieneutrale* Regulierung zu finden, welche die marktmäßigen Entwicklungsoptionen des bislang kaum standardisierten eGeldes nicht einschränkt. Weiters sind auch die *operativen Risiken* von elektronischem Geld zu berücksichtigen. Denn die Ausgabe von elektronischem Geld unterliegt nicht dem Banknotenmonopol. Demnach könnte jedes Unternehmen elektronisches Geld emittieren. Um die damit verbundenen Risiken für das gesamtwirtschaftliche Zahlungssystem zu minimieren, sollen die Emittenten von elektronischem Geld zumindest teilweise der Bankenregulierung unterworfen werden (z.B. Liquiditätsreserven, Eigenkapitalvorschriften, Mindestreservenvorschriften der EZB). Angesichts des bisher geringen Volumens der Transaktionen mit elektronischem Geld sind die Vertrauensbildung bei den Verbrauchern und die Beseitigung von Rechtsunsicherheit bei den Anbietern die wichtigsten Ziele der eGeld-Regulierung in der EU. Derartige Regulierungen haben entsprechend dem transnationalen Charakter des eCommerce auf supranationaler Ebene (u.a. EU-Bankrechtskoordinierungsrichtlinien) zu erfolgen.

Verbesserung der Statistik als politisch-strategische Entscheidungshilfe

Ein oft beklagtes Manko in der Informationsgesellschaftsdebatte im Allgemeinen und in der eCommerce-Diskussion im Speziellen ist die *lücken- und mangelhafte Statistik,* welche die Grundlage einer adäquaten Mediamatikpolitik bilden soll. Dies trifft vor allem für *Beschäftigtendaten,* aber auch für die empirische Abschätzung der Entwicklung und Bedeutung des *eCommerce* zu. Nachdem in einer früheren Analyse die Beschäftigen des Informationssektors in Österreich gemäß einer OECD-Klassifikation ausgewiesen wurden,[39] haben wir

39 *Vgl. Sint 1998, 48. Demnach sind 1991 35,7% der österreichischen Beschäftigten dem Informationssektor zuzurechnen. Dabei handelt es sich jedoch vorwiegend um Lehr-, Büro- und Verwaltungspersonal.*

in der vorliegenden Untersuchung die *Beschäftigen des österreichischen Mediamatiksektors* erfasst[40] und auch empirische Daten zum *österreichischen B-2-C eCommerce* [41] erhoben.

Beim erstmaligen Versuch, die unselbstständig und selbstständig *Beschäftigten des Mediamatiksektors* aus statistischen Erhebungen für die Jahre 1995 und 1997 herauszufiltern, kamen wir zu folgenden Ergebnissen: Der Mediamatiksektor zählte 1997 mit rund 147.000 Beschäftigten zu den größten Österreichs und wies zwischen 1995 und 1997 mit 7,8% ein überdurchschnittliches Wachstum aus. Vergleichsweise dazu veränderte sich die Beschäftigung im Sachgüterbereich um –3,4%, im Handel um 0,4% und im Kredit- und Versicherungswesen um –1,5%.[42] Bei der Interpretation des Mediamatik- Beschäftigtenwachstums ist zu beachten, dass die positiven Nettobeschäftigungseffekte der Liberalisierung des Telekommunikationssektors erst nach 1997 einsetzten (rund 6000 Beschäftige 1997-99).[43]

Der Wert der hier erfolgten Erfassung der Mediamatikbeschäftigten liegt vor allem darin, dass sie präziser als bisherige statistische Abgrenzungen (etwa jene der OECD zu IKT) den konvergenten Informations- und Kommunikationssektor erfasst und dass es erst auf dieser Basis möglich wird, wirtschaftspolitische Maßnahmen für diesen Sektor auf deren quantitative Beschäftigungswirkungen hin zu evaluieren.

Rasche Anpassung an die veränderte Nachfrage nach Arbeitskräften

Angebot und Nachfrage nach qualifizierten Arbeitskräften klaffen im Mediamatiksektor zunehmend auseinander. Dies gilt für die gesamte EU, wo bereits für 1998 ein Mangel an 500.000 Arbeitskräften festgestellt wurde, der bis 2002 auf 1,2 Millionen anwachsen soll.[44] Auch in Österreich wird ein Arbeitskräftemangel beklagt, es fehlt jedoch sowohl eine *österreichweite Erhebung* der Zahl der offenen Stellen als auch der nachgefragten Qualifikationsmerkmale. Sie könnte die Basis für adäquate Maßnahmen bilden, die sowohl bei öffentlichen Bildungseinrichtungen als auch bei der betrieblichen Fortbildung ansetzen. Für die Wahl von strategischen Schwerpunkten, beispielsweise ob der Fokus bei der universitären Ausbildung oder den höheren Schulen liegen soll, werden

40 *Siehe Kapitel 3.2.*

41 *Siehe Kapitel 4.*

42 *Vgl. ÖSTAT 1999b.*

43 *Vgl. Arthur D. Little 1999.*

44 *Siehe Kapitel 3.2.*

empirische Entscheidungshilfen benötigt. In den USA wurde dazu erhoben, dass 80% der im IKT-Sektor nachgefragten Arbeitskräfte keinen Universitätsabschluss benötigen. Generell ist bei einer „Mediamatik-Bildungsoffensive" zwischen Schlüsselqualifikationen (soft skills), wie z.B. die Fertigkeit des eigenständigen Lernens, und „core skills", funktionale Qualifikationen wie z.B. die Softwareentwicklung, zu unterscheiden. Soft skills sind eine notwendige Basis, wenn die konkret benötigten Qualifikationen noch unklar sind und folglich v.a. auf die Flexibilität der Arbeitnehmer gesetzt werden muss. Weiters spielen sie eine große Rolle, wenn sich traditionelle Arbeitsweisen durch neue Technologien verändern. Schlüsselqualifikationen sind eine gute Voraussetzung, um sich diesen geänderten Verhältnissen rasch anpassen zu können. Der „freie" Arbeitsmarkt würde zwar zu einer Angleichung an die neuen Qualifikationsanforderungen führen, dies jedoch zu hohen Transaktionskosten. Supranationale und nationalstaatliche Anstrengungen können die volkswirtschaftlichen Kosten der Qualifikationsanpassung verringern und dadurch die internationale Wettbewerbsfähigkeit der EU bzw. Österreichs verbessern.

Die Politik ist also gefordert, dem Marktversagen im Aus- und Weiterbildungsbereich entgegenzuwirken. Dies könnte durch Maßnahmen wie die Förderung der Computer- bzw. Media-Literacy in Bildungseinrichtungen, die stärkere Berücksichtigung der steigenden Bedeutung von Schlüsselqualifikationen (soft skills) in der Mediamatik, und das Setzen von (steuerlichen) Anreizen für betriebliche Fortbildung erreicht werden. Eine weitere Option, dem Facharbeitermangel entgegenzuwirken, ist die Erleichterung von *Aufenthalts- und Arbeitsgenehmigungen* für ausländische Experten bzw. die Unterstützung österreichischer Unternehmen (besonders der KMUs) bei Rekrutierungsbemühungen im Ausland. Ebenfalls sollte die Dauer der Antragserledigung möglichst kurz gehalten werden. Denn zu den wesentlichen Merkmalen der Digitalen Ökonomie zählen Schnelligkeit im Allgemeinen und kürzere Produktzyklen im Besonderen.

Empirische Analysen des B-2-C eCommerce als Input für förderungspolitische Strategien

Die Diskussion des B-2-C eCommerce ist reich an Hypothesen und Behauptungen über Entwicklungen und Auswirkungen, aber arm an analytisch wertvoller und (international) vergleichbarer Empirie. Diesem Mangel kann durch periodische, analytisch fundierte Befragungen begegnet werden. Für unsere Studie ließen wir eine *Exklusivbefragung zur eCommerce-Nutzung in Österreich für das Jahr 1999* von Fessel-GfK/Integral im Rahmen des AIM-Spezial 99/00 durchführen, die sich aufgrund der beschränkten Ressourcen exemplarisch auf einzelne Themenbereiche konzentriert.[45] Die Befragung baut auf unserer problemorientierten B-2-C eCommerce-Definition auf, somit auf der Unterteilung des Einkaufs in die Phasen: Information, Vereinbarung und Abwicklung. Ausgangspunkt der Interpretation bilden die im AIM-Spezial 99/00 erhobenen Internet-Nutzerzahlen: Demnach schneidet Österreich mit 1,8 Mio. Nutzern Ende 1999, das sind 28% der Bevölkerung ab 14 Jahren, im europäischen Vergleich überdurchschnittlich gut ab. Davon haben 540.000 Personen, rund 8% der Bevölkerung ab 14, im Jahr 1999 B-2-C eCommerce verwendet, wobei Frauen mit 21% unterdurchschnittlich[46] vertreten sind. Das österreichische B-2-C eCommerce-Volumen 99 beläuft sich laut unserer Schätzung auf öS 4 Mrd. und ist somit im Vergleich zum österreichischen Einzelhandelsvolumen noch äußerst gering (0,76%).

Die Ergebnisse der Befragung stehen in engem Bezug zu den Teilanalysen unserer Studie und liefern wertvolle, zusätzliche Hinweise für die politische Strategiefindung, wie in kurzen Zügen anhand einiger Beispiele erläutert werden soll: Da selbst zwei Drittel der regelmäßigen Internet-Nutzer noch nie eCommerce genutzt, und zwei Drittel der B-2-C eCommerce-Nutzer nur 1-5 Einkäufe im Jahr 1999 getätigt haben, ist das Entwicklungspotenzial groß. Es geht also in Österreich nicht nur um die Förderung des Internet-Zugangs, sondern vielmehr auch darum, die *Attraktivität* des B-2-C eCommerce für bestehende Internet-Nutzer zu steigern. Das Befragungsergebnis, dass *Datenschutz- und Konsumentenschutzprobleme* die wichtigsten Diffusionshemmnisse für B-2-C eCommerce sind, unterstreicht die Bedeutung der in der Studie analysierten Politikbereiche – insbesondere für die Schaffung von Vertrauen in B-2-C eCommerce. Die Bedeutung digitaler Güter – ein Merkmal der Digitalen Ökonomie – ist im B-2-C eCommerce noch nicht stark ausgeprägt. Das wertmäßige Verhältnis von gekauften physischen und digitalen Gütern im B-2-C eCommerce beträgt 7:1. Dass die Bedeutung der Kombination „Informieren über das Netz und traditioneller Kauf", weit über jene des B-2-C eCommerce in Österreich hinausgeht, verweist auf die Relevanz der alleinigen Web-Präsenz (ohne Online-Kaufmöglichkeit). Das Umfrageergebnis, dass der hohe Bekanntheitsgrad des Händlers das wichtigste Kaufkriterium im österreichischen B-2-C eCommerce ist, stärkt die Hypothese, dass die Strategie des *Multichannel-Anbieters* („click

---

45 *Siehe Kapitel 4.*

46 *Im Vergleich dazu sind 40% der Internet-Nutzer und 53% der Bevölkerung (ab 14 Jahren) Frauen.*

and mortar") erfolgversprechend ist. In Kombination mit dem Ergebnis, dass die Bekanntheit der Marke das zweitwichtigste Kriterium für die Auswahl des Produktes ist, wird die in der Studie vertretene These der *Intransparenz* des B-2-C eCommerce-Marktes gestützt. Da elektronisches Geld in Österreich bislang kaum für B-2-C eCommerce genutzt wird (1%), und die mit der Bezahlung verbundene Unsicherheit als zweitwichtigster Grund gegen den Kauf im Internet gewertet wird, sind Maßnahmen zur *Vertrauensbildung* in diesen Bereich besonders wichtig. Unsere Schätzung des potenziellen Umsatzsteuerentgangs ergab derart geringe Werte, dass die Kosten der Durchsetzung der Umsatzbesteuerung für B-2-C eCommerce (Administration und Kontrolle) derzeit vermutlich noch höher als der potenzielle Einnahmenentgang sein dürften. Insgesamt lassen die erhobenen Daten zur Dynamik der Marktentwicklung ein rasches Wachstum des österreichischen B-2-C eCommerce erwarten.

Stärkung von Aufmerksamkeit und Vertrauen in die Digitale Ökonomie durch einen Regierungsbeauftragten für eCommerce
Eine Option, um die Aufmerksamkeit und die Effektivität von Förderungsstrategien zu erhöhen und gleichzeitig das Vertrauen in eCommerce zu stärken, ist die Ernennung eines Regierungsbevollmächtigten, der die nationalstaatlichen Strategien evaluiert und koordiniert, das Land bei internationalen Diskussionen vertritt, als öffentliche Leitfigur und Ansprechpartner in eCommerce-Angelegenheiten auftritt und die Regierung bei ihrer Strategiefindung berät. Dieser Weg eines e-Envoy wird beispielsweise in Großbritannien gegangen. In Österreich gab und gibt es vergleichbare Positionen in anderen Bereichen (z.B. EU-Osterweiterung, Technologiepolitik, Zwangsarbeiterentschädigung) und sie wäre auch für die Digitale Ökonomie zu überlegen, nicht zuletzt um den Stellenwert zu dokumentieren, den die Regierung dem eCommerce beimisst. Um die sachliche Orientierung der Tätigkeit und damit die politische Unabhängigkeit zu sichern und zu dokumentieren, sollte es sich dabei um einen Vertreter aus Wirtschaft oder Wissenschaft handeln.

Die ausgewählten Schlussfolgerungen sollen verdeutlichen, dass trotz der Transformation der Staatlichkeit und der daraus resultierenden Tendenz zum schlanken Staat[47] viele Ansatzpunkte für förderliche Markteingriffe in die Digitale Ökonomie existieren. Unsere Analyse eruiert und rechtfertigt Markteingriffe mit politisch-ökonomischen und industrieökonomischen Ansätzen. Das insti-

47 *Siehe Kapitel 5.1.*

tutionelle Gefüge, die Arbeitsteilung zwischen nationaler, supranationaler und internationaler Ebene und die verwendeten politischen Instrumente verändern sich. Wir beschränken uns in dieser Studie auf *exemplarische Analysen* ausgewählter Aufgabenbereiche, die in ihrer Tiefe variieren. Bereiche wie beispielsweise der Schutz des geistigen Informationseigentums, die Universaldienstpolitik und die Vorreiterrolle des Staates werden nicht im Detail behandelt. Eine umfassende Strategiegrundlage wäre um diese Aufgabenbereiche zu ergänzen. Erst auf Basis einer möglichst kompletten Liste lässt sich für eine Politik der Weg bereiten, die die strategischen Komplementaritäten der Einzelmaßnahmen berücksichtigt. So können die in der Studie beschriebenen Chancen der Digitalen Ökonomie genutzt und die aufgezeigten Gefahren gleichzeitig vermieden werden.

Verzeichnis der Tabellen, Abbildungen und Kästen

Kapitel 1

Abb. 1: Mobilkommunikation: Teilnehmer pro 100 Einwohner in der EU und USA, 12/99 – S. 14

Abb. 2: Internet-Nutzer nach Regionen, 2/2000 – S. 14

Abb. 3: Internet-Penetration pro 100 Einwohner in EU, USA, Kanada und Japan, Ende 1999 – S. 15

Abb. 4: Geschätzter B-2-C eCommerce-Umsatz weltweit im Jahr 2000 – S. 15

Abb. 5: Anteile am eCommerce-Umsatz (B-2-B und B-2-C) nach Regionen, 1997-2003 – S. 16

Tab. 1: Meilensteine der EU-Politik in Richtung Informationsgesellschaft – S. 18

Kapitel 2

Abb. 6: Konvergenzschritte im elektronischen Kommunikationssektor – S. 29

Abb. 7: Zusammenschlüsse, 1991-1999, im europäischen TK-Sektor, die unter die Europäische Fusionskontrollverordnung fallen – S. 31

Tab. 2: Charakteristika der Mediamatik – S. 32

Kast. 1: Definitionen der Digitalen Ökonomie (Netz- oder Internet-Ökonomie) – S. 42

Tab. 3: Charakteristika der Digitalen Ökonomie – S. 44

Kast. 2: Die Theorie der bestreitbaren Märkte – S. 55

Tab. 4: Übergang von der traditionellen zur Digitalen Ökonomie – S. 58

Kapitel 3

Kast. 3: Definitionen des eCommerce – S. 63

Kast. 4: Der Zusammenhang zwischen Definition und Volumen des elektronischen Handels – S. 65

Tab. 5: Vertrauensbildende Maßnahmen für eCommerce in der EU – S. 73

Tab. 6: Argumente für Selbstregulierung und für staatliche Regulierung – S. 80

Tab. 7: Ziele des Aktionsplans zur sicheren Nutzung des Internet – S. 85
Tab. 8: Im Aktionsplan zur sicheren Nutzung des Internet vorgesehene Maßnahmen – S. 86
Tab. 9: Vertrauensbildungen: Probleme und Gegenmaßnahmen – S. 93
Tab. 10: Eigenschaften der gehandelten Güter – S. 95
Tab. 11: Relevante EU-Dokumente für den Verbraucherschutz im elektronischen Handel – S. 99
Kast. 5: Die Konsequenzen des Übergangs vom Herkunfts- zum Bestimmungsland-Prinzip im Handel mit Drittländern im Verbraucherschutz – S. 101
Kast. 6: Fallstudie – der Internet-Ombudsmann – S. 103
Kast. 7: Die Übereinkommen von Rom, Brüssel und Lugano – S. 105
Tab. 12: Verbraucherschutz: Probleme und Gegenmaßnahmen – S. 107
Tab. 13: EU-Richtlinien für den Schutz der Privatsphäre im elektronischen Handel – S. 111
Tab. 14: International Safe Harbor Principles – S. 116
Tab. 15: Datenschutz: Probleme und Gegenmaßnahmen – S. 121
Tab. 16: Die Definition von KMUs in der Europäischen Union – S. 139
Tab. 17: Die Bedeutung der KMUs in der EU im Jahre 1996 – S. 140
Tab. 18: Die Bedeutung der KMUs in Österreich – S. 140
Tab. 19: Kostenvorteile durch eCommerce für KMUs – S. 141
Tab. 20: Zeitvorteile durch eCommerce für KMUs – S. 142
Tab. 21: Qualitätsvorteile durch eCommerce für KMUs – S. 142
Tab. 22: Barrieren bei der Adaption des elektronischen Handels in KMUs – S. 145
Kast. 8: Charakteristika einer eCommerce-Web-site für KMUs – S. 153
Tab. 23: Die wichtigsten Maßnahmen für KMUs – S. 155
Tab. 24: Überblick über die Einordnung des elektronischen Geldes in die Klassifikation der Zahlungssysteme – S. 159
Tab. 25: Die unterschiedlichen Formen operationaler Risiken beim elektronischen Geld – S. 166
Tab. 26: EU-Bestimmungen und Vorschläge zum elektronischen Geld – S. 171
Tab. 27: Das Transaktionsvolumen mit auf Karten basierendem elektronischen Geld im Jahre 1998 – S. 176
Tab. 28: Angebotene Zahlungsmöglichkeiten im B-2-C eCommerce in Europa – S. 178
Tab. 29: Ausgewählte Zahlungsmöglichkeiten im B-2-C eCommerce in Europa – S. 179

Tab. 30: Ziele, die mittels Aktionsprogrammen verfolgt werden - S. 182
Abb. 8: Schematische Darstellung der Politikfelder des eCommerce - S. 184
Tab. 31: Ausgewählte eCommerce-Aktionsprogramme - S. 185
Tab. 32 Aktionsprogramme - Zentrale Maßnahmen - S. 188
Tab. 33: Kanäle, über die B-2-C eCommerce die gesamtwirtschaftlichen Kosten reduzieren kann - S. 194
Tab. 34: Kanäle, über die B-2-C eCommerce die gesamtwirtschaftlichen Kosten erhöhen kann - S. 195
Tab. 35: Dienstleistungen, die von Intermediären für Verbraucher erbracht werden (Auswahl) - S. 198
Tab. 36: Dienstleistungen, die von Intermediären für Produzenten erbracht werden (Auswahl) - S. 199
Kast. 9: Multichannel- versus reine Online-Anbieter - S. 200
Tab. 37: Untersuchte Indikatoren der Wettbewerbsintensität - S. 203
Kast. 10: Formen der Preis- und Produktdifferenzierung - S. 207
Abb. 9: Schematisierung der Arbeitsmarkteffekte des B-2-C eCommerce - S. 212
Tab. 38: Die Beschäftigten im österreichischen Mediamatiksektor im Vergleich zu anderen ÖNACE-Abschnitten - S. 221
Tab. 39: OECD-Definition der IKT-Unternehmen (ICT-Industries) - S. 224
Tab. 40: Beschäftigte im österreichischen IKT-Bereich gemäß OECD-Definition (aufgeschlüsselt in die ÖNACE-Klassen) - S. 228
Tab. 41: Beschäftigte im österreichischen Mediamatiksektor - S. 230
Tab. 42: Entwicklungsfaktoren der Mediamatik-Branche - S. 234
Tab. 43: Ausbildungsniveau der Bevölkerung im OECD-Vergleich - S. 234
Kast. 11: Schlüsselqualifikationen (soft skills) und funktionale Qualifikationen (core skills) - S. 237
Abb. 10: Alterung der Bevölkerung (EU) im erwerbsfähigen Alter - Veränderungen zwischen 1998 und 2010 (in Mio.) - S. 238
Abb. 11: Anteil der Unternehmen, die IKT-Schulungen anbieten, 1997 - 1999 (in %) - S. 240
Abb. 12: Ausbildungsbedarf (EU), 1998 - 2000 (in %) - S. 242
Tab. 44: Schlüsselqualifikationen - S. 244
Abb. 13: Nationale und supranationale Marktmachtkontrolle, Stand 2000 - S. 251
Abb. 14: Marktmachtkontrolle in Österreich, Stand 2000 - S. 254
Tab. 45: Ausgewählte konglomerate Zusammenschlüsse im Mediamatiksektor - S. 263

Kapitel 4
Abb. 15: Internet-Nutzer und Zugang zum Internet in Österreich, 1997-1999 - S. 288
Abb. 16: Internet-Zugang und Nutzung der Bevölkerung ab 14 in Österreich, Ende 99 - S. 289
Abb. 17: Über Internet gekaufte Produkte, Österreich 1999 - S. 290
Abb. 18: Zahlungsart bei B-2-C eCommerce in Österreich, 1999 - S. 291
Tab. 46: Verhältnis des B-2-C eCommerce-Volumens 1999 zum Einzelhandel (Schätzung) - S. 294
Abb. 19: Im Internet nur informiert, aber traditionell gekauft, Österreich 1999 - S. 295
Tab. 47: Anteil der physischen und digitalen Güter an den B-2-C-Gesamtbestellungen, 1999 - S. 296
Abb. 20: Physische und digitale Güter: Anteile am B-2-C eCommerce, Österreich 1999 - S. 297
Abb. 21: B-2-C eCommerce bei österreichischen und ausländischen Anbietern, 1999 - S. 298
Abb. 22: B-2-C eCommerce bei Herstellern und Händlern, Österreich 1999 - S. 300
Abb. 23: Wichtigkeit von Gründen für Internet-Kauf, Österreich 1999 - S. 301
Abb. 24: Wichtigkeit von Kaufkriterien beim Internet-Kauf, Österreich 1999 - S. 302
Abb. 25: Gründe gegen Kauf im Internet, Österreich 1999 - S. 303
Abb. 26: Zukünftige Nutzer von B-2-C eCommerce in Österreich, 1999 - S. 305
Tab. 48: Schätzung der Anzahl der B-2-C eCommerce-Nutzer im Jahr 2000 - S. 305
Kast. 12: Unterschiedliche Szenarien zur Schätzung der B-2-C eCommerce-Nutzer im Jahr 2000 - S. 306

Kapitel 5
Tab. 49: Trends in Richtung einer transformierten Staatlichkeit im Mediamatikbereich der Informationsgesellschaft - S. 317

Abkürzungsverzeichnis

A	Österreich	
A-2-B eCommerce	Administration to Business eCommerce	Elektronischer Handel zwischen öffentlicher Verwaltung und Unternehmen
A-2-C eCommerce	Administration to Citizen eCommerce	Elektronischer Handel zwischen öffentlicher Verwaltung und Bürgern
AGB	Allgemeine Geschäftsbedingungen	
AMS	Arbeitsmarktservice Österreich	
AOL	America Online	Internet Access Provider, der auch andere Dienste und Inhalte anbietet
API	Application Programming Interface	Funktionen von Applikationen werden vom Betriebssystem durch solche Interfaces unterstützt
A-SIT	Zentrum für sichere Informationstechnologie – Austria	Verein, der die Einhaltung technischer Sicherheitsanforderungen kontrolliert, die an Zertifizierungsanbieter, die akkreditierte elektronische Signaturverfahren anbieten, gestellt werden
ASN	Austrian School Network	
ATV	Austria Television	Österreichisches Privatfernsehen über Kabel und Satellit
BB	Breitband	
BFI	Berufsförderungsinstitut	
BGBl.	Bundesgesetzblatt	

B-2-B eCommerce	Business to Business eCommerce	Elektronischer Handel zwischen Unternehmen
B-2-C eCommerce	Business to Consumer eCommerce	Elektronischer Handel zwischen Unternehmen und Verbrauchern
BIP	Bruttoinlandsprodukt	Maß für die gesamte inländische Produktion in Geldeinheiten
Bit	Binary Digit	Ziffern 0 oder 1 in der Datenübertragung
Bit/s	Bit je Sekunde	Maß für die Übertragungsgeschwindigkeit von Information
BIZ	Bank für internationalen Zahlungsausgleich	
BKartA	Bundeskartellamt	
BMAGS	Bundesministerium für Arbeit, Gesundheit und Soziales	
BMVIT	Bundesministerium für Verkehr, Innovation und Technologie	
BMWV	Bundesministerium für Wissenschaft und Verkehr	
Byte	8 Bit	
CA	Certification Authority	Zertifizierungsstelle
CAD	Computer Added Design	
CAM	Conditional Access Module	Teil im digitalen TV Empfangsteil (Set-top-Box), der für die Zugangskontrolle zuständig ist
CAS	Conditional Access System	Zugangsberechtigungssystem bei z.B. Pay-TV
CCC	Copyright Clearing Center	Ein CMS zur Verwaltung verschiedener Urheberrechte (USA, CH u.a.)

CD	Compact Disk	Zur digitalen Speicherung von Tonaufnahmen und computerlesbaren Inhalten
CDI	Ursprünglich: Control Data Institut	CDI Deutsche Private Akademie für Wirtschaft GmbH (Control Data: aufgelassene Computer Firma)
CD-ROM	CD-Read Only Memory	CD meist für computer-lesbare Inhalte
CH	Schweiz	
CLT-UFA	Compagnie Luxembourgeoise de Télédiffusion (CLT) - Universum Film AG (UFA)	Gemeinschaftsunter-nehmen von Bertelsmann und Audiofina S.A.
DOJ	Department of Justice	Justizministerium in den USA
DV	Datenverarbeitung	
DNS	Domain Name System	Namensvergabe-System im Internet
E	Spanien	
EDI	Electronic Data Interchange	seit langem verwendete technologische Basis für B-2-B eCommerce
ECDL	European Computer Driving Licence	
EDV	Elektronische Datenverar-beitung	
EFTA	European Free Trade Area	Europäische Freihandelszone
EG	Europäische Gemeinschaft	
EGV	EG-Vertrag	Vertrag über die Errichtung der Europäischen Union
EPA	Europäisches Patentamt	= EPO
EPG	Electronic Program Guide	Elektronischer Programm-führer zur Darstellung der Programme bei z.B. Pay TV
EPO	European Patent Office	= EPA

Esdaq	European Association of Securities Dealers Automated Quotation	europäische Börse in Brüssel, konzipiert für KMUs mit überdurchschnittlichen Wachstumschancen
ETS	European Trusted Services	
ETSI	European Telecommunications Standards Institute	
EU	Europäische Union	
EVÜ	Europäisches Schuldvertrags-Übereinkommen	
EWG	Europäische Wirtschaftsgemeinschaft	
EWR	Europäischer Wirtschaftsraum	
EZB	Europäische Zentralbank	
F	Frankreich	
F&E	Forschung & Entwicklung	
FAQs	Frequently Asked Questions	Häufig gestellte Fragen
FCC	Federal Communications Commission	US Bundesregulierungs behörde für TK und RF
FTP	File Transfer Protokoll	Dateitransferprotokoll am Internet
GATS	General Agreement on Trade in Services	
GATT	General Agreement on Tariffs and Trade	Internationales Zoll- und Handelsabkommen, weitergeführt in der WTO
Gbyte, GB	Gigabyte	1 Milliarde Byte
GWB	deutsches Gesetz gegen Wettbewerbsbeschränkungen	
HAK	Handelsakademie	
HR	Kroatien	
HTL	Höhere Technische Lehranstalt	
HTML	Hypertext Markup Language	Seitenbeschreibungssprache im WWW

HTTP	Hypertext Transport Protocol	Übertragungsprotokoll für WWW
I	Italien	
ICANN	Internet Corporation for Assigned Names and Numbers	nicht-kommerzielle Organisation, geschaffen von der US-Verwaltung, verwaltet das DNS-System
ICC	International Chamber of Commerce	Internationale Handelskammer
ICT	Information and Communication Technology	
idf., idF, i.d.F.	in der Fassung	
IKT	Informations- und Kommunikationstechnologie	
IP	Internet Protokoll	
IPOC	Interim Policy Oversight Committee	
IPR	Internationales Privatrecht	
IPR	Intellectual Property Rights	
ISIC	International Standard Industry Classification	
ISP	Internet Service Provider	Internet Dienstanbieter
IT	Informationstechnologie	
ITC	Independent Television Commission	Rundfunk Regulator in Großbritannien
IWE	Forschungsstelle für institutionellen Wandel und europäische Integration	Forschungsstelle an der ÖAW
KATV	Kabel-TV	
KMU	Kleine und Mittlere Unternehmen	
MITI	Ministry of International Trade and Industry	Japanisches Ministerium für Internationalen Handel und Industrie
MPEG, MP2, MPEG3, MP3	Motion Pictures Expert Group	Bezeichnet die von dieser Gruppe erarbeiteten Normen der Videokompression, MPEG-2=MP2, MPEG-3=MP3

NAB	National Association of Broadcasters	
NAFTA	North American Free Trade Area	
NAP	Nationaler Aktionsplan für Beschäftigung	
Nasdaq	National Association of Securities Dealers Automatic Quotation System	US-Hochtechnologiebörse
NL	Niederlande	
NSI	Network Solutions Inc.	Registrierungsfirma für Internetdomänen
OCG	Österreichische Computer Gesellschaft	
OECD	Organization for Economic Cooperation and Development	Wirtschaftsorganisation der entwickelten Industriestaaten
OFTEL	Office of Telecommunications	Telekommunikationsregulator in Großbritannien
ÖNACE	Österreichische Nomenclature Générale des Activités Économique dans le Communautés Européennes	Allgemeine Systematik der Wirtschaftszweige der Europäischen Gemeinschaften
ONP	Open Network Provision	Regulierungsauflage der EU
ORF	Österreichischer Rundfunk	öffentlich-rechtliche Rundfunkanstalt
ÖAW	Österreichische Akademie der Wissenschaften	
ÖIAT	Österreichisches Institut für Angewandte Telekommunikation	
ÖSTAT	Österreichisches Statistisches Zentralamt	
Pay-TV	Pay-Television	Bezahlfernsehen
PTO	Public Telecommunications Operator	
RF	Rundfunk	

SAP	Systemanalyse und Programmentwicklung	Anbieter betriebswirtschaftlicher Anwendungssoftware
SET	Secure Electronic Transactions	Sichere Kreditkartengeschäfte im Internet
SigG	Signaturgesetz	
SMS	Subscriber Management System	Abonnentenverwaltung bei Pay-TV
TCP/IP	Transmission Control Protocol/ Internet Protocol	Normen, die das Internet definieren
TIPHON	Telecommunications and Internet Protocol Harmonization over Networks	Projekt zur Entwicklung einheitlicher Lösungen für IP-Telefonie
TK	Telekommunikation	
TKG	Telekommunikationsgesetz	
TLD	Top Level Domain	Höchste Ebene im Bereich der Domänennamen, wie z.B. com, org, net
UNCITRAL	United Nations Commission on International Trade Law	
VGR	Volkswirtschaftliche Gesamtrechnung	
VKI	Verein für Konsumenteninformation	
VO	Verordnung	
VOD	Video On Demand	Fernsehen mit Abruf der einzelnen Programme durch den Zuseher
WIFI	Wirtschaftsförderungsinstitut	
WIPO	World Intellectual Property Organization	= OMPI, Weltorganisation für geistiges Eigentum
WKÖ	Wirtschaftskammer Österreich	

WTO	World Trade Organisation	vormals GATT
WWW	World Wide Web	Hypertextsystem am Internet, kurz: das Web

Literaturverzeichnis

Arbeiterkammer Wien (1999): Erhebung Internetshopping, Wien.

Arthur D. Little (1999): Job-Maschine Telekom. Studie für das Bundesministerium für wirtschaftliche Angelegenheiten, Wien.

Austrian Chamber of Labour (1999): Jurisdictional Venue and Applicable Law in Electronic Commerce - Position of the Austrian Federal Chamber of Labour, Wien.

Bailey, J. P. (1998): Electronic Commerce: Prices and Consumer Issues for Three Products: Books, Compact Discs, and Software, Paris: OECD

Bailey, J. P./Bakos, Y. (1997): An Exploratory Study of the Emerging Role of Electronic Intermediaries, pp. 7-20, in: International Journal of Electronic Commerce, 1 (3), 1997.

Bangemann, M. (1997): Europe and the Information Society - The Policy Response to Globalisation and Convergence, Venice. http://www.ispo.cec.be/infosoc/promo/speech/venice.html

Bank for International Settlements (1996a): Implications for Central Banks of the Development of Electronic Money, Basel.

Bank for International Settlements (1996b): Security of Electronic Money. Report by the Committee on Payment and Settlement Systems and the Group of Computer Experts of the central banks of the Group of Ten countries, Basel. http://www.bis.org

Bank for International Settlements (1997): Electronic Money – Consumer protection, law enforcement, supervisory and cross border issues. Report of the working party on electronic money, Basel. http://www.bis.org

Bank for International Settlements (1998): Risk Management for Electronic Banking and Electronic Money Activities, Basle Comittee on Banking Supervision, Basel. http://www.bis.org

Barlow, J. P. (1994): The Economy of Ideas, in: Wired Magazin, 2.03, 1994. http://www.wired.com/wired/ 2.03/features/economy.ideas.html

Beck, H. (1999): Die wettbewerbspolitische Relevanz des Internet, S. 460-467, in: Wirtschaft und Wettbewerb, 49 (5), 1999.

Bender, G. (1997): Cross-Media-Ownership. Eine rechtsvergleichende Untersuchung der Kontrolle multimedialer Unternehmenskonzentration in der Bundesrepublik Deutschland und den Vereinigten Staaten von Amerika, Dissertation, Münster.

Benjamin, R./Wigand R. T. (1995): Electronic Markets and Virtual Value Chains on the Information Superhighway, pp. 62 –72, in: Sloan Management Review, 36, 1995.

Brenn, C. (1999): Das österreichische Signaturgesetz – Unterschriftenersatz in elektronischen Netzwerken, S. 587-595, in: Österreichische Juristenzeitung 16, 1999.

Bundesministerium für Arbeit, Gesundheit und Soziales/Bundesministerium für wirtschaftliche Angelegenheiten (1999a): Nationaler Aktionsplan für Beschäftigung, Österreich, Wien.

Bundesministerium für Arbeit, Gesundheit und Soziales/Bundesministerium für wirtschaftliche Angelegenheiten (1999b): Umsetzungsbericht 1999 zum Nationalen Aktionsplan für Beschäftigung, Österreich, Wien.

Bundesministerium für Unterricht und kulturelle Angelegenheiten (2000): ASN-Gesamtübersicht Österreich. http://www.bmuk.gv.at/psin/asnues.htm

Bundesministerium für Wirtschaft (1999): Elektronischer Geschäftsverkehr – Initiative der Bundesregierung, Berlin.

Cabinet Office (1999): ecommerce@its.best.uk, London

Campbell, A. J. (1999): Self-Regulation and the Media, pp. 711-771, in: Federal Communications Law Journal, 51 (3), 1999.

CDI Deutsche Private Akademie für Wirtschaft (2000): Stellenmarktanalyse 1999 – Schlüsselqualifikationen. http://www.cdi.de./arbeitsmarkt/schluessel-qualifikationen/index.html

Center for Research in Electronic Commerce (1999): Internet Economy Indicators, University of Texas. http://www.internetindicators.com

Chakravorti, S. (1997): How Do We Pay?, pp. 1-8, in: Financial Industry Issues, Federal Reserve Bank of Dallas.

Chappell, C./Feindt, S. (1999): Analysis of E-commerce practice in SMEs, Projektbericht - KITE. http://kite.tsa.de

Clark, T. (1998): The future of pay-per-view in Europe – realistic and ideological views, pp. 58-655, in: Communications Law, 3 (2), 1998.

Cline, R. J./Neubig, T. S. (1999): The Sky is not Falling: Why State and Local Revenues were not Significantly Impacted by the Internet in 1998, Ernst&Young Economics Consulting and Quantitative Analysis. http://www.ecommercecommission.org/Files/Ernst&Young.pdf

Clinton, W. J./Gore A. (1997): Framework for Global Electronic Commerce, Washington, D.C. http://www.ecommerce.gov/framewrk.htm

Coase, R. (1960): The Problem of Social Cost, pp. 1-44, in: Journal of Law and Economics, 3, 1960.

Consumers International (1999): Consumers@shopping. An international comparative study of electronic commerce. http://193.128.6.150/consumers/campaigns/index.html

Cowie, C./Marsden, C. (1999): Convergence. Navigating Bottlenecks in Digital Pay-TV, pp. 53-67, in: The Journal of Policy, Regulation and Strategy for Telecommunications Information and Media, 1 (1), 1999.

Czernich, D. (1996): Kauf- und Dienstleistungsverträge im Internet, S. 82-86, in: ecolex, 2, 1996.

D'Amico, C. (1999): Understanding the Digital Economy (Draft), in: Paper presented at the conference „Understanding the Digital Economy" Washington, D.C., May 25-26 1999, Washington.

Department of Trade and Industry (1998): net benefit: the electronic commerce agenda for the uk, London.

Department of Trade and Industry (1999): Building Confidence in Electronic Commerce – A Consultation Document, London.

Deutsche Bundesregierung (1999): Innovation und Arbeitsplätze, Bonn: Bundesministerium für Bildung und Forschung. http://www.iid.de/aktionen/aktionsprogramm/kapitel2_2.htm

Diamond, D. W. (1984): Financial Intermediation and Delegated Monitoring, pp. 393-414, in: Review of Economic Studies, 1984.

Dittlbacher, U. (1999): Elektronischer Handel und Besteuerung, S. 425-430, in: Wirtschaftspolitische Blätter 5, 1999.

Doyle, G. (1998): Towards a pan-European Directive? From „Concentrations and Pluralism" to „Media Ownership", pp. 11-15, in: Communications Law, 3 (1), 1998.

Edding, E. (1988): Bildungspolitik, in: Willi Albers et. al. (Hg.): Handbuch der Wirtschaftswissenschaften, Bd. 2, Tübingen: Mohr.

EIM Small Business Research and Consultancy (1997): Das Europäische Beobachtungsnetz für KMU, Brüssel.

EZB - Europäische Zentralbank (1998): Report on Electronic Money, Frankfurt.

EZB - Europäische Zentralbank (1999a): Opinion of the European Central Bank (CON 98/56), Frankfurt. http://www.ecb.de/pub/legal/op9856en.htm

EZB - Europäische Zentralbank (2000): Payment Systems in the European Union - Addendum incorporating 1998 figures, Frankfurt. http://www.ecb.de

Falch, M./Henten, A. (1999): Consumer Protection in the Electronic Market Place – National Regulation in a Global Environment, pp. 319-350, in: Communication & Strategies, 34, 1999.

Fessel-GfK/Integral (1999/2000): AIM-Spezial 1999/2000, Wien.
Financial Times (7.2.2000): EU: Workers targeted in computer literacy drive, World News/Europe, by Michael Smith.
Finsinger, J. (1991): Wettbewerb und Regulierung, München: Florentz.
Fletcher Research (1999): The UK Internet Survey 1999. http://www.fletch.co.uk/internet/index.html
Forgó, N. (1999): Was sind und wozu dienen digitale Signaturen?, S. 235-237, in: ecolex 4, 1999.
Forgó, N. (1999a): Sicher ist sicher? – Das Signaturgesetz, S. 607-609, in: ecolex 9, 1999.
Georg, K. D./Joll, C./Lynk, E. L. (1992): Industrial Organisation – Competition, Growth and Structural Change, 4. ed., London: Routledge.
Glatz, H. (1999): Verbraucherschutz im elektronischen Geschäftsverkehr, Wien: AK-Wien.
Gomery, D. (1993): The Centrality of Media Economics, pp. 190-198, in: Journal of Communication, 43 (3), 1993.
Goolsbee, A./Zittrain, J. (1999): Evaluating the Costs and Benefits of Taxing Internet Commerce. Advisory Commission on Electronic Commerce. http://www.ecommercecommission.org.
Gore, A. (1998): U.S. Government Working Group on Electronic Commerce - First Annual Report, Washington, DC.
Grant, R. R. (1997): Measuring Corporate Power: Assessing the Options, pp. 453-460, in: Journal of Economic Issues, 31 (2), 1997.
Graphischer Bildungsverband (1998): Kommunikationsberufe im 21. Jahrhundert, Wien.
Hanappi G. (Hrsg.) (1997): Der Informationssektor in Österreich, Studie im Auftrag des BMWV, Österreichische Akademie der Wissenschaften, Wien.
Hansen, H. (1999): Die wettbewerbspolitische Beurteilung von Forschungs- und Entwicklungskooperationen zwischen konkurrierenden Unternehmen, S. 468-479, in: Wirtschaft und Wettbewerb, 49 (5), 1999.
Hayek, F. A. (1945): The Use of Knowledge in Society, pp. 519 – 530, in: American Economic Review, 35, 1945.
Heinrich, J. (1994): Medienökonomie. Band 1: Mediensystem, Zeitung, Zeitschrift, Anzeigenblatt, Opladen: Westdeutscher Verlag.
Heinrich, J. (1999a): Konsequenzen der Konvergenz für das Fach „Medienökonomie", S. 73-85, in: Latzer, M. et al. (Hrsg.): Die Zukunft der Kommunikation. Phänomene und Trends in der Informationsgesellschaft, Innsbruck: Studien Verlag.

Heinrich, J. (1999b): Medienökonomie. Band 2: Hörfunk und Fernsehen, Opladen: Westdeutscher Verlag.

Helberger, N. (1999): Hacken von Premiere bald europaweit verboten?, S. 295-306, in: ZUM - Zeitschrift für Urheber- und Medienrecht, 43 (4), 1999.

Heletel (1999): Best Business Web Sites. Studie im Auftrag der Europäischen Kommission, Thessaloniki - Brüssel.

Heller, H. (1983): Staatslehre, Tübingen: Mohr.

Hellerstein, W. (1999): The Law of Sales Taxes in a Cyber Economy, Testimony – Advisory Commission on Electronic Commerce. http://www.ecommerce-commission.org/Files/ACF23C.doc

ICC (1999): Global Action Plan for Electronic Commerce Prepared by Business with Recommendations for Governments, zweite Ausgabe Oktober 1999. http://www.iccwbo.org/home/electronic_commerce/ word%20documents/ SJAPFIN.doc

Just, N./Latzer, M. (1999): The European Policy Response to Convergence with Special Consideration of Competition Policy and Market Power Control, präsentiert bei der 49. Konferenz der ICA, 27.-31. Mai 1999, San Francisco. ICE-Working Paper Series, Nr. 1.

Just, N./Latzer, M. (2000): EU Competition Policy and Market Power Control in the Mediamatics Era, erscheint in: Telecommunications Policy, 24 (5), 2000.

Kaufer, E. (1980): Industrieökonomik, München: Franz Vahlen.

Kelly, K. (1997): New Rules for the New Economy - Twelve dependable principles for thriving in a turbulent world, in: Wired Magazin, 5.09, 1997. http://www.wired.com/wired/5.09/newrules.html

Kelly, K. (1998): New Rules for the New Economy. 10 Radical Strategies for a Connected World, New York: Viking.

Kerrigan, A. (1999): Taxation of E-Commerce – Recent developments from a European perspective, pp. 439-447, in: Wirtschaftspolitische Blätter, 5, 1999.

Kiefer, M.-L. (1995): Konzentrationskontrolle - Bemessungskriterien auf dem Prüfstand, S. 58-68, in: Media Perspektiven, 2, 1995.

Kobrin, S. J. (1997): Electronic Cash and the End of National Markets, pp. 65-77, in: Foreign Policy, 1997.

Konert, B. (1998): Konvergenz und Marktzugang im Bereich des digitalen Fernsehens und des World Wide Web, EIM Working Paper.

König, M. (1997): Die Einführung des Digitalen Fernsehens. Neue Probleme und Implikationen für den Wettbewerb und die Medienkonzentration, Baden-Baden: Nomos.

Kreps, D. M. (1990): A Course in Microeconomic Theory, New York: Harvester Wheatsheaf.
Kühnelt, E./Lichtmannegger, R. (1997): Eigenkapitalwirksame Finanzierung, Wien: Wirtschaftskammer Österreich Eigenverlag.
Latzer, M. (1997): Mediamatik - Die Konvergenz von Telekommunikation, Computer und Rundfunk, Opladen: Westdeutscher Verlag.
Latzer, M. (1997a): Institutionalization of Mediamatics Regulation for Converging Markets, pp. 89-106, in: Elixmann, D./Kürble, P. (ed.): Multimedia - Potentials and Challenges from an Economic Perspective, WIK Proceedings, No.5. Bad Honnef.
Latzer, M. (1998a): Von der Medien- zur Mediamatik-Politik - Kommunikationspolitische Folgerungen aus dem Konvergenztrend, S. 143-156, in: Österreichische Zeitschrift für Politikwissenschaft, 2, 1998.
Latzer, M. (1998b): European Mediamatics Policies - Coping with Convergence and Globalization, pp. 457-466, in: Telecommunications Policy, 22 (6), 1998.
Latzer, M. (1999a): Toward an Integrated Universal Services Policy for the „Mediamatics" Sector, forthcoming in: Bohlin, E./Brodin, K./Lundgren, A./Thorngren, B. (ed.), Convergence in Communications and Beyond, Amsterdam: Elsevier Science.
Latzer, M. (1999b): Transformation der Staatlichkeit im Kommunikationssektor: Regulierungsansätze für die Mediamatik, S. 282-296, in: Imhof, K./Jarren, O./Blum, R. (Hg.): Steuerungs- und Regelungsprobleme in der Informationsgesellschaft, Opladen: Westdeutscher Verlag.
Latzer, M./Leo, H. (1997): Gutachten zur Berücksichtigung von Konsumenteninteressen in der Telekommunikationsregulierung. Gutachen im Auftrag des BKA, Sektion VII, Frauenangelegenheiten und Konsumentenschutz, Wien.
Latzer, M. et al. (1999): Die Zukunft der Mobilen Kommunikation. Neue Anwendungen für Konvergente Netze, Studie der IWE und des WIFO im Auftrag der Mobilkom AG.
Lehner, F. (1990): Ökonomische Theorie politischer Institutionen - ein systematischer Überblick, S. 207-234, in: Göhler, G./Lenk, K./Schmalz-Bruns, R. (Hg.): Die Rationalität politischer Institutionen - Interdisziplinäre Perspektiven, Baden-Baden: Nomos.
Liikanen, E. (2000): The liberalisation of the telecommunications sector in Greece: e Europe – An Information Society for all. Infoworld Conference, 21. Jänner 2000, Athen. http://europa.eu.int/comm/information_society/speeches/liikanen/athens01_en.htm

Linde, R. (1996): Einführung in die Mikroökonomie, Stuttgart: Kohlhammer.
Mayer-Schönberger, V. (2000): Bedauerlich: Signatur-Dienstleister nach der SigV, S. 130-132, in: *ecolex* 2, 2000.
Mayer-Schönberger, V./Pilz, M. (1999): E-Commerce: Rechtliche Rahmenbedingungen und Notwendigkeiten, in: Österreichisches Anwaltsblatt, 1999.
McAndrews, J. J. (1997), Banking and Payment System Stability in an Electronic Money World, Working Paper No. 97-9, Federal Reserve Bank of Philadelphia
Meier-Wahl, M./Wrobel, M. (1999): Wettbewerbsregulierung in einem dynamischen Markt – Der Fall Microsoft, S. 28-33, in: Wirtschaft und Wettbewerb, 49 (1), 1999.
MITI (1997): Towards the Age of the Digital Economy, Tokio. http://www.gip.jipdec.or.jp/
Moulton, B. R. (1999): GDP and the Digital Economy – Keeping up With the Changes, paper presented at the conference „Understanding the Digital Economy", 25./26. 05. 1999, Washington, DC.
Mueller, M. (1999): ICANN and internet governance. Sorting through the debris of self regulation, pp. 497-520, in: info, 1 (6), 1999.
Murray, J. (1999): The Limits of Self Regulation - BEUC/047/99, in: Intervention to the European Commission and Italian Government Conference on Political Change for the Information Society, Rom.
Nesvold, P. H. (1997): Communication Breakdown: Developing an Antitrust Model for Multimedia Mergers and Acquisitions. http://www.vii.org/cgi-bin/vii/papers/peter.htm
Neumann, B. C./Nedvinsky, G. (1997): Internet Payment Services, pp. 401-415, in: McKnight, L. W./Bailey, J. P. (ed.), Internet Economics, Cambridge: MIT Press.
Nordemann, J./Czychowski, C./Grüter, P. (1998): The Internet, the Name Server and Antitrust Law, pp. 99-105, in: European Competition Law Review, 19 (2), 1998.
North, D. (1988): Theorie des institutionellen Wandels – Eine neue Sicht der Wirtschaftsgeschichte, Tübingen: Mohr.
North, D. (1992): Institutionen, institutioneller Wandel und Wirtschaftsleistung: Tübingen: Mohr.
OCG Österreichische Computer Gesellschaft (2000): Europäischer Computer Führerschein (ECDL), Wien. http://www.ecdl.at/
OECD (1980): Guidelines on the protection of Protection of Privacy and Transborder Flows of Personal Data, Paris: OECD. http://www.oecd.org/dsti/sti/it/secur/prod/priv-en.htm

OECD (1997b): Measuring Electronic Commerce, Paris: OECD.
OECD – Working Party on Small and Medium-Size Enterprises (1998): SMEs and Electronic Commerce, Paris: OECD.
OECD Group of Experts on Information Security and Privacy (1998-1): Draft Background Report for the Ministerial Declaration on the Protection of Privacy on Global Networks. Paris: OECD.
OECD (1998a): Action Plan for Electronic Commerce, Paris: OECD.
OECD – Directorate for Financial, Fiscal and Enterprise Affairs, Committee on Fiscal Affairs (1998-a1): Electronic Commerce – A Discussion Paper on Taxation Issues, Paris: OECD.
OECD – Directorate for Financial, Fiscal and Enterprise Affairs, Committee on Fiscal Affairs (1998b): Electronic Commerce: Taxation Framework Conditions, Paris: OECD.
OECD (1998c): Consumer Protection in the Electronic Marketplace, Paris: OECD. http://www.oecd.org
OECD (1998d): Definition for the Information and Communication Technology Sector, Paris: OECD. http://www.ocde.org/dsti/sti/it/stats/defin.htm
OECD (1998e): Gateways to the Global Market – Consumers and Electronic Commerce, Paris: OECD.
OECD (1998f): Kryptographiepolitik – Leitlinien und aktuelle Problematik, Paris: OECD. http://www.oecd.org
OECD (1998g): OECD Ministerial Conference „A Borderless World: Realising the Potential of Global Electronic Commerce“, Paris: OECD. http://www.oecd.org
OECD (1998h): Report on International and Regional Bodies: Activities and Initiatives in Electronic Commerce, Paris: OECD. http://www.oecd.org
OECD (1998i): The Economic and Social Impacts of Electronic Commerce: Preliminary Findings and Research Agenda, Paris: OECD.
OECD (1998j): Bildung auf einen Blick – OECD-Indikatoren, Paris: OECD.
OECD Forum on Electronic Commerce (1999): Progress Report on the OECD Action Plan. Paris: OECD. http://www.oecd.org
OECD (1999a): Communications Outlook 1999, Paris: OECD.
OECD (1999b): Conditional Access Systems: Implications for Access, Paris: OECD.
OECD (1999c): Convergence and Licensing in Broadcasting, Paris: OECD.
OECD (1999d): OECD Guidelines for Consumer Protection in the Context of Electronic Commerce, Paris: OECD.
OECD (1999e): Science, Technology and Industry Scoreboard, Paris: OECD.
OECD (o.J.): A Global Marketplace for SMEs – OECD Review of SME Internet Sites, Paris: OECD. http://www.oecd.org//dsti/sti/industry/smes/act/sme-site.htm

Ogus, A. (1994): Regulation. Legal Form and Economic Theory, Oxford: Clarendon Press.

Olson, M. (1968): Die Logik des kollektiven Handelns, Tübingen: Mohr.

ÖSB Unternehmensberatung (1999): tele.soft – Berufsbilder und Ausbildungsmaßnahmen, Wien.

Wirtschaftskammer Österreich, Bundessektion Handel (2000): Handel in Zahlen 1998, Wien. http://wko.at/FRAME.ASP?TYP=1&DSTID=224

Österreichisches Statistisches Zentralamt (1995): Schriftreihe – Systematische Verzeichnisse – Systematik der Wirtschaftstätigkeiten – ÖNACE 1995, Wien: Österreichische Staatsdruckerei.

Österreichisches Statistisches Zentralamt (1998a): Beiträge zur Österreichischen Statistik – Produzierender Bereich und Dienstleistungsbereich 1995, Heft 1264, Wien: Österreichische Staatsdruckerei.

Österreichisches Statistisches Zentralamt (1998b): Beiträge zur Österreichischen Statistik – Handel, Dienstleistungen 1995, Heft 1266, Wien: Österreichische Staatsdruckerei.

Österreichisches Statistisches Zentralamt (1999a): Beiträge zur österreichischen Statistik – Arbeitskräfteerhebung 1997, Heft 1303, Wien: Österreichische Staatsdruckerei.

Österreichisches Statistisches Zentralamt (1999b): Beiträge zur Österreichischen Statistik – Produzierender Bereich und Dienstleistungsbereich 1997, Heft 1311, Wien: Österreichische Staatsdruckerei.

Österreichisches Statistisches Zentralamt (1999c): Beiträge zur Österreichischen Statistik – Handel, Dienstleistungen 1997, Heft 1318, Wien: Verlag Österreich.

OTA Office of Technology Assessment (1990): Critical Connections – Communications for the Future, Washington: U.S. Gvmt Printing Office.

Owen, B./Wildman, S. (1992): Video Economics, Cambridge-London: Harvard University Press.

Page, A. C. (1994): Microsoft: A Case Study in International Competitiveness, High Technology, and the Future of Antitrust Law, pp. 99-122, in: Federal Communications Law Journal, 47 (1), 1994.

Pearce, G./Platten, N. (1998): Achieving Personal Data Protection in the European Union, pp. 529-548, in: Journal of Common Market Studies, 36 (4), 1998.

Peltzman, S. (1976): Toward a more General Theory of Regulation, pp. 211-240, in: Journal of Law and Economics, 19, 1976.

Pinkernell, R. (1999): Ertrag- und umsatzsteuerrechtliche Behandlung des grenz-

überschreitenden Softwarevertriebs über das Internet. http://www.uni-koeln.de/jur-fak/inststeu/software.htm
Pitt, E. (1999): Telecommunications Regulation: Is it Realistic to Rely on Competition Law?, pp. 245-248, in: European Competition Law Review, 20 (4), 1999.
Plum, M./Schwarz-Schilling, C. (2000): Marktabgrenzung im Telekommunikations- und Postsektor, Diskussionsbeitrag Nr. 200, Bad Honned: Wissenschaftliches Institut für Kommunikationsdienste.
Preißl, B./Haas, H. (1998): Die Übertragbarkeit von Erfolgsfaktoren US-amerikanischer Teleshopping-Angebote auf den deutschen Markt, Berlin: Institut für Wirtschaftsforschung.
PriceWaterhouseCoopers (1999): Competing in the Internet Age – Challenges for Incumbents. http://195.92.19.211/ebusiness/ebiz_trend.htm
Röper, H. (1999): Formation deutscher Medienmultis 1998/99, S. 345-378, in: Media Perspektiven, 7, 1999.
Rothschild, M./Stiglitz, J. (1976): Equilibrium in Competitive Insurance Markets: An Essay on the Economics of Imperfect Information, pp. 629-649, in: Quarterly Journal of Economics, 80 (3), 1976.
Sandmo, A. (1990): Public Goods, pp. 254-266, in: Eatwell, J./Milgate, M./ Newman, P. (ed.): The New Palgrave - Allocation, Information and Markets, London-Basingstoke: Macmillan Press.
Sarkar, M. B./Butler, B./Steinfield Ch. (1995): Intermediaries and Cybermediaries – A Continuing Role for Mediating Players in the Electronic Marketplace, in: Journal of Computer Mediated Communications, 1 (3), 1995. http://www.ascusc.org/jcmc/vol1/issue3/vol1no3.html
Schmid, B. (1996): Zur Konstruktion Elektronischer Märkte, Working Paper, Institut für Wirtschaftsinformatik, Universität St. Gallen.
Schmid, B. (o.J.): Elektronische Märkte auf dem Weg von der Fiktion zum Faktum, Working Paper, Institut für Wirtschaftsinformatik, Universität St. Gallen.
Schmidt, K.-E. (1997): Gibt es einen Fernsehzuschauermarkt im Sinne des Gesetzes gegen Wettbewerbsbeschränkungen?, S. 472-478, in: ZUM – Zeitschrift für Urheber- und Medienrecht, 41 (6), 1997.
Schmitz, S. W. (1997): Interventionsszenarien für den Telekommunikationssektor, S. 168-212, in: G. Hanappi (Hrsg.), Der Informationssektor in Österreich, Studie im Auftrag des BMWV, Österreichische Akademie der Wissenschaften, Wien

Schmitz, S. W. (2000): E-Commerce and the Structure of Intermediation, in: Journal for Computer Mediated Communication, 5 (3), 2000. http://www.ascusc.org/jcmc/

Schneier, B. (1993): Applied Cryptography – Protocols, Algorithms, and Source Code in C, New York: John Wiley & Sons Inc.

Selgin, G./White, L. H. (1994): How Would the Invisible Hand Handle Money, pp. 1718-1749, in: Journal of Economic Literature, 1994.

Shapiro, C./Varian, H. (1999): Information Rules – A Strategic Guide to the Network Economy, Harvard: Harvard Business School Press.

Shop.org (1999): State of Online Retailing 2.0. http://www.shop.org

Sint, P. P. (1998): Empirische Analyse der Beschäftigung im Informationssektor, S. 45-64 in: Kurswechsel – Zeitschrift für gesellschafts-, wirtschafts- und umweltpolitische Alternativen, 2, 1998, Wien: Sonderzahl Verlag.

Smith, M. D./Bailey, J./Brynjolfson E. (1999): Understanding Digital Markets: Review and Assessment, Boston. http://ecommerce.mit.edu/papers/ude

Smythe, D. (1977): Communications: Blindspot of Western Marxism, pp. 1-27, in: Canadien Journal of Political and Social Theory, 1 (3), 1977.

Statistik Österreich (1995): Ergebnisse des Mikrozensus – Sonderprogramme, Wien: Verlag Statistik.

Statistik Österreich (1997): Ergebnisse des Mikrozensus – Sonderprogramme:, Wien: Verlag Statistik.

Steemers, J. (1998): On the Treshold of the ‚Digital Age': Prospects for Public Service Broadcasting, pp. 97-123, in: Steemers, J. (ed.): Changing Channels: The Prospects for Television in a Digital World. London: John Libbey.

Steinfield, Ch./Mahler, A./Bauer, J. (1999): Electronic Commerce and the Local Merchant: Opportunities for Synergy Between Physical and Web Presence, in: Electronic Markets, 9, http://www.electronicmarkets.org/netacademy/publications.nsf/all_pk/932

Stiftung Warentest (1999): Electronic Commerce in Europe, Berlin. http://europa.eu.int/comm/dg24/library/surveys/sur11_en.html

Stigler, G. (1971): The theory of economic regulation, pp. 2-21, in: Bell Journal of Economic and Management Science, 2, 1971.

Sutton, J. (1991): Sunk costs and market structure. Price Competition, advertising, and the evolution of concentration, Cambridge, MA: MIT Press.

Tapscott, D. (1996): The Digital Economy. Promise and Peril in the Age of Networked Intelligence, New York: McGraw-Hill.

Task Force on Electronic Commerce (1998): The Canadian Electronic Commerce Strategy, Ottawa. http://e-com.ic.gc.ca

Tettenborn, A. (2000): E-Commerce Richtlinie: Politische Einigung in Brüssel erzielt, in: Kommunikation und Recht, 59, 2000.

The Department of Treasury (1998): Treasury Deputy Assistant Secretary (International Tax Affairs), Joseph H. Guttentag Senate Finance Committee – RP-2596, Washington D.C.

Traugott, R. (1998): Zur Abgrenzung von Märkten, S. 929-939, in: Wirtschaft und Wettbewerb, 48 (10), 1998.

United Nations Development Program (1999): Human Development Report 1999, New York: Oxford University Press.

United States - Japan (1998): Joint Statement on Electronic Commerce.

United States Department of Commerce - Secretariat on Electronic Commerce (1998): The Emerging Digital Economy, Washington. http://www.ecommerce.gov

van Miert, K. (1999): Vorwort von Karel van Miert, S. 3-7, in: Europäische Kommission (GD IV Wettbewerb): Die Wettbewerbspolitik der Europäischen Gemeinschaft, XXVIII. Bericht über die Wettbewerbspolitik, SEK (1999) 743 endg. Luxemburg: Amt für amtliche Veröffentlichungen der Europäischen Gemeinschaften.

Varian, H. R (1999): Market Structure in the Network Age, Berkley. http://www.sims.berkeley.edu/~hal/people/hal/papers.html

Vesely, R. (1997): Network Solutions Target of Antitrust Probe. http://www.wired.com/news/ news/politics/story/4984.html

Vicini, J. (2000): U.S. Court Sides With Network Solutions On Fees. http://www.totaltele.com/secure/view.asp?ArticleID=25457&pub=tt&categoryid=626.

Wagemann, M. (1993): Statement, S. 12-21, in: EMR Expertengespräch. Fusionskontrolle in der Sackgasse? Schriftenreihe des Instituts für Europäisches Medienrecht.

Weninger, R. (1999): Besteuerung des elektronischen Handels – Aus österreichischer Sicht, S. 448-455, in: Wirtschaftspolitische Blätter, 5, 1999.

Wigand, R. T. (1997): Electronic Commerce – Definition, Theory, and Context, pp.1-16, in: The Information Society, 13 (1), 1997.

Williams, M. (1997): Sky Wars: The OFT Review of Pay-TV, pp. 214-229, in: European Competition Law Journal, 18 (4), 1997.

Williamson, O. E. (1990): Die ökonomischen Institutionen des Kapitalismus - Unternehmen, Märkte, Kooperationen, Tübingen: Mohr.

Wimmer, N./Arnold, K. (1998): Wirtschaftsrecht in Österreich und seine europarechtliche Integration, Wien: Manz.

Wirth, M. O./Bloch, H. (1995): Industrial Organization Theory and Media Industry Analysis, pp.15-26, in: The Journal of Media Economics, 8 (2), 1995.
Wirtschaftskammer Österreich (1998): Die Chancen der Informationsgesellschaft, Wien.
Wirtschaftskammer Österreich (1999): Klein- und Mittelbetriebe in Österreich, Wien
WTO (1998): Electronic Commerce and the Role of the WTO, Special Studies 2, Genf: WTO Publications.
Zerdick, A. et al. (1999): Internet-Ökonomie – Strategien für die Digitale Wirtschaft, München: Springer.
Zimmer D. (1999): Elektronische Verträge, Wien: AK-Wien Eigenverlag.

EU-Dokumente

Empfehlungen

Empfehlung 87/598/EWG der Kommission vom 8. Dezember 1987 für einen Verhaltenskodex im Bereich des elektronischen Zahlungsverkehrs.

Empfehlung 88/590/EWG der Kommission vom 17. November 1988 zu Zahlungssystemen, insbesondere zu den Beziehungen zwischen Karteninhabern und Kartenausstellern.

Empfehlung 92/295/EWG der Kommission vom 7. April 1992 über Verhaltenscodices zum Verbraucherschutz bei Vertragsabschlüssen im Fernabsatz.

Empfehlung 96/280/EG der Europäischen Kommission vom 3. April 1996 betreffend die Definition der kleinen und mittleren Unternehmen.

Empfehlung 97/489/EWG der Kommission vom 30. Juli 1997 zu den Geschäften, die mit elektronischen Zahlungsinstrumenten getätigt werden (besonders zu den Beziehungen zwischen Emittenten und Inhabern solcher Instrumente).

Empfehlung 98/257/EG der Kommission vom 30. März 1998 betreffend die Grundsätze für Einrichtungen, die für die außergerichtliche Beilegung von Verbraucherrechtsstreitigkeiten zuständig sind.

Entscheidungen

Entscheidung 94/922/EG der Kommission vom 9. November 1994 in einem Verfahren nach der Verordnung (EWG) Nr. 4064/89 des Rates (Sache IV/M.469 – MSG Media Service).

Entscheidung 99/276/EG des Europäischen Parlaments und des Rates vom 25. Januar 1999 über die Annahme eines mehrjährigen Aktionsplans der Gemeinschaft zur Förderung der sicheren Nutzung des Internet durch die Bekämpfung illegaler und schädlicher Inhalte in globalen Netzen.

Grünbücher

Auf dem Wege zu einer dynamischen europäischen Volkswirtschaft, Grünbuch über die Entwicklung des gemeinsamen Marktes für Telekommunikationsdienstleistungen und Telekommunikationsgeräte. KOM (87) 290.

Grünbuch der Kommission. Pluralismus und Medienkonzentration im Binnenmarkt. Bewertung der Notwendigkeit einer Gemeinschaftsaktion. KOM (92) 480 endg.

Fusionskontrolle der Gemeinschaft: Grünbuch über die Revision der Fusionskontrollverordnung. KOM (96) 19.

Grünbuch zur Konvergenz der Branchen Telekommunikation, Medien und Informationstechnologie und ihren ordnungspolitischen Auswirkungen. Ein Schritt in Richtung Informationsgesellschaft. KOM (97) 623.

Mitteilungen

Mitteilung der Europäische Kommission. Die Notwendigkeit einer stärkeren internationalen Koordinierung; Mitteilung der Kommission, Brüssel. KOM (98) 50.

Mitteilung der Kommission – Der Status der Sprachübermittlung im Internet nach Maßgabe des Gemeinschaftsrechts und insbesondere der Richtlinie 90/388/EWG, 98/C6/4.

Mitteilung der Kommission betreffend die Bereitstellung von Telekommunikations- und Kabelfernsehnetzen durch ein und denselben Betreiber sowie die Aufhebung der Beschränkungen bei der Nutzung von Telekommunikationsnetzen für die Bereitstellung von Kabelfernsehkapazitäten – wettbewerbsrechtliche Gesamtbeurteilung. 98/C71/4.

Communication to the European Parliament, the Council, the Economic and Social Committee and the Committee of the Regions. The Convergence of the Telecommunications, Media and Information Technology Sectors, and the Implications for Regulation. Results of the Public Consultation on the Green Paper. COM (99) 108.

Mitteilung der Kommission an das Europäische Parlament, den Ministerrat, den Wirtschafts- und Sozialausschuss und den Ausschuss der Regionen. Entwicklung neuer Rahmenbedingungen für elektronische Kommunikationsinfrastrukturen und zugehörige Dienste. Kommunikationsbericht 1999. KOM (99) 539.

Mitteilung der Kommission an das Europäische Parlament, den Ministerrat, den Wirtschafts- und Sozialausschuss und den Ausschuss der Regionen. Die Entwicklung des Marktes für digitales Fernsehen in der Europäischen Union. Bericht im Zusammenhang mit der Richtlinie 95/47/EG des Europäischen Parlaments und des Rates vom 24. Oktober 1995 über die Anwendung von Normen für die Übertragung von Fernsehsignalen. KOM (99) 540.

Mitteilung der Kommission an das Europäische Parlament, den Ministerrat, den Wirtschafts- und Sozialausschuss und den Ausschuss der Regionen. Fünfter Bericht über die Umsetzung des Reformpakets für den Telekommunikationsektor. November 1999.

Mitteilung der Kommission – Strategien für Beschäftigung in der Informationsgesellschaft, Brüssel. KOM (2000) 48 endg.
Mitteilung über eine Initiative der Kommission für den europäischen Gipfel von Lissabon am 23/24 März 2000. eEurope. Eine Informationsgesellschaft für alle.

Richtlinien

Richtlinie 77/780/EWG des Rates vom 12. Dezember 1977 zur Koordinierung der Rechts- und Verwaltungsvorschriften über die Aufnahme und Ausübung der Tätigkeit der Kreditinstitute (Erste Bankrechtskoordinierungsrichtlinie).
Richtlinie 89/646/EWG des Rates vom 15. Dezember 1989 zur Koordinierung der Rechts- und Verwaltungsvorschriften über die Aufnahme und Ausübung der Tätigkeit der Kreditinstitute und zur Änderung der Richtlinie 77/780/EWG (Zweite Bankrechtskoordinierungsrichtlinie).
Richtlinie 94/19/EWG des Europäischen Parlaments und des Rates vom 16. Mai 1994 über Einlagensicherungssysteme.
Richtlinie 95/46/EG des Europäischen Parlaments und des Rates vom 24. Oktober 1995 zum Schutz natürlicher Personen bei der Verarbeitung personenbezogener Daten und zum freien Datenverkehr.
Richtlinie 95/47/EG des Europäischen Parlaments und des Rates vom 24. Oktober 1995 über die Anwendung von Normen für die Übertragung von Fernsehsignalen.
Richtlinie 97/7/EG des Europäischen Parlaments und des Rates vom 20. Mai 1997 über den Verbraucherschutz bei Vertragsabschlüssen im Fernabsatz.
Richtlinie 97/13/EG des Europäischen Parlaments und des Rates vom 10. April 1997 über einen gemeinsamen Rahmen für Allgemein- und Einzelgenehmigungen für Telekommunikationsdienste.
Richtlinie 97/36/EG des Europäischen Parlaments und des Rates vom 30. Juni 1997 zur Änderung der Richtlinie 89/552/EWG des Rates zur Koordinierung bestimmter Rechts und Verwaltungsvorschriften der Mitgliedsstaaten über die Ausübung der Fernsehtätigkeit. (Fernsehen-ohne-Grenzen-Richtlinie).
Richtlinie 97/51/EG des Europäischen Parlaments und des Rates vom 6. Oktober 1997 zur Änderung der Richtlinien 90/387/EWG und 92/44/EWG des Rates zwecks Anpassung an ein wettbewerbsorientiertes Telekommunikationsumfeld.
Richtlinie 97/66/EG des Europäischen Parlaments und des Rates vom 17. Dezember 1997 über die Verarbeitung personenbezogener Daten und den Schutz der Privatsphäre im Bereich der Telekommunikation – Amtsblatt Nr. L 208 vom 02/08/1997.
Richtlinie 98/10/EG des Europäischen Parlaments und des Rates vom 26. Fe-

bruar 1998 über die Anwendung des offenen Netzzugangs (ONP) beim Sprachtelefondienst und den Universaldienst im Telekommunikationsbereich in einem wettbewerbsorientierten Umfeld.
Richtlinie 98/34/EG des Europäischen Parlaments und des Rates vom 22. Juni 1998 über ein Informationsverfahren auf dem Gebiet der Normen und technischen Vorschriften in der Fassung der Richtlinie 98/48/EG vom 20. Juli 1998.
Richtlinie 98/48/EG des Europäischen Parlaments und des Rates vom 20. Juli 1998 zur Änderung der Richtlinie 98/38/EG über ein Informationsverfahren auf dem Gebiet der Normen und technischen Vorschriften.
Richtlinie 98/84/EG des Europäischen Parlaments und des Rates vom 20. November 1998 über den rechtlichen Schutz von zugangskontrollierten Diensten und von Zugangskontrolldiensten.
Richtlinie 1999/93/EG des Europäischen Parlaments und des Rates vom 13. Dezember 1999 über gemeinschaftliche Rahmenbedingungen für elektronische Signaturen.

Verordnungen

Verordnung (EWG) Nr. 4064/89 des Rates vom 21. Dezember 1989 über die Kontrolle von Unternehmenszusammenschlüssen.
Verordnung (EG) Nr. 1310/97 des Rates vom 30. Juni 1997 zur Änderung der Verordnung (EWG) Nr. 4064/89 des Rates über die Kontrolle von Unternehmenszusammenschlüssen.

Sonstige Dokumente

Bekanntmachung der Kommission über die Definition des relevanten Marktes im Sinne des Wettbewerbsrecht der Gemeinschaft. http:// europa.eu.int/ comm/dg04/entente/de/relevma.htm
Bericht der Kommission an den Rat und das Europäische Parlament – Dritter Bericht gemäß Artikel 14 über die Anwendung der Verordnung (EWG) Nr. 218/92 des Rates vom vom 27. Januar 1992 über die Zusammenarbeit der Verwaltungsbehörden auf dem Gebiet der indirekten Besteuerung (Mwst) und Vierter Bericht gemäß Artikel 12 der Verordnung (EWG, EURATOM) Nr. 1553/89 über Verfahren zur Erhebung und Kontrolle der Mwst., Brüssel. KOM (2000) 28 endg.
Entschließung A4-0173/98 zu der Mitteilung der Kommission an den Rat, das Europäische Parlament, den Wirtschafts- und Sozialausschuß und den Ausschuß der Regionen über eine europäische Initiative für den elektronischen Geschäftsverkehr KOM (97)0157 C4-0297/97.

Entschließung des Rates vom 19. Jänner 1999 über die Verbraucherdimension der Informationsgesellschaft.
Europäische Initiative für den elektronischen Geschäftsverkehr, Brüssel. KOM (97) 157 endg.
Europäische Kommission – Beschäftigungsmöglichkeiten in der Informationsgesellschaft: Nutzung des Potentials der Informationsrevolution, Bericht an den Europäischen Rat, Brüssel. http://www.europa.eu.int/comm/dg05/soc-dial/info_soc/jobopps/joboppde.pdf. KOM (98) 590 endg.
Europäische Kommission (1998a): Inhalt- und handelgetriebene Strategien in globalen Netzen – Aufbau der Network Economy in Europa, CONDRINET-Studie im Auftrag der GD XIII/E, Luxemburg. www.echo.lu/info2000
Europäische Kommission (1998b): General Budget of the European Union for the Financial Year 1998, the Figures Brüssel, SEC (98) 100.
Europäische Kommission – Arbeitsgruppe Nr. 1 Harmonisierung der Umsatzsteuern (1999): Indirekte Steuern und elektronischer Geschäftsverkehr, XXI/1201/99-DE Rev. 1, Brüssel
Europäische Kommission (1998a): Arbeiten in der Informationsgesellschaft, Brüssel.
Europäische Kommission (1999b): Die Wettbewerbspolitik der Europäischen Gemeinschaft. XXVIII. Bericht über die Wettbewerbspolitik, Luxemburg: Amt für amtliche Veröffentlichungen der Europäischen Gemeinschaften. SEK (99) 743 endg.
Europäische Kommission (2000a): Arbeitspapier der Kommission zur Schaffung von .eu als Internet Bereichsnamen oberster Stufe; http://www.europa.eu.int/comm/dg13/doteu_en.pdf.
Europäische Kommission (2000b): The Commission launches the „e-Learning" initiative to speed up the adjustment of education and training in Europe to the digital age, Bruxelles. IP/00/234.
Geänderter Vorschlag für eine Richtlinie des Europäischen Parlaments und des Rates über bestimmte rechtliche Aspekte des elektronischen Geschäftsverkehrs im Binnenmarkt, Brüssel. KOM (99) 427 endg.
Generaldirektion Justiz und Inneres (1999a): Elektronischer Geschäftsverkehr – gerichtliche Zuständigkeit und anzuwendendes Recht (Übersichtsdokument zur öffentlichen Anhörung 4.-5. Nov. 1999, Brüssel), http://europa.eu.int/comm/justice_home/events/index_de.htm
Generaldirektion Justiz und Inneres (1999b): Übersichtsdokument zur Anhörung „elektronischer Geschäftsverkehr: gerichtliche Zuständigkeit und anzuwendendes Recht", Brüssel. http://europa.eu.int/comm/justice_home/events/index_de.htm

Vorschlag für eine Richtlinie des Europäischen Parlaments und des Rates über den Fernabsatz von Finanzdienstleistungen an Verbraucher und zur Änderung von Richtlinie 90/619/EWG des Rates und des Richtlinien 97/7/EG und 98/27/EG. KOM (98) 468 endg.
Vorschlag für eine Richtlinie des Europäischen Parlaments und des Rates über bestimmte Aspekte des elektronischen Geschäftsverkehrs im Binnenmarkt. KOM (98) 586 endg. COD 98/0325.
Vorschlag für eine Richtlinie über die Aufnahme, Ausübung und Beaufsichtigung der Tätigkeit von E-Geld-Instituten. KOM(98) 461 endg. COD 253.
Vorschlag für eine Richtlinie zur Änderung der Richtlinie 77/780/EWG zur Koordinierung der Rechts- und Verwaltungsvorschriften über die Aufnahme und Ausübung der Tätigkeit der Kreditinstitute. KOM(98) 461 endg. COD 252.
Working Dokument of the Commission. Summary of the Results of the Public Consultation on the Green Paper on the Convergence of the Telecommunications, Media and Information Technology Sectors; areas for further reflection. SEC (98) 1284.
Working Party on the Protection of Individuals with regard to the Processing of Personal Data (1999a): Opinion 1/99 concerning the level of data protection in the United States and the ongoing discussion between the European Commission and the United States Government – DG XV 5092/98 – WP 15. http://europa.eu.int/comm/dg15/en/media/dataprot/wpdocs/index.htm
Working Party on the Protection of Individuals with regard to the Processing of Personal Data (1999b): Opinion 2/99 on the Adequacy of the „International Safe Harbor Principles" issued by the US Department of Commerce on 19th April 1999 XV 5047/99 – WP 19. http://europa.eu.int/comm/dg15/en/media/dataprot/wpdocs/index.htm
Working Party on the Protection of Individuals with regard to the Processing of Personal Data (1999c): Opinion 7/99 On the Level of Data Protection provided by the „Safe Harbor" Principles as published together with the Frequently Asked Questions (FAQs) and other related documents on 15 and 16 November 1999 by the US Department of Commerce – XV 5146/99 – WP 27, Brüssel. http://europa.eu.int/comm/dg15/en/media/dataprot/wpdocs/index.htm
Working Party on the Protection of Individuals with regard to the Processing of Personal Data (2000): Opinion 31/2000 on the EU/US dialogue concerning the „Safe harbour" arrangement – 5019/00/EN/Final WP 31, Brüssel. http://europa.eu.int/comm/internal_market/de/media/dataprot/wpdocs/index.htm

Projektteam der IWE - ÖAW

Michael Latzer *(Projektleitung)*: Stv. Leiter der IWE und Univ.-Doz. für Kommunikationsökonomie und -politik an der Universität Wien. Arbeitsschwerpunkt: Politische Ökonomie des Kommunikationssektors.
Kontakt: Latzer@oeaw.ac.at

Natascha Just *(Koordination)*: Kommunikationswissenschafterin an der IWE. Arbeitsschwerpunkt: Medienökonomie, Informationsgesellschaft.
Kontakt: njust@oeaw.ac.at

Stefan W. Schmitz: Ökonom an der IWE. Arbeitsschwerpunkt: Industrieökonomik und Geldtheorie.
Kontakt: Stefan.Schmitz@oeaw.ac.at

Peter Paul Sint: Systemwissenschafter an der IWE. Arbeitsschwerpunkt: Kommunikationstechnologie, Technology Assessment.
Kontakt: PeterPaul.Sint@oeaw.ac.at

Peter Slominski: Jurist und Kommunikationswissenschafter an der IWE. Arbeitschwerpunkt: EU- und Telekommunikationsrecht.
Kontakt: Peter.Slominski@oeaw.ac.at

Martin Wörter: Ökonom an der IWE und V.-Ass. an der Universität Innsbruck. Arbeitsschwerpunkt Industrieökonomik, Wettbewerbstheorie.
Kontakt: martin.woerter@oeaw.ac.at

Adresse:
Forschungsstelle für institutionellen Wandel und europäische Integration (IWE)
Österreichische Akademie der Wissenschaften
Postgasse 7/1/2
1010Wien
http://www.iwe.oeaw.ac.at/

Christian Huber

Das Journalismus-Netzwerk

Wie mediale Infrastrukturen journalistische Qualität beeinflussen
herausgegeben von
Beiträge zur Medien- und Kommunikationsgesellschaft, Bd. 2
352 Seiten
öS 398,–/DM 54,80/sfr 49,50
ISBN 3-7065-1293-9

Die Diskussion um Qualität im Journalismus ist in den letzten Jahren zu einem zentralen Thema des Journalismus und der Journalismusforschung avanciert. Zahlreiche Medienskandale haben auch in Österreich Fragen danach aufgeworfen, was Qualität im Journalismus denn überhaupt bedeute und wie diese zu sichern sei.
Das vorliegende Buch widmet sich diesen aktuellen Fragen und fordert als zentralen Lösungsansatz ein Netzwerk infrastruktureller Institutionen von der Journalistenausbildung über Journalistenpreise und -auszeichnungen, Branchen-, Berufsverbände und Presserat bis hin zu Medienjournalismus und Medienforschung, das Standards für Qualität im Journalismus definieren und sichern könnte. Zur Relevanz dieses Netzwerks beziehen zahlreiche Top-Journalisten und -Journalistinnen Stellung. Das vorliegende Buch wird damit zu einem „Kompendium über Journalismus und Journalistik in Österreich". (Univ. Prof. Dr. Michael Schmolke)

STUDIENVerlag
Innsbruck–Wien–München

Thomas Steinmaurer

Tele-Visionen.

Zur Theorie und Geschichte des Fernsehempfangs
Beiträge zur Medien- und Kommunikationsgesellschaft, Bd. 3
460 Seiten, 60 Bilder
Preis öS 498,–/DM 68,–/sfr 62,–
ISBN 3-7065-1205-X
erscheint demnächst

Tele-Visionen stehen sowohl am Anfang als auch am Ende der Fernsehgeschichte. Sie beginnt mit den ersten Vorahnungen und Spekulationen zu einem neuen Medium und endet mit jenen Visionen, die das Ende des klassischen Massenmediums Fernsehens voraussagen. Dazwischen liegen über 100 Jahre Fernsehgeschichte, die in dieser Publikation unter dem Aspekt des Empfangs, also der Situation des Zuschauens, betrachtet wird. Die theoretische Herangehensweise an dieses Projekt ist sehr eng mit den Arbeiten Siegfried Zielinskis verbunden, der in seinen „Audiovisionen" die Entwicklung von Kino und Fernsehen als eine Integration von Medium, Kultur und Gesellschaft vorgelegt hat. In Anlehnung daran wird die Geschichte des Zuschauens als Entwicklung eines Mediums unter den Einflußgrößen von gesellschaftlichen Aspekten (Ökonomie, Kultur, Politik) rekonstruiert. Die theoretischen Eckpunkte bilden zum einen die Arbeiten von Raymond Williams, der mit seinem Konzept der „mobilen Privatisierung" schon in den siebziger Jahren eine kritischen Analyse der Wechselbeziehung von Medien- und Gesellschaftsentwicklung in der modernen Industriegesellschaft beschrieben hat. Ein zweiter theoretischer Eckpunkt verweist auf das Fernsehen als Dispositiv, unter besonderer Berücksichtigung der Empfangssituation. Schließlich bilden Aspekte der Techniksoziologie einen dritten Eckpfeiler jenes theoretischen Modells, mit dem der Gang durch die Fernsehgeschichte unter dieser speziellen theoretischen Lupe unternommen wurde.

STUDIENVerlag
Innsbruck–Wien–München

Michael Latzer, Ursula Maier-Rabler, Gabriele Siegert,
Thomas Steinmaurer (Hrsg.)

Die Zukunft der Kommunikation

Phänomene und Trends in der Informationsgesellschaft
Beiträge zur Medien- und Kommunikationsgesellschaft, Bd. 4
376 Seiten
öS 448,–/DM 61,50/sfr 56,–
ISBN 3-7065-1384-6

In diesem Buch werden gesellschaftliche Phänomene und Trends innovativen Erklärungsansätzen der Kommunikationswissenschaft gegenübergestellt. PraktikerInnen wie WissenschafterInnen liefern wichtige Impulse für die Lösung aktueller Probleme der Informationsgesellschaft. Darüber hinaus werden innovative Ansätze der Kommunikationswissenschaft in die wissenschaftliche Diskussion eingebracht.

Die Themen:

KONVERGENZ
Nach dem Einzug der digitalen Computertechnik (InforMATIK) in die TELEkommunikation (=TELEMATIK) verschwindet die traditionelle Grenzziehung zwischen den (digitalisierten) Medien und der Telematik. Sie werden mit dem neuen Begriff MEDIAMATIK bezeichnet. Die Tatsache, daß sich die sogenannten „Neuen Medien" weder der Telekommunikation noch dem Rundfunk eindeutig zuordnen lassen, läßt neue Probleme in der analytischen Erfassung des Umbruchs und auch Rechtsunsicherheiten für die Firmen im Hoffnungsmarkt Mediamatik entstehen.

NEUE RÄUMLICHKEIT UND DIGITALE NETZWERKE
Neben dem Funktionalitätsverlust „alter" Räume entstehen neue digitale und virtuelle Räume in Form einer „elektronischen Agora", wobei der Verlust des alten „öffentlichen Raumes" beklagt und als demokratiepolitisch bedenklich dargestellt wird.

SELBSTREFERENTIALITÄT

Medien berichten zunehmend über sich selbst oder andere Medien, und sie beziehen sich mit und in ihren Formaten und Programmen stärker auf sich selbst. Beispiele dafür sind etwa neu aufbereitete Wiederholungen von Fernsehsendungen oder Fernsehparodien. Eine steigende Selbstreferentialität läßt jedoch Eigengesetzlichkeiten entstehen, die sich der Kontrolle und des Einflusses durch Systeme wie Politik und Wirtschaft entziehen.

INDIVIDUALISIERUNG

Individualisierung als Phänomen in einer sich zunehmend fragmentierenden Informationsgesellschaft bedeutet nicht nur den Gewinn von neuen Freiheiten, sondern auch den Zwang und die Risiken, die mit der geforderten Selbstgestaltung und Selbstinszenierung für den Einzelnen verbunden sein können. Die durch die Digitalisierung beschleunigte Ausdifferenzierung des Systems Fernsehens schafft auch in diesem Bereich neue Verhältnisse, deren technische, kulturelle und ökonomische Auswirkungen vielfach noch nicht abzusehen sind.

STUDIENVerlag
Innsbruck–Wien–München

Hans Heinz Fabris, Roman Hummel, Rudi Renger, Astrid Zimmermann (Hrsg.)

Journalismus in der Informationsgesellschaft

Antworten aus Praxis & Theorie

Beiträge zur Medien- und Kommunikationsgesellschaft, Bd. 5

146 Seiten

ca. öS 218,–/DM 29,80/sfr 27,50

ISBN 3-7065-1395-1

Wie steht es um die Zukunft und die gegenwärtige Situation der Medien und des Journalismus? Dieses Buch dokumentiert eingehend die Perspektive aus der Berufspraxis. Berufspraktiker aus Wien, Graz, Salzburg, München, Hamburg und Berlin diskutieren den künftigen Bedarf an journalistischer Arbeit, nötige technische, betriebswirtschaftliche und soziale Kompetenzen, Fragen der Berufsqualifikation (Generalist - Spezialist) und Berufsausbildung, des journalistischen Rollenbildes, der wirtschaftlichen Kriterien bei der medialen Produktion sowie die Entgrenzung im Journalismus hin zur Freizeit- und Unterhaltungsindustrie, zu Werbung und Public Relations.

Mit Beiträgen von: Christian Eigner, Roman Hummel, Lorenz Lorenz-Meyer, Helmut Spudich, Gerhard Rettenegger, Michael Mair, Peter Vitouch, Uwe Zimmer, Astrid Zimmerman uva.

STUDIENVerlag
Innsbruck-Wien-München
Amraser Straße 118, A-6010 Innsbruck
Tel: 0512/395045
Fax: 0512/395045-15
e-mail: order@studienverlag.at
http://www.studienverlag.at
D: SVK Rotebühlstraße 77 70049 Stuttgart, Fax: 0711/6672/1974
CH: BSB Buch Service Basel, Postfach, 4002 Basel, Fax: 061/2729476
I: Frasnelli-Keitsch, Bozner Boden-Mitterweg, 39100 Bozen, Fax: 0471/976063